# 岐阜聖徳学園高等学校

## 〈収録内容〉

- 2024年度入試の問題・解答解説・解答用紙・「合否の鍵はこの問題だ!!」、2024年度入試受験用の「出題傾向の分析と合格への対策」は、弊社HP の商品ページにて公開いたします。
- 平成30年度は、弊社ホームページで公開しております。
  本ページの下方に掲載しておりますQRコードよりアクセスし、データをダウンロードしてご利用ください。
- 英語リスニング問題は音声の対応をしておりません。

2024 年度 ……………………… 2024 年 10 月 弊社 HP にて公開予定
※著作権上の都合により、掲載できない内容が生じることがあります。

2023 年度 ……………………… 一般（数・英・理・社・国）

2022 年度 ……………………… 一般（数・英・理・社・国）

2021 年度 ……………………… 一般（数・英・理・社・国）

2020 年度 ……………………… 一般（数・英・理・社・国）

2019 年度 ……………………… 一般（数・英・理・社・国）

平成 30 年度 ……………………… 一般（数・英・理

解答用紙データ配信ページへスマホでアクセス！ ⇒

※データのダウンロードは 2024 年 3 月末日まで。
※データへのアクセスには、右記のパスワードの入力が必要となります。 ⇒ 672935

## 〈合格最低点〉

※学校からの合格最低点の発表はありません。

# 本書の特長

## 実戦力がつく入試過去問題集

- ▶ 問題 …………… 実際の入試問題を見やすく再編集。
- ▶ 解答用紙 …… 実戦対応仕様で収録。
- ▶ 解答解説 …… 詳しくわかりやすい解説には、難易度の目安がわかる「基本・重要・やや難」の分類マークつき（下記参照）。各科末尾には合格へと導く「ワンポイントアドバイス」を配置。採点に便利な配点つき。

### 入試に役立つ分類マーク

**基本** 確実な得点源！
受験生の90%以上が正解できるような基礎的、かつ平易な問題。
何度もくり返して学習し、ケアレスミスも防げるようにしておこう。

**重要** 受験生なら何としても正解したい！
入試では典型的な問題で、長年にわたり、多くの学校でよく出題される問題。
各単元の内容理解を深めるのにも役立てよう。

**やや難** これが解ければ合格に近づく！
受験生にとっては、かなり手ごたえのある問題。
合格者の正解率が低い場合もあるので、あきらめずにじっくりと取り組んでみよう。

## 合格への対策、実力錬成のための内容が充実

- ▶ 各科目の出題傾向の分析、合否を分けた問題の確認で、入試対策を強化！
- ▶ その他、学校紹介、過去問の効果的な使い方など、学習意欲を高める要素が満載！

**解答用紙ダウンロード** 解答用紙はプリントアウトしてご利用いただけます。弊社ＨＰの商品詳細ページよりダウンロードしてください。トビラのＱＲコードからアクセス可。

見やすく読みまちがえにくいユニバーサルデザインフォントを採用しています。

# 岐阜聖徳学園高等学校

▶交通　スクールバス路線11コース有り

〒500-8288　岐阜市中鶉一丁目50番地
☎058-271-5451

## 建学の精神

本校は，仏教精神とりわけ大乗仏教の精神を建学の精神とし，浄土真宗の宗祖親鸞上人が和国の教主と敬慕された聖徳太子の「以和為貴」（和をもって貴しとなす）の聖句をその象徴として掲げ，「平等」「寛容」「利他」の大乗仏教の精神を体得する人格の形成を目指している。

## 教育課程

**●普通科**

**特進コース**

少人数制の7限授業や放課後の課外授業等により，国公立大や難関私大への進学を目指すコース。

**進学コースⅠ類**

部活動にも力を入れながら，有名私大への進学を目指すことができるコース。毎日の7限授業に加え，特進コースの生徒とともに放課後の課外授業に参加することもできる。２年生から文系と理系に分かれる。

**進学コースⅡ類**

大学，短大，専門学校への進学から就職まで幅広い進路に対応したコース。週に１回の基礎演習の授業や基礎学力級検定（小テスト）により，基礎学力をしっかり身に付けることができる。２年次には介護実習や講座授業があり様々な体験をすることができる。２年生から文系と理系に分かれる。

**●商業科**

普通教科に加え，ビジネス基礎や簿記・課題研究などの商業科目を学ぶことで専門学校や大学への進学，地元企業への就職を目指すコース。全商・日検の様々な資格取得のサポートも充実しており，実社会で即戦力として求められる力を養うことができる。

## 部活動

**●体育系**

陸上競技，バスケットボール（男），バレーボール（男），テニス，柔道，ゴルフ，硬式野球，剣道，空手道，ラグビー，軟式野球，バスケットボール（女），バレーボール（女），ソフトボール，サッカー，ボウリング，水泳，卓球，バドミントン，スポーツクライミング

**●文化系**

美術，吹奏楽，箏曲，沖縄文化研究会，放送，茶華道，コンピュータ・ワープロ，囲碁将棋，和太鼓

## 年間行事

４月／入学式，社会見学（２・３年），校外研修（１年）
５月／宗祖降誕会
６月／進路ガイダンス（３年），弁論大会
７月／インターンシップ（商業科２年）
８月／京都宗教研修，夏季学校見学会 in 授業改革フェスタ
９月／面接指導（３年），聖徳祭
10月／スポーツフェスタ
11月／沖縄研修旅行（２年）
12月／人権ホームルーム，進学補習
１月／３年生を送る会
２月／芸術鑑賞会（１・２年），報恩講
３月／卒業式，学習セミナー（特進）

## 進　路

●主な進学先

名古屋大，東京外国語大，名古屋工業大，愛知教育大，岐阜大，静岡大，三重大，高知大，鳥取大，大阪市立大，愛知県立大，名古屋市立大，福井県立大，滋賀県立大，秋田県立大，都留文科大，県立広島大，東京都立大，静岡文化芸術大，山口県立大，公立はこだて未来大，岐阜薬科大，岐阜県立看護大，岐阜聖徳学園大，法政大，上智大，明治大，国際基督教大，フェリス女学院大，獨協大，専修大，駒澤大，関東学院大，武蔵野大，早稲田大，日本大，青山学院大，東京農業大，東洋大，亜細亜大，拓殖大，日本体育大，東海大，金沢工業大，愛知学院大，中部大，名古屋外国語大，愛知淑徳大，南山大，名城大，愛知大，金城学院大，椙山女学園大，日本福祉大，愛知工業大，中京大，関西外国語大，京都女子大，立命館大，龍谷大，関西大，近畿大，京都外国語大，同志社女子大，岐阜県立衛生専門学校，岐阜市立看護専門学校，専門学校名古屋医専，大原法律公務員専門学校，岐阜調理専門学校，東海工業専門学校金山校，中日本航空専門学校，東京法律専門学校，名古屋情報メディア専門学校，中日美容専門学校，東京ＩＴ会計専門学校，トライデントコンピューター専門学校，愛知中央美容専門学校，岐阜美容専門学校国際製菓技術専門学校　ほか

●主な就職先

岐阜県警察本部，瑞穂消防署，三甲（株），自衛隊（陸上・航空），（株）デンソー，アイシン精機（株），（株）ＵＡＣＪ名古屋製造所，日本軽金属（株），（株）光制作所，レイフィールド（株），大王製紙（株），（株）ギフ加藤製作所，アピ（株），（株）エフピコ中部，岐阜車体工業（株），（株）平成調剤薬局，ラブリークィーン（株），敷島産業（株），クラレプラスチックス（株）　ほか

◎2023年度入試状況◎

| 学　科 | 普　通 | | | 商　業 |
|---|---|---|---|---|
| | 特　進 | 進学Ⅰ類 | 進学Ⅱ類 | |
| 定　員　数 | 40 | 60 | 180 | 90 |
| 応募者数 | 227/1267 | | | 45/237 |
| 受験者数 | 非公表 | | | |
| 合格者数 | 非公表 | | | |

※単願／併願

# 過去問の効果的な使い方

① **はじめに**　入学試験対策に的を絞った学習をする場合に効果的に活用したいのが「過去問」です。なぜならば，志望校別の出題傾向や出題構成，出題数などを知ることによって学習計画が立てやすくなるからです。入学試験に合格するという目的を達成するためには，各教科ともに「何を」「いつまでに」やるかを決めて計画的に学習することが必要です。目標を定めて効率よく学習を進めるために過去問を大いに活用してください。また，塾に通われていたり，家庭教師のもとで学習されていたりする場合は，それぞれのカリキュラムによって，どの段階で，どのように過去問を活用するのかが異なるので，その先生方の指示にしたがって「過去問」を活用してください。

② **目的**　過去問学習の目的は，言うまでもなく，志望校に合格することです。どのような分野の問題が出題されているか，どのレベルか，出題の数は多めか，といった概要をまず把握し，それを基に学習計画を立ててください。また，近年の出題傾向を把握することによって，入学試験に対する自分なりの感触をつかむこともできます。

過去問に取り組むことで，実際の試験をイメージすることもできます。制限時間内にどの程度までできるか，今の段階でどのくらいの得点を得られるかということも確かめられます。それによって必要な学習量も見えてきますし，過去問に取り組む体験は試験当日の緊張を和らげることにも役立つでしょう。

③ **開始時期**　過去問への取り組みは，全分野の学習に目安のつく時期，つまり，9月以降に始めるのが一般的です。しかし，全体的な傾向をつかみたい場合や，学習進度が早くて，夏前におおよその学習を終えている場合には，7月，8月頃から始めてもかまいません。もちろん，受験間際に模擬テストのつもりでやってみるのもよいでしょう。ただ，どの時期に行うにせよ，取り組むときには，集中的に徹底して取り組むようにしましょう。

④ **活用法**　各年度の入試問題を全問マスターしようと思う必要はありません。できる限り多くの問題にあたって自信をつけることは必要ですが，重要なのは，志望校に合格するためには，どの問題が解けなければいけないのかを知ることです。問題を制限時間内にやってみる。解答で答え合わせをしてみる。間違えたりできなかったりしたところについては，解説をじっくり読んでみる。そうすることによって，本校の入試問題に取り組むことが今の自分にとって適当かどうかが，はっきりします。出題傾向を研究し，合否のポイントとなる重要な部分を見極めて，入学試験に必要な力を効率よく身につけてください。

## 数学

各都道府県の公立高校の入学試験問題は，中学数学のすべての分野から幅広く出題されます。内容的にも，基本的・典型的なものから思考力・応用力を必要とするものまでバランスよく構成されています。私立・国立高校では，中学数学のすべての分野から出題されることには変わりはありませんが，出題形式，難易度などに差があり，また，年度によっての出題分野の偏りもあります。公立高校を含め，ほとんどの学校で，前半は広い範囲からの基本的な小問群，後半はあるテーマに沿っての数問の小問を集めた大問という形での出題となっています。

まずは，単年度の問題を制限時間内にやってみてください。その後で，解答の答え合わせ，解説での研究に時間をかけて取り組んでください。前半の小問群，後半の大問の一部を合わせて50%以上の正解が得られそうなら多年度のものにも順次挑戦してみるとよいでしょう。

## 英語

英語の志望校対策としては，まず志望校の出題形式をしっかり把握しておくことが重要です。英語の問題は，大きく分けて，リスニング，発音・アクセント，文法，読解，英作文の5種類に分けられます。リスニング問題の有無(出題されるならば，どのような形式で出題されるか)，発音・アクセント問題の形式，文法問題の形式(語句補充，語句整序，正誤問題など)，英作文の有無(出題されるならば，和文英訳か，条件作文か，自由作文か）など，細かく具体的につかみましょう。読解問題では，物語文，エッセイ，論理的な文章，会話文などのジャンルのほかに，文章の長さも知っておきましょう。また，読解問題でも，文法を問う問題が多いか，内容を問う問題が多く出題されるか，といった傾向をおさえておくことも重要です。志望校で出題される問題の形式に慣れておけば，本番ですんなり問題に対応することができますし，読解問題で出題される文章の内容や量をつかんでおけば，読解問題対策の勉強として，どのような読解問題を多くこなせばよいかの指針になります。

最後に，英語の入試問題では，なんと言っても読解問題でどれだけ得点できるかが最大のポイントとなります。初めて見る長い文章をすらすらと読み解くのはたいへんなことですが，そのような力を身につけるには，リスニングも含めて，総合的に英語に慣れていくことが必要です。「急がば回れ」ということわざの通り，志望校対策を進める一方で，英語という言語の基本的な学習を地道に続けることも忘れないでください。

## 国語

国語は，出題文の種類，解答形式をまず確認しましょう。論理的な文章と文学的な文章のどちらが中心となっているか，あるいは，どちらも同じ比重で出題されているか，韻文(和歌・短歌・俳句・詩・漢詩)は出題されているか，独立問題として古文の出題はあるか，といった，文章の種類を確認し，学習の方向性を決めましょう。また，解答形式は，記号選択のみか，記述解答はどの程度あるか，記述は書き抜き程度か，要約や説明はあるか，といった点を確認し，記述力重視の傾向にある場合は，文章力に磨きをかけることを意識するとよいでしょう。さらに，知識問題はどの程度出題されているか，語句(ことわざ・慣用句など)，文法，文学史など，特に出題頻度の高い分野はないか，といったことを確認しましょう。出題頻度の高い分野については，集中的に学習することが必要です。読解問題の出題傾向については，脱語補充問題が多い，書き抜きで解答する言い換えの問題が多い，自分の言葉で説明する問題が多い，選択肢がよく練られている，といった傾向を把握したうえで，これらを意識して取り組むと解答力を高めることができます。「漢字」「語句・文法」「文学史」「現代文の読解問題」「古文」「韻文」と，出題ジャンルを分類して取り組むとよいでしょう。毎年出題されているジャンルがあるとわかった場合は，必ず正解できる力をつけられるよう意識して取り組み，得点力を高めましょう。

# 数学 出題傾向の分析と合格への対策

## ●出題傾向と内容

本年度の出題数は大問7題，小問にして25題で，例年より小問数が減った。出題内容は，①は数・式の計算，平方根の計算，反比例，二次方程式，式の値，平方根の大小などの小問群，②は連立方程式の応用問題，③は平行四辺形，④は図形と関数・グラフの融合問題，⑤は数列，⑥は統計，⑦は場合の数，確率，平均であった。

特に難問はないが，問題数が多いので，スピーディに問題を解くスキルを身につけておく必要がある。

### ✔ 学習のポイント

**教科書の基礎事項の学習に力を入れた後，章末問題は確実にできるようにしておこう。その後，標準問題集で応用力をつけるとよい。**

## ●2024年度の予想と対策

来年度は，出題数に多少変化があるかもしれないが難易度にそれほど大きな変化はなく，基礎的な問題から応用力を試す問題へとバランス良く出題されると思われる。まずは，教科書の内容をしっかり理解することが大事である。例題，公式をノートにまとめ，基本事項を覚えるとともにその使い方をつかんでいこう。例年，図形と関数・グラフの融合問題は出題されることが多いので，直線の式の求め方，グラフ上の図形の面積の求め方など，しっかり解法をつかんでおこう。基本事項を身につけたら，標準レベルの問題集や過去問題集を時間を計りながら取り組んで実践力をつけていこう。

## ▼年度別出題内容分類表 ……

| 出題内容 | | | 2019年 | 2020年 | 2021年 | 2022年 | 2023年 |
|---|---|---|---|---|---|---|---|
| 数と式 | | 数の性質 | | ○ | ○ | ○ | |
| | | 数・式の計算 | ○ | ○ | ○ | ○ | ○ |
| | | 因数分解 | ○ | | | | |
| | | 平方根 | ○ | ○ | ○ | ○ | ○ |
| 方程式・不等式 | | 一次方程式 | ○ | | | ○ | ○ |
| | | 二次方程式 | ○ | ○ | ○ | ○ | ○ |
| | | 不等式 | | | | | |
| | | 方程式・不等式の応用 | ○ | | | | ○ |
| 関数 | | 一次関数 | ○ | | ○ | ○ | ○ |
| | | 二乗に比例する関数 | | ○ | ○ | ○ | ○ |
| | | 比例関数 | | | | | ○ |
| | | 関数とグラフ | ○ | ○ | ○ | ○ | ○ |
| | | グラフの作成 | | | | | |
| 図形 | 平面図形 | 角度 | ○ | ○ | ○ | ○ | |
| | | 合同・相似 | | | | | |
| | | 三平方の定理 | | | | | |
| | | 円の性質 | ○ | | ○ | | |
| | 空間図形 | 合同・相似 | ○ | | | | |
| | | 三平方の定理 | | | | | |
| | | 切断 | | | | ○ | |
| | 計量 | 長さ | | | ○ | | |
| | | 面積 | ○ | | ○ | ○ | |
| | | 体積 | ○ | ○ | ○ | ○ | ○ |
| | | 証明 | | ○ | | | |
| | | 作図 | | ○ | | | |
| | | 動点 | ○ | | ○ | | |
| 統計 | | 場合の数 | | | ○ | | ○ |
| | | 確率 | ○ | ○ | ○ | ○ | ○ |
| | | 統計・標本調査 | ○ | ○ | | ○ | ○ |
| 融合問題 | | 図形と関数・グラフ | ○ | | ○ | ○ | ○ |
| | | 図形と確率 | | | ○ | | |
| | | 関数・グラフと確率 | | | ○ | | |
| | | その他 | | | | | |
| その他 | | | | | ○ | | ○ |

# 英語　出題傾向の分析と合格への対策

## ●出題傾向と内容

本年度は，リスニング問題，語句補充問題2題，語句整序問題，書き換え問題，資料問題，長文読解問題2題の計8題であった。

語彙や文法についてはいずれも比較的平易なものが多く，基礎的な力があれば対応可能である。学校での学習を中心とした勉強を積み重ねておきたい。ただし，広範囲にわたってさまざまなものが出題される傾向があるので，その点には注意しておこう。

会話文問題は短めで，長文読解問題はやや長いものが出題されている。内容をきちんと読み取れれば正しく答えられる設問が多い。

### ✔学習のポイント

**単語や文法の復習を徹底して行えば，中学で習った内容だけで十分に対処できる。日頃の勉強が大切である。**

## ●2024年度の予想と対策

来年度も出題傾向，出題数ともに大きな変化はなく，英語の学力を総合的に判断しようとする問題が数多く出題されると予想される。

リスニング問題は慣れが大切なので，基本的な問題を数多く体験しておくと有効である。文法問題は数が多く，広範囲にわたるので，どのような分野から出題されても正しく解けるだけの基礎力をつけておきたい。

会話文や長文読解は本年度と同等のレベル・分量で出題されると思われるので，似たような会話文や長文で数多く練習しておくとよい。

### ▼年度別出題内容分類表 ……

| | 出題内容 | 2019年 | 2020年 | 2021年 | 2022年 | 2023年 |
|---|---|---|---|---|---|---|
| 話し方・聞き方 | 単語の発音 | | | | | |
| | アクセント | ○ | ○ | | | |
| | くぎり・強勢・抑揚 | | | | | |
| | 聞き取り・書き取り | ○ | ○ | ○ | ○ | ○ |
| 語い | 単語・熟語・慣用句 | | | | | |
| | 同意語・反意語 | | | | | |
| | 同音異義語 | | | ○ | ○ | |
| 読解 | 英文和訳(記述・選択) | | | | | |
| | 内容吟味 | ○ | ○ | ○ | ○ | ○ |
| | 要旨把握 | | | | | |
| | 語句解釈 | | | | | |
| | 語句補充・選択 | ○ | ○ | ○ | ○ | ○ |
| | 段落・文整序 | | | | | |
| | 指示語 | | ○ | ○ | | |
| | 会話文 | ○ | ○ | ○ | ○ | ○ |
| 文法・作文 | 和文英訳 | | | | | |
| | 語句補充・選択 | ○ | ○ | ○ | ○ | ○ |
| | 語句整序 | ○ | ○ | ○ | ○ | ○ |
| | 正誤問題 | | | | | |
| | 言い換え・書き換え | ○ | ○ | ○ | ○ | ○ |
| | 英問英答 | | | | | |
| | 自由・条件英作文 | | | | | |
| 文法事項 | 間接疑問文 | ○ | | | ○ | |
| | 進行形 | | | | | ○ |
| | 助動詞 | ○ | ○ | ○ | ○ | ○ |
| | 付加疑問文 | | | | | |
| | 感嘆文 | | | | | |
| | 不定詞 | ○ | ○ | ○ | ○ | ○ |
| | 分詞・動名詞 | ○ | ○ | ○ | ○ | ○ |
| | 比較 | ○ | ○ | ○ | ○ | ○ |
| | 受動態 | ○ | ○ | ○ | ○ | ○ |
| | 現在完了 | ○ | ○ | ○ | ○ | ○ |
| | 前置詞 | ○ | ○ | ○ | ○ | ○ |
| | 接続詞 | | ○ | ○ | | ○ |
| | 関係代名詞 | ○ | ○ | ○ | ○ | |

岐阜聖徳学園高等学校

# 理科 出題傾向の分析と合格への対策

## ●出題傾向と内容

大問数は4～5題，小問数は30～50問程度である。物理，化学，生物，地学の各領域からバランスよく広く出題され，偏りはない。出題形式は，記号選択，語句，数値，文記述，描図などさまざまである。計算問題の多い年度もある。

実験や観察をもとに，図表をまじえて出題されている。基礎基本の考え方が重視されており，各分野の要点をよく理解した上で頭に入っていることが重要である。また，図表の読み取りや，論理的な考え方も試されている。

### ✔学習のポイント

語句の丸暗記だけに頼らず，問題練習を数多くこなし，考える力を養おう。

## ●2024年度の予想と対策

教科書を中心とした学習をまず行うこと。どの分野も丸暗記だけでは合格点に足りない。実験や観察を元にした，基本的なレベルの問題集を多く解き，グラフや表を注意深く読むことができる力を養っておくとよい。

数量を含む分野では，計算問題をしっかり練習しておく。また，実験や観察に関する問題などで，目的や結果などを論理的にまとめる力を養っておく必要があり，器具の扱い方やそれらの注意点などをしっかりと理解しておくことが重要である。

## ▼年度別出題内容分類表 ……

| | 出題内容 | 2019年 | 2020年 | 2021年 | 2022年 | 2023年 |
|---|---|---|---|---|---|---|
| 第一分野 | 物質とその変化 | | | ○ | | ○ |
| | 気体の発生とその性質 | | | | ○ | |
| | 光と音の性質 | | | ○ | | |
| | 熱と温度 | | | | | |
| | 力・圧力 | | | | ○ | |
| | 化学変化と質量 | ○ | ○ | ○ | | |
| | 原子と分子 | ○ | | | | ○ |
| | 電流と電圧 | ○ | ○ | | | ○ |
| | 電力と熱 | | | | | |
| | 溶液とその性質 | | | | ○ | |
| | 電気分解とイオン | | ○ | | ○ | |
| | 酸とアルカリ・中和 | | | | | |
| | 仕事 | | | | ○ | |
| | 磁界とその変化 | | ○ | | | ○ |
| | 運動とエネルギー | | | | | |
| | その他 | | | | | |
| 第二分野 | 植物の種類とその生活 | ○ | | | | ○ |
| | 動物の種類とその生活 | | ○ | | ○ | |
| | 植物の体のしくみ | ○ | | | | ○ |
| | 動物の体のしくみ | | | | ○ | |
| | ヒトの体のしくみ | | ○ | ○ | | |
| | 生殖と遺伝 | | | | | |
| | 生物の類縁関係と進化 | | | | | |
| | 生物どうしのつながり | | ○ | | | |
| | 地球と太陽系 | | | | | |
| | 天気の変化 | ○ | | | | |
| | 地層と岩石 | | ○ | ○ | | ○ |
| | 大地の動き・地震 | | ○ | | ○ | ○ |
| | その他 | | | | | |

岐阜聖徳学園高等学校

# 社会 出題傾向の分析と合格への対策

## ●出題傾向と内容

大問数は年度ごとに異なっているが，小問数は例年50問程度となっている。本年度は大問が3題，小問が50問であった。昨年同様，地理が15問，歴史が20問，公民が15問となっている。特に,公民の中には，三分野に共通する総合問題や時事問題も含まれている。

問題形式は，語句記述のほうが記号選択よりも多く，本年度も記述問題が4題出題された。

地理は，日本の地形，諸地域の特色，産業，交通を中心に出題された。歴史は，古代から近代までの日本の政治・外交史，社会史を中心に出題された。また，日本史と世界史の関連も出された。公民は，憲法や政治のしくみを中心に時事問題なども出題された。

### ✔学習のポイント

地理：各地域の特徴をおさえよう。
歴史：歴史の流れを正確につかもう。
公民：憲法や政治経済のしくみをおさえよう。

## ●2024年度の予想と対策

地理は，略地図や図表，画像，グラフ，統計資料なども活用しながら，重要事項を正確に理解しよう。

歴史は，史料や画像なども活用しながら古代から現代までの歴史の流れと重要人物との因果関係を理解しよう。また，同時代の主要な日本史と世界史の関連を年表でおさえ，大局的に歴史を分析しておこう。

公民は，政治分野を中心に憲法や経済生活なども含めて重要事項を整理しよう。また，インターネットの内外の主要な報道を検索・分析して自分の意見をまとめるなど，時事問題への関心を高めておこう。

### ▼年度別出題内容分類表 ……

| 出題内容 | | | 2019年 | 2020年 | 2021年 | 2022年 | 2023年 |
|---|---|---|---|---|---|---|---|
| 地理的分野 | (日本) | 地形図 | | | | | |
| | | 地形・気候・人口 | ○ | | | ○ | ○ |
| | | 諸地域の特色 | ○ | ○ | | ○ | ○ |
| | | 産業 | | ○ | | ○ | ○ |
| | | 交通・貿易 | | ○ | | | ○ |
| | (世界) | 人々の生活と環境 | | | | | |
| | | 地形・気候・人口 | ○ | | ○ | ○ | |
| | | 諸地域の特色 | | | ○ | | |
| | | 産業 | | | ○ | | |
| | | 交通・貿易 | | | ○ | | |
| | 地理総合 | | ○ | ○ | | | |
| 歴史的分野 | (日本史) | 各時代の特色 | ○ | ○ | ○ | ○ | ○ |
| | | 政治・外交史 | ○ | ○ | ○ | ○ | ○ |
| | | 社会・経済史 | ○ | ○ | ○ | ○ | ○ |
| | | 文化史 | ○ | ○ | ○ | ○ | |
| | | 日本史総合 | | | | | |
| | (世界史) | 政治・社会・経済史 | | | | | ○ |
| | | 文化史 | | | | | |
| | | 世界史総合 | | | | | |
| | 日本史と世界史の関連 | | ○ | ○ | ○ | ○ | ○ |
| | 歴史総合 | | | | | | |
| 公民的分野 | 家族と社会生活 | | ○ | ○ | | | ○ |
| | 経済生活 | | | | ○ | ○ | ○ |
| | 日本経済 | | | | | | |
| | 憲法（日本） | | | ○ | ○ | ○ | ○ |
| | 政治のしくみ | | ○ | ○ | ○ | ○ | ○ |
| | 国際経済 | | ○ | | ○ | | |
| | 国際政治 | | ○ | ○ | ○ | | ○ |
| | その他 | | ○ | ○ | ○ | ○ | ○ |
| | 公民総合 | | ○ | ○ | | | |
| 各分野総合問題 | | | | | | | |

# 国語 出題傾向の分析と合格への対策

## ●出題傾向と内容

本年度は，論説文一題，随筆一題，古文一題の大問構成となっていた。

論説文は，短歌をテーマにしたもので，内容吟味・文脈把握の問題が中心。要約の記述問題も出題された。また，脱語補充の形で要旨を完成させる問題も出題された。

随筆は，場面の様子をつかんだうえで心情をとらえて答える設問が中心。語句の意味も出題された。

古文は，文脈把握や内容吟味，仮名遣い，口語訳が問われた。

### 学習のポイント

問題集に取り組み，様々なジャンルの文章に読み慣れておく。言語事項や文学史など国語の基本知識もおさえておく。

## ●2024年度の予想と対策

論説文一題，小説か随筆一題，古文一題の大問構成は続くと思われる。基礎的な読解力を問われる設問が中心なので，文章を速く正確に読む力が求められる傾向は続くだろう。

特に，論説文では説明の展開，小説・随筆では心情についての理由と行動に表れた結果など，文脈を把握して解答する設問が，今後も出題の中心になると思われる。

また，文法，古文の係り結び，文学史などの知識問題も出題されることが予想される。

問題に数多く取り組んで，読解力を身につけておこう。

## ▼年度別出題内容分類表……

| 出題内容 | | | 2019年 | 2020年 | 2021年 | 2022年 | 2023年 |
|---|---|---|---|---|---|---|---|
| 内容の分類 | 読解 | 主題・表題 | ○ | ○ | | | ○ |
| | | 大意・要旨 | ○ | ○ | ○ | ○ | ○ |
| | | 情景・心情 | ○ | ○ | ○ | ○ | ○ |
| | | 内容吟味 | ○ | ○ | ○ | ○ | ○ |
| | | 文脈把握 | ○ | ○ | ○ | ○ | ○ |
| | | 段落・文章構成 | | | | | |
| | | 指示語の問題 | ○ | | ○ | ○ | ○ |
| | | 接続語の問題 | | ○ | | ○ | |
| | | 脱文・脱語補充 | ○ | ○ | ○ | ○ | |
| | 漢字・語句 | 漢字の読み書き | ○ | ○ | ○ | ○ | ○ |
| | | 筆順・画数・部首 | | | | | |
| | | 語句の意味 | ○ | ○ | ○ | ○ | ○ |
| | | 同義語・対義語 | ○ | | | | |
| | | 熟語 | | | | | |
| | | ことわざ・慣用句 | | ○ | | | ○ |
| | 表現 | 短文作成 | | | | | |
| | | 作文(自由・課題) | | | | | |
| | | その他 | | | | | |
| | 文法 | 文と文節 | | | | | |
| | | 品詞・用法 | | | ○ | | ○ |
| | | 仮名遣い | | ○ | ○ | ○ | ○ |
| | | 敬語・その他 | | | | | |
| | 古文の口語訳 | | ○ | ○ | ○ | ○ | ○ |
| | 表現技法 | | | | ○ | | |
| | 文学史 | | | | | | |
| 問題文の種類 | 散文 | 論説文・説明文 | ○ | ○ | ○ | ○ | ○ |
| | | 記録文・報告文 | | | | | |
| | | 小説・物語・伝記 | ○ | ○ | ○ | ○ | |
| | | 随筆・紀行・日記 | | | | | ○ |
| | 韻文 | 詩 | | | | | |
| | | 和歌(短歌) | | | | | ○ |
| | | 俳句・川柳 | | | | | |
| | 古文 | | ○ | ○ | ○ | ○ | ○ |
| | 漢文・漢詩 | | | | | | |

# 2023年度　合否の鍵はこの問題だ!!

## 数　学　4

(1)　$y=\frac{1}{2}x^2$…①　　①に$x=-4$を代入して，$y=\frac{1}{2}\times(-4)^2=8$　A$(-4,\ 8)$　　点Aと$y$軸について対称な点は，$y$座標は同じで$x$座標の符号が変わるから，C$(4,\ 8)$

(2)　①に$x=-2$を代入して，$y=\frac{1}{2}\times(-2)^2=2$　　B$(-2,\ 2)$

直線BCの傾きは，$\frac{8-2}{4-(-2)}=\frac{6}{6}=1$　　直線BCの式を$y=x+b$として点Bの座標を代入すると，$2=-2+b$　　$b=4$　　直線BCの式は，$y=x+4$

(3)　D$(0,\ 4)$　　点Cから$y$軸へ垂線CHをひくと，CH$=4$，DH$=8-4=4$　　求める体積は，底面が半径4の円で高さが8の円すいの体積から，底面が半径4の円で高さが4の円すいの体積をひいたものだから，$\frac{1}{3}\times\pi\times4^2\times8-\frac{1}{3}\times\pi\times4^2\times4=\frac{16}{3}\pi\times(8-4)=\frac{64}{3}\pi$

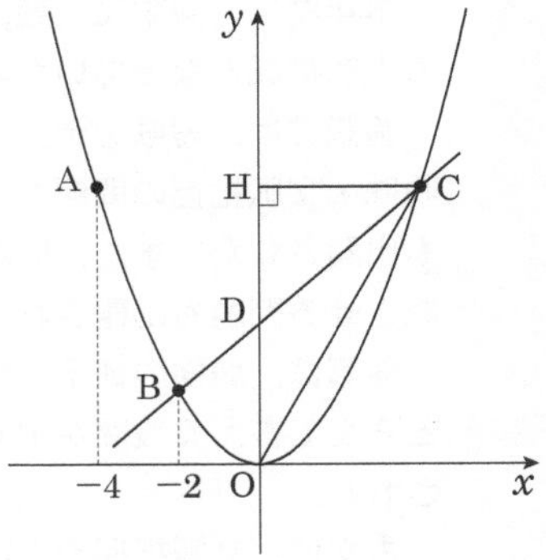


◎　図形と関数・グラフの融合問題は例年出題されているので，いろいろなパターンの解法を研究しておこう。

## 英　語　8

8の長文問題は，このテストの中で一番長い英文を使ったもので，配点も一番多いと思われるので，必ず高得点を取る必要がある。また，このテストの最後にあるため，余裕を持って解けるよう，時間配分にも注意する必要がある。

この長文で用いられている語彙や文法はごく標準的なものなので，その点は心配する必要がない。さらに，理解しやすい内容が書かれているので，比較的文脈を追いやすいだろう。よって，中学校で習う基礎的な内容をしっかりと復習しておけば特に困ることはないだろうと思われる。

設問を見ると，長文の内容を確認するためのものが並んでいる。特徴的であるのは，長文から読み取れる内容を日本語で短くまとめる問題が2問出されていることである。また，英文の質問に対して英文で答える問題も2問用意されていることにも注意したい。疑問文に対して正確に答える方法をよく学習しておきたい。

このような問題を解くには，中学校で習った単語や文法をきちんと復習した上で，長文を読む練習を重ねることが必要である。長文を読むことが苦手な人は，なるべく易しいものから始めてもよい。また，和訳を先に読んでから長文を読んだり，和訳を横に置いて読みくらべながら進めるのも一つの方法である。自分がやりやすい方法で始めて，入試の日までには，短い時間のうちにより正確に読み終えるだけの力をつけておくようにしたい。

# 理 科 [1]

本年も，物理，化学，生物，地学の各領域から広く出題された。実験や観察を素材にして，図表を重視した基本的な問題が多い。どの分野も語句の丸暗記ではなく，図表をよく見てストーリーをよく理解するように心がけて学習すれば，十分に合格点が取れる内容である。

[1]を取り上げる。[1]は電流と電子に関する内容であった。他の分野に比べ出題頻度も少なく，参考書や問題集での扱いも小さいため，学習が浅かった受験生もいたかもしれない。しかし，電子についての基本的な考え方ができれば，十分に合格点を取ることができる。

通常の電気回路では，電流は電池の＋極から－極へ動く。このとき，電子は－極から＋極へ動いている。だから，本問のような真空放電管では，電子は－極(陰極)から飛び出す。

3では，電子が－の電気を持っているため，＋の電気を持つCの方へ引き寄せられる。

4は少々考えにくい。電子は左から右に動いているが，そのときの電流の向きは右から左である。そのため，フレミング左手の法則では，左手の中指を左向き，人差し指を奥向きに向けると，親指は下向きになる。

6は，ウが間違いやすい。イオンになっていない原子は，どの原子も電子を持っているので，ガラスやプラスチックも電子を持っている。ただし，金属の電子のように自由に動けないので，ガラスやプラスチックは電流が流れない。

# 社 会 [3] 10・14

[3]10　公民の問題であるが，総合問題ともいうべき地理，歴史にも関係する文化に関する設問である。時事的要素も強く，日頃から内外の情報等に関心がないと答えられないであろう。世界遺産，伝統文化，文化の領域，日本文化と外国の文化の交流，新しい文化の創造等々，文化に関するさまざまな出題に対応できるようにインターネットを活用して調べておきたい。文化には衣食住の生活様式以外に，科学，宗教，芸術という領域がある。科学の発展が生活を向上させる一方，遺伝子操作やクローン技術の倫理的問題もでてきている。宗教は人間を超えた存在に対する信仰のことで，心の安らぎが得られる。芸術は音楽，美術，演劇，文芸など独自の表現で美を追求し心にうるおいを与え，時には社会的問題にもなりうる。

[3]14　三分野に関連する時事問題である。今日的課題である少子高齢社会の課題を考えさせ社会的関心度を評価している。その課題としては，医療・介護の現場での人手不足，社会保険料の値上げ，経済成長の低迷などが考えられる。高齢化進めば医療や介護の需要が増えるのは必然であるが，現在の医療・介護の現場の人手不足は解消できていない。社会保険とは，病気や怪我，失業などでの生活困難に対応する強制加入保険制度であるが，その財源は，公費(税金)および国民(主に労働者)や事業主が支払う保険料のため，少子高齢化の進行で国民1人当たりの負担が大きくなっている。経済成長の低迷も深刻で，労働者減少で社会全体の生産性が低下している。政府は，少子化社会対策基本法を制定し施策を検討している。

# 国語　一　問三

★　なぜこの問題が合否を分けたのか

設問の条件にしたがって解答する注意力が試される設問である。「本文中の二つの短歌の言葉を使って」という条件に注意して解答しよう！

★　こう答えると「合格できない」！

直後に「『ダシャン』の『ダ』である。この『ダ』に一種の命が凝縮されている」と説明されているが，この部分を要約するだけでは，「二つの短歌の言葉を使って」という条件を満たしていないので正解にならない。「二つの短歌に使われている言葉」としてどの部分を使うかを考えて解答しよう。

★　これで「合格」！

「二つの短歌」とは，「謝りに行った私を責めるよにダシャンと閉まる団地の扉」と「謝りに行った私を責めるよにガシャンと閉まる団地の扉」である。この後，筆者は，「『ダ』を『ガ』に替えただけで一首は死んでしまう」「『ガシャン』の慣用性に対して，『ダシャン』というオノマトペには一回性の新鮮さがある」と「魅力のポイント」を説明しているので，二首の歌の中から「ダシャン」と「ガシャン」を取り出して，「『ガシャン』ではなく『ダシャン』と表現している点」などとしよう！

MEMO

大切なことはメモしておこうネ！

# ダウンロードコンテンツのご利用方法

※弊社 HP 内の各書籍ページより，解答用紙などのデータダウンロードが可能です。

※巻頭「収録内容」ページの下部 QR コードを読み取ると，書籍ページにアクセスが出来ます。（ Step 4 からスタート）

**Step 1**　東京学参 HP（https://www.gakusan.co.jp/）にアクセス

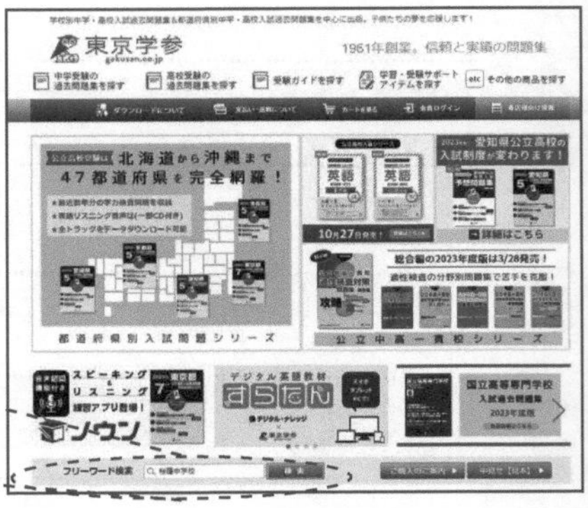


**Step 2**　下へスクロール『フリーワード検索』に書籍名を入力

**Step 3**　検索結果から購入された書籍の表紙画像をクリックし，書籍ページにアクセス

**Step 4**　書籍ページ内の表紙画像下にある『ダウンロードページ』をクリックし，ダウンロードページにアクセス

**Step 5**　巻頭「収録内容」ページの下部に記載されているパスワードを入力し，『送信』をクリック

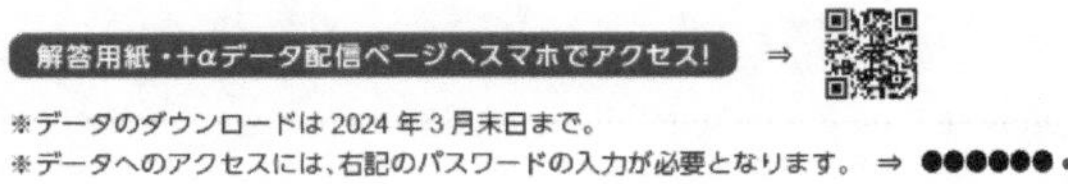


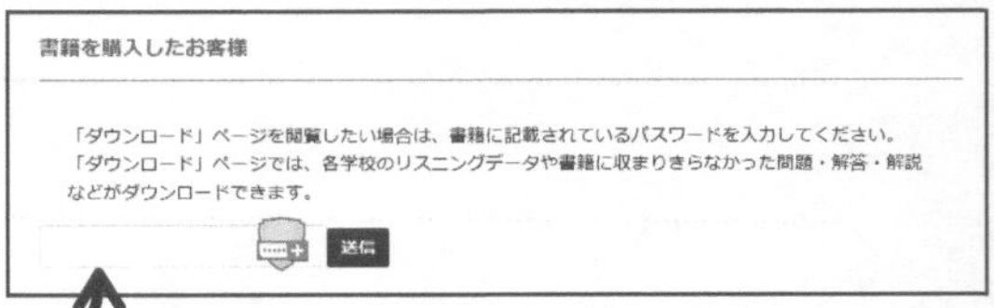


**Step 6**　使用したいコンテンツをクリック

※ PC ではマウス操作で保存が可能です。

# 2023年度

★★★★★★★★★★★★★★★★★★★★★★★★

# 入　試　問　題

## 2023年度

# 岐阜聖徳学園高等学校入試問題

**【数　学】**（45分）　＜満点：100点＞

**【注意】**　1　答えが分数になるときは，それ以上約分できない形で答えなさい。

　　　　　2　答えに根号が含まれるときは，根号の中は最も小さい自然数で答えなさい。

**1**　次の問いに答えなさい。

(1)　$6\div(-3)\times2^2$　を計算しなさい。

(2)　$\dfrac{x+2y}{3}-\dfrac{3x-y}{4}$　を計算しなさい。

(3)　$\sqrt{3}(\sqrt{6}-\sqrt{3})+3(1-\sqrt{2})$　を計算しなさい。

(4)　$y$ は $x$ に反比例する。$x=3$ で $y=2$ であるとき，$x=-6$ のときの $y$ の値を求めなさい。

(5)　2次方程式 $x^2-7x+a=0$　の1つの解が－1であるとき，$a$ の値ともう1つの解を求めなさい。

(6)　$a=\dfrac{1}{2}$，$b=\dfrac{3}{4}$ のとき，$a^2+4ab+4b^2$の値を求めなさい。

(7)　次の数のうち，1番大きい数を答えなさい。

1.3　　$\dfrac{\sqrt{6}}{3}$　　$\dfrac{2}{\sqrt{3}}$　　$\sqrt{1.8}$

**2**　聖子さんは，高校生 YouTuber として活躍している。聖子さんが投稿した動画Aと動画Bは，合わせて100万回再生された。また，動画Aの3分の1の再生回数と，動画Bの半分の再生回数を合わせると46万回再生されている。このとき，次の問いに答えなさい。

(1)　動画Aの再生回数を $x$，動画Bの再生回数を $y$ として連立方程式をつくりなさい。

(2)　動画A，動画Bのそれぞれの再生回数を求めなさい。

**3**　四角形ABCDがあり，2本の対角線の交点をOとする。このとき，次の問いに答えなさい。

(1)　次の条件ア～オがそれぞれ満たされるとき，四角形ABCDが必ず平行四辺形になる場合をすべて選び，符号で書きなさい。

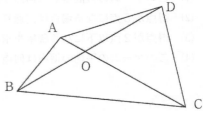

ア　AD//BC,　　AB＝DC

イ　OA＝OD,　　OB＝OC

ウ　AB＝DC,　　AD＝BC

エ　OA＝OC,　　OB＝OD

オ　∠DAB＝∠DCB,　∠ABC＝∠ADC

(2)　(1)のアの条件に∠AOB＝90°が加わった場合の図形の名称を書きなさい。

**4** 関数 $y=\frac{1}{2}x^2$ のグラフ上に点A，点Bがあり，それぞれの $x$ 座標は－４，－２である。このとき，次の問いに答えなさい。

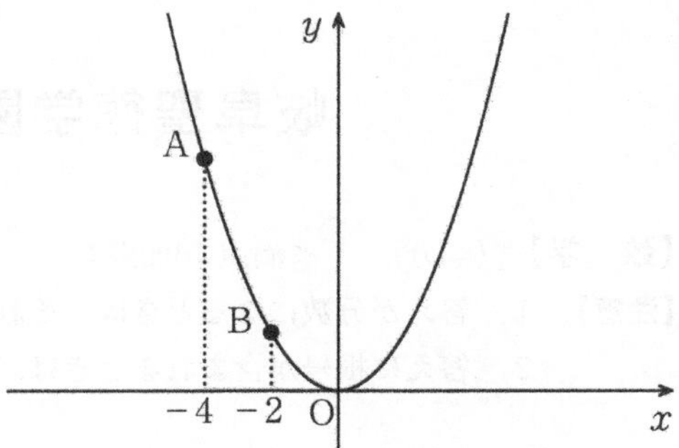


(1) 点Aと $y$ 軸について対称な点Cの座標を求めなさい。

(2) 直線BCの式を求めなさい。

(3) 直線BCと $y$ 軸との交点をDとする。三角形CDOを辺DOを軸として１回転させてできる立体の体積を求めなさい。ただし，円周率を $\pi$ とする。

**5** ３，７，11，15，…と続く数の列がある。次の問いに答えなさい。

(1) この数の列の規則性を述べなさい。

(2) 67は左から何番目の数か求めなさい。

(3) 初めから30番目の数までの和はいくつになるか求めなさい。

**6** 次のデータは，徳男君がＧ市の1970年と2020年における，月ごとの平均気温を調べたものである。次の問いに答えなさい。

| | 1月 | 2月 | 3月 | 4月 | 5月 | 6月 | 7月 | 8月 | 9月 | 10月 | 11月 | 12月 |
|---|---|---|---|---|---|---|---|---|---|---|---|---|
| 1970年 | 3.0 | 4.6 | 4.5 | 12.8 | 19.1 | 20.7 | 25.8 | 27.0 | 23.9 | 17.0 | 10.9 | 5.2 |
| 2020年 | 7.6 | 7.0 | 10.4 | 13.1 | 20.4 | 24.6 | 25.4 | 30.3 | 25.4 | 18.1 | 13.9 | 7.2 |

(℃)

(1) 1970年のデータにおいて，中央値を求めなさい。

(2) 2020年のデータにおいて，第３四分位数を求めなさい。

(3) 1970年のデータにおいて，四分位範囲を求めなさい。

(4) 2020年のデータにおいて，箱ひげ図をかきなさい。

**7** ２個のさいころと，２枚の硬貨を投げて得点を競うゲームがある。ゲームのルールは，さいころで偶数の目が出ればそれぞれ２点。硬貨は表が出ればそれぞれ１点が得られる。このゲームを１回行うとき，次の問いに答えなさい。ただし，さいころの目の出方と硬貨の表裏の出方は同様に確からしいとする。

(1) このゲームの最高得点は何点か求めなさい。

(2) 得点が５点になる場合は何通りあるか求めなさい。

(3) 得点が２点以下になる確率を求めなさい。

(4) このゲームの平均の得点は何点になるか求めなさい。

【英　語】（45分）　＜満点：100点＞

## 1　放送を聞いて答える問題

1　これから放送する(1)～(4)の絵に関する短い英文を聞き，質問に対する答えとして最も適切なものを，次のア～エから１つずつ選び，それぞれ符号で答えなさい。なお，英文は２回繰り返します。

(1)

ア

イ

ウ

エ

(2)

ア

イ

ウ

エ

(3)

ア

イ

ウ

エ

(4)

ア

イ

ウ
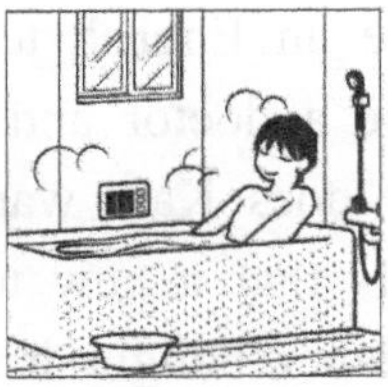

エ

2　これから放送する(1)～(3)の対話を聞き，質問に対する答えとして最も適切なものを，次のア～エから１つずつ選び，それぞれ符号で答えなさい。なお，英文は２回繰り返します。

(1)　ア　A doctor.　　イ　A teacher.
　　ウ　A nurse.　　エ　A scientist.

(2)　ア　A ball.　　イ　A racket.
　　ウ　A pair of shoes.　　エ　A cap.

(3)　ア　At ten o'clock.　　イ　At ten thirty.
　　ウ　At ten forty.　　エ　At ten fifty.

3　これから放送する(1)～(3)の短い英文を聞き，質問に対する答えとして最も適切なものを，次のア～エから１つずつ選び，それぞれ符号で答えなさい。なお，英文は２回繰り返します。

(1)　ア　For a week.　　イ　For three weeks.
　　ウ　For a month.　　エ　For a year.

(2)　ア　A green one.　　イ　A white one.　　ウ　A blue one.　　エ　A black one.

(3)　ア　By car.　　イ　By bus.　　ウ　By bike.　　エ　On foot.

＜ Listening script ＞

1

(1) This is a picture of Kanako's favorite animal.  It is small and has long ears.
Question: Which is Kanako's favorite animal?

(2) Keita usually practices tennis on Sundays.  But it is raining hard now.  So he is going to clean his room this morning and read an Enghsh book in the afternoon.
Question: What is Keita going to do this morning?

(3) Akane's brother lives in Canada and is studying Enghsh.  He sent her a picture of himself with his classmates.  He is standing next to the girl with long hair.  He is the tallest of them all.
Question: Which picture did Akane get from her brother?

(4) Shinya wanted to play a video game after taking a bath.  But he didn't.  He was too tired because he had a hard soccer practice.  He went to bed soon after taking a bath.
Question: What did Shinya do just before going to bed?

2

(1) A: Ken, what do you want to be in the future?
B: I want to be an Enghsh teacher.  How about you, Kate?
A: I want to be a doctor and help sick people.
Question: What does Kate want to be in the future?

(2) A: Hi, Amy.  Is that a new tennis racket?
B: Yes.  My father bought it for me as a birthday present.
A: Are your tennis shoes new, too?
B: No, they aren't.  My sister gave them to me.  She didn't use them often, so they look new.
Question: What did Amy get as a birthday present?

(3) A: What time is it now?
B: It's ten thirty.
A: When is the next bus?
B: Ten minutes from now.  Oh, wait.  It's Sunday today.  We'll have to wait for twenty minutes.

Question: What time will the next bus come?

3

(1) A student from Canada will come to my house next week. He is going to stay in Japan for a month. He has been studying Japanese for a year and has been here to Japan three times.

Question: How long will the student stay in Japan?

(2) Ken went shopping and wanted to buy a blue T-shirt. But he couldn't find a blue one.

He thought about buying a green T-shirt or a black T-shirt, but they were too expensive for him. So, he bought a white T-shirt instead.

Question: What color T-shirt did Ken buy?

(3) Mary is a student at Western School. It is too far to walk there, so she usually goes to school by bike. But she doesn't go to school by bike when it rains. It takes longer to go to school by bus than by car. So Mary's mother takes her to school by car.

Question: How does Mary go to school when it rains?

**2** 次の（ ）内に入る最も適切な語句を，次のア～エから１つずつ選び，それぞれ符号で答えなさい。

1 Seiko (　　　) a walk every morning.

ア take　イ takes　ウ taking　エ to take

2 Go straight, (　　　) you can see the post office on your right.

ア also　イ but　ウ or　エ and

3 A friend of (　　　) went to Australia last month.

ア I　イ my　ウ me　エ mine

4 I'm looking (　　　) my dictionary.

ア for　イ from　ウ in　エ to

5 The girl (　　　) over there is my sister.

ア run　イ runs　ウ running　エ is running

**3** 次の日本文に合うように，（ ）内に入る最も適切な語を，それぞれ１つずつ答えなさい。

1 今朝私が起きた時，雪が降っていました。

It was (　　　) when I got up this morning.

2 あなたはもう宿題を終えましたか。

Have you finished your homework (　　　)?

3 かべに掛かっている絵を見てください。

Look at the picture (　　　) the wall.

4 明日は駅前で会いましょう。

Let's meet in (　　　) of the station tomorrow.

5　彼はこのクラスで最も背の高い男の子の一人です。

He is one of the tallest (　　　　) in this class.

**4**　次の日本文の意味を表すように，(　) 内の語句を並べかえて，英文を完成させなさい。ただし，(　) 内には，それぞれ不要な語が１つある。

1　私はテニス部に入っています。

( in / to / the / belong / I / club / tennis ).

2　この本はあの本よりおもしろいです。

( more / one / it / that / this / than / book / interesting / is ).

3　私は，今日そこへ行く時間がありません。

( have / go / don't / I / going / to / time / there ) today.

4　あなたは，すぐに英語を話せるようになります。

( English / you / be / to / able / will / speak / can ) soon.

5　こちらはたくさんの人が訪れる博物館です。

( people / visiting / this / the / is / visited / a lot of / museum / by ).

**5**　次の各組の英文がほぼ同じ内容になるように，(　) 内に入る最も適切な語を，それぞれ１つずつ答えなさい。

1 { This school is 100 years old.
  This school (　　　　)(　　　　) 100 years ago.

2 { My brother runs very fast.
  My brother (　　　　) a very fast (　　　　).

3 { What is the price of this book?
  (　　　　)(　　　　) is this book?

4 { This food is too hot for me to eat.
  This food is (　　　　) hot (　　　　) I can't eat it.

5 { He can play the piano well.
  He is (　　　　) at (　　　　) the piano.

**6**　次のグラフから必要な情報を読み取り，文中の ① ， ② に入る最も適切なものを，あとのア～エから１つずつ選び，それぞれ符号で答えなさい。

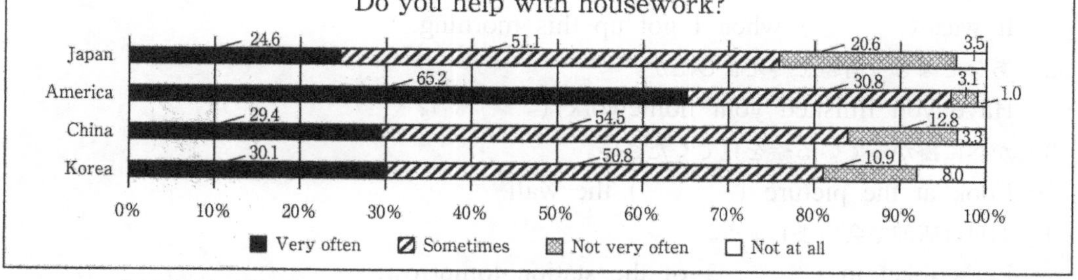


（国立青少年教育振興機構「高校生の社会参加に関する意識調査報告書」（令和３年６月発行）を元に作成）

This is a survey given to high school students in four countries. About 12,000 students answered this survey. In this survey, the percentage of students who answered "Very often" is [ ① ]. The percentage of "Very often" is the lowest in Japan. About students who answered "Sometimes," the percentage is the lowest in America and the highest in China. This survey shows that [ ② ] chose "Very often" or "Sometimes."

（注） housework 家事 survey 調査

① ア almost the same in China and Korea
　 イ higher in Japan than in America
　 ウ the highest in Korea
　 エ the lowest in America

② ア over 90% of students in Japan　　イ over 90% of students in America
　 ウ over 90% of students in China　　エ over 90% of students in Korea

7 高校生のKana（カナ）とKanaの家にホームステイをしている留学生のEric（エリック）が会話しています。次の英文を読んで，1～5の質問に対する答えとして最も適切なものを，下のア～コから1つずつ選び，それぞれ符号で答えなさい。

Kana : How about going skiing with us next Sunday? You said you liked skiing, right?

Eric : Yes, but I can ski in America. I want to do something special here in Gifu.

Kana : Ok. Then, how about making *kanjiki*?

Eric : *Kanjiki*? What's that? I've never heard of it.

Kana : Wait a minute. I'll show you a picture.

Eric : Oh, they look like snowshoes. I'd like to make *kanjiki*.

Kana : After that, how about a walking tour? It will be fun because you can see animal footprints.

Eric : Sounds good. Do we have time after that? I've seen Shirakawa-go light up on the Internet, but I'd like to see it in person.

Kana : I've never seen it, either. I also want to see it, but we'll need to make reservations first. I'll ask my father to take us there another day.

…… Two weeks later ……

Eric : The Shirakawa-go light up was so beautiful. I was glad to see it. Please thank your father for taking us there. I'll never forget about today.

（注） *kanjiki* かんじき footprint 足跡 in person 直接
make a reservation 予約する
ask ～ to… ～に…することを頼む

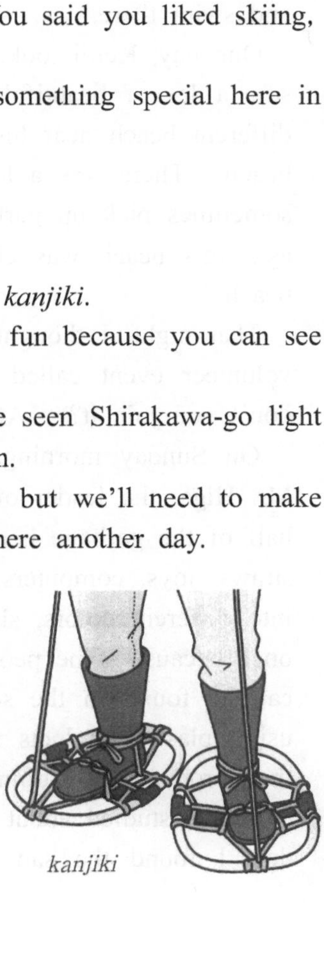

*kanjiki*

1 Did Eric go skiing in Gifu on Sunday?
2 What did Kana show Eric?
3 How did Eric learn about Shirakawa-go light up?
4 Has Kana ever seen Shirakawa-go light up?
5 Who took Eric and Kana to Shirakawa-go?

ア No, she has never seen it.　　イ A picture of Shirakawa-go.
ウ No, he didn't.　　エ Kana's father did.
オ A picture of *kanjiki*.　　カ He saw it on the Internet.
キ Kana did.　　ク Yes, she has seen it once.
ケ Kana told Eric about it.　　コ Yes, he did.

8 Takuya（タクヤ）は夏休みに，沖縄に移住した祖父母（grandparents）のKenji（ケンジ）とSumi（スミ）を訪ねました。次の英文を読んで，後の問いに答えなさい。

I visited my grandparents during summer vacation. They live in Okinawa now. I knew that the sea in Okinawa is beautiful because I saw it on TV and in pictures. This was my first visit to Okinawa, so I wanted to see the beautiful sea and swim there.

One day, Kenji took me to the beach I wanted to visit. I swam in the sea and saw a lot of beautiful fish. I had a good time. After that, he took me to a different beach near his house on our way home. I was very shocked to see the beach. There was a lot of plastic garbage there. Kenji said to me, "Sumi and I sometimes pick up garbage here. When we started to live in Okinawa five years ago, this beach was clean and beautiful. There wasn't a lot of garbage on the beach."

That night, I thought about this problem. Then, Sumi said to me, "There is a volunteer event called Beach Cleanup next Sunday. If you are interested, why don't you join it?" After thinking about it a little, I decide to join it.

On Sunday morning, I went to Blue Beach. About thirty people were there. Mr. Higa, the leader of the event, taught me a lot. He said to me, "I think that half of the garbage here is plastic products. Plastic is used to make bottles, bags, straws, toys, computers, and even clothes. It is useful because it can be changed into different colors, shapes, and sizes. But many plastic products are used only once because some people don't recycle them. A large number of plastic products can be found in the sea later. Many companies around the world have stopped using plastic products recently but people also have to know how much garbage they produce. By doing so, they may think about the pollution more seriously."

I have studied about plastic products more since I returned from Okinawa. One day, I found the sad news on the Internet. Many seabirds died because their stomachs were full of plastics and they were not able to eat food any more. Because of stories like this, I think that the situation of plastic pollution is getting worse. What can I do? Garbage produced by people will remain forever if it is not picked up by them. Picking up garbage may be a small thing but I want to continue to join volunteer activities.

(注) A large number of ~ 大量の～ seabird 海鳥 stomach 胃袋 pollution 汚染
worse bad の比較級 remain 残る

1 次の(1), (2)の質問に対する答えを，英文で書きなさい。

(1) How long have Takuya's grandparents lived in Okinawa?

(2) What have many companies done recently?

2 Kenj は彼の家の近くのビーチは，以前はどうだったと言っているか，日本語で書きなさい。

3 次の(1)～(5)の英文が本文の内容に合っていればTを，間違っていればFを，それぞれ書きなさい。

(1) Takuya has been to Okinawa many times.

(2) Takuya wanted to swim in the sea, but he couldn't.

(3) About thirty people joined Beach Cleanup.

(4) All of the garbage on Blue Beach was plastic products.

(5) The news about seabirds made Takuya sad.

4 Takuya は何をしたいと考えているか，日本語で書きなさい。

5 英文のテーマとして最も適切なものを，次のア～エから１つ選び，符号で書きなさい。

ア an exciting experience in Okinawa

イ how many plastic products we produce

ウ how to recycle plastic products

エ a problem which is caused by plastic products

## 【理　科】（45分）　＜満点：100点＞

1　電気の性質について調べるために次の実験を行った。1～6の問いに答えなさい。

〔実験〕

❶　図1のように，十字形金属の入った真空放電管に電極をつなぎ，放電させてガラス面の変化を観察した。

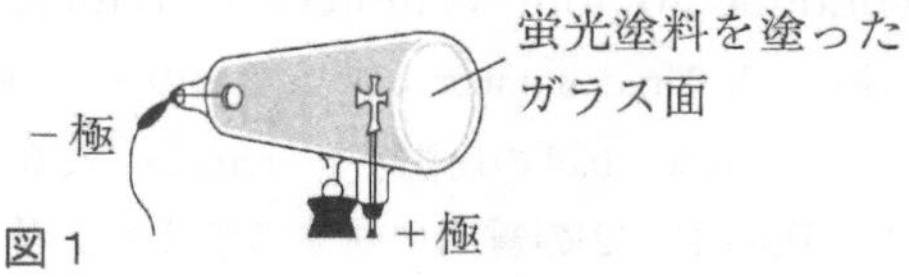

図1

❷　真空放電管を図2のものに変え，電極A，電極Bに電圧を加えて，蛍光板に光る道筋を観察した。

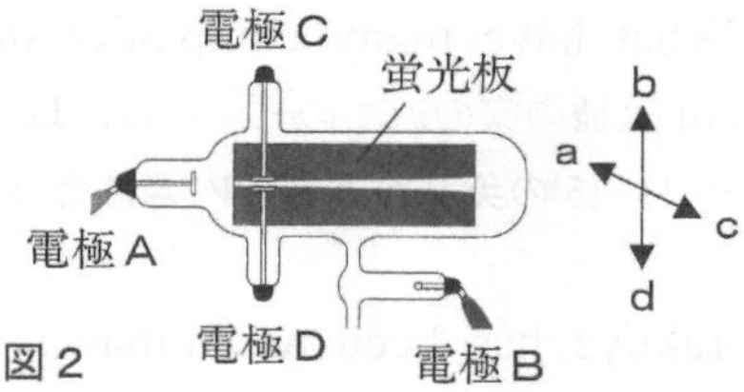

図2

❸　図2において，電極A，電極Bに電圧を加えたまま，電極Cを＋極，電極Dを－極につないで電圧を加え，光る道筋の変化を観察した。

❹　図3のように，電極A，電極Bに電圧を加え，U字形磁石を近づけて，光る道筋の変化を観察した。

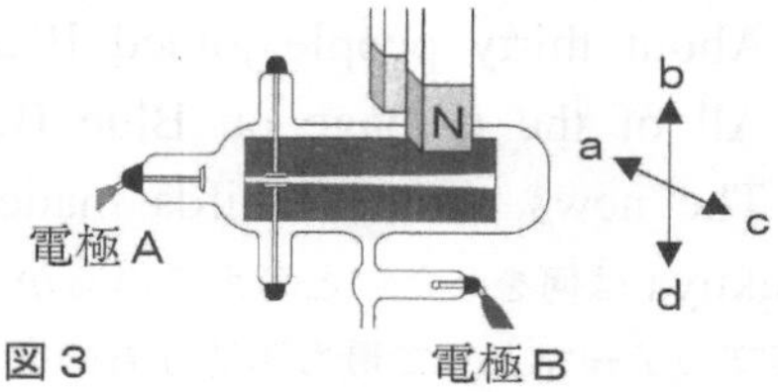

図3

1　❶について，観察されるガラス面の様子として最も適切なものを，次のア～エから1つ選び，符号で書きなさい。

ア

光らない

イ
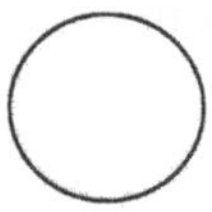
全体が光る

ウ

十字形に光る

エ

十字形にかげができる

2　❷について(1)，(2)の問いに答えなさい。

(1)　この光る道筋を何というか。ことばで書きなさい。

(2)　電極Aは，＋極か，－極のどちらか。ことばで書きなさい。

3　❸について，光る道筋はどのように動くか。図2のa～dから1つ選び，符号で書きなさい。

4　❹について(1)，(2)の問いに答えなさい。

(1)　光る道筋はどのように動くか。図3のa～dから1つ選び，符号で書きなさい。

(2)　最も関連の深い現象を，次のア～エから1つ選び，符号で書きなさい。

ア　モーターに電流を流すと，モーターが回転する。

イ　電熱線に電流を流すと，発熱する。

ウ　布でこすったストローとアクリルパイプが引き合った。

エ　鉄に磁石を近づけると，鉄が磁石に引き付けられた。

5　光る道筋は電気をもつ小さな粒子の流れである。この粒子を何というか。ことばで書きなさい。

6　5の説明として適切なものを，次の**ア**～**オ**からすべて選び，符号で書きなさい。

**ア**　＋の電気を帯びている。

**イ**　銅やアルミニウムなどの金属中に存在しない。

**ウ**　ガラスやプラスチック中に存在する。

**エ**　回路中では，乾電池による電気によって力を受けて移動する。

**オ**　電流が流れているとき，＋極に達したこの小さな粒子は乾電池の中に入っていく。

**2**　混合物から純物質を分離するため，次の実験を行った。1～6の問いに答えなさい。

〔実験〕

❶　丸底フラスコに，水とエタノールの混合物，沸騰石を入れ，図の装置で加熱した。

❷　温度計で温度を測りながら，出てきた物質を試験管に2 $cm^3$ずつ5本集めた。

❸　その後も加熱を続けたところ，丸底フラスコ内の液体が沸騰した。

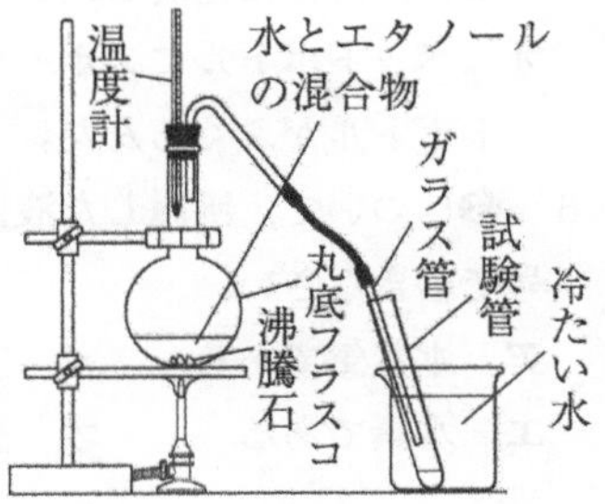


**図**

1　下の**ア**～**ウ**はそれぞれ固体，液体，気体のいずれかの粒子の運動の様子を表している。液体と気体の様子を表すものとして最も適切なものを，次の**ア**～**ウ**からそれぞれ1つずつ選び，符号で書きなさい。

**ア**

**イ**

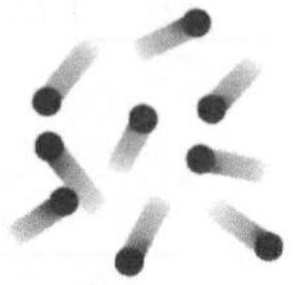

**ウ**

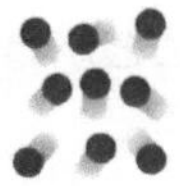

2　❶について，このような実験操作を何というか。ことばで書きなさい。

3　❷について，加熱時間と温度の関係を表すグラフとして最も適切なものを，次の**ア**～**カ**から1つ選び，符号で書きなさい。

**ア**

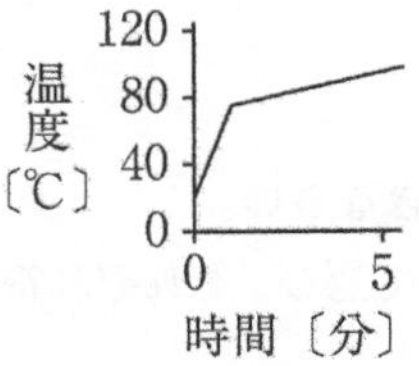


**イ**

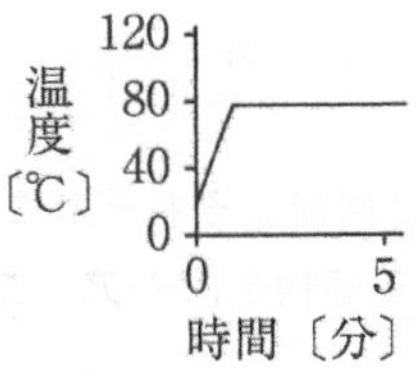


**ウ**

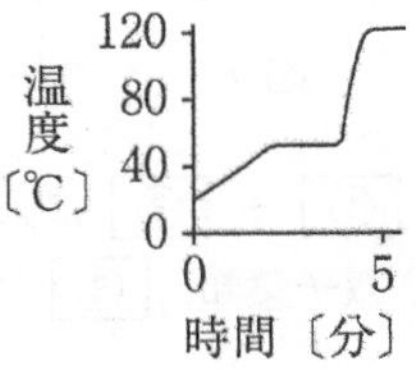


**エ**

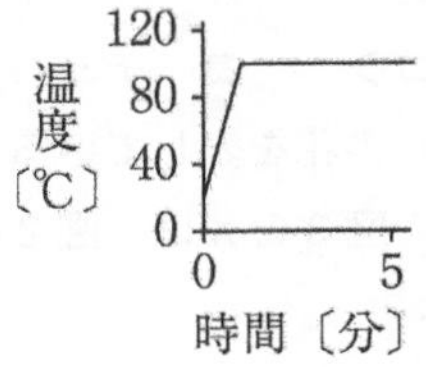


**オ**

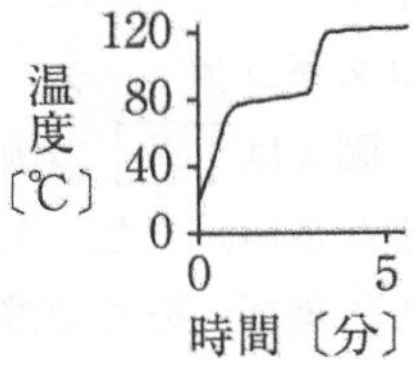


**カ**

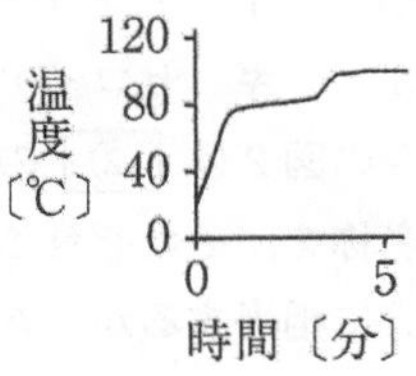

4　１本目から５本目の試験管のうち，エタノールが最も多く含まれる試験管は何本目か。ことばで書きなさい。

5　ガラス管を試験管内の液体に入れたまま加熱をやめると，試験管内の液体が丸底フラスコへ流れ込むことがある。これと同様の理由で起こる現象として適切なものを，次の**ア**～**オ**からすべて選び，符号で書きなさい。

**ア**　金属製コップに氷水を入れて放置すると，コップの外側に水滴がついた。

**イ**　マスクをして眼鏡をしていたら，眼鏡が曇った。

**ウ**　お弁当をよく冷やさないままふたをし，数時間放置したところ，ふたがとれにくくなった。

**エ**　野菜をのせた皿にラップをかけ，電子レンジで加熱した後に取り出すと，次第にラップがへこみ，野菜に密着した。

**オ**　ペットボトルにスポーツ飲料をいっぱいになるまで入れ，ふたをして冷凍したところ，ペットボトルがふくらんだ。

6　❸について，沸騰した液体から出る泡として最も適切なものを，次の**ア**～**オ**から１つ選び，符号で書きなさい。

**ア**　水蒸気である　**イ**　空気である　**ウ**　真空である

**エ**　水素である　**オ**　酸素である

3　次の文章を読み，１～５の問いに答えなさい。

図１は植物の分類を表したものである。植物を分類するとき，多くの植物に共通する特徴にまず注目する。初めに，ふえ方に注目すると，植物は，種子をつくる種子植物と種子をつくらないコケ植物・［①］に分類することができる。次に，種子植物は，子房の有無に注目すると，［②］と［③］に分類することができる。さらに［②］は，子葉の数に注目すると，単子葉類と双子葉類に分類することができる。

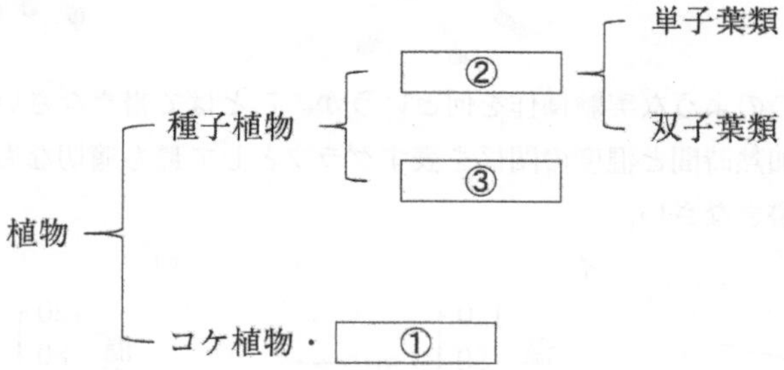

図１

1　文章中の［①］～［③］に入る分類名は何か。それぞれことばで書きなさい。

2　単子葉類，双子葉類，［③］にあてはまる植物を次の**ア**～**コ**からすべて選び，それぞれ符号で書きなさい。

**ア**　イチョウ　**イ**　アブラナ　**ウ**　イネ　**エ**　イヌワラビ　**オ**　サツキ

**カ**　アサガオ　**キ**　セコイア　**ク**　コスギゴケ　**ケ**　トウモロコシ　**コ**　チューリップ

3　次のページの**図２**は［②］の花の断面，**図３**は［③］の例としてマツの花を表している。**図３**のＸとＹの名称を，それぞれことばで書きなさい。また，次のページの**図３**のＸは，**図２**のＡ～Ｆのどの部分に相当するか，Ａ～Ｆから１つ選び，符号で書きなさい。

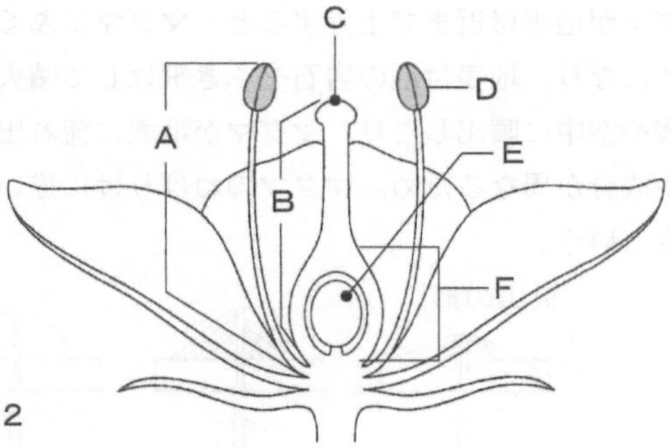


図２

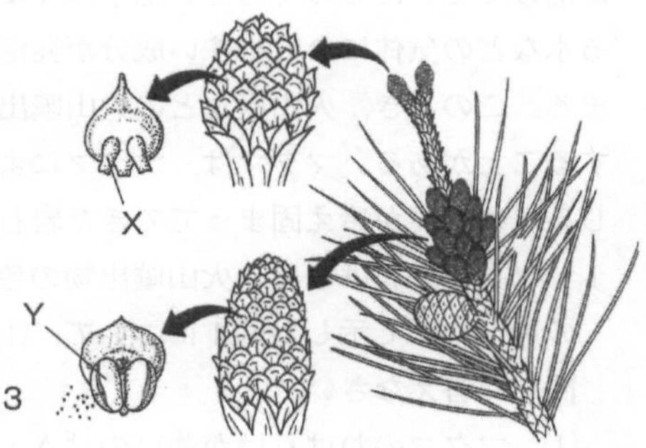


図３

4　コケ植物と ① を区別して分類するには，どのような特徴に注目すればよいか。簡潔に書きなさい。

5　次の文中の ④ ， ⑤ ， ⑥ の組み合わせとして適切なものを，表から１つ選び，ア～クの符号で書きなさい。

> 図４のＡ～Ｄは単子葉類と双子葉類の葉と根の様子をそれぞれ表したものである。ヒマワリなどの ④ の葉脈のようすは図４の ⑤ で，根のようすは図４の ⑥ である。

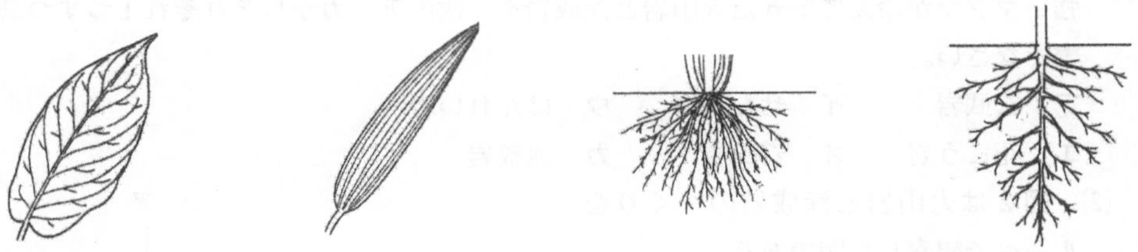

図４　Ａ　Ｂ　Ｃ　Ｄ

表

| | ④ | ⑤ | ⑥ |
|---|---|---|---|
| ア | 単子葉類 | A | C |
| イ | 双子葉類 | A | C |
| ウ | 単子葉類 | B | C |
| エ | 双子葉類 | B | C |
| オ | 単子葉類 | A | D |
| カ | 双子葉類 | A | D |
| キ | 単子葉類 | B | D |
| ク | 双子葉類 | B | D |

**4**　火山と火成岩について，次の文章を読み，あとの１～３の問いに答えなさい。

火山は，火山活動により地上にもたらされた噴出物によってつくられている。火山活動により地上にもたらされる物のひとつにマグマがある。マグマとは，地球内部の熱などにより，地下の岩石が溶けてできたものである。地下深くにあるマグマが地表付近まで上昇すると，マグマにふくまれる水などの気体になりやすい成分が発泡して気体になり，地表付近の岩石をふき飛ばして噴火が始まる。このとき，火山灰などの火山噴出物が地表や空中に噴出したり，マグマが地表に流れ出たりすることがある。マグマは，マグマにより温度や成分が異なるため，マグマのねばりけに違いが生じる。マグマが冷え固まってできた岩石を火成岩という。

1　マグマのねばりけと火山噴出物の色，火山の形について示した**図1**について，(1)，(2)の問いに答えなさい。

(1)　マグマのねばりけが強いのは**A**，**B**のうちどちらか。符号で書きなさい。

(2)　火山噴出物の色が白っぽいのは**a**，**b**のうちどちらか。符号で書きなさい。

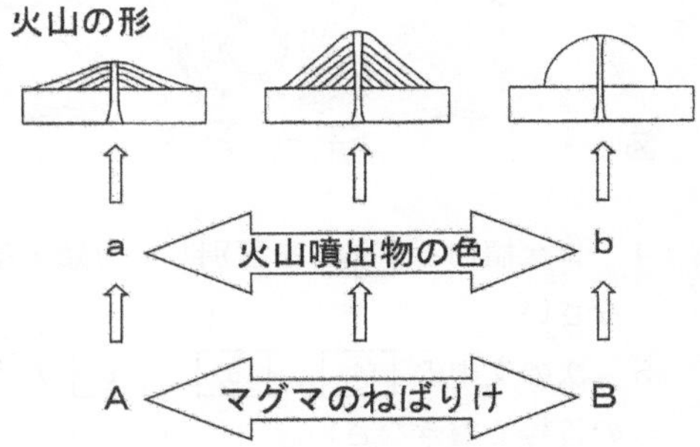

**図1**

2　マグマが地表付近まで運ばれ，地表や地表付近で短い時間で冷え固まった火成岩を火山岩という。一方，地上に噴き出ることなく，地下の深いところでたいへん長い時間をかけて冷え固まった火成岩を深成岩という。火山岩と深成岩について，(1)，(2)の問いに答えなさい。

(1)　火成岩のうち，最もねばりけが弱いマグマが冷えてできた火山岩と深成岩，最もねばりけが強いマグマが冷えてできた火山岩と深成岩を，次の**ア**～**カ**からそれぞれ1つずつ選び，符号で書きなさい。

**ア**　玄武岩　　**イ**　せん緑岩　　**ウ**　はんれい岩

**エ**　花こう岩　　**オ**　安山岩　　**カ**　流紋岩

(2)　**図2**は火山岩と深成岩のつくりをルーペで観察した図である。

①　深成岩を観察した図は，**図2**の**A**，**B**のうちどちらか。符号で書きなさい。

②　**図2**の**A**，**B**のようなつくりを何というか。それぞれことばで書きなさい。

③　**図2**の**B**の**ア**，**イ**を何というか。それぞれことばで書きなさい。

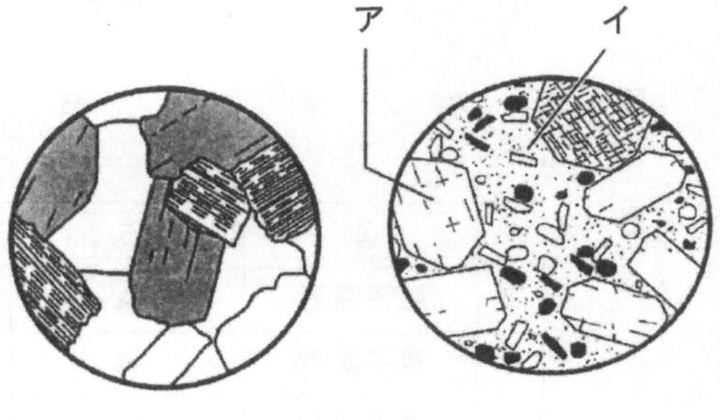

**図2**　　A　　B

3　火山噴火にともなう火山灰が，固まってできた岩石を何というか。ことばで書きなさい。

【社　会】（45分）　＜満点：100点＞

1　次の**写真1**～**写真6**を見て，１～６の問いに答えなさい。

写真１

写真２

写真３

写真４

写真５

写真６

1　**写真1**は，15世紀後半に，将軍のあとつぎ問題をめぐって有力な守護大名が対立したことで起こった争いである。(1)～(3)の問いに答えなさい。

写真７

(1)　この争いを何というか，書きなさい。

(2)　**写真7**はこの戦乱に動員された雇い兵である。この兵を何というか，書きなさい。

(3)　この戦乱後に広まった，家来が主人に打ち勝つことを何というか，書きなさい。

2　**写真2**は，大航海時代の様子を描いたものである。(1)～(3)の問いに答えなさい。

(1)　**写真2**の中央に描かれている人物は，スペインから支援を受け，アジアまでの航路を切り拓こうとした人物である。人物名を書きなさい。

(2)　(1)の人物が発見した新大陸では古代から続く独自の文明が栄えていた。南アメリカで築かれ，15世紀に最盛期を迎えた国家を何というか，書きなさい。

(3)　(1)の人物が新大陸に上陸してからの様子について書かれた次の**ア**～**エ**のうち，適切でないものを１つ選び，符号で書きなさい。

**ア**　先住民の支配者を武力でたおした後，強制労働をさせ，農園を開いた。

**イ**　先住民に開拓させた鉱山から産出した銀を，ヨーロッパに輸出した。

**ウ**　ジャガイモやとうもろこしなどの栽培作物がヨーロッパに伝えられ，世界各地に広まった。

**エ**　ヨーロッパの人口は，アメリカ大陸から持ち込まれた伝染病により人口が激減した。

3　**写真3**は，江戸時代の外交の様子を描いたものである。(1)～(3)の問いに答えなさい。

(1)　江戸時代の外交政策は「鎖国」と呼ばれ，限定した場所のみで異国との関係を作っていた。当時，異国との窓口となっていた場所として適切でないものを，次のページの**地図**の**ア**～**オ**から

１つ選び，符号で書きなさい。

(2) 前のページの**写真３**の場所では，中国・オランダとの貿易が行われていた。両国に対する輸出品のうち，いりこ・干しあわび・ふかひれなどをつめたものを何というか，書きなさい。

(3) 17世紀後半から，来航した中国人に対して唐人屋敷に住まわすようになった。その理由を簡潔に書きなさい。

地図

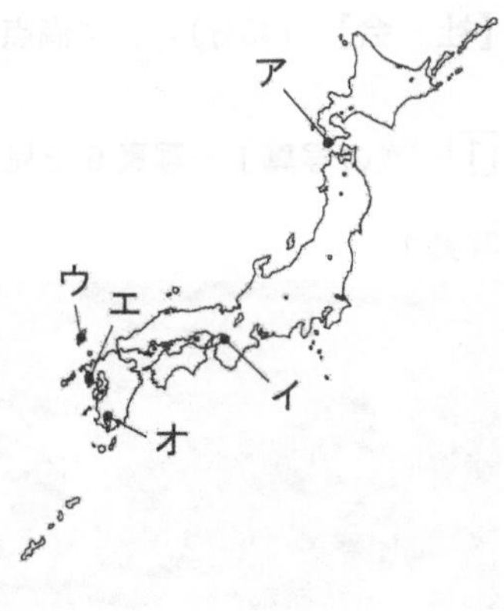


4 前のページの**写真４**に関連する次の文を読んで，(1)～(3)の問いに答えなさい。

> 1789年，パリの民衆が①バスチーユ牢獄を襲撃し，これをきっかけにフランス革命が始まった。三部会の平民議員たちは新たに国民議会を作り，人間としての自由や平等などを唱える［ a ］を発表した。しかし，②革命の広がりをおそれる周囲の国々が干渉したため戦争が始まった。革命政府は，王政を廃止して共和政を始め，国民に徴兵制を課すなど軍事力を強化していった。こうした動きの中で，軍人の［ b ］が政権をにぎり，1804年に皇帝の位につき，イギリス以外のヨーロッパの大部分の支配者となった。その後ロシアに大敗し，他のヨーロッパ諸国もフランスの支配に対して立ち上がり，［ b ］の帝国は1815年に終わった。その後，フランスは王政にもどったが，③1830年にも革命が起こり，続けて④1848年にも革命が起ったことで，フランスは再び共和政となった。

(1) 文中の［ a ］，［ b ］にあてはまることばを，それぞれ書きなさい。

(2) **写真４**が表している様子について適切なものを，文中の――部①～④から１つ選び，数字で書きなさい。

(3) 右の**写真８**は，フランス革命が起こる前の社会状況を描いたものである。これが表している内容を，次の**ア**～**エ**から１つ選び，符号で書きなさい。

**写真８**

**ア** 貴族と軍隊が，植民地の人々に様々な税金をかけている。

**イ** 聖職者と平民が，権力を持つ横暴な貴族を打倒しようとしている。

**ウ** 聖職者と貴族が，平民に重税を課して贅沢《ぜいたく》な暮らしをしている。

**エ** 国王と聖職者が，絶対王政のもとで貴族を打倒している。

5 前のページの**写真５**は，19世紀に起こったイギリスと清との戦争の様子である。(1)～(3)の問いに答えなさい。

(1) イギリスの船はA，Bのどちらか，符号で書きなさい。

(2) この戦争が起こった原因についてまとめた次のページの文中の［ a ］，［ b ］にあてはまることばを，それぞれ書きなさい。

> イギリスは，清から [ a ] や陶磁器，絹などを大量に輸入していたため，清との貿易は大きな赤字であった。それを解消するためにイギリスは，インドで [ b ] を栽培させて清に売り，中国製品を買うようにした。それに対して清が取り締まりを強化したため，イギリスは戦争を起こした。

(3) この戦争の結果，イギリスが手に入れたのはどこか，次の**ア**～**エ**から１つ選び，符号で書きなさい。

**ア** 南京　**イ** 北京　**ウ** 台湾　**エ** 香港

6 14ページの**写真６**は，サンフランシスコ平和条約に調印している様子である。(1)～(3)の問いに答えなさい。

(1) 中央で署名しているのは当時の日本の首相である。この首相の名前を書きなさい。

(2) この条約の内容について適切なものを，次の**ア**～**エ**からすべて選び，符号で書きなさい。

**ア** 日本は，アメリカを含む資本主義国など，48か国と平和条約を結んだ。

**イ** 日本は，ソ連などの社会主義国も含め，すべての国と平和条約を結んだ。

**ウ** 日米安全保障条約が改正され，アメリカの基地が日本に置かれることになった。

**エ** 日本は主権を取りもどし，独立を回復した。

(3) **写真６**の前後に起こった次の**ア**～**エ**のできごとを，古い順に並べかえなさい。

**ア** 第五福竜丸が被ばくする。　**イ** 朝鮮戦争が始まる。

**ウ** 冷戦が始まる。　**エ** 警察予備隊が発足する。

**2** 中部地方の特色について書かれた次の文章を読み，次のページの**地図**と**写真１**，**写真２**を見て，１～８の問いに答えなさい。

①中部地方は日本列島の中央に位置し，北陸，中央高地，東海の三つの地域に分けられる。中央高地には，②「日本アルプス」と呼ばれる標高3000m前後の山が連なり「日本の屋根」ともたとえられる。

気候は，北陸が③日本海側の気候で，中央高地が内陸性の気候，東海が太平洋側の気候である。

④農業もそれぞれの地区で盛んである。北陸は冬に耕作をせず，一年を通して稲作だけを行う点が特徴で，秋の長雨をさけ，出荷時期を早める [ a ] の産地として有名である。中央高地は，新鮮な野菜を都市部の消費地に届けられるように，暑さに弱い野菜を夏に栽培できる利点を生かして，レタスやキャベツなどの [ b ] の栽培が盛んである。東海地方の渥美半島では，花を栽培する [ c ] が盛んで，特に電照によって開花を遅らせて出荷する電照菊の栽培で有名である。

工業では，名古屋市を中心とした⑤中京工業地帯が形成され，世界有数の先進的な工業地域となっている。

歴史的に東海道や中山道などの，東日本と西日本とを結ぶ街道が発達した。また，東海と北陸を結ぶ高速道路も開通し，南北の結びつきも強まった。さらに，2015（平成27）年に北陸 [ I ] が開通し，⑥北陸と関東地方との結びつきが強まった。それを契機に，⑦地域の交通網の整備が行われ，新しい考え方のもと，街づくりに取り組んだ都市もある。

1995（平成７）年に世界遺産に登録された，⑧地図のＢ県の五箇山と地図のＥ県の白川郷は，多くの観光客が訪れる。

地図

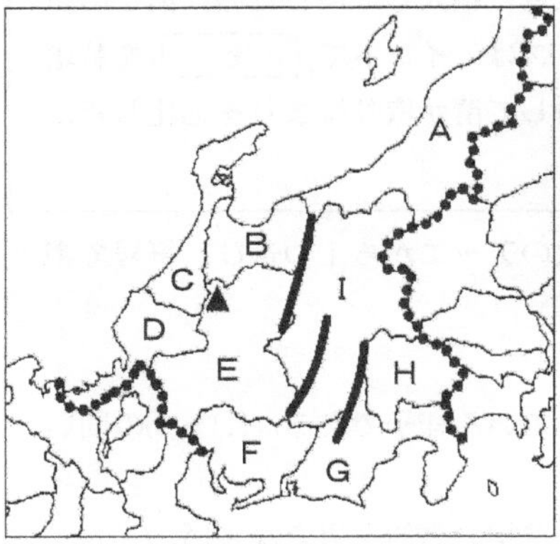


写真１

写真２

1　――部①について，**地図**の９県のうち，県名と県庁所在地名が異なる県はどこか，**地図**のＡ～Ｉからすべて選び，符号で書きなさい。

2　――部②について，(1)～(3)の問いに答えなさい。

(1)　**地図**の ━━ 線は，３つの山脈を示している。その山脈の位置を北から並べた順の組み合わせとして適切なものを，次の**ア**～**カ**から１つ選び，符号で書きなさい。

**ア**　木曽山脈→飛驒山脈→赤石山脈　**イ**　木曽山脈→赤石山脈→飛驒山脈
**ウ**　飛驒山脈→木曽山脈→赤石山脈　**エ**　飛驒山脈→赤石山脈→木曽山脈
**オ**　赤石山脈→飛驒山脈→木曽山脈　**カ**　赤石山脈→木曽山脈→飛驒山脈

(2)　日本アルプスからは，いくつかの大きな河川が日本海や太平洋に流れ出ている。主な河川名を，それぞれ１つずつ書きなさい。

(3)　日本列島の地形を東西に分ける，日本アルプスの東側に南北に延びる大きな溝状の地形を何というか，ことばで書きなさい。

3　――部③について，冬の北陸は雨や雪の日が多く，世界でも有数の豪雪地帯である。その理由を，簡潔に書きなさい。

4　――部④について，(1)，(2)の問いに答えなさい。

(1)　［ａ］～［ｃ］にあてはまることばを，それぞれ書きなさい。

(2)　**表**は中部地方にある３県の農業産出額を比較したものである。Ｘ～Ｚの組み合わせとして適切なものを，下の**ア**～**エ**から１つ選び，符号で書きなさい。

**表**

（単位：億円）

| 県 | 農業産出額 | 全国順位 | １位部門 | | ２位部門 | | ３位部門 | |
|---|---|---|---|---|---|---|---|---|
| Ｘ | 3,232 | 7 | 野菜 | 1,193 | 畜産 | 893 | 花き | 557 |
| Ｙ | 2,488 | 12 | 米 | 1,417 | 畜産 | 517 | 野菜 | 352 |
| Ｚ | 940 | 34 | 果実 | 595 | 野菜 | 86 | 畜産 | 47 |

『農林水産省「生産農業所得統計」2017年』

**ア**　Ｘ＝Ｅ県　Ｙ＝Ｃ県　Ｚ＝Ｆ県　**イ**　Ｘ＝Ｉ県　Ｙ＝Ｂ県　Ｚ＝Ｄ県
**ウ**　Ｘ＝Ｂ県　Ｙ＝Ｅ県　Ｚ＝Ｇ県　**エ**　Ｘ＝Ｆ県　Ｙ＝Ａ県　Ｚ＝Ｈ県

5　――部⑤の説明として，最も適切なものを，あとの**ア**～**エ**から１つ選び，符号で書きなさい。

**ア**　石油化学工業が盛んで，石油製品の生産額が工業生産額の40％以上を占めている。

イ　繊維工業が盛んで，現在も生産額が工業生産額の30％以上を占めている。

ウ　輸送用機械製造が盛んで，現在の生産額が工業生産額の50％以上を占めている。

エ　眼鏡のフレームや洋食器などの地場産業が発達するとともに，金属工業が盛んで，現在の生産額が工業生産額の20％以上を占めている。

6　――部⑥の理由の一つとして2015年に北陸 [Ⅰ] が開通したことがあげられる。[Ⅰ] にあてはまることばを，漢字で書きなさい。

7　――部⑦の一つに，前のページの**地図**のＢ県の都市で整備された**写真１**（前のページ）があげられる。**写真１**は，車両の床面を低くし，停車場と乗降口の高さをそろえ，車両内部の段差をなくすなどの工夫がされている。このような工夫から，どのようなまちづくりができると考えられるかを示した次の文中の [Ⅱ] にあてはまることばを，カタカナで書きなさい。

> 誰もが安心して出かけられる [Ⅱ] 化の進んだまちづくりを目指した。

8　――部⑧について，(1)，(2)の問いに答えなさい。

(1)　前のページの**写真２**は，**地図**の▲で見られる伝統的な住居の写真である。何という様式か，書きなさい。

(2)　**写真２**の住居の屋根の形の特徴を，この地域の気候に触れながら，簡潔に書きなさい。

**3**　日本の政治・人権・文化・社会について，１～15の問いに答えなさい。

1　国会について述べた文として適切でないものを，次の**ア**～**エ**から１つ選び，符号で書きなさい。

ア　常会は，毎年１回，１月中に召集され，会期は150日間である。

イ　臨時会は，内閣が必要と認めたとき，または，いずれかの議院の総議員の４分の１以上の要求があった場合に召集される。

ウ　特別会は，衆議院解散後の総選挙の日から40日以内に召集される。

エ　参議院の緊急集会は，衆議院の解散中，緊急の必要があるとき，内閣の求めによって開かれる。

2　内閣について，次の文中の [a] にあてはまることばを，書きなさい。

> 内閣は，内閣総理大臣とその他の国務大臣によって組織されている。国務大臣は，内閣総理大臣によって任命されるが，[a] は必ず国会議員から選ばれる。国務大臣の多くは，各省の長となる。内閣は閣議を開いて，行政の運営について決定する。

3　司法について，次の文中の [b] にあてはまることばを，書きなさい。

> 日本国憲法第76条第３項には，「すべて [b] は，その良心に従ひ独立してその職権を行ひ，この憲法及び法律にのみ拘束される。」とある。

4　近代政治史の流れとして適切なものを，次の**ア**～**エ**から１つ選び，符号で書きなさい。

ア　広島原爆投下 → 日米安全保障条約締結 → ポツダム宣言受諾 → 日本国憲法施行

イ　広島原爆投下 → ポツダム宣言受諾 → 日米安全保障条約締結 → 日本国憲法施行

ウ　広島原爆投下 → 日本国憲法施行 → ポツダム宣言受諾 → 日米安全保障条約締結

エ　広島原爆投下 → ポツダム宣言受諾 → 日本国憲法施行 → 日米安全保障条約締結

5　本土復帰50周年を迎えてなお，米軍基地の多くが集中している都道府県はどこか，漢字で書きなさい。

6　生存権を規定する日本国憲法第25条第１項として正しいものを，次の**ア**～**エ**から１つ選び，符号で書きなさい。

**ア**　すべて国民は，文化的で健康な最低限度の生活を営む権利を有する。

**イ**　すべて国民は，健康で文化的な人間らしい生活を営む権利を有する。

**ウ**　すべて国民は，健康で文化的な最低限度の生活を営む権利を有する。

**エ**　すべて国民は，文化的で健康な人間らしい生活を営む権利を有する。

7　平等について，次の文中の [c] ～ [e] にあてはまることばの組み合わせとして適切なものを，次の**ア**～**カ**から１つ選び，符号で書きなさい。

> 近年では，[c] の尊重が広まってきており，障がいがある人を積極的にやとうことを経営の方針にする企業もある。また，障がいがあっても教育や就職の面で不自由なく生活を送ることができるといった [d] の実現が求められている。私たちは，それぞれのちがいを認めた上で互いに尊重しあい，共に助け合う共生社会を築いていくことが必要である。そのためにも暮らしやすい社会実現のための様々な工夫が欠かせない。例えば，製品やサービスが，言葉や文化，性別，年齢，障がいの有無などに関わらず誰でも利用できるように工夫された [e] は，そのような試みの一つである。

| | | | |
|---|---|---|---|
| **ア** | c＝ユニバーサルデザイン | d＝インクルージョン | e＝ダイバーシティ |
| **イ** | c＝ユニバーサルデザイン | d＝ダイバーシティ | e＝インクルージョン |
| **ウ** | c＝インクルージョン | d＝ダイバーシティ | e＝ユニバーサルデザイン |
| **エ** | c＝インクルージョン | d＝ユニバーサルデザイン | e＝ダイバーシティ |
| **オ** | c＝ダイバーシティ | d＝インクルージョン | e＝ユニバーサルデザイン |
| **カ** | c＝ダイバーシティ | d＝ユニバーサルデザイン | e＝インクルージョン |

8　人権は，多くの人々が同じ社会で生活するために，制限されることがある。このように人権を制限するのは，社会全体の利益を実現するためである。日本国憲法は，どのようなことばで［社会全体の利益］を表しているか，書きなさい。

9　Ａさんは病院で精密検査を受けたところ，外科手術が必要な病気であるとの診断を受けた。この場合Ａさんは，医師から治療方法についての十分な説明を受け，納得した上で手術に同意することが必要である。このような行為を何というか，書きなさい。

10　人々が自然や社会の中で生活するうちに形づくられ，共有され受けつがれる有形，無形の財産である文化について適切でないものを，次の**ア**～**エ**から２つ選び，符号で書きなさい。

**ア**　富士山を「信仰の対象と芸術の源泉」として，国連教育科学文化機関（UNESCO）の世界遺産へ登録するために申請中である。

**イ**　歴史の中で育まれ，受けつがれてきた文化を伝統文化といい，日本には琉球文化やアイヌ文化などの独特なものがある。

**ウ**　文化の代表的な領域には「科学」，「宗教」，「経済」の３つの分野があり，より良い生き方を追求し，心や生活を豊かにしてくれるものばかりである。

**エ**　日本の文化には，世界に広がっているものが数多くある一方で，ハロウィンのように世界から日本に持ち込まれ，日本の文化に影響をあたえているものもある。

11　日本の年中行事について適切でないものを，次の**ア**～**エ**から１つ選び，符号で書きなさい。

**ア**　春分の日と秋分の日の前後３日間に先祖を供養するのが彼岸会《ひがんえ》である。

**イ**　織姫牽牛《おりひめけんぎゅう》伝説にちなんで短冊などをささに飾るのが七夕である。

**ウ**　七歳・五歳・三歳の子どもの成長を祝う七五三は10月に行われる。

**エ**　シャカの生誕を祝福する灌仏会《かんぶつえ》（花まつり）は４月に行われる。

12　近年は，インターネットやＳＮＳを通じて，各種の情報を得る人々が増えている。こうした中で私たちが身に付けるべきである「メディアリテラシー」とは何か，簡潔に書きなさい。

13　グローバル化が進む中で，日本が抱える社会問題について適切でないものを，次の**ア**～**エ**から１つ選び，符号で書きなさい。

**ア**　食糧自給率の低さは，輸入元の国際情勢によっては，食の安全をゆるがすおそれがある。

**イ**　グローバル化により，外国人の存在が身近になりつつある現在，多文化共生が求められる。

**ウ**　結婚年齢の高まりなどから，合計特殊出生率は減少している。

**エ**　人口の高齢化が進む中，平均寿命は，男性が常に女性を上回っている。

14　多様化する家族の形と，少子高齢社会の課題について適切なものを，次の**ア**～**オ**から２つ選び，符号で書きなさい。

**ア**　祖父母と親と子どもで構成される家族の世帯形態は，核家族世帯である。

**イ**　日本の家族は，戦後一貫して三世代世帯の割合が増加して現在に至っている。

**ウ**　保育所を整備したり，介護サービスを整備したりする社会保障の充実のために必要な費用の確保が今後の課題である。

**エ**　今後生産年齢人口が減少し続けても，現在の社会保障制度を維持する上で，全く問題はない。

**オ**　共働きの世帯や高齢者だけの世帯が増えたことで，育児や介護を家族だけで担うことが難しくなっており，地域に生活する人々を地域社会全体で支える仕組みづくりが求められている。

15　2011（平成23）年に，東北地方で発生した原子力発電所の事故をともなった未曾有《みぞう》の災害を何というか，書きなさい。

また b生ひ出で侍りける。大きに喜び、則ち《すぐに》取りて帰り、あつもの《汁物》につくり、母に与へ侍りければ、母これを食してそのまま病《やまひ》もいへて、齢《よはひ》を《長生きを》のべたり《した。》。

（『御伽草子』所収「二十四孝」日本古典文學大系 による）

問一 ＝＝部a、bを、それぞれ現代仮名遣いに改め、すべて平仮名で書きなさい。

問二 ――部①「思へり」、③「頼み奉る」の主語を、それぞれ本文中から抜き出して書きなさい。

問三 Ⅰ に当てはまる言葉として最も適切なものを、次のア～エから一つ選び、符号で書きなさい。

ア 山　イ 霧　ウ 水　エ 雪

問四 ――部②「ひとへに」、⑤「あまた」の意味として最も適切なものを、次のア～エからそれぞれ一つずつ選び、符号で書きなさい。

② ア ひたすらに　イ すぐに　ウ 一度に
エ すべてに

⑤ ア 非常に　イ 少しだけ　ウ たくさん　エ 急に

問五 ――部④「悲しみ」とあるが、そのような感情が湧《わ》いたのはなぜか。「～と思ったから。」という文末につながる形で、二十字以内で書きなさい。

問六 本文の内容から考えられることを、次のア～エから一つ選び、符号で書きなさい。

ア たとえ自分勝手な要求をされたとしても、反対せずに従うことが大切である。

イ 孝行心の感じられる言動は、人知を超えて天を動かすほどに尊いものである。

ウ 難題であっても、誰の力も借りずに最後まで努力を重ねることが大切である。

エ 天の力も及ばないほどに、親子の縁というものは強く素晴らしいものである。

問六　――部③「お母さんのぴりっとした叱り声」とあるが、この場面で「お母さん」が、四人の子どもたちに伝えたかったことは何か。簡潔に書きなさい。ただし、「金平糖は」という書き出しに続く形で書き始めること。

問七　次に示すのは、本文を読んだ二人の生徒が、この話における「金平糖」が意味する事柄を会話している場面である。これを読んで、次の⑴、⑵の問いに答えなさい。

Aさん――作者である「私」は、缶入りドロップスを懐《なつ》かしみ、そこから今も尚、心に残る「金平糖」にまつわる「母」の話を回想していたね。

Bさん――そうだね。でも、「金平糖」の話に入る前に、おみくじの話も出てきたね。何か関連があるのかな。

Aさん――お互いに意見を交わして考えてみようよ。まず、この「金平糖」は出征した「お父さん」が無事に帰還した時に、持ち帰ったものだったよね。戦時中で甘いものに飢えていた子どもたちは、取り合いっこまで始めてしまい…。そしたら、「お母さん」が「お父さん」の苦労に触れて、ものすごい剣幕で怒ったよね。やはり、「金平糖」は、「お父さん」の出征や戦争と大いに関わっているみたいだね。また、「お父さん」の帰還と、「金平糖」が子どもたちの手元に届くまでの経過が、「金平糖が海を渡り、船を経由し…」のように重ねられているよね。

Bさん――現在の「私」は、「もし」の連打を頭の中に張り巡らせることで、「［X］。」と感じ、自分の存在意義を確信しているようだね。

Aさん――さらに、「金平糖」の「ツノ」にただならぬ形相を映し出し、製作過程においての時間と労力の紹介を加えることで、「お父さん」の出征の苦労が一粒の「金平糖」に凝縮されているようにも感じられるよね。

Bさん――最後に、「振り出し」という「金平糖」の容器の話も出てくるけれど、「おみくじ」と相まって、自分の意思とは無関係な［Y］的なものを想起させるよね。

⑴　会話文中の――部「金平糖が海を渡り、船を経由し…」で使われている比喩法の種類を漢字で書きなさい。

⑵　［X］、［Y］に当てはまる言葉を、Xには本文中から二十三字で抜き出して書きなさい。Yには漢字二字の熟語で書きなさい。

## 三

次の文章を読んで、後の問いに答えなさい。ただし、設問の都合で文章の一部を変更した。

孟宗《もうそう》は、いとけなくして（幼いころに）父に後《をく》れ（先立たれ、）、ひとりの母を養へり。母年老いてつねに病《や》みいたはり（病気をわずらい、）、食のa味はひも度毎《たびごと》に変はりければ、よしなき物を望めり。冬のことなるに、竹の子をほしく①思へり。則《すなは》ち（そこで）孟宗竹林《ちくりん》に行きもとむれども、［I］深き折なれば、などかたやすく得《う》べき（どうして容易に得られようか、いや、容易にえられそうにない。）。

②ひとへに天道《てんたう》の（天に、）、御あはれみを③頼み奉《たてまつ》る（頼み申し上げる）とて、祈りをかけて大きに（大変に）④悲しみ、竹に寄り添ひける所に、にはかに（突然に）大地ひらけて、竹の子⑤あ

菓子をこしらえるために、ひとがすっぽり入るくらいの大釜が必要なのだ。ザラメを入れて熱にかけ、柄杓《ひしゃく》で糖蜜を掛け回しながら、ひたすらかき混ぜ続ける。回転しながら、少しずつ、少しずつ、見えないくらいの速度で大きくなってゆくというのだが、もちろん目をdコらしてみてもよくわからない。指の先ほどの金平糖に仕上げるためには二週間もかかると聞いて、腰を抜かした。銅鑼の上でころころ回転しながら、釜肌に貼りつく瞬間の一点がだんだんツノに育ってゆくんですと説明されても、なかなか理解できず、Ⅰキツネにつままれた気がした。それほどの時間と労力を費やしてつくられる金平糖なのだから、ほの甘いだけのお菓子とⅡ見くびるほうが間違っているのだろう。

金平糖を入れる容器を「振り出し」と呼ぶ。ときおり骨董《こっとう》屋で陶器やガラス、銀製の時代物を見かけるけれど、これがなんとも思わせぶりな佇《たたず》まいだ。掌におさまるちんまりとした大きさで、胴はまるくふくらんでおり、先端の口はしゅっとすぼまって細長い。口に嵌《は》める小さな栓は、象牙《ぞうげ》だったり黒柿だったり、白木だったり。なかには金平糖が入っており、栓をはずして手に持ち、斜めに傾けると、これまた思わせぶりたっぷりに金平糖がぽろんと転がり出てくる。だから、「振り出し」。ただの手慰みだけれど、母の記憶に耳を傾けたあとでは、「振り出し」という道具は金平糖にこそふさわしいものに思われるのだ。

ドロップスも金平糖も、おみくじの化身なのかもしれない。甘いふりをして、なにが転がり出てくるのか。注2鉄火場のサイコロにも通じている気がする。

注1　庫裏……住職やその家族の住む場所。「母」の実家は寺である。
注2　鉄火場……賭《か》け事をする場所。

問一　＝＝部a～dのカタカナは漢字に改め、漢字はその読み仮名を書きなさい。

問二　──部Ⅰ「キツネにつままれた」、Ⅱ「見くびる」の本文中における意味として最も適切なものを、各群のア～エからそれぞれ一つずつ選び、符号で書きなさい。

Ⅰ　キツネにつままれた
- ア　悪だくみが露見した。
- イ　前後の事情がわからずぼんやりした。
- ウ　慎重に判断する必要に迫られた。
- エ　自身の教養不足を思い知らされた。

Ⅱ　見くびる
- ア　気がつかないでそのままにする。
- イ　横柄《おうへい》な態度で接する。
- ウ　実際よりも低く見て軽んじる。
- エ　立派であると関心する。

問三　──部①「おみくじ」とあるが、「私」は、缶入りドロップスをどのような点で、「おみくじ」に似ていると感じているか。それが書かれた一文を【文章Ⅰ】の本文中から抜き出し、最初の五字を書きなさい。

問四　～～部A～Dの「ない」のうち、用法が他と異なるものを一つ選び、符号で書きなさい。

問五　──部②「ああっお父さんっ」とあるが、「お母さん」はなぜ、「お父さん」が帰ってきたことがわかったのか。次の文の□に当てはまる言葉を本文中から抜き出して書きなさい。

「お母さん」は、それが□だということを知っていたから。

戦争が終わって二年め、九月に入った頃の朝だった。布団のなかでうとうとしていたら、がちゃんがちゃん、聞いたことのCない金属の音がだんだん家のほうへ近づいてくる。何の音だろう、じっと耳をaスませていると、隣で寝ていたお母さんがとつぜん布団をがばっと撥《は》ねのけ、飛び起きて大声で言った。

「②ああっお父さんっ」

お母さんが転がるようにして裸足《はだし》で外へ飛び出していったから、私もすぐあとを追いかけた。そうしたら兵隊姿のお父さんがそこに立っていた。がちゃんがちゃんと鳴っていたのは、兵隊靴についている金具が当たる音だった。

お父さんが帰ってきた。もううれしくてうれしくて、お父さんのまわりからだぁれも離れなかったよ。

その日のお昼だったと思う、金平糖がでた。ツノの立った直径五ミリくらいの小さい、星のような白い金平糖。そのなかに赤い金平糖がひと粒だけ、混じっていた。きれいでねぇ、天にも昇る気持ち。わーっとbカンセイを上げてきょうだい四人が取り囲んで、赤い金平糖の取り合いっこを始めたわけ。そうしたら、お母さんがものすごい剣幕で怒った。

「お父さんが水だけ飲んで、どんなに大変な思いをしてこれを持って帰ってきてくれたか。なのに、赤だの白だの。命と引き換えに金平糖をくださったのに喧嘩《けんか》なんかするもんじゃありません!」

とたんにみんな、しゅんとなってねぇ。内地では甘いものが食べられないと風の便りに聞いたお父さんが、日本に帰ってくる船のなかで支給された金平糖に手をつけず、そのままポケットにしまったのを渡してくれた、そういう金平糖だった。味はぜんぜん覚えてないけど、③お母さんのぴりっとした叱り声だけはよーく覚えてます。

金平糖と虱《しらみ》が、お父さんのおみやげだった。

もう七十数年以上前の話だ。私は、小さな赤い金平糖と白い金平糖に向けていっせいに注がれる幼い四人のきょうだいの視線に捕まってしまう。「へえ、そんなことがあったの」と応じながら、兵隊服のポケットにしまわれた金平糖が海を渡り、船を経由し、陸に上がり、鉄道を乗り継ぎ、がちゃんがちゃんと兵隊靴を鳴らしながら上下に揺れたのち、寺の注1庫裏《くり》の居間にころころと転がりでた場面の映像を何度も巻き戻し、リフレインする。

金平糖が海を渡り、四人きょうだいが赤い金平糖の取り合いっこをする日が来ていなければ、いまの自分は存在していDない。もし、祖父が戦地から帰還できなかったら。もし、岡山大空襲の朝、祖母ときょうだいたちがはぐれたままだったら。もし、父の目前に落ちた射撃弾の位置がずれていたら。「もし」の連打が、私という一個の人間の存在を激しく揺さぶってくる。

金平糖にはこんな破壊力があったのか。吹けばからころと飛んでゆく、歯を当てただけであっけなく崩れる子どもじみたお菓子だと思っていたのに。甘いひと粒からつんと突き出た無数のツノには説明のつかない奇妙なc風情が絡んでいると思えば、金平糖がただならぬ形相《ぎょうそう》に見えてくる。

いつだったか、京都で金平糖をつくるところを見たことがある。銅鑼《どら》と呼ぶ巨大な釜を使うのが、まず不思議だった。あの小さな砂糖

ないといけないから。

エ　報告のように、頭の中で組み立てたものをそのまま言葉にする必要があるから。

問七　――部⑤「[A]を遠ざけ、同時に、その言葉から[B]を遠ざけている」とあるが、[A]、[B]には、どちらにも「シ」という音を持つ漢字が一字ずつ入る。それぞれ書きなさい。

[二]　次の【文章Ⅰ】と【文章Ⅱ】は、平松洋子《ひらまつようこ》『父のビスコ』所収「母の金平糖《こんぺいとう》」の一節である。これらの文章を読んで、後の問いに答えなさい。ただし、設問の都合で文章の一部を変更した。

【文章Ⅰ】

サクマの缶入りドロップスは別格のおやつだった。今も売っているのだろうか。

ただの甘い味ではない。何かに似ている。ずっと気に掛かってきたのだが、ようやく思い当たった。

①おみくじ。

角のまるい楕円《だえん》の缶を振ると、からころと乾いた音が響く。しばらく耳を傾けてから、思い定めて、えい！　逆さにして勢いをつける。飛び出してくる（はずの）ドロップの速度を小さな掌《てのひら》では受け止め切れず、手近な紙片の上で缶を振った。

黒い穴からころんと転がり出るドロップの色。橙《だいだい》はオレンジ。赤はいちご。黄はレモン。濃茶はチョコレート。緑はメロン。白はハッカ。水色はソーダ味。

ほかの色もあったかもしれないが、あるいは水色は入っていなかったかもしれないが、私の記憶ではそういうことになっている。缶を振るとき、緑と白じゃありませんようにと念じたのは、メロン味とハッカ味が苦手だったからだ。メロンの味は、いまだに敬遠しがちである。ドロップスは粒が大きくて、さざれ石みたいに固く、なかなか溶けＡない。でも、苦手な味だから口に入れない選択はなかったし、どういうわけか白や茶が現れる回数が少ないのも不思議で、ともかくサクマの缶入りドロップスには翻弄《ほんろう》された。しかし、その理不尽な感じ、中身が見えない得体の知れなさに惹《ひ》かれるから、後生《ごしょう》大事に缶を振って自分をつかのま頂けたのかもしれない。やっぱり、おみくじに似ている。

つい最近になって母から聞かされた話が、蜘蛛《くも》の糸のようにドロップスにぺたりと貼りつくようになった。

【文章Ⅱ】

以下は、母の話。

ああ戦争がやっとおわった。ラジオを聴きおわったとき、口には出さなかったけどね、家族みんなものすごくうれしかった。だって、お父さんが帰ってくるんだから。

でも、それがいつなのか、口に出してお母さんに訊《き》けなかった。お父さんは必ず生きて戻るのか、そこからして誰にもわからＢないんだもの。

五人が横並びになって寝ていたのは、居間の掘りごたつの脇だった。あれは、いつ何が起こるかわからないからすぐ外に飛び出せるように、というお母さんの心づもりだったんよね。

それにも拘《かか》わらず、詩歌を創作する側にまわったとき、「ダシャン」という表現の発見が決してA容易ではないのは、我々の無意識が自らの生の一回性を隠蔽《いんぺい》しようとしているからだと思われる。そのような反応は単なる無知や怖れから生まれるわけではなく、或《あ》る種の合理性に基づいている。すなわち、生のかけがえのなさに根ざした表現が詩的な価値を生むとしても、それが生の全体性にとっても常に最善とは限らないのだ。むしろ、日常的な生活や社会的な生存の現場においては不利に働くことが多い。例えば、新聞記事やビジネス文書に新鮮なオノマトペやメタファーが充ちていてはまずいだろう。④そのような場では、扉は常に「ガシャンと閉まる」ことが望ましいわけだ。

そう考えるとき、今日では徹底的なリスクc回ヒの意識が我々の生活から⑤[ A ]を遠ざけ、同時に、その言葉から[ B ]を遠ざけているとも云えるだろう。

（穂村《ほむら》弘《ひろし》『短歌の友人』による）

注1　メタファー……たとえ話、比喩《ひゆ》のこと。

問一　＝＝部a～cに相当する漢字を含むものを、各群の**ア**～**エ**からそれぞれ一つずつ選び、符号で書きなさい。

a　応ボ
- **ア**　日がクれる。
- **イ**　希望者をツノる。
- **ウ**　ハハ親が話す。
- **エ**　恋いシタう。

b　ダ当
- **ア**　ダ撃練習を行う。
- **イ**　ダ作と言われる。
- **ウ**　その案にダ協する。
- **エ**　一気にダ落する。

c　回ヒ
- **ア**　ヒ難訓練を行う。
- **イ**　かたくヒ密を守る。
- **ウ**　大きなヒ害を受ける。
- **エ**　他者の言動をヒ難する。

問二　〰〰部A「容易」と似た意味で使われている慣用句を、「飯」という漢字を用いた三字の熟語で書きなさい。

問三　――部①「魅力のポイント」について、筆者が考える魅力のポイントを、本文中の二つの短歌の言葉を使って書きなさい。

問四　――部②「〈私〉の体験の生々しさ」を具体的に説明している一文を本文中から抜き出し、最初の五字を書きなさい。

問五　――部③「『ダシャン』と『ガシャン』の間にあるもの」とは何か。本文中の言葉を使って、「～ではなく～」という形で書きなさい。

問六　――部④「そのような場では、扉は常に『ガシャンと閉まる』ことが望ましい」について、次の⑴、⑵の問いに答えなさい。

⑴　「そのような場」を指し示す箇所を、本文中から十六字で抜き出して書きなさい。

⑵　なぜ、そのような場においては、「ガシャンと」の方が望ましいのか。その理由として最も適切なものを、次の**ア**～**エ**から一つ選び、符号で書きなさい。
- **ア**　読者が報告として受け止めるためには、生の現実を実感する必要があるから。
- **イ**　報告の場においては、生の一回性と真摯に向き合い、決して怖れてはいけないから。
- **ウ**　正確に報告するためには、表現の新鮮さが十分に満たされてい

【国　語】（四五分）〈満点：一〇〇点〉

【注意】字数を指示した解答については、句読点、記号も一字に数えなさい。

一　次の文章を読んで、後の問いに答えなさい。

私は「土曜の夜はケータイ短歌」というラジオ番組にゲストとして参加したことがある。リスナーがa応ボしてくる短歌のなかからいいと思うものを選んで、それについてコメントするのだ。そのなかにこんな歌があった。作者は十四歳の女性である。

謝りに行った私を責めるよにダシャンと閉まる団地の扉　　小椋庵月

一読して、面白いなと思った。歌自体も悪くないのだが、それ以上に①魅力のポイントがただ一点に集中していることが面白かったのだ。具体的に云《い》うと、それは「ダシャン」の「ダ」である。この「ダ」に一首の命が凝縮されている。もしも、この歌が次のようだったらどうだろう。

謝りに行った私を責めるよにガシャンと閉まる団地の扉　　**改悪例**

「ダ」を「ガ」に替えただけで一首は死んでしまう。このかたちでは、②〈私〉の体験の生々しさが伝わってこない。単なる報告のようにみえる。あたまのなかでするすると組み立てたものをそのまま言葉にしたようでもある。その理由は「ガシャンと閉まる」が慣用的な表現だから、ということになるのだろう。

では、「ダシャンと閉まる」だと何が違うのか。「ダシャン」という響きの奥に、私は次のようなことを感じる。ある日、ある時、なんらかの理由によって、作中の〈私〉は本当に謝りに行ったんだな、そして、扉が閉まって心が震えたんだなあ、と。その理由は「ガシャン」の慣用性に対して、「ダシャン」というオノマトペには一回性の新鮮さがあるからだ。

もちろん、全ては言葉の上でのことにすぎない。本当に〈私〉が謝りに行ったか、心が震えたか、などの事実は知りようがない。目の前にあるものは、五七五七七の言葉の集まりだけなのだから。だが、不思議なことに表現としての新鮮さは、読者にとって、〈私〉が確かに生の現実に触れた証《あかし》のように感じられるのだ。

そんな私のコメントを待つまでもなく、「うん、これは『ダシャン』がいい。リアルだよね」と短歌を読み慣れていない他の出演者たちも瞬時に反応してくれた。そのことも興味深かった。

③「ダシャン」と「ガシャン」の間にあるものは、発音や字面の上では微差にすぎない。だが、そのなかに詩的には大きな質の違いがあって、多くの読者はそれを自然に感知することができるのだ。

では、「ダシャン」にみられるような表現の新鮮さが、リアリティに結びつくのは何故か。その価値の本質とはなんなのだろう。おそらく、それは我々自身の生命の一回性に対応していると思われる。我々は例外なくただ一度きりの生を生きている。ただ一度きりの生の中で、ある日、ある時、団地の扉が閉まる。その事態のかけがえのなさを「ダシャン」は「ガシャン」よりも深く捉《とら》えて表現しているのだ。

そして、読者がそれを見逃さない理由は、全員が生の一回性の現実を深いレベルで共有しているからだろう。オノマトペやメタファー[注1]のbダ当性は、常にそのレベルで判断されているのだ。

# 2023年度

# 解　答　と　解　説

《2023年度の配点は解答欄に掲載してあります。》

## ＜数学解答＞

1　(1)　$-8$　(2)　$\frac{-5x+11y}{12}$　(3)　0　(4)　$-1$　(5)　$a=-8$，$x=8$
(6)　4　(7)　$\sqrt{1.8}$

2　(1)　$x+y=1000000$，$\frac{1}{3}x+\frac{1}{2}y=460000$
(2)　(動画Aの再生回数)　240000回　(動画Bの再生回数)　760000回

3　(1)　ウ，エ，オ　(2)　等脚台形［ひし形，正方形］

4　(1)　(4，8)　(2)　$y=x+4$　(3)　$\frac{64}{3}\pi$

5　(1)　(例)　初めの数3に，4ずつ足し続ける数の列　(2)　17番目　(3)　1830

6　(1)　14.9℃
(2)　25.0℃
(3)　17.4℃
(4)　右図

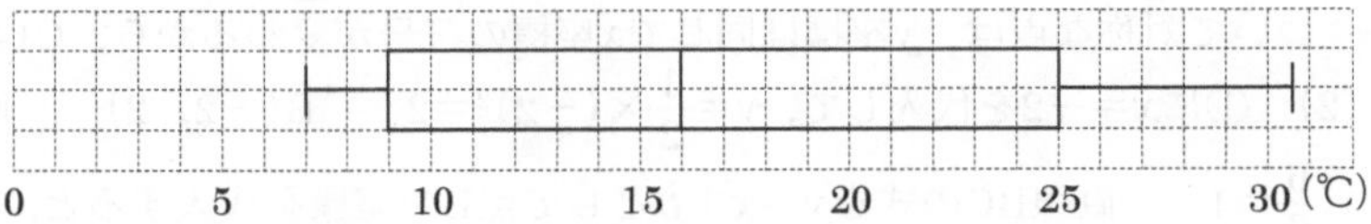


7　(1)　6点　(2)　18通り　(3)　$\frac{3}{8}$　(4)　3点

○推定配点○
各4点×25　計100点

## ＜数学解説＞

基本　1　(数・式の計算，平方根の計算，反比例，2次方程式，式の値，平方根の大小)

(1)　$6\div(-3)\times2^2=-6\times\frac{1}{3}\times4=-8$

(2)　$\frac{x+2y}{3}-\frac{3x-y}{4}=\frac{4(x+2y)-3(3x-y)}{12}=\frac{4x+8y-9x+3y}{12}=\frac{-5x+11y}{12}$

(3)　$\sqrt{3}(\sqrt{6}-\sqrt{3})+3(1-\sqrt{2})=3\sqrt{2}-3+3-3\sqrt{2}=0$

(4)　$y=\frac{a}{x}$に$x=3$，$y=2$を代入すると，$2=\frac{a}{3}$　$a=2\times3=6$　$y=\frac{6}{x}$に$x=-6$を代入すると，$y=\frac{6}{-6}=-1$

(5)　$x^2-7x+a=0$に$x=-1$を代入して，$(-1)^2-7\times(-1)+a=0$　$a=-8$　$x^2-7x-8=0$
$(x+1)(x-8)=0$　$x=-1$，8　よって，もう1つの解は8

(6)　$a^2+4ab+4b^2=(a+2b)^2=\left(\frac{1}{2}+2\times\frac{3}{4}\right)^2=2^2=4$

(7)　$1.3=\frac{13}{10}=\sqrt{\frac{169}{100}}$，$\frac{\sqrt{6}}{3}=\sqrt{\frac{6}{9}}=\sqrt{\frac{2}{3}}$，$\frac{2}{\sqrt{3}}=\sqrt{\frac{4}{3}}$，$\sqrt{1.8}=\sqrt{\frac{18}{10}}=\sqrt{\frac{180}{100}}$　$\frac{180}{100}>\frac{169}{100}>\frac{4}{3}>\frac{2}{3}$
から，1番大きい数は，$\sqrt{1.8}$

2　(連立方程式の応用問題)

基本　(1)　動画Aと動画Bは合わせて100万回再生されていることから，$x+y=1000000$　動画Aの3分の1の再生回数と，動画Bの半分の再生回数を合わせると46万回再生されていることから，$\frac{1}{3}x+$
$+\frac{1}{2}y=460000$

(2)　$x+y=1000000\cdots①$　$\frac{1}{3}x+\frac{1}{2}y=460000$，両辺を6倍して，$2x+3y=2760000\cdots②$　①$\times3-$②から，$x=240000$　①に$x=240000$を代入して，$240000+y=1000000$　$y=760000$　よって，動画Aの再生回数が240000回，動画Bの再生回数が760000回

**3**　**(平面図形の問題－平行四辺形になるための条件)**

基本　(1)　四角形が，次のそれぞれの場合に，平行四辺形になる。　①　2組の向かいあう辺がそれぞれ平行であるとき，　②　2組の向かいあう辺がそれぞれ等しいとき，　③　2組の向かいあう角がそれぞれ等しいとき，　④　対角線がそれぞれの中点で交わるとき，　⑤　1組の向かいあう辺が等しくて平行であるとき。ウは②，エは④，オは③が成り立つので平行四辺形になる。

(2)　AD//BC，AB＝DCのとき，四角形ABCDは等脚台形である。$\angle AOB=90°$になっても右の図のような等脚台形になる。正解は等脚台形であるが，紛らわしい問題であったため，条件からできる可能性のあるひし形，正方形も正解と扱う。

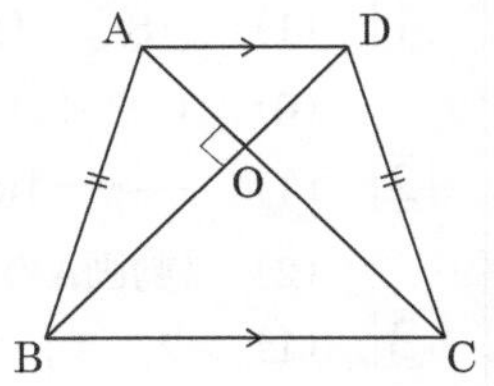


**4**　**(図形と関数・グラフの融合問題)**

基本　(1)　$y=\frac{1}{2}x^2\cdots①$　①に$x=-4$を代入して，$y=\frac{1}{2}\times(-4)^2=8$　A$(-4,\ 8)$　点Aと$y$軸について対称な点は，$y$座標は同じで$x$座標の符号が変わるから，C$(4,\ 8)$

(2)　①に$x=-2$を代入して，$y=\frac{1}{2}\times(-2)^2=2$　B$(-2,\ 2)$　直線BCの傾きは，$\frac{8-2}{4-(-2)}=\frac{6}{6}=1$　直線BCの式を$y=x+b$として点Bの座標を代入すると，$2=-2+b$　$b=4$　よって，直線BCの式は，$y=x+4$

重要　(3)　D$(0,\ 4)$　点Cから$y$軸へ垂線CHをひくと，CH＝4，DH＝8－4＝4　求める体積は，底面が半径4の円で高さが8の円すいの体積から，底面が半径4の円で高さが4の円すいの体積をひいたものだから，$\frac{1}{3}\times\pi\times4^2\times8-\frac{1}{3}\times\pi\times4^2\times4=\frac{16}{3}\pi\times(8-4)=\frac{64}{3}\pi$

**5**　**(数列－規則性，数列の和)**

基本　(1)　$7-3=4$，$11-7=4$，$15-11=4$から，初めの数3に，4ずつ足し続ける数の列

(2)　$n$番目の数は，$3+4(n-1)=4n-1$から，$4n-1$で表されるから，$4n-1=67$，$4n=68$　$n=68\div4=17$　よって，17番目

重要　(3)　30番目の数は，$4\times30-1=119$　$3+7+11+\cdots+111+115+119=\{(3+7+11+\cdots+111+115+119)+(119+115+111+\cdots+11+7+3)\}\div2=\{(3+119)+(7+115)+(11+111)+\cdots+(111+11)+(115+7)+(119+3)\}\div2=122\times30\div2=1830$

基本　**6**　**(統計－中央値，第3四分位数，四分位範囲，箱ひげ図のかき方)**

(1)　1970年のデータを低い順に並べると，3.0，4.5，4.6，5.2，10.9，12.8，17.0，19.1，20.7，23.9，25.8，27.0　中央値は低い順から数えて6番目と7番目の平均だから，$\frac{12.8+17.0}{2}=14.9$(℃)

(2)　2020年のデータを低い順に並べると，7.0，7.2，7.6，10.4，13.1，13.9，18.1，20.4，24.6，25.4，25.4，30.3　第3四分位数は，データが高い順から数えて3番目と4番目の平均だから，$\frac{25.4+24.6}{2}=25.0$(℃)

(3)　1970年の第1四分位数は，$\frac{4.6+5.2}{2}=4.9$，第3四分位数は，$\frac{20.7+23.9}{2}=22.3$　よって，四分位範囲は，$22.3-4.9=17.4$(℃)

(4)　2020年のデータの最小値は7.0，最大値は30.3，第1四分位数は$\frac{7.6+10.4}{2}=9.0$，中央値は，

$\frac{13.9+18.1}{2}=16.0$，第3四分位数は(2)から，25.0　最小値，最大値，四分位数を数直線上に書き込み，四分位数の箱を作り，最小値と箱，箱と最大値を結ぶひげをかく。

7 **(場合の数，確率，平均)**

基本 (1) 最高得点は，2個のさいころの目が両方とも偶数で，2個の硬貨が両方とも表が出る場合だから，$2\times2+1\times2=6$(点)

(2) 得点が5点になる場合は，2個のさいころの目が両方とも偶数で，1個の硬貨が表の場合だから，(さいころ1，さいころ2，硬貨1，硬貨2)＝(偶数，偶数，表，裏)，(偶数，偶数，裏，表)　よって，$3\times3\times1\times1+3\times3\times1\times1=18$(通り)

(3) 2個のさいころと2枚の硬貨の出かたは全部で，$6\times6\times2\times2=144$(通り)　そのうち，得点が0点になるのは，2個のさいころの目が両方とも奇数で，2個の硬貨が両方とも裏が出る場合だから，$3\times3\times1\times1=9$(通り)　得点が1点になるのは，2個のさいころの目が両方とも奇数で，2個の硬貨のどちらか1つが表になる場合だから，$3\times3\times1\times1+3\times3\times1\times1=18$(通り)　得点が2点になるのは，2個のさいころの目のどちらか1つが偶数で，2個の硬貨が両方とも裏の場合と2個のさいころの目が両方とも奇数で2枚の硬貨が両方とも表の場合だから，$3\times3\times1\times1+3\times3\times1\times1+3\times3\times1\times1=27$(通り)　よって，得点が2以下になる場合は，$9+18+27=54$(通り)　したがって，求める確率は，$\frac{54}{144}=\frac{3}{8}$

重要 (4) 得点が3点になるのは，2個のさいころの目のどちらか1つが偶数で，2個の硬貨のどちらか1つが表の場合だから，$3\times3\times1\times1+3\times3\times1\times1+3\times3\times1\times1+3\times3\times1\times1=36$(通り)　得点が4点になるのは，2個のさいころの目の両方とも偶数で，2個の硬貨のどちらも裏の場合と，2個のさいころの目のどちらかが偶数で2個の硬貨の両方とも表の場合だから，$3\times3\times1\times1+3\times3\times1\times1+3\times3\times1\times1=27$(通り)　得点が5点になるのは，(2)より18通り　得点が6点になるのは，2個のさいころの目が両方とも偶数で，2個の硬貨が両方とも表の場合だから，$3\times3\times1\times1=9$(通り)　よって，求める平均は，$\frac{0\times9+1\times18+2\times27+3\times36+4\times27+5\times18+6\times9}{144}=\frac{432}{144}=3$(点)

**★ワンポイントアドバイス★**

5のように差が等しい数列の和は，(初めの数＋終わりの数)×(数の個数)÷2で求めることができる。

## <英語解答>

1　1 (1) エ　(2) ア　(3) イ　(4) ウ　2 (1) ア　(2) イ　(3) エ　3 (1) ウ　(2) イ　(3) ア

2　1 イ　2 エ　3 エ　4 ア　5 ウ

3　1 snowing　2 yet　3 on　4 front　5 boys

4　1 I belong to the tennis club(.)　2 This book is more interesting than that one(.)　3 I don't have time to go there (today.)　4 You will be able to speak English (soon.)　5 This is the museum visited by a lot of people(.)

5　1　was built　　2　is, runner　　3　How much　　4　so, that　　5　good, playing

6　①　ア　　②　イ

7　1　ウ　　2　オ　　3　カ　　4　ア　　5　エ

8　1　(1)　They have lived in Okinawa for five years.　　(2)　They have stopped using plastic products recently.　　2　きれいで美しく，あまりゴミはなかった。　　3　(1)　F　　(2)　F　　(3)　T　　(4)　F　　(5)　T　　4　ゴミを拾うことは小さなことだが，ボランティア活動に参加し続けたい。　　5　エ

○推定配点○

8 3，4　各3点×6　　他　各2点×41(5各完答)　　計100点

## ＜英語解説＞

1　リスニング問題解説省略。

2　**(語句補充問題：動詞，命令文，代名詞，慣用表現，分詞)**

1「セイコは毎朝散歩をする。」 習慣などよく繰り返される行動を表す時には現在形を使う。

2「まっすぐ行きなさい，そうすれば右手に郵便局が見えます。」 ＜命令文，and ～＞で「…しろ，そうすれば～」という意味になる。

3「私の友達の一人は先月オーストラリアに行った。」 ＜～ of mine ＞は＜ my ～＞と同じ意味を表す。

4「私は自分の辞書を探している。」 ＜look for ～＞で「～を探す」という意味を表す。

5「向こうを走っている少女は私の姉だ。」 現在分詞は進行形の意味を表し，running over thereが girl を修飾している。

3　**(語句補充問題：進行形，現在完了，前置詞，慣用表現)**

基本　1　進行形の文なので＜be 動詞＋～ ing＞の形にする。

2　現在完了の文において「もう～しましたか」という意味を表す時は yet を使う。

3　on the wall で「壁の上の(に)」という意味を表す。

4　＜in front of ～＞で「～の正面に」という意味を表す。

5　＜one of ～＞の後に来る名詞は複数形になる。

4　**(語句整序問題：慣用表現，比較，不定詞，助動詞，分詞)**

1　＜belong to ～＞で「～に所属する」という意味を表す。

2　than があるので，比較級の文だと判断する。interesting は more を前に置いて，比較級にする。

基本　3　不定詞の形容詞的用法は「～するべき」「～するための」という意味を表す。

4　＜be able to ～＞は＜can ～＞と同じように「～できる」という意味を表す。

5「～される」という意味を表して，直前にある名詞を修飾するときには，過去分詞の形容詞的用法を使う。

5　**(書き換え問題：受動態，名詞，疑問詞，接続詞，慣用表現)**

1「この学校は100歳だ。」→「この学校は100年前に建てられた。」 受動態の文なので＜ be 動詞＋過去分詞＞という形にする。

2「私の兄はとても速く走る。」→「私の兄はとても速いランナーだ。」 走る人のことを runner

と表す。

3 「この本の値段は何ですか。」→「この本はいくらですか。」 値段を尋ねるときは<how much ~>を用いる。

4 「この食べ物は私が食べるには熱すぎる。」→「この食べ物はとても熱いので，私は食べられない。」 <so ~ that S can't …>で「とても~なのでSは…できない」という意味になる。

5 「彼はピアノを上手に弾ける。」→「彼はピアノを弾くのが上手だ。」 <be good at ~>で「~が上手だ」という意味になる。

**6** （資料問題：語句補充）

これは4か国の高校生を対象としたアンケートです。このアンケートには約12,000人の学生が回答しました。今回の調査では，「とても頻繁に」と答えた学生の割合は①中国と韓国でほぼ同じでした。「とても頻繁に」の割合は日本が最も低いです。「時々」と答えた学生については，その割合はアメリカが最も低く，中国が最も高かったです。この調査では，②アメリカの学生の90％以上が「とても頻繁に」または「時々」を選択したことがわかります。

① グラフにおいて Very often と答えた学生の割合に合うので，アが答え。イ「アメリカより日本の方が多かった」，ウ「韓国が一番多かった」，エ「アメリカが一番少なかった」は，いずれもグラフの内容に合わないので，誤り。

② グラフにおいて Very often と Sometimes を足した割合に合うので，イが答え。ア「日本の学生の90％以上が」，ウ「中国の学生の90％以上が」，エ「韓国の学生の90％以上が」は，いずれもグラフの内容に合わないので，誤り。

**7** （会話文問題：内容吟味）

カナ　　：今度の日曜日，一緒にスキーに行きませんか？ スキーが好きって言ってたよね？

エリック：はい，でもアメリカではスキーができます。ここ岐阜で何か特別なことをしたいと 思っています。

カナ　　：わかりました。では，かんじきを作ってみてはどうでしょうか？

エリック：かんじき？ それは何でしょう？ それは聞いたことがありません。

カナ　　：ちょっと待ってください。写真を見せますね。

エリック：ああ，雪用の靴みたいですね。かんじきを作ってみたいです。

カナ　　：その後，ウォーキングツアーはどうですか？ 動物の足跡も見られるので楽しいですよ。

エリック：それはいいですね。その後時間はありますか？ 白川郷のライトアップはネットで見たことがありますが，実際に見てみたいです。

カナ　　：私も見たことないです。私も見たいのですが，予約が必要なので，別の日に父に私たちを連れて行ってもらうことにします。

…… 二週間後 ……

エリック：白川郷のライトアップはとても美しかったです。見てよかったです。私たちをそこへ連れて行ってくれたお父さんに感謝してください。今日のことは決して忘れません。

1 「エリックは日曜日に岐阜でスキーに行ったか？」 スキーに行ったとは書かれていないので，ウ「いいえ，行きませんでした。」が答え。

2 「カナはエリックに何を見せたか？」「写真を見せますね」と言っているので，オ「かんじきの写真」が答え。

3 「エリックはどうやって白川郷のライトアップについて知ったか？」「ネットで見たことがあります」と言っているので，カ「彼はそれをインターネットで見た。」が答え。

4 「カナはこれまでに白川郷のライトアップを見たことがあるか？」「私も見たことないです」と言っているので，ア「いいえ，彼女はそれを見たことがない。」が答え。

5 「誰がエリックとカナを白川郷に連れて行ったか？」「父に私たちを連れて行ってもらうことにします」と言っているので，エ「カナの父親が連れて行った。」が答え。イ「白川郷の写真。」，キ「カナがした。」，ク「はい，彼女はそれを一度見たことがある。」，ケ「カナがそれについてエリックに話した。」，コ「はい，彼がした。」

**8 (長文読解問題・随筆文：内容吟味)**

(全訳) 私は夏休み中に祖父母を訪ねました。彼らは今沖縄に住んでいます。沖縄の海が美しいことはテレビや写真で見ていたので知っていました。初めての沖縄だったので，綺麗な海を見て泳ぎたかったです。

ある日，ケンジが私を行きたかった海に連れて行ってくれました。私は海で泳ぎ，美しい魚をたくさん見ました。楽しい時間を過ごしました。その後，帰りに彼の家の近くの別のビーチに連れて行ってもらいました。ビーチを見てとてもショックを受けました。そこにはプラスチックのゴミがたくさんありました。ケンジは私に「スミと私は時々ここでゴミ拾いをします。5年前，私たちが沖縄に住み始めたとき，このビーチは清潔で美しかったです。海岸にはゴミがほとんどありませんでした。」と言いました。

その夜，私はこの問題について考えました。するとスミが「来週の日曜日にビーチクリーンアップというボランティアイベントがあるんだよ。あなたが興味があるなら参加してみたら？」と声をかけてくれました。少し考えた結果，参加することにしました。

日曜日の朝，私はブルービーチに行きました。そこには30人ほどの人がいました。イベントリーダーのヒガさんにたくさんのことを教えていただきました。彼は私にこう言いました。「ここのゴミの半分はプラスチック製品だと思います。プラスチックは瓶，袋，ストロー，おもちゃ，コンピューター，さらには衣服の製造にも使用されています。それはさまざまな色，形，サイズに変更できるので便利です。しかし，多くのプラスチック製品は，リサイクルしない人もいるために，一度しか使用されません。多くのプラスチック製品は，後で海で発見されます。最近，世界中の多くの企業がプラスチック製品の使用をやめていますが，人々は排出するゴミの量を知る必要もあります。そうすることで，彼らは汚染についてもっと真剣に考えるようになるかもしれません。」

沖縄から帰ってきてから，プラスチック製品についてさらに勉強しました。ある日，ネットで悲しいニュースを見つけました。胃がプラスチックでいっぱいになり，食べ物を食べることができなくなったため，多くの海鳥が死亡しました。このような話のせいで，プラスチック汚染の状況はさらに悪化していると私は思います。私に何ができるでしょうか？　人が出したゴミは，拾わなければ永遠に残ります。ゴミ拾いは小さなことかもしれないけど，これからもボランティア活動に参加していきたいです。

1 (1) 「タクヤの祖父はどれくらいの間沖縄に住んでいるか。」「5年前，私たちが沖縄に住み始めたとき」と言っているので，five を使って答える。　(2) 「多くの企業は最近何をしたか。」「最近，世界中の多くの企業がプラスチック製品の使用をやめています」とあるので，この内容を使って答える。

2 「このビーチは清潔で美しかったです。海岸にはゴミがほとんどありませんでした」と言っているので，この内容を使って答える。

重要 3 (1) 「タクヤは沖縄に何度も行ったことがある。」「初めての沖縄だった」と言っているので，間違い。　(2) 「タクヤは海で泳ぎたかったが，できなかった。」「私は海で泳ぎ」と言っているので，間違い。　(3) 「約30名の人々がビーチクリーンアップに参加した。」「そこには30人ほどの人がいました」と言っているので，正しい。（4）「ブルービーチのゴミはすべてプラスチック製品だった。」「ここのゴミの半分はプラスチック製品だと思います」と言っているので，間違い。（5）「海鳥に関するニュースはタクヤを悲しくさせた。」「ある日，ネットで悲しいニュースを見つけました」と言っているので，正しい。

4 「ゴミ拾いは小さなことかもしれないけど，これからもボランティア活動に参加していきたいです」と言っているので，この内容を使って答える。

5 この文章はプラスチック製品などによって海や海岸が汚されている問題について書いてあるので，エ「プラスチック製品によって起こされる問題」が答え。ア「沖縄でのわくわくする体験」，イ「私たちがどれだけのプラスチック製品を作っているか」，ウ「プラスチック製品をリサイクルする方法」は，いずれも汚染について述べていないので，誤り。

**★ワンポイントアドバイス★**

[2]の2の＜命令文，and ～＞に関連した言い方として＜命令文，or ～＞「…しろ，さもないと～」を覚えておこう。（例） Go straight, or you can't see the post office.「真直ぐ行け，そうしないと郵便局は見られない。」

## ＜理科解答＞

[1] 1 エ　2 (1) 陰極線　(2) －極　3 b　4 (1) d　(2) ア　5 電子
6 ウ，エ，オ

[2] 1 (液体) ウ　(気体) イ　2 蒸留　3 カ　4 1本目　5 ウ，エ　6 ア

[3] 1 ① シダ植物　② 被子植物　③ 裸子植物　2 (単子葉類) ウ，ケ，コ
(双子葉類) イ，オ，カ　③ ア，キ　3 X 胚珠　Y 花粉のう　(Xは何に) E
4 根，茎，葉の区別があるかどうか。[維管束の有無]　5 カ

[4] 1 (1) B　(2) b　2 (1) (火山岩) 弱い ア　強い カ
(深成岩) 弱い ウ　強い エ　(2) ① A　② A 等粒状組織
B 斑状組織　③ ア 斑晶　イ 石基　3 凝灰岩

○推定配点○

[1] 各3点×8　[2] 各4点×7　[3] 1～3 各2点×9　他 各3点×2
[4] 各2点×12　計100点

## ＜理科解説＞

### [1] (電流－真空放電と電子)

1 図1で，－極から飛び出す電子は直進するので，十字形金属に当たらなかった電子がガラス面まで到達して蛍光塗料を光らせる。よって，十字の部分の外側が光る。

基本 2 (1) 真空管の陰極側から出る電子の流れは，陰極線とよばれる。 (2) 陰極線は陰極側から垂直に出るので，電極Aが陰極(－極)である。

3 陰極線の正体は電子の流れであり，電子はマイナスの電気を持っているので，電極C，Dの間を通るときには，＋極である電極Cに引き寄せられる。

やや難 4 (1) ❹で，電子が左から右へ動いているので，電流の向きは右から左である。また，U字形磁石がつくる磁界は，手前から奥の向きである。このことから，フレミング左手の法則を使うと，電子にはたらく力は下向きである。 (2) ❹は，磁界の中を電流が流れると，電流が力を受ける現象である。これを応用したのがモーターである。モーターの中には磁石があり，電流が力を受けることで回転する。イは電流による発熱，ウは静電気力，エは鉄の磁性による現象である。

5 陰極線の正体は，マイナスの電気を持つ微小な粒子，つまり電子の流れである。

6 電子はマイナスの電気を持っている。どの原子も電子を持っているので，金属でもガラスでもプラスチックでも電子を持っている。電子は，電圧がかかると力を受けて移動する。電子の移動が電流であり，電子は－極から＋極へ動く。

**2 (状態変化－エタノール水溶液の蒸留)**

1 原子が規則正しく並んでいるアが固体，原子が互いの位置を入れ替えるように動いているウが液体，原子が空間を飛び回っているイが気体である。

2 液体を加熱していったん気体に変え，その気体を冷やすことで，より純粋に近い液体をつくる操作を，蒸留という。

基本 3 純粋なエタノールであれば，約78℃で沸騰するのでイ，純粋な水であれば，100℃で沸騰するのでエである。それらを混合しているので，沸騰しながら温度は78℃から100℃までじわじわと上がっていくカとなる。

4 水とエタノールの混合物を加熱すると，沸点の低いエタノールの方が早く気体になりやすく，沸点の高い水はあとで気体になる。そのため，最初の試験管ではエタノールが最も多く含まれ，あとになるほどエタノールが減り水が増える。

重要 5 丸底フラスコの中の気体は，加熱している間は膨張している。加熱をやめると丸底フラスコの中の気体が収縮するため，ガラス管を入れっぱなしにしていると，液体が逆流してしまう。このように，気体が収縮するために起こる現象はウとエであり，弁当箱の中やラップの下の空気が収縮して起こる。アとイは空気中やはいた息に含まれていた水蒸気が冷えて水滴になった現象である。オは液体の水が固体の氷になるときに体積が増えた現象である。

6 沸騰したときには，液体が内部から気体に変わっている。❸は加熱の最後の方なので，エタノールはほとんど残っておらず，水がさかんに水蒸気に変わっている。よって，泡はほとんど水蒸気である。イは，加熱の最初の方で出てくる小さな泡である。ウのようにこの実験で真空ができることはなく，エやオのように加熱しただけで水が分解されることはない。

**3 (植物の種類－植物の分類と特徴)**

1 ①は花が咲かず種子をつくらない植物であり，コケ植物のほかシダ植物がある。②は種子植物のうちで，単子葉類や双子葉類に分けられるので，胚珠が子房に包まれている被子植物である。③は子房がなく胚珠がむき出しの裸子植物である。

2 単子葉類には，イネとそのなかまのトウロモコシ，そしてユリのなかまのチューリップが当てはまる。双子葉類には，アブラナ，アサガオのほか，ツツジに近いサツキが当てはまる。③の裸子植物には，イチョウ，セコイアが当てはまる。なお，イヌワラビは①のシダ植物，コスギゴケはスギゴケの一種でコケ植物である。

重要 3 図3で，Xは雌花にある胚珠，Yは雄花にある花粉のう(花粉袋，やく)である。また，図2で，Aはおしべ，Bはめしべ，Cはめしべの先端の柱頭，Dはおしべのやく，Eは胚珠，Fは胚珠を取り巻く子房である。よって，XはEに相当し，YはDに相当する。

4 コケ植物は，根，茎，葉の区別がなく，維管束がなく，水は体の表面全体から吸収する。一方，シダ植物は，根，茎，葉の区別があり，維管束があり，水は根から吸収する。

5　ヒマワリは双子葉類であり，葉は網状脈Aで，根は主根と側根のあるDである。一方，単子葉類は，葉は平行脈Bであり，根はひげ根Cである。

4　(火山ー火成岩と火山)

重要　1・2　マグマの性質と，火成岩の種類をまとめると，次の表のとおりである。このうち，火山岩は，マグマが地表や地下浅部で急に冷えて固まったもので，斑晶と石基からなる斑状組織が見られる。一方，深成岩は，マグマが地下深部で長い年月をかけて冷えて固まったもので，すべての鉱物が成長した等粒状組織がみられる。

| | | | |
|---|---|---|---|
| マグマの温度 | 高い | ⟷ | 低い |
| マグマの粘り気 | 弱い | ⟷ | 強い |
| 溶岩の色 | 黒っぽい | ⟷ | 白っぽい |
| 火成岩の重さ | 重い | ⟷ | 軽い |
| 火山岩 | 玄武岩 | 安山岩 | 流紋岩 |
| 深成岩 | はんれい岩 | 閃緑岩 | 花こう岩 |

3　火山灰が堆積したあと，固まってできた岩石は，堆積岩の一種である凝灰岩である。

★ワンポイントアドバイス★

どの分野も，用語はことばだけでなく，図解や表，グラフなどを利用して，イメージをつかみながら理解していこう。

## ＜社会解答＞

1　1 (1)　応仁の乱　(2)　足軽　(3)　下剋上　2 (1)　コロンブス　(2)　インカ帝国　(3)　エ　3 (1)　イ　(2)　俵物　(3)　密貿易を防ぐため　キリスト教の伝播抑圧のため　4 (1)　a　人権宣言　b　ナポレオン　(2)　③　(3)　ウ　5 (1)　B　(2)　a　茶　b　アヘン[麻薬]　(3)　エ　6 (1)　吉田茂　(2)　ア，エ　(3)　ウ→イ→エ→ア

2　1　C・F・H　2 (1)　ウ　(2)　(日本海)　信濃川，黒部川，神通川　(太平洋)　木曽川，天竜川，富士川　(3)　フォッサマグナ　3　日本海からふきこむ湿気をふくんだ冷たい季節風が山地にぶつかるため　4 (1)　a　早場米　b　高原野菜　c　施設園芸農業　(2)　エ　5　ウ　6　新幹線　7　バリアフリー　8 (1)　合掌造り　(2)　雪が多いので自然に落ちて積もりにくくするために屋根の斜面が急である。

3　1　ウ　2　過半数　3　裁判官　4　エ　5　沖縄(県)　6　ウ　7　オ　8　公共の福祉　9　インフォームドコンセント　10　ア・ウ　11　ウ　12　情報を正しく理解し活用する力　13　エ　14　ウ・オ　15　東日本大震災

○推定配点○

各2点×50　　計100点

## ＜社会解説＞

**[1] (日本と世界の歴史―各時代の特色，政治・外交史，社会・経済史，日本史と世界史の関連)**

基本

1 (1) 室町時代の1467年から1477年までの約11年間，京都を中心に起こった内乱が応仁の乱である。この乱は戦国時代の幕開けとなった。 (2) 足軽は，平安時代から江戸時代にかけて存在した歩兵である。鎌倉時代の軍記物にすでに足軽という名称がある。当時の戦争は，騎馬による個人的戦闘が主であるから，足軽は，主要戦闘力としてではなく，後方かく乱，放火などに使用された。 (3) 下剋上とは，下位の者が上位の者に実力で打ち勝ちその地位にとって変わるといった意味を持つ。

2 (1) コロンブスは，アメリカ大陸を発見した大航海時代の探検家として歴史的に有名で，その後の世界へも大きな影響を与えた。 (2) インカ帝国は宗教と政治が一体化しており，太陽信仰が国家の基本であり，皇帝は「太陽の子」または太陽の化身として統治するという「太陽の帝国」であった。 (3) 大航海時代に，アメリカ大陸からヨーロッパに伝染病がもちこまれたという記録はない。

3 (1) 鎖国下の日本には四つの窓口があった。それがアの松前藩，ウの対馬藩，エの長崎，オの薩摩藩である。イの大阪は窓口となっていない。 (2) 俵物とは，江戸時代の長崎貿易において輸出された煎海鼠(いりなまこ/いりこ)，乾鮑(干鮑(ほしあわび))，鱶鰭(ふかひれ)の海産物のことである。特に，この3品目のことを「俵物三品」といった。俵に詰められて輸出されたことから，この名がある。 (3) 唐人屋敷は，江戸幕府が，密貿易の防止，キリスト教の伝播抑圧の目的で，来航した唐人(中国人)を収容した施設であり，別名唐館ともいう。

4 (1) a 人権宣言とは，フランス革命当初の1789年8月に，国民議会が議決した「人と市民の権利の宣言」のことである。主権在民，法の前の平等，所有権の不可侵などを宣言している。
b ナポレオンは，フランス革命期の軍人，皇帝，革命家であり，フランス第一帝政の皇帝を務めた人物である。フランス革命後の混乱を収拾し，軍事独裁政権を樹立した。 (2) 写真4は，フランス7月革命をあらわした資料である。この革命は，1830年7月27日から29日にフランスで起こった市民革命で，本国では「栄光の三日間」とも言われている。 (3) 写真8の石の上に乗っているのは第一身分(聖職者)と第二身分(貴族)であり，彼らは免税特権を持ち，石の下にいる第三身分(平民：人口の90%をしめていた)だけが税を負担していた。

5 (1) イギリスの船は大砲などを備えた軍艦であるから，Bが正解である。清の船がAとなる。

重要

(2) 当時のイギリスは，清との貿易で大幅赤字であった。その対策としてイギリスは，工業製品をインドに輸出し，インドで栽培した麻薬であるアヘンを清に持ち込んで売り，茶などを買うようにした。これを三角貿易という。 (3) イギリスはアヘン戦争に勝ち，南京条約によって香港を手に入れた。

6 (1) 吉田茂(第45，48～51代内閣総理大臣)は，1946年以降，5度にわたって政権を担当した。サンフランシスコ平和条約や日米安全保障条約の締結・調印にあたった。 (2) サンフランシスコ平和条約は，1951年に日本と第二次世界大戦で戦った48カ国との間で結ばれた講和条約である。この条約によって，日本は連合国軍の占領から解放され，主権を回復した。条約に署名した国は日本との「戦争状態」を終結したが，ソビエト連邦や中華民国などは署名しなかった。
(3) 冷戦は第二次世界大戦の終結直前の1945年2月から1989年12月までの44年間続いた。したがって，冷戦始まる(1945年)→朝鮮戦争(1950～53年)→警察予備隊(1950年：警察予備隊は朝鮮戦争が勃発した後にGHQの指令でつくられた)→第五福竜丸事件(1954年)となる。

2 (日本の地理―地形・気候，産業，諸地域の特色，交通，その他)

基本 1 中部地方の都道府県で，県名と県庁所在地が異なるのは，石川県(金沢市)，愛知県(名古屋市)，山梨県(甲府市)の3県である。

2 (1) 日本アルプスとは，本州の中部地方にある，北から，飛驒山脈，木曽山脈，赤石山脈の3つの山脈の総称である。 (2) 日本アルプスから日本海側に流れる主な河川は，信濃川，黒部川，神通川などがある。太平洋側に流れる主な河川は，木曽川，天竜川，富士川などがある。

(3) フォッサマグナとは，日本列島を東西に分ける大きな溝である。約2000万年前に，日本列島を構成する西日本と東日本の島が，それぞれユーラシアプレートと北アメリカプレートに乗って接近したときにできた。その際に，糸魚川静岡構造線という断層ができ，その西縁がフォッサマグナになった。

3 日本海側の気候は，北西からの季節風の影響を受けて雪が多く，山沿いの地域では豪雪地帯となる。夏は晴れた日が多く，気温も高い。

4 (1) 早場米は，通常の出荷時期より早い時期，主に9月に出荷される米で，主に北陸で生産されている。高原野菜は，夏でも冷涼な標高1,000m～1,500mほどの高原地帯で栽培される野菜類であり，主に中央高地でつくられている。施設園芸農業は，農業における製造設備を持った工場的発想の施設であり，そこでつくられるものは，渥美半島の電照菊が有名である。 (2) 1位部門で考察すると，野菜であるのがFの愛知県，米であるのがYの新潟県，果実であるのがHの山梨県となる。

5 中京工業地帯は，愛知県・岐阜県南部・三重県に広がる工業地帯である。三大工業地帯のひとつで，太平洋ベルト地帯の中核であり，日本有数の工業地帯で，製造品出荷額の割合では，機械の割合が約7割，そして，トヨタ自動車を中心とした自動車産業が盛んである。

6 北陸新幹線は1997年に東京―長野間が長野新幹線として部分開業し，2015年には長野―金沢間が開業し，E7系が東京―金沢間を結んでいる。

7 バリアフリーとは，社会に存在する障壁(バリア)を取り除く(フリーにする)ことで，高齢者や障がい者などが社会生活に参加できるようにするための施策や状態を指す用語である。写真1のように停車場と乗車口の段差をなくす試みは，この顕著な例である。

8 (1) 合掌造りとは，木材を梁の上に山形に組み合わせて建築された，茅葺きの三角屋根の住宅のことである。人が手を合わせるような形に似ていることから，この名が付いた。これらは，江戸時代から明治時代に建てられたもので，白川郷・五箇山の集落では，現在も住居として利用されている。 重要 (2) 合掌造りの屋根の勾配は急で，雪の重みに耐えるための工夫である。したがって，日本海側の冬に多い積雪に耐えられるようにつくられたのである。

3 (公民―政治のしくみ，国際政治，憲法，家族と社会生活，経済生活，時事問題，その他)

1 特別会は，憲法第54条1項によって規定されている。それによると，衆議院の解散による衆議院議員総選挙後30日以内に召集しなければならない国会である。一般にマスメディア等では特別国会と呼ばれている。したがって，ウは「40日以内」というところが誤りとなる。

2 国務大臣の過半数は，国会議員の中から選任しなければならない(憲法第68条1項)。また，内閣総理大臣は，任意に国務大臣を罷免することができる(憲法第68条2項)。国務大臣の数は，14人以内とされている(内閣法2条2項)。ただし，特別に必要がある場合においては，3人を限度にその数を増加し，17人以内とすることができる(同条項ただし書き)。

3 憲法では，裁判所の独立のみでなく，裁判官の独立も保障している。例えば，行政機関による裁判官の懲戒処分の禁止，報酬の減額禁止，罷免される場合を限定するなど，裁判官の身分を保障する規定がある。そして，裁判官の独立で特に重要とされているのが，裁判官の職権行使の独立である。憲法76条3項に「すべて裁判官は，その良心に従い独立してその職権を行い，この憲法及び法律にのみ拘束される」とある。ここでいう「良心」とは，裁判官の主観的な良心ではなく，客観的な裁判官としての良心を指す。

4　広島原爆投下(1945年8月6日)→ポツダム宣言受諾(1945年8月14日)→日本国憲法施行(1947年5月3日)→日米安全保障条約締結(1951年9月8日)。

5　日米安全保障条約によって，日本は国内に米軍基地を置くことを認めている。その70%は沖縄県にある。

6　生存権とは，人間が人間らしく生きるために必要な環境や条件を，国に要求する権利であり，国際的にも認められている権利である。日本では，憲法第25条により明文化されており，社会権の一つとされている。「国民が健康で文化的な最低限度の生活を営む権利を有する」のと同時に，国には社会福祉や社会保障などを整える努力義務が課されている。

やや難　7　ダイバーシティは直訳すると「多様性」という意味で，ダイバーシティの実現とは，「組織やグループ，企業などで，さまざまな属性の人々が集まった状態」と表現できる。インクルージョンとは，直訳すると「包括・包含」という意味で，ビジネスに当てはめると企業内すべての従業員が仕事に参画する機会を持ち，それぞれの経験や能力，考え方が認められ活かされている状態といえる。ユニバーサルデザインは，“普遍的なデザイン”と直訳できるように，すべての人々が利用しやすい製品，サービス，空間のデザインのことである。

8　公共の福祉とは，社会全体の共通の利益や国民全体の福祉と利益を意味する。公共の福祉のためには，人権の相互の矛盾衝突を調整する必要があり，人権を制限する場合にも適用される実質的公平の原理である。

9　インフォームドコンセントは，医療行為や治験などの内容について医師から説明を受け，患者や被験者が十分理解して自由意志で合意することである。これは，患者や被験者の権利を尊重し，医療従事者との信頼関係を築くために重要な概念となる。

10　富士山は，日本の象徴として日本人の山岳信仰や芸術に影響を与えてきた山で，2013年に「富士山ー信仰の対象と芸術の源泉」として世界文化遺産に登録されているので，アは「申請中」の箇所が誤りとなる。文化の領域科学，宗教，芸術なので，ウは「経済」という箇所が誤りとなる。

11　五七三は11月なので，ウは10月という箇所が誤りである。

12　メディア・リテラシーとは，メディアの機能を理解するとともに，あらゆる形態のメディア・メッセージを調べ，批判的に分析評価し，創造的に自己表現し，それによって市民社会に参加し，異文化を超えて対話し，行動する能力である。

やや難　13　高齢化は社会問題とされるが，平均寿命で，男性が常に女性を上回っているわけではない。

14　少子高齢社会の課題は，人口の減少と高齢化によって経済規模や国内市場が縮小することである。そして，その影響で労働力人口や雇用機会も減少する。また，社会保障費や医療負担が増大し，国民生活の質や豊かさが低下する。したがって，選択肢の中では，ウの「社会保障の充実のために必要な費用の確保」とオの「地域社会全体で支えるしくみづくり」が正解となる。

15　東日本大震災は，国内観測史上最大M9.0の巨大地震で，海溝型地震であった。長さ450km幅200kmの巨大な断層破壊を起こし，継続時間は3分にも及んだ。40mもの巨大津波も発生し，その被害は地震による被害を上回り，広域の沿岸部で交通遮断などの深刻な影響がでた。

**★ワンポイントアドバイス★**

[1]4(3)　革命以前のフランス社会を旧体制という。[3]3　明治時代の大津事件で，ロシアとの関係悪化を恐れた政府の死刑判決を強要した圧力に対して，大審院長児島惟謙は，犯人を無期懲役にして，司法権(裁判官)の独立を守った。

## ＜国語解答＞

[一]　問一　a　イ　　b　ウ　　c　ア　　問二　朝飯前　　問三　(例)「ガシャン」ではなく，「ダシャン」と表現している点。　問四　ある日，あ　　問五　(例)　発音や字面の違いではなく詩的な大きな質の違い。　問六　(1)　日常的な生活や社会的な生存の現場　(2)　エ　　問七　A　死　　B　詩

[二]　問一　a　澄　b　歓声　c　ふぜい　d　凝　　問二　Ⅰ　イ　　Ⅱ　ウ　問三　しかし，そ　　問四　C　　問五　(例)　兵隊靴についている金具が当たる音　問六　(金平糖は)お父さんの命と引き換えであるということ。　　問七　(1)　擬人法　(2)　X　私という一個の人間の存在を激しく揺さぶってくる　　Y　運命

[三]　問一　a　あじわい　　b　おいいで　　問二　①　母　　③　孟宗　　問三　エ　問四　②　ア　　⑤　ウ　　問五　母に竹の子を食べさせてあげられない(と思ったから。)　問六　イ

○推定配点○

[一]　問一・問二　各2点×4　　問五　8点　　他　各4点×5(問七完答)
[二]　問一・問二・問四・問七(1)　各2点×8　　問六　8点　　他　各4点×4
[三]　問一～問四　各2点×7　　問五　6点　　問六　4点　　計100点

## ＜国語解説＞

[一]　(論説文・短歌—漢字，慣用句，文脈把握，内容吟味，指示語，要旨)

問一　a　応募　　ア　暮れる　　イ　募る　　ウ　母親　　エ　慕う
　　b　妥当　　ア　打撃　　イ　駄作　　ウ　妥協　　エ　堕落
　　c　回避　　ア　避難　　イ　秘密　　ウ　被害　　エ　非難

問二　「容易(ようい)」は，たやすい，平易，簡易，という意味。対義語は「困難」。似た意味の慣用句は，朝飯を食べる前にでもできるほどたやすいこと，という意味の「朝飯前」。

問三　直後に「具体的に云うと，それは『ダシャン』の『ダ』である。……もしもこの歌が次のようだったらどうだろう」として，「謝りに行った私を責めるよにガシャンと閉まる団地の扉」という一首を示して，「『ダ』を『ガ』に替えただけで一首は死んでしまう」としている。筆者は「ダシャン」が「ガシャン」になっただけで「体験の生々しさが伝わってこない」と述べているので，二首の歌に使われている「ガシャン」と「ダシャン」を引用し，「『ガシャン』ではなく，『ダシャン』と表現している点。」などとする。

問四　「〈私〉の体験の生々しさ」とは，「ダシャン」という語を使うことによって表現されるものであり，筆者は「私は次のようなことを感じる」として，「ある日，ある時，なんらかの理由によって，作中の〈私〉は本当に謝りに行ったんだな，そして，扉が閉まって心が震えたんだなあ，

と。」と具体的に説明しているので，この一文を抜き出す。「『ダシャン』というオノマトペには一回性の新鮮さがある」ということを「生々しさ」と表現しているのである。

やや難 問五　直前に「発音や字面の上では微差にすぎないが。だが，そのなかに詩的には大きな質の違いがあって」と説明されているので，この部分を要約し，「～ではなく～」という形にして，「発音や字面の違いではなく詩的な大きな質の違い。」などとする。

やや難 問六　(1)　前の「日常的な生活や社会的な生存の現場(16字)」を指す。「日常的な生活や社会的な生存の場」においては，詩的な価値，オノマトペやメタファーは，むしろ不利に働くというのである。　(2)　「『ガシャンと閉まる』」という表現については，「『ダ』を……」で始まる段落に「『ダ』を『ガ』に替えただけで一首は死んでしまう。このかたちでは〈私〉の体験の生々しさが伝わってこない。単なる報告のようにみえる。頭の中でするすると組み立てたものをそのまま言葉にしたようでもある」と説明されているので，エが適切。

やや難 問七　直前に「リスク回ヒ」とあり，同様のことは前に「自らの生の一回性を隠蔽」と言い換えられている。続いて「生のかけがえのなさに根ざした表現が詩的な価値を生む」とあることから，「生の一回性」「生のかけがえのなさ」を隠蔽することで，詩的な価値は遠ざかる，という文脈が読み取れる。「生の一回性」を意味する「シ」は，「死」とするのが適切なので，Aには「死」，Bには「詩」が入る。

**二　(随筆―漢字の読み書き，語句の意味，文脈把握，品詞・用法，情景・心情，表現技法，大意)**

問一　a　「澄」の訓読みは「す(ます)」「す(む)」。音読みは「チョウ」。熟語は「澄明」「清澄」など。　b　「歓」を使った熟語はほかに「歓迎」「歓談」など。訓読みは「よろこ(ぶ)」。　c　「風情(ふぜい)」は，特別な味わい，趣，という意味。「風」を「フ」と読む熟語はほかに「風土記」「風呂」など。音読みはほかに「フウ」。訓読みは「かぜ」「かざ」。　d　「凝」の訓読みは「こ(らす)」「こ(る)」。音読みは「ギョウ」。熟語は「凝視」「凝縮」など。

問二　Ⅰ　直前の「説明されても，なかなか理解できず」という様子の表現なので，イの「事情がわからずぼんやりした」が適切。「キツネにつままれる」は，意外なことが起きて，わけもわからずぼんやりする様子。　Ⅱ　直前の「ほの甘いだけのお菓子」という心情にあてはまるものとしては，「軽んじる」とするウが適切。「見くびる」は，他人の価値や力を軽く見て侮る，という意味。

問三　「ほかの色も……」で始まる段落の最後に「やっぱり，おみくじに似ている」とあることに着目する。似ている点の具体的な説明は，直前に「しかし，その理不尽な感じ，中身が見えない得体の知れなさに惹かれるから，後生大事に缶を振って自分をつかのま預けたのかもしれない。」と，一文で端的に説明されているので，最初の五字として「しかし，そ」を抜き出す。

問四　A・B，Dの「ない」は，動詞の未然形に接続しているので，打消しを意味する「助動詞」。Cの「ない」は，助詞「の」に接続しているので，有無の無を意味する「形容詞」。

問五　直後に「がちゃんと鳴っていたのは，兵隊靴についている金具が当たる音だった」とあり，これが「お父さん」であることがわかった理由なので，解答欄に合わせて「兵隊靴についている金具が当たる音」を抜き出す。

やや難 問六　お母さんの「叱り声」とは，直前の「『お父さんが水だけ飲んで，どんなに大変な思いをしてこれを持って帰ってきたくれたか。なのに，赤だの白だの。命と引き換えに金平糖をくださったのに喧嘩なんかするもんじゃありません！』」というものである。「金平糖」については，「命と引き換え」と言っているので，「(金平糖は)お父さんの命と引き換えであるということ。」などとする。

やや難 問七　(1)　主語の「金平糖」を人に見立てて，「海を渡り，船を経由し」と。人間の行為のように表現しているので，「擬人法」が適切。　(2)　X　直後に「自分の存在意義を確かめている」とあることに着目する。「自分の存在意義」については，「金平糖が……」で始まる段落に「『もし』の連打が，私という人間の存在意義を激しく揺さぶってくる」と表現されているので，「私という一個の人間の存在を激しく揺さぶってくる(23字)」を抜き出す。　Y　直前に「自分の意思とは無関係な」とあるので，「運命(的)」とするのが適切。

**三 (古文－仮名遣い，主語，脱語補充，語句の意味，口語訳，文脈把握，内容吟味，主題)**

〈口語訳〉　孟宗は，幼いころに父に先立たれ，一人の母を養っていた。母は年老いていて，いつも病気をわずらい，食べ物の好みも，その時々によって変わるので，(時には)求める方法のないものを望むことがあった。冬のことであったが，(母は)竹の子を食べたいと思った。そこで孟宗は竹林へ行って探したが，雪深い季節なので，どうして容易に得られようか，いや，容易に得られそうもない。(孟宗は)ひたすら天に，御慈悲を頼み申し上げり，と，願いをかけて大変に悲しみ，竹に寄り添っていたところ，突然に天地が開けて，竹の子がたくさん生え出てきた。(孟宗は)とても喜んで，すぐに(竹の子を)採って帰り，汁物をつくり，母に与えましたところ，母はこれを食べてそのまま病気も治って，長生きをした。

問一　a　語頭以外の「はひふへほ」は，現代仮名遣いでは「わいうえお」に直すので，「は」「ひ」は「わ」「い」に直して「味わい」とし，平仮名にして「あじわい」とする。　b　「ひ」は「い」に直して「生い出で」とし，平仮名にして「おいいで」とする。

問二　①　直前に「母年老いて……食の味はひも度毎に変われば」とあるので，「竹の子」をほしがった主語は「母」。病気によって食の好みが度々変わる母は，冬場に竹の子を欲しがったのである。　③　直前に「則ち孟宗竹林に行きもとむれども……」とあるので，天に頼み申し上げた主語は「孟宗」。母の欲しがる竹の子を，なんとしても手に入れたいと天に頼み申し上げたのである。

問三　前に「冬のことなるに」とあるので，「冬」にふさわしい表現として，「雪(深き折)」とするのが適切。

問四　②　「ひとへに」は，ひたすら，一途に，という意味なので，アが適切。　⑤　「あまた」は「数多」と書き，数多く，大勢，という意味なのでウが適切。

問五　直前に「(母が)冬のことなるに，竹の子をほしく思へり」「などかたやすく得べき」とあり，これが「悲しみ」の理由なので，母に竹の子を食べさせることができない，という内容を押さえて20字以内でまとめればよい。

問六　イは，本文最後に「ひとへに天道の，御あはれみを頼み奉るとて，祈りをかけて大きに悲しみ，……にはかに大地ひらけて，竹の子あまた生ひ出で侍りける。……母に与へ侍りければ，母これを食してそのまま病もいへて，齢をのべたり。」とあることと合致する。冬に竹の子を欲しがった病気の母のために，竹の子を探しに出かけ，手に入るはずもないのでひたすら祈ったところ，突然竹の子が生い出でて，それを食べた母は病気も治り長生きした，という奇跡的な出来事は，孟宗の母への孝行心によるものである。

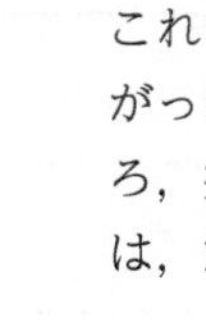

**★ワンポイントアドバイス★**

読解問題に組み込まれる形で出題される漢字，語句，文法は，確実に得点できる力をつけよう！　読解対策として，指示内容や要旨を，文中の言葉を用いて説明。要約する練習をしよう！

MEMO

大切なことはメモしておこうネ！

# 2022年度

# 入　試　問　題

2022年度

## 2022年度

# 岐阜聖徳学園高等学校入試問題

**【数　学】**（45分）　＜満点：100点＞

**【注意】**　1　答えが分数になるときは，それ以上約分できない形で答えなさい。

　　　　　2　答えに根号が含まれるときは，根号の中は最も小さい自然数で答えなさい。

**1**　次の問いに答えなさい。

(1)　$-2^2+(-3)^3$ を計算しなさい。

(2)　$\dfrac{3x-5y}{4}-\dfrac{5x-7y}{6}$ を計算しなさい。

(3)　連立方程式 $\begin{cases}4x+5y=3\\3x+4y=1\end{cases}$ を解きなさい。

(4)　$\sqrt{3}(\sqrt{3}+1)+\sqrt{12}-\dfrac{6}{\sqrt{3}}$ を計算しなさい。

(5)　2次方程式 $(x-2)(x-8)+5=0$ を解きなさい。

(6)　1次関数 $y=ax+b$ について，$x$ の値が－1から3まで増加するときの変化の割合を求めなさい。

(7)　半径6㎝の球の表面積を求めなさい。ただし，円周率を $\pi$ とする。

(8)　正八角形の1つの内角の大きさを求めなさい。

(9)　図の四角形は平行四辺形である。$\angle x$ の大きさを求めなさい。

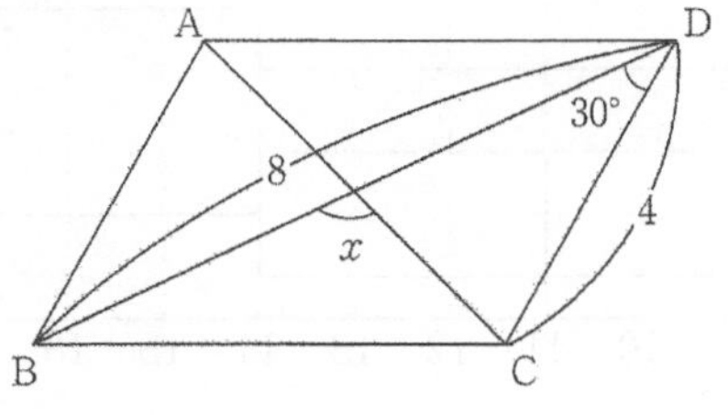


(10)　階級値の説明として正しいものを，次の**ア**～**エ**から1つ選び，符号で書きなさい。

**ア**　各階級の中央の値　　　**イ**　階級として区切った幅

**ウ**　度数が一番多い階級の度数　　**エ**　データの最大値と最小値の差

**2**　**ア**～**キ**の数について，次の問いに答えなさい。

**ア**　$-\dfrac{2}{5}$　　**イ**　3　　**ウ**　$\dfrac{2}{5}$　　**エ**　$-2$　　**オ**　$\dfrac{1}{\sqrt{3}}$　　**カ**　$-\sqrt{2}$　　**キ**　$\pi$

(1)　2乗すると元の値より値が小さくなるものをすべて選び，符号で書きなさい。

(2)　絶対値が等しくなる数の組を，符号で書きなさい。

**3** 1，2，3，4，5，6，7が書かれたカードがそれぞれ1枚ずつある。このカードをよく切ってから1枚引き，それをもとに戻してからまた1枚引くとき，1枚目のカードの数を$a$，2枚目のカードの数を$b$とする。このとき，次の問いに答えなさい。

(1) $a+b$が8になる確率を求めなさい。

(2) $a+b$が11以上になる確率を求めなさい。

(3) $ab$が素数になる確率を求めなさい。

**4** 次のデータは15人のクラスで実施した20点満点の数学の小テストの結果である。

| 番号 | ① | ② | ③ | ④ | ⑤ | ⑥ | ⑦ | ⑧ | ⑨ | ⑩ | ⑪ | ⑫ | ⑬ | ⑭ | ⑮ |
|---|---|---|---|---|---|---|---|---|---|---|---|---|---|---|---|
| 得点 | 2 | 5 | 6 | 7 | 8 | 11 | 11 | 11 | 12 | 14 | 14 | 14 | 14 | 16 | 18 |

（点）

(1) 最頻値を求めなさい。

(2) データをもとに箱ひげ図を作成した。適切なものをア～エから1つ選び，符号で書きなさい。

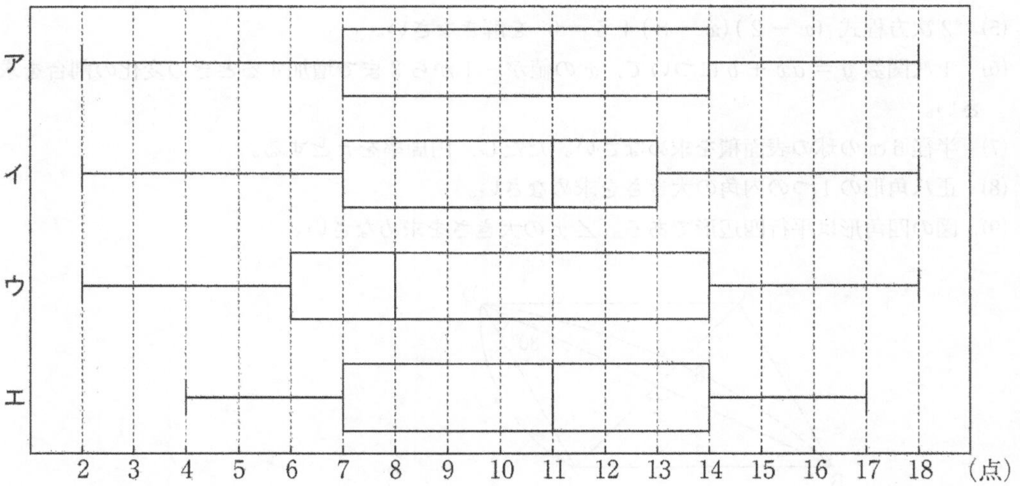


**5** 4けたの数について，7の倍数の判定方法を証明した。［ア］～［ウ］に適する式を書きなさい。

一般に，2けた以上の自然数について，7の倍数の判定方法として，

「一の位を除いた数から，一の位の数の2倍をひいた数が7の倍数になる」

がある。

たとえば，6174について

$$617-4\times 2=617-8$$
$$=609$$
$$=7\times 87$$

となり，609は7の倍数であるから，6174は7の倍数である。

＜証明＞

4けたの数 $N$ は，整数 $a$，$b$，$c$，$d$ を用いて，$N=1000a+100b+10c+d$ と表すことができる。一の位を除いた数から，一の位の数の2倍をひいた数が7の倍数であるから，整数 $n$ を用いて

[ア] $=7n$ と表すことができる。ここで，$N$ について考えると

$$N=1000a+100b+10c+d$$
$$=10(100a+10b+c)+d$$
$$=10(\boxed{\text{ア}})+\boxed{\text{イ}}$$
$$=10\times 7n+\boxed{\text{イ}}$$
$$N=7(\boxed{\text{ウ}})$$

よって，[ウ] は整数であるから，$N$ も7の倍数になる。

**6** 下の図の立方体について，辺CD，CB，CGの各中点をP，Q，Rとする。4つの点C，P，Q，Rを頂点とする三角錐を切り落とす。立方体の各頂点について同様に三角錐を切り落とした**立体X**について考える。このとき，次の問いに答えなさい。

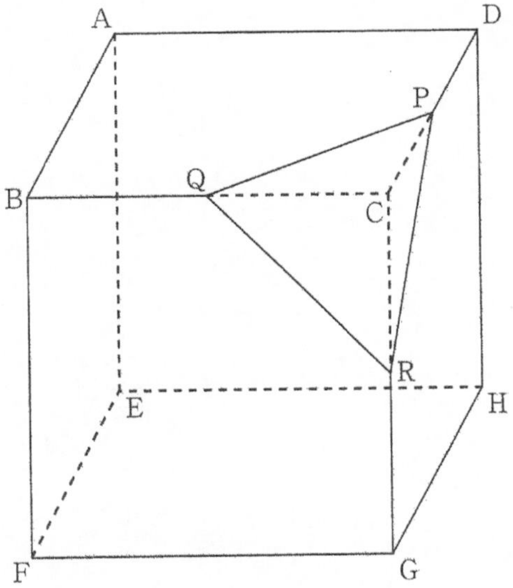


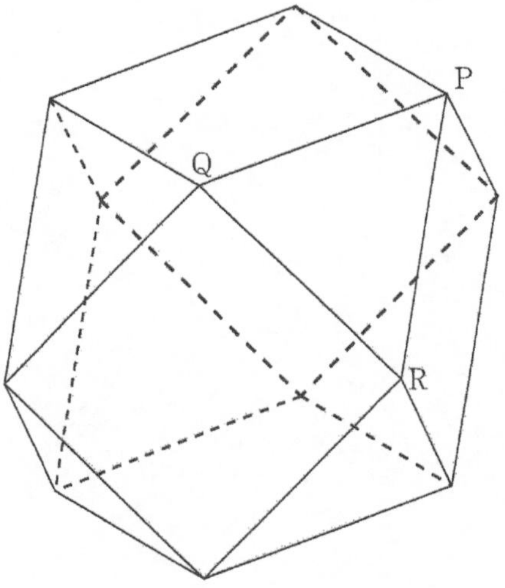


立体X

(1) もとの立方体の1辺の長さを6㎝とするとき，**立体X**の体積を求めなさい。

(2) **立体X**の頂点の数を $u$，辺の数を $e$，面の数を $f$ とする。このとき，$u-e+f$ の値を求めなさい。

(3) **立体X**の各辺を直線とみて，直線PQに対して，ねじれの位置にある直線の本数を求めなさい。

**7** 次のページの関数 $y=ax^2$ のグラフ上に点A $(\sqrt{3},\ 3)$ があり，点Bは $x$ 軸上の点である。原点をOとし，△OABは正三角形であるとする。また，直線ABと $y=ax^2$ のグラフの交点のうち，点Aでない方を点Cとする。このとき，あとの問いに答えなさい。

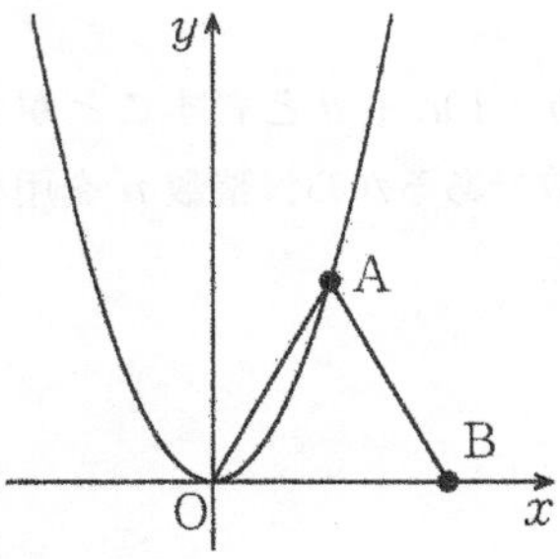


(1)　$a$の値を求めなさい。

(2)　点Bの座標を求めなさい。

(3)　直線ABの式を求めなさい。

(4)　点Cの $y$ 座標は12である。点Cの $x$ 座標を求めなさい。

(5)　△OABの面積を $S$，△OACの面積を $T$ とするとき，$\frac{T}{S}$の値を求めなさい。

【英　語】（45分）　＜満点：100点＞

## 1　放送を聞いて答える問題

1　これから放送する(1)～(4)の対話を聞き，質問に対する答えとして最も適切なものを，次のア～エから１つずつ選び，それぞれ符号で答えなさい。なお，英文は２回繰り返します。

(1) ア The cooking club.　イ The drama club.
ウ The speech club.　エ The tennis club.

(2) ア One.　イ Thirteen.
ウ Seventeen.　エ Thirty.

(3) ア By the front door.　イ In her bedroom.
ウ In her father's bedroom.　エ In her father's car.

(4) ア On Sunday morning.　イ On Sunday afternoon.
ウ On Monday morning.　エ On Monday afternoon.

2　これから放送する(1)～(4)の短い英文を聞き，質問に対する答えとして最も適切なものを，次のア～エから１つずつ選び，それぞれ符号で答えなさい。なお，英文は２回繰り返します。

(1) ア For two weeks.　イ For three weeks.
ウ For two months.　エ For three months.

(2) ア His.　イ Emily's.　ウ Lucy's.　エ Nancy's.

(3) ア At six.　イ At seven.　ウ At eight.　エ At nine.

(4) ア Cloudy.　イ Rainy.　ウ Snowy.　エ Sunny.

＜ Listening script ＞

1

(1) A : Are you joining the tennis club, Mary?
B : Not this year. I'm going to try the cooking club.
A : Sounds fun. I'll join the speech club.
B : That's nice.
Question: Which club will Mary join?

(2) A : Excuse me. Can I have thirty roses, please?
B : Sure. What color would you like?
A : Thirteen red ones, and seventeen white ones.
B : OK. Just a moment.
Question: How many red roses does the man want?

(3) A : What are you looking for?
B : My cap. It's not in my bedroom or by the front door.
A : Have you looked in dad's car?
B : I'll check there now.
Question: Where will the girl look next?

(4) A：Are you worried about the English test on Monday afternoon?

B：Yeah. We have a math test that morning, too.

A：I'm going to study hard on Sunday.

B：Me, too.

Question: When is the math test?

2

(1) Justin will visit Japan next month. It'll be his second time. Last year he stayed with a family in Hokkaido for two weeks. This time, he'll visit for three months.

Question: How long did Justin stay in Japan last year?

(2) Last week, we had an art festival at school. My friend, Nancy, painted herself and Lucy painted a picture of fruits. Their pictures were amazing, but my favorite was Emily's.

Question: Whose picture did the girl like the best?

(3) I usually finish my work at six and get home from work at seven. This evening, my bus was one hour late because of bad weather. I finally arrived home at eight. I went to bed at nine because I was so tired.

Question: What time did the woman get home?

(4) The weather was cloudy yesterday and there was a little rain during the night, but today will be fine and hot all day. You can leave your umbrella at home, but don't forget your hat.

Question: What will the weather be like today?

**2** 次の各組の（　）内に入る語で，――部と発音が同じで意味の異なる適切な語を，それぞれ1つずつ答えなさい。

1 Open your eyes and close your mouth, please.
Where do you always buy (　　)?

2 She got up at eight this morning.
I (　　) Chinese food for lunch.

3 I want to see my boyfriend.
He went swimming in the (　　).

4 We work for world peace.
Can I have a (　　) of cake?

5 Where do you live in Japan?
I'm going to (　　) a yukata this summer.

3 次の（ ）内に入る最も適切な語句を，次のア～エから１つずつ選び，それぞれ符号で答えなさい。

1 Where were these fish (　　)?
ア catch　イ catches　ウ caught　エ catching

2 I was born (　　) the morning of November 1.
ア on　イ at　ウ in　エ for

3 I have two sisters. One is a teacher and (　　) is a nurse.
ア another　イ the other　ウ other　エ others

4 I've known Jack (　　) I was a child.
ア from　イ while　ウ when　エ since

5 Who can speak English (　　), Kakeru or Hiroki?
ア good　イ well　ウ better　エ best

4 次の日本文に合うように，（ ）内に入る最も適切な語を，それぞれ１つずつ答えなさい。

1 あなたは何人の子どもがいますか。
How many (　　) do you have?

2 １キロメートルは1000メートルです。
A kilometer is a (　　) meters.

3 英語は多くの国で話されている言語です。
English is a language (　　) in many countries.

4 ほとんどの人がその事実を信じませんでした。
(　　) people believed that fact.

5 彼らはいつもお互いに助け合いました。
They always helped (　　) other.

5 次の日本文の意味を表すように，（ ）内の語句を並べかえて，英文を完成させなさい。ただし，（ ）内には，それぞれ不要な語が１つある。

1 このバスに乗れば動物園に行けます。
( take / this bus / go / will / the zoo / you / to ).

2 彼がどこで彼女に会ったのか誰も知りません。
( where / nobody / he / don't / met / knows / her ).

3 Emma（エマ）は大きな目の猫を飼っています。
( a cat / which / Emma / has / big eyes / whose / has ).

4 私たちはそこで英語を話さなければなりませんでした。
( to / must / English / we / there / had / speak ).

5 あなたのお姉さんはもうカナダに出発してしまいましたか。
( yet / for / your sister / Canada / left / has / ever )?

**6** 次の各組の英文がほぼ同じ内容になるように，（　）内に入る最も適切な語を，それぞれ1つずつ答えなさい。

1 { My pencil is shorter than yours.
  Your pencil is (　　) than (　　).

2 { When was that famous building built?
  How (　　) (　　) that famous building?

3 { I was very happy to hear the news.
  The news (　　) (　　) very happy.

4 { I want to have some food.
  I want to have (　　) (　　) eat.

5 { Would you like to play baseball?
  (　　) (　　) playing baseball?

**7** 次の英文を読んで，1～5の質問に対する答えとして最も適切なものを，下のア～コから1つずつ選び，それぞれ符号で答えなさい。

Ken is a little boy. He is seven years old.

One summer day, he climbed a mountain with his parents and sister, Ami. At the foot of the mountain, his father said, "There are two ways of going up to the top. If we walk up, it will take about an hour and fifteen minutes. If we use a ropeway, it will take only ten minutes. Which way do you want to take, Ken?" "I'll walk up to the top," said Ken.

His mother and Ami took the ropeway. Ken began to walk up the mountain with his father. They walked for one hour and thirty minutes, and arrived at the top at last. Ken was very happy to see his mother and Ami again at the top.

（注） at the foot of　～の麓に　　go up　登る　　walk up　歩いて登る　　ropeway　ロープウェー
at last　ついに

1 Where did Ken go with his family one summer day?
2 Did Ken walk up to the top of the mountain?
3 Who took the ropeway at the foot of the mountain?
4 How long did Ken walk from the foot of the mountain to the top?
5 Was Ken very happy at the top of the mountain?

ア For ten minutes.　　イ To the sea.
ウ Yes, he was.　　エ No, he wasn't.
オ To the mountain.　　カ Ken and his father did.
キ No, he didn't.　　ク Yes, he did.
ケ Ken's mother and Ami did.　　コ For an hour and a half.

8 John（ジョン）の学校に活発な少年 Andrew（アンドリュー）が転校して来ました。次の英文を読んで，後の問いに答えなさい。

John was a quiet boy. He was not so good at sports and he did not have good friends, so he was always alone at school. He knew that he had many bad points but he did not know any of his good points.

One spring day, his teacher, Miss White, came into the room with a boy. She introduced him to the class. "This is Andrew. He comes from New York. He will be your new friend." "Nice to meet you. I am Andrew. I'm good at sports and I especially like soccer. My hobby is playing the guitar. Be my friend, please," said the boy. The teacher said, "John, Andrew will sit next to you. Please show your books to him." John nodded without saying a word. Andrew sat next to John. After morning classes, Andrew said, "Will you eat lunch with me?" John nodded again.

From that day, John and Andrew spent time together at school. Andrew was a very active boy. He always tried to do things without help. Andrew taught John soccer after school. John couldn't kick the ball very well, but thanks to Andrew, he got better. John wanted to be like Andrew, but he knew that he couldn't. Andrew taught him how to play the guitar. Andrew was always with John and he was always looking at John with a smile.

One day, Andrew said to John, "You are my best friend. I know your good point. You are so kind to others." John listened silently but he felt something warm inside himself. Andrew always encouraged John. John could only say, "Thank you, Andrew."

From that time, John started to change. He also began to try to do things without help. Andrew knew that John was changing. They became good friends. When they were studying together, Andrew said, "John, I have to go again." "Go again? What do you mean?" "My father has to go to another town and I have to go with him." John was very sad but he did not cry because he was now a strong boy.

…… Thirty years later ……

Now John is forty years old. He is a teacher. He is loved by students and by other teachers. He likes his job. He often says to his students, "Everyone has a good point. If you can find it, you can change your life." Andrew lives very far from John now, but Andrew always lives in his heart.

（注） quiet おとなしい　introduce 紹介する　nod うなづく　active 活発な
thanks to ～のおかげで　silently 黙って　inside 内側に　heart 心

1 次の(1), (2)の質問に対する答えを，英文で書きなさい。

(1) What did the teacher ask John to do?

(2) Why did Andrew have to go again?

2 Andrew は John をどのような人物だと言っているか，日本語で書きなさい。

3 次の(1)～(5)の英文が本文の内容に合っていればTを，間違っていればFを，それぞれ書きなさい。

(1) John liked to talk with his friends very much.

(2) Andrew was a friend who understood John very well.

(3) When Andrew said that he had to go, John was not happy.

(4) Andrew was a quiet boy, but he changed very much.

(5) John is enjoying his work now.

4 現在の John にとって，Andrew はどのような存在か，最も適切なものを，次のア～オから１つ選び，符号で書きなさい。

ア the friend who can always meet John

イ the friend who works with John

ウ the friend who often talks with John

エ the friend who lives near John's house

オ the friend who is always remembered by John

5 John は Andrew に出会ったことで学んだことを，生徒たちにどのように伝えているか，日本語で書きなさい。

**【理　科】**（45分）　　＜満点：100点＞

1　物体にはたらく力と仕事について，1～4の問いに答えなさい。

図1のような各辺の長さがそれぞれ10cm，10cm，15cm，質量600gの直方体の物体がある。100gの物体にはたらく重力を1Nとし，物体をつなぐ金具，ひも，ばねの重さは考えないものとする。

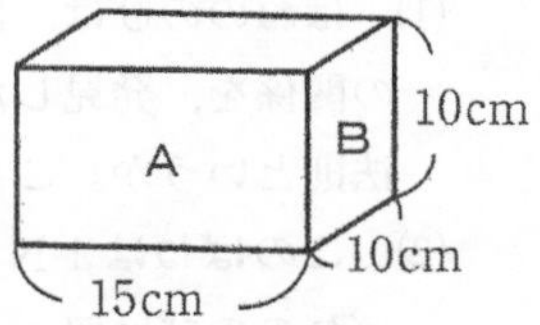


図1

1　図2のように，水平な机の上に，A面が机と接するように図1の物体が置いてある。(1)～(3)の問いに答えなさい。

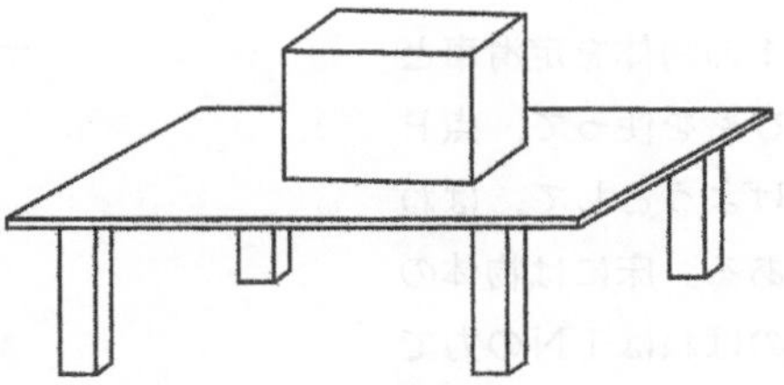

図2

(1)　机の上の物体には重力と，もうひとつの力がはたらいている。その力の名称を書きなさい。

(2)　物体が机を押す圧力は何Paか。

(3)　A面が机と接するときと，B面が机と接するときの物体が机を押す圧力を等しくするためには，どちらの面が机と接するときに，何gのおもりをのせればよいか。

次の文中の ① にAかBを書き， ② に数値を書きなさい。

 ① 面が机と接するとき， ② gのおもりをのせればよい。

2　図3は，図1の物体を定滑車と30gの動滑車，ひもを使って，点Pに力Fを加えてつるしたところである。(1)～(3)の問いに答えなさい。

(1)　定滑車を使う利点を簡潔に書きなさい。

(2)　ひもを引く力Fは何Nか。

(3)　物体を100cm持ち上げるときに，力Fがする仕事は何Jか。

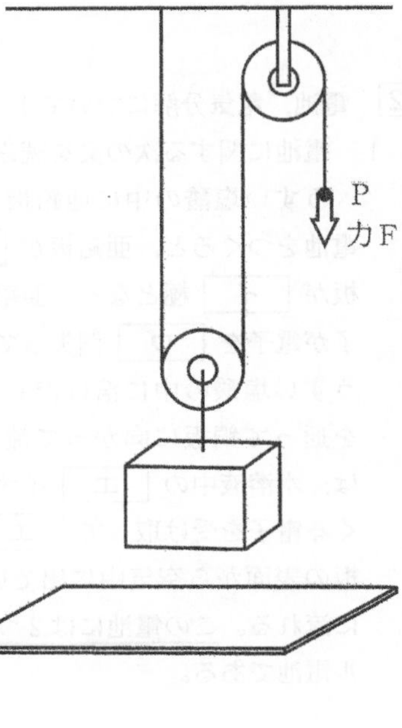


図3

3　**図4**は，前のページの**図1**の物体を，ばねを使ってつるしたところである。(1)，(2)の問いに答えなさい。

(1)　ばねののびは，ばねを引く力に比例する。この関係を，発見した人物の名にちなんで，何の法則というか。ことばで書きなさい。

(2)　このばねは1Nの力で引くと2cm のびる。ばねののびは何cm か。

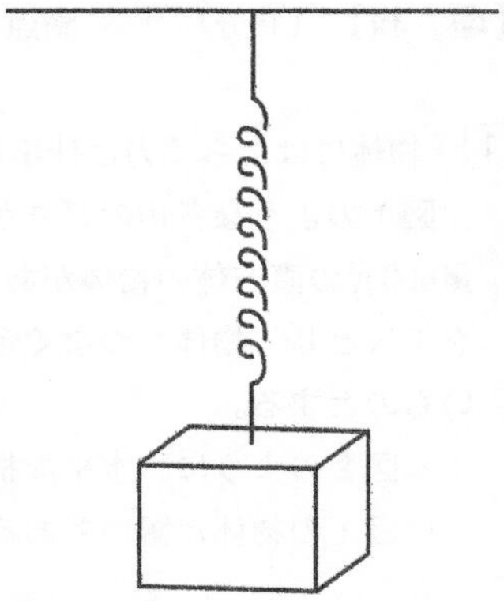

**図4**

4　**図5**は，床にある**図1**の物体を定滑車と30gの動滑車，ばね，ひもを使って，点Pに力Fを加えて引き上げようとして，ばねが3cmのびたところである。床には物体の**A**面が接している。このばねは1Nの力で引くと2cmのびる。(1)～(3)の問いに答えなさい。

(1)　物体が床を押す圧力は何Paか。

(2)　ひもを引く力Fは何Nか。

(3)　この状態から物体を浮かせるには，この後，ひもを最低何cm 引けばよいか。

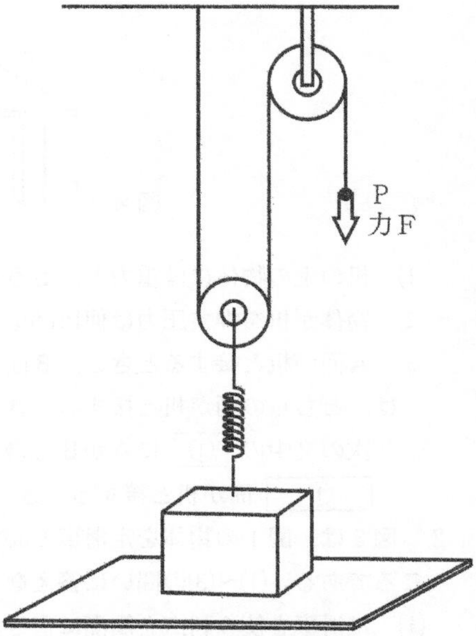


**図5**

**2**　電池，電気分解について1，2の問いに答えなさい。

1　電池に関する次の文を読み，(1)～(4)の問いに答えなさい。

うすい塩酸の中に亜鉛板と銅板を電極とした電池をつくると，亜鉛板が［ア］極となり，銅板が［イ］極となる。亜鉛板の表面では亜鉛原子が電子を［ウ］個失って亜鉛イオンとなり，うすい塩酸の中に溶けだしていく。電子は導線を通って銅板に向かって流れる。銅板の表面では，水溶液中の［エ］イオンが導線から流れてくる電子を受け取って［エ］分子となって，銅板の表面から空気中に出ていく。電流は［オ］に流れる。この電池には2つの問題点がある。この問題点を改良した電池が**図1**に示したダニエル電池である。

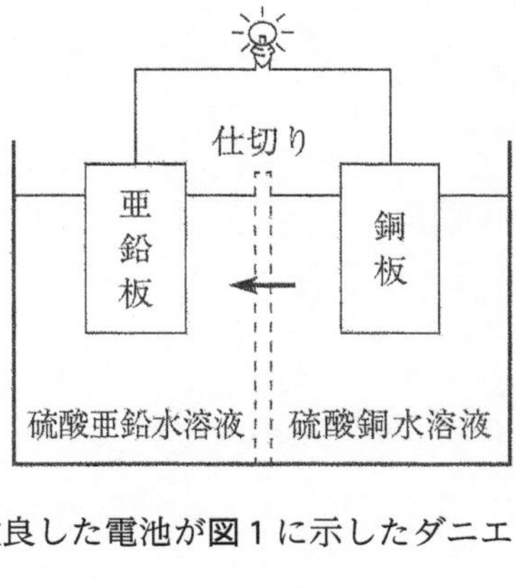


**図1**

(1) 文中の ア ～ エ にあてはまる語を，それぞれ書きなさい。 オ には，下の２つから正しいものを選び，符号で書きなさい。

a 亜鉛板から銅板　　b 銅板から亜鉛板

(2) ――部の２つの問題点のうちひとつを，簡潔に書きなさい。

(3) ダニエル電池の正極で起こる反応を，イオン式で書きなさい。

(4) ダニエル電池では，素焼き板やセロハンチューブなどが，仕切りとして使われている。電流が流れるとき，この仕切りを前のページの図１中の矢印の方向に通過していく主なものとして最も適切なものを，次のア～エから１つ選び，符号で書きなさい。

ア 硫酸イオン　　イ 銅イオン　　ウ 亜鉛イオン　　エ 電子

2 電気分解に関する次の文を読み，(1)～(4)の問いに答えなさい。

図２のような装置を用いて，塩化銅水溶液に電流を流した。豆電球が点灯し，陽極からは気体が発生し，陰極には赤色の光沢のある物質が付着した。

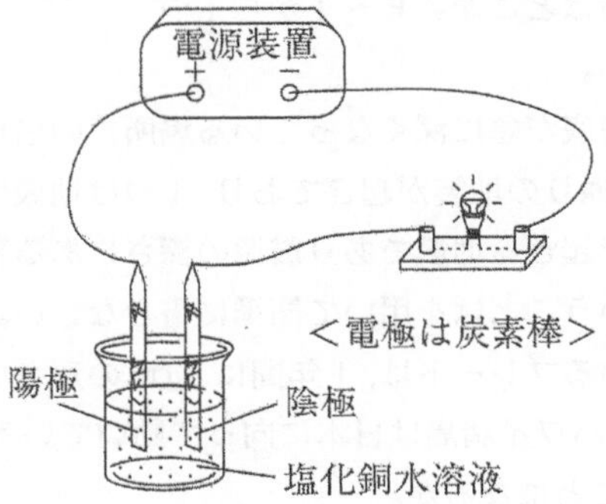

図２

(1) 陽極付近の水溶液を少量とり，赤インクの入った試験管に滴下するとどうなるか，簡潔に書きなさい。

(2) 陽極で発生する気体を，化学式で書きなさい。

(3) 電流を流し続けると，塩化銅水溶液の青色はどうなるか，簡潔に書きなさい。

(4) 塩化銅のように水に溶けて電離し，電流を通す物質を，次のア～オからすべて選び，符号で書きなさい。

ア 水酸化ナトリウム　　イ エタノール　　ウ 塩化ナトリウム　　エ 砂糖　　オ 塩酸

**3** 地球の表面は，プレートとよばれる厚さ100kmほどの岩盤10数枚でおおわれており，日本列島付近にはそのうちの４枚が集まっている。１～８の問いに答えなさい。

1 図１のＡ，Ｂ，Ｃ，Ｄのプレートを何というか。その名称を，それぞれことばで書きなさい。

2 日本列島付近では多くの地震が起きており，その大きさは地震のエネルギーの大きさ（地震の規模）で表す。この地震の規模を表す数値を何というか。ことばで書きなさい。

3 図１の海洋プレートであるＣとＤの動きの向きとして最も適切なものを，あとのア～エから１つ選び，符号で書きなさい。

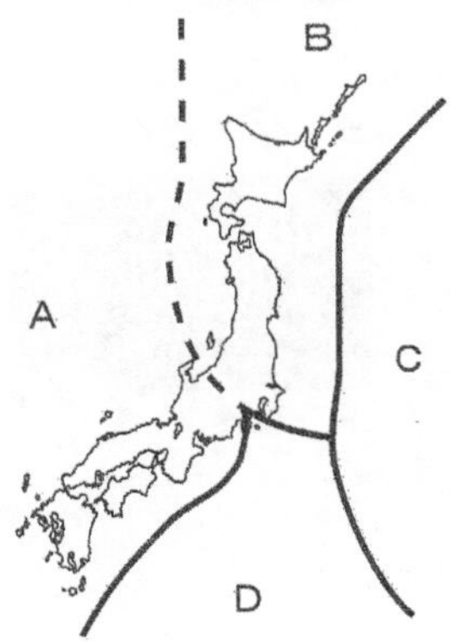

図１

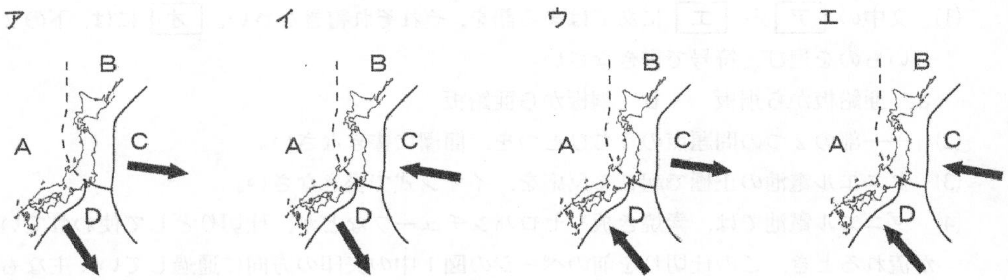


4　**図２**は日本列島付近のプレートのようすを示したものである。2011年３月11日に発生した東北地方太平洋沖地震のような地震が起こりやすい場所はどこか。**Ｅ～Ｊ**から１つ選び，符号で書きなさい。

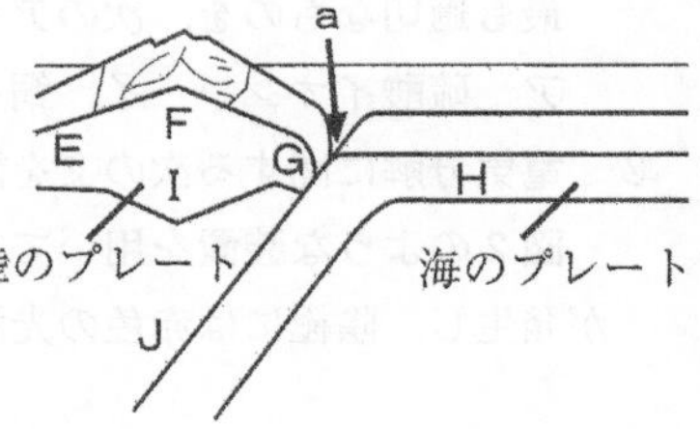


図２

5　**図２**において，火山活動によって噴出するマグマのもとがつくられる場所はどこか。**Ｅ～Ｊ**から１つ選び，符号で書きなさい。

6　**図２**において，**a**（海底が急に深くなっている場所）の名称を，漢字で書きなさい。

7　日本列島付近では，２通りの地震が起きており，１つは地表付近の断層で起きる地震である。もう１つはプレート境界で起きる地震であり震源の深さにある特徴がみられる。その特徴を〔太平洋側〕，〔日本海側〕ということばを用いて簡潔に書きなさい。

8　ハワイ諸島がのっているプレートは，１年間に８cmの速さで西北西に向かい動いているといわれている。したがって，ハワイ諸島は日本に向って動いていることになる。この場合，100万年後には何km日本に近づくことになるか。

**4**　動物の集まりＸ，Ｙについて１，２の問いに答えなさい。

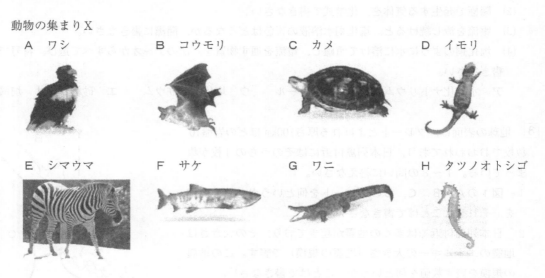

動物の集まりＸ

Ａ　ワシ

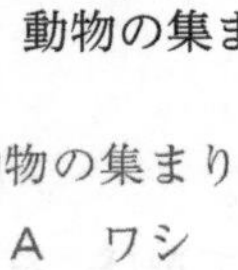

Ｂ　コウモリ

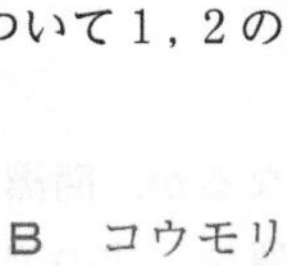

Ｃ　カメ

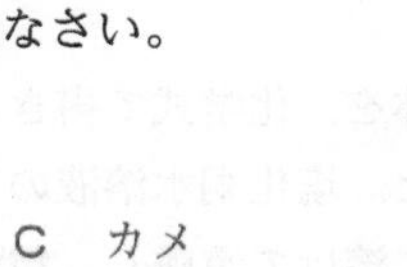

Ｄ　イモリ

Ｅ　シマウマ

Ｆ　サケ

Ｇ　ワニ

Ｈ　タツノオトシゴ

動物の集まりＹ

Ｉ　タコ

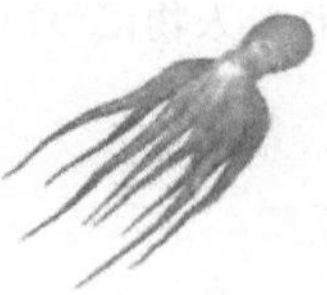

Ｊ　イソギンチャク

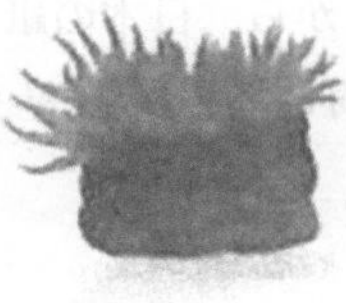

Ｋ　カニ

Ｌ　ミミズ

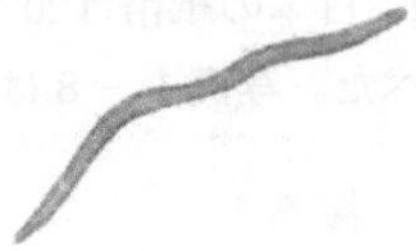

Ｍ　クモ

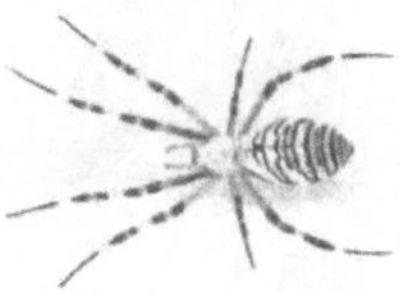

Ｎ　カブトムシ

Ｏ　ハマグリ

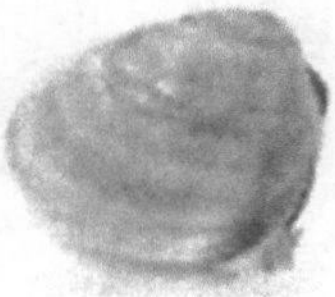

Ｐ　マイマイ

1　前のページの動物の集まりＸについて，(1)～(6)の問いに答えなさい。

(1)　陸上に殻のある卵をうむ動物をすべて選び，符号で書きなさい。

(2)　環境の温度が変化しても，自身の体温をほぼ一定に保つことができる動物をすべて選び，符号で書きなさい。また，これらの動物のグループをまとめて何というか。ことばで書きなさい。

(3)　Ａ，Ｄの動物のグループをそれぞれ書きなさい。

(4)　生まれてから死ぬまでの一生をえらで呼吸する動物をすべて選び，符号で書きなさい。

(5)　Ｅは臼歯が大きく発達しており，目が顔の側面にある。これらのことは，この動物が生活していく上でどのような利点があるか。臼歯が大きく発達していることと，目が顔の側面にあることについて，それぞれの利点を簡潔に書きなさい。

(6)　特徴を考えたとき，この動物の集まりＸを何というか。ことばで書きなさい。

2　動物の集まりＹについて，(1)～(3)の問いに答えなさい。

(1)　からだの特徴として，外とう膜で内臓がある部分が包まれており，からだとあしには節がない動物をすべて選び，符号で書きなさい。また，そのグループをまとめて何というか。ことばで書きなさい。

(2)　からだの特徴として，からだは外骨格でおおわれており，からだとあしには節がある動物をすべて選び，符号で書きなさい。また，そのグループをまとめて何というか。ことばで書きなさい。

(3)　(2)のなかまについて，下の①，②にあたるグループ名を，それぞれ書きなさい。

①　ザリガニのように，頭胸部と腹部の２つの部分からなるもの。

②　バッタのように頭部，胸部，腹部の３つの部分からなり胸部に３対のあしがあるもの。

【社　会】（45分）　＜満点：100点＞

1　日本の紙幣は2024年に20年ぶりに刷新されることから，日本の紙幣に描かれた人物について調べた。**写真１～８**はその人物たちである。１～８の問いに答えなさい。

写真１

写真２

写真３

写真４

写真５

写真６

写真７

写真８

1　**写真１**は聖徳太子である。(1)～(3)の問いに答えなさい。

(1)　聖徳太子は天皇が女性であったため，天皇の代理として政治を行った。この職を何というか，書きなさい。

(2)　607年に聖徳太子は誰を隋へ送ったか，人物名を書きなさい。

(3)　聖徳太子は何のために中国の隋へ使者を派遣したか，理由を書きなさい。

2　**写真２**は菅原道真である。(1)～(3)の問いに答えなさい。

(1)　遣唐使が停止となった時代はいつか，書きなさい。

(2)　菅原道真が遣唐使の停止を訴えた理由を，２つ書きなさい。

(3)　菅原道真は藤原時平の策略により左遷された。その場所は現在の何県にあるか。次の**ア**～**エ**から１つ選び，符号で書きなさい。

**ア**　神奈川県　　**イ**　兵庫県　　**ウ**　広島県　　**エ**　福岡県

3　**写真３**は紫式部である。(1)，(2)の問いに答えなさい。

(1)　**資料１**は源氏物語絵巻であるが，この絵のように，日本画の基となった日本の自然や風俗を描いた絵は何と呼ばれたか，書きなさい。

(2)　紫式部と同じ時期に活躍した人物で「枕草子」を執筆した人物を漢字で書きなさい。

資料１

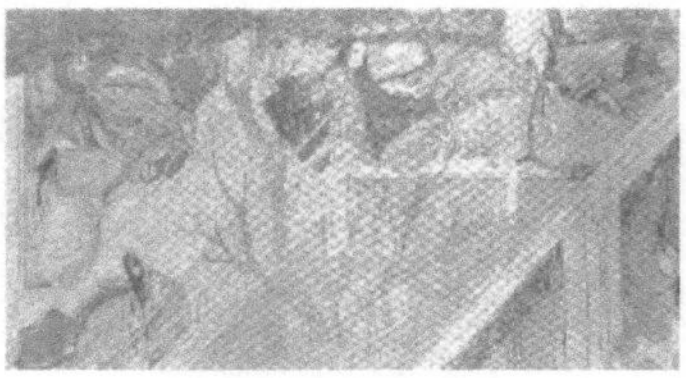

4　**写真４**は使節団のメンバーである。(1)，(2)の問いに答えなさい。

(1)　次のページの**資料２**の中の①～③にあてはまる人物名を，あとの**ア**～**エ**から１つ選び，符号で書きなさい。

**ア**　①＝木戸孝允　　②＝山口尚芳
　③＝大久保利通

**イ**　①＝黒田清隆　　②＝三条実美
　③＝西郷隆盛

**ウ**　①＝渋沢栄一　　②＝福沢諭吉
　③＝中江兆民

**エ**　①＝幸徳秋水　　②＝内村鑑三
　③＝東郷平八郎

資料２

(2)　日本はアメリカと1858年に不平等条約を結んでいたため，前のページの**写真４**を含む使節団のメンバーは，改正交渉を行うために派遣された。その不平等条約を何というか書きなさい。

5　前のページの**写真５**は自由民権運動の中心人物である。(1)～(4)の問いに答えなさい。

(1)　征韓論政変の後，政府を去った**写真５**たちは，1874年，議会の開設を主張する文書を政府に提出した。これが，国民が政治に参加する権利の確立を目指す自由民権運動の出発点となった。この文書を何というか，書きなさい。

(2)　**写真５**は1898年に大隈重信と合同で何という政治団体を結成したか，次の**ア**～**エ**から１つ選び，符号で書きなさい。

**ア**　自由党　　**イ**　憲政党　　**ウ**　立憲改進党　　**エ**　立憲政友会

(3)　自由民権運動と重なりながら展開したのが，士族の反乱であった。なかでも1877年に鹿児島の士族などが起こした西南戦争の中心となった人物は誰か，人物名を書きなさい。

(4)　西南戦争後，旧薩摩，長州藩出身者などから政府への批判は言論によるものが中心であった。政府は自由民権運動に対してどのように対応したか，次の**ア**～**エ**から１つ選び，符号で書きなさい。

**ア**　五榜の掲示・普通選挙法

**イ**　公事方御定書・五箇条の御誓文

**ウ**　新聞紙条例・集会条例

**エ**　国家総動員法・治安維持法

6　前のページの**写真６**は明治政府で活躍した。(1)～(3)の問いに答えなさい。

(1)　**写真６**は憲法の制定に力をつくした。天皇が定める形式の憲法を何というか，書きなさい。

(2)　**写真６**が属する明治政府では，天皇の質問に答え，重要な問題を審議する機関が置かれた。この機関を何というか，書きなさい。

(3)　日本は，1905年に韓国の外交権をうばって官庁を置き，**写真６**はその長官となった。この官庁を何というか，書きなさい。

7　前のページの**写真７**は何について研究したか。次の**ア**～**エ**から１つ選び，符号で書きなさい。

**ア**　赤痢菌　　**イ**　黄熱病　　**ウ**　タカジアスターゼ　　**エ**　ビタミンB

8　前のページの**写真８**は破傷風の血清療法を発見した人物である。人物名を書きなさい。

**2** 次の地図を見て，1～3の問いに答えなさい。

地図

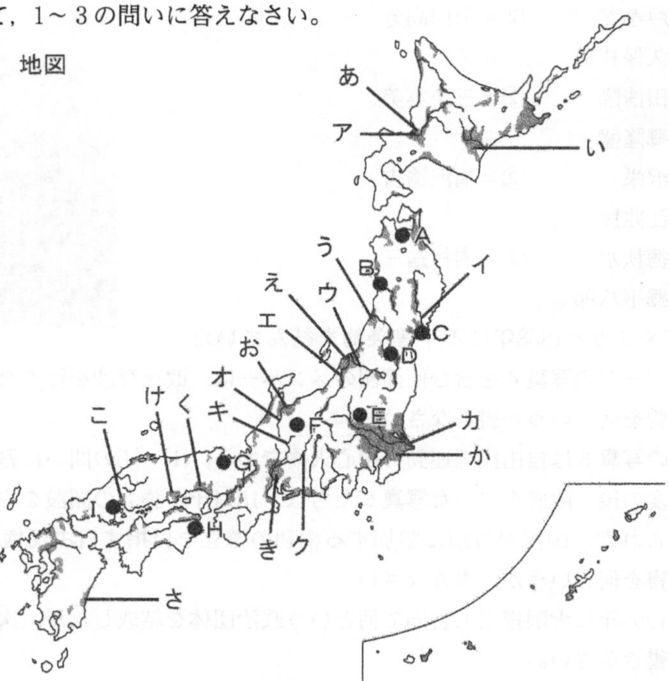


1 (1)～(3)について，その場所を地図の**ア～ク**から1つ選び，符号で書きなさい。また，その河川名を書きなさい。

(1) 四大公害であるイタイイタイ病の発生源となった河川。

(2) 流域面積が最大の河川。

(3) 河口付近の水量を制御するために大河津分水がつくられた河川。

2 (1)～(4)について，その場所を地図の**あ～さ**から選び，符号で書きなさい。

(1) 米の生産量の多い平野はどれか，3つ選び，符号で書きなさい。

(2) 戦国大名の毛利氏以来の城下町で，明治時代以降は軍事基地として発展し，現在では自動車関連の企業が立地している都市がある平野はどこか。

(3) 鉄の精錬から製品の製造まで一貫してできる製鉄所や石油コンビナートが建設され，ぶどうの生産もさかんな平野はどこか。

(4) 日本最大の畑作地域で，川から運ばれた土砂からなる低地と，火山からの噴出物であるローム層が地表をおおう台地からなり，**写真1**の作物の栽培がさかんな平野はどこか。

写真1

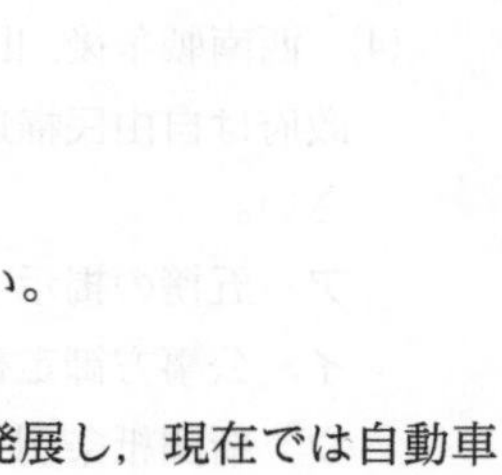

3 次のページの**写真2～4**を見て，(1)～(3)について地図の**A～I**から1つ選び，符号で書きなさい。

(1) **写真2**は日本三景の一つである。**写真2**がある場所はどこか。

(2) **写真3**は夏祭りの一つである。**写真3**が行われている場所はどこか。

(3) **写真4**は堤の長さが492m，高さが186mのアーチ型のダムで，日本一の高さをほこるダムである。そのダムの場所はどこか。

写真２

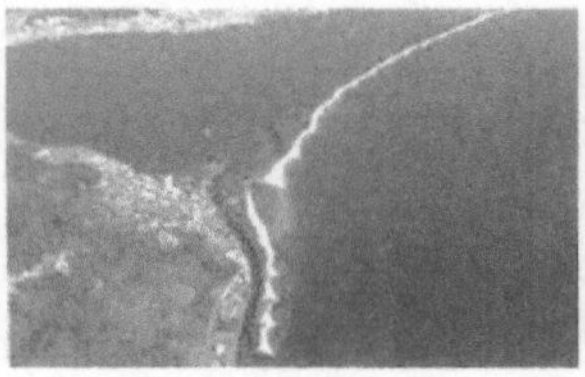

写真３

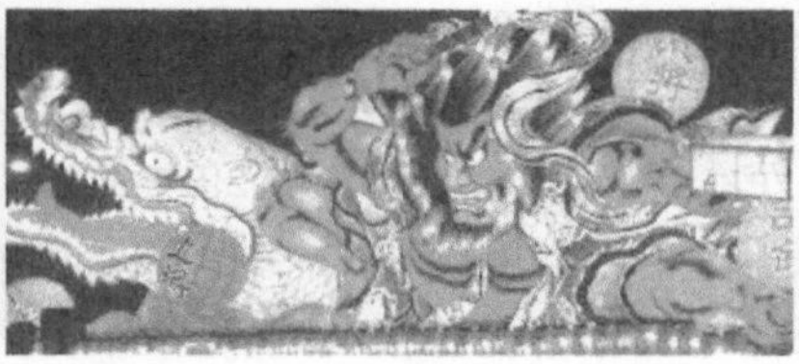

写真４

**3**　次の表を見て，1～5の問いに答えなさい。

表

| 年 | 日本（万人） | 世界（万人） | アジア（万人） | アフリカ（万人） | ヨーロッパ（万人） | 北アメリカ（万人） | 中南アメリカ（万人） | オセアニア（万人） |
|---|---|---|---|---|---|---|---|---|
| 1950 | 8411 | 253643 | 140490 | 22779 | 54932 | 17260 | 16882 | 1297 |
| 1960 | 9430 | 303495 | 170504 | 28336 | 62540 | 20464 | 22047 | 1602 |
| 1970 | 10467 | 370043 | 214248 | 36344 | 65691 | 23099 | 28667 | 1992 |
| 1980 | 11706 | 445800 | 264957 | 47638 | 69356 | 25400 | 36125 | 2321 |
| 1990 | 12361 | 532723 | 322609 | 63035 | 72085 | 27978 | 44284 | 2729 |
| 2000 | 12693 | 614349 | 374126 | 81098 | 72555 | 31242 | 52183 | 3142 |
| 2010 | 12806 | 695682 | 420959 | 103930 | 73641 | 34328 | 59735 | 3687 |
| 2020 | 12410 | 779479 | 464105 | 134059 | 74763 | 36887 | 65396 | 4267 |

『国連経済社会局 2020年』

1　1950年～2020年の人口増加率が一番高い地域はどこか，次の**ア**～**カ**から１つ選び，符号で書きなさい。

**ア**　アジア　　**イ**　アフリカ　　**ウ**　ヨーロッパ

**エ**　北アメリカ　　**オ**　中南アメリカ　　**カ**　オセアニア

2　2010年～2020年の人口増加率が高い順になるように，次の**ア**～**カ**を用いて並び替えなさい。

**ア**　アジア　　**イ**　アフリカ　　**ウ**　ヨーロッパ

**エ**　北アメリカ　　**オ**　中南アメリカ　　**カ**　オセアニア

3　1960年の日本の人口ピラミッドはどれか，次の**ア**～**ウ**から１つ選び，符号で書きなさい。

ア

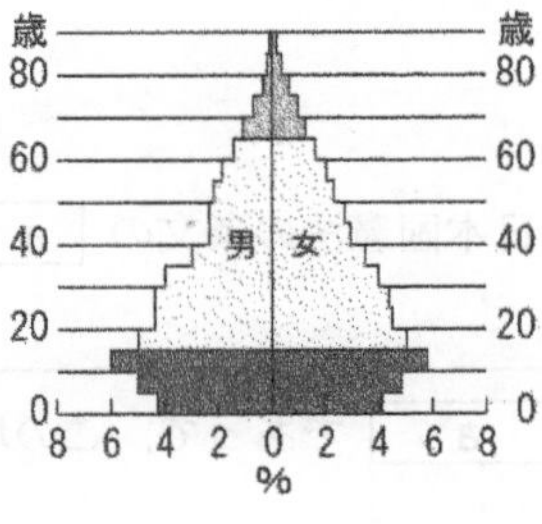


イ

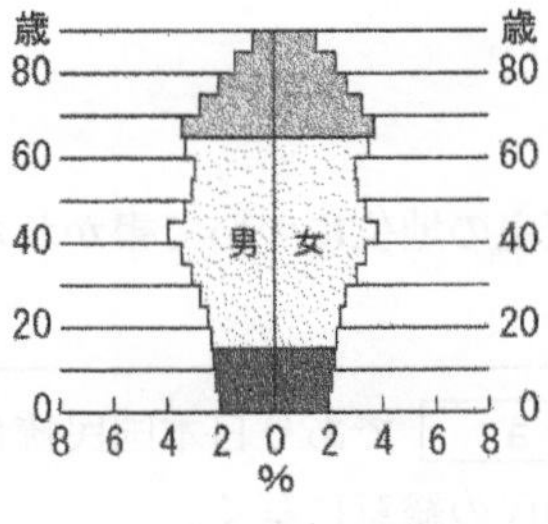


ウ

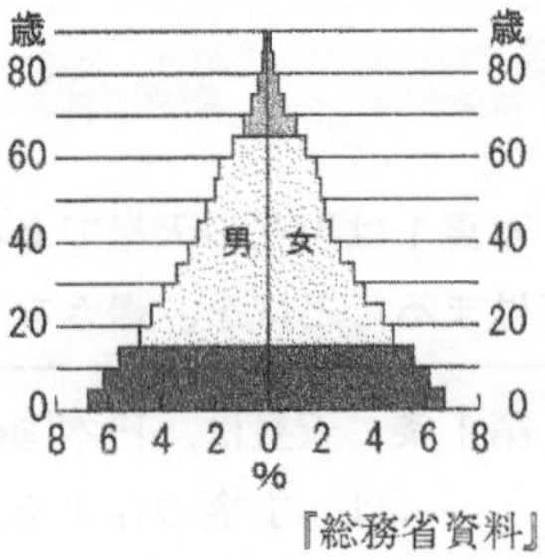


『総務省資料』

4　表から読み取れる内容として正しいものはどれか，次の**ア**～**オ**から２つ選び，符号で書きなさい。

**ア**　2020年のアジアの占める人口の割合は約70％である。

**イ**　アフリカにおける人口増加率は年代が新しくなるにつれて増加している。

**ウ**　ヨーロッパの人口増加率は，1990年～2000年が一番低い。

**エ**　1950年と2010年の全人口に占める割合がほぼ変わっていないのはオセアニアである。

**オ**　日本の1950年～2020年にかけての人口増加率は約1.2倍である。

5　世界の人口は1950年～2020年にかけて約３倍になっている。その１つの要因となっているのが，発展途上国において，医療の普及，衛生状態の改善などによって，出生率が高いまま死亡率が下がり，急激な人口増加が起こったことにある。その急激な人口増加のことを何というか，書きなさい。

**4**　次の**写真１～７**を見て，1～７の問いに答えなさい。

写真１

写真２

写真３

写真４

写真５

写真６

写真７

1　**写真１**は現在の天皇である。天皇の地位について書かれた次の日本国憲法の条文の［ a ］にあてはまることばを，書きなさい。

| |
|---|
| 第１条　天皇は，日本国の［ a ］であり日本国民統合の［ a ］であって，この地位は，主権の存する日本国民の総意に基く。 |

2　**写真２**は生活保護の申請窓口の様子である。この写真と関係の深い権利の内容を，次の**ア～エ**から１つ選び，符号で書きなさい。また，その権利を何というか，書きなさい。

**ア**　健康で文化的な最低限度の生活を営む権利である。

**イ**　全ての子どもが学校で学ぶことを保障した権利である。

**ウ**　全ての国民に働く機会を保障した権利である。

**エ**　労働三権と呼ばれる労働者のための権利である。

3　前のページの**写真3**は国会の本会議の様子である。(1)，(2)の問いに答えなさい。

(1)　国会について書かれた次の日本国憲法の条文の［b］にあてはまることばを，書きなさい。

| |
|---|
| 第41条　国会は，国権の最高機関であって，国の唯一の［b］である。 |

(2)　日本の国会について書かれた次の**A**，**B**の文の正誤の組み合わせとして適切なものを，下の**ア**～**エ**から1つ選び，符号で書きなさい。

**A**　弾劾裁判所を設置して，不適正と思われる国務大臣を辞めさせるかどうかを判断できる。

**B**　衆議院の解散，総選挙の後に開かれる特別国会では，内閣総理大臣が指名される。

**ア**　**A**＝正　**B**＝正　**イ**　**A**＝正　**B**＝誤　**ウ**　**A**＝誤　**B**＝正　**エ**　**A**＝誤　**B**＝誤

4　前のページの**写真4**は選挙の投票所の様子である。(1)～(3)の問いに答えなさい。

(1)　定数8人の比例代表選挙が行われ，右のような投票結果となった。ドント式で各政党に議席を配分すると，B党は何議席獲得することができるか，数で書きなさい。

| 政党名 | 得票数 |
|---|---|
| A党 | 300 |
| B党 | 240 |
| C党 | 120 |
| D党 | 60 |

(2)　選挙運動について認められているものを，次の**ア**～**エ**から1つ選び，符号で書きなさい。

**ア**　飲食物を提供する選挙運動　　**イ**　未成年者による選挙運動

**ウ**　自宅への訪問による選挙運動　　**エ**　インターネットによる選挙運動

(3)　議会の選挙で最も多くの議席を獲得した政党の党首が首相となり内閣を組織するが，内閣を組織して政権をになう政党を何というか，書きなさい。

5　前のページの**写真5**は模擬裁判の様子である。この模擬裁判の台本の一部を抜粋したものを読んで，台本中の［c］，［d］にあてはまることばを，それぞれ書きなさい。また，——部の権利のことを何というか，書きなさい。

| 役割 | 台詞 |
|---|---|
| 裁判官 | ただいまより，被告人に対する事件の審理を始めます。被告人は前に来てください。<br>［c］は起訴状を読んでください。 |
| ［c］ | (起訴状を読む) |
| | ～　省略　～ |
| 裁判官 | ここで被告人に注意しておくことがあります。<u>被告人は答えたくない質問には答えなくてもよい権利があります</u>。答えたくない質問には答えなくても構いません。<br>では質問をしますが，先ほど［c］が読み上げた起訴状の内容に間違いはないですか。 |
| 被告人 | いいえ，全然違います。私は何もやっていません。 |
| 裁判官 | ［d］の意見はいかがですか。 |
| ［d］ | 被告人が述べたとおりです。被告人は犯人ではなく，無罪です。 |

6　20ページの**写真6**は閣議の様子である。(1)，(2)の問いに答えなさい。

(1)　閣議は内閣総理大臣とその他の国務大臣で構成されているが，国務大臣について書かれた次の日本国憲法の条文の［ e ］にあてはまることばを，下の**ア～エ**から１つ選び，符号で書きなさい。

> 第68条　内閣総理大臣は，国務大臣を任命する。但し，その［ e ］は，国会議員の中から選ばれなければならない。

**ア**　３分の１以上　　**イ**　過半数　　**ウ**　３分の２以上　　**エ**　４分の３以上

(2)　内閣は国権の最高機関である国会の信任に基づいて成立し，国会に対して連帯責任を負う。この制度のことを何というか，書きなさい。

7　20ページの**写真7**は広島市の平和記念式典の様子である。(1)，(2)の問いに答えなさい。

(1)　1945年に広島と長崎に原子爆弾が投下され，多くの被害者を出した。このことから，日本がかかげている非核三原則の内容とは何か，書きなさい。

(2)　日本は防衛のために，アメリカと日米安全保障条約を結んでいる。この条約で，他国が日本の領域に攻撃してきたときに，日本とアメリカが共同で対応するため，日本が認めていることは何か，簡潔に書きなさい。

したりけり《しゃった》。注2郎等《らうどう》ども、「猫間殿の見参《げんざん》にいり《お目にかかり》、申すべき事ありとて、いらせ給ひて候《さうらふ》《いらっしゃってございます》」と申しければ、②木曾大きにわらッて、「猫は人に注3げんざうするか」。「c是は猫間の中納言殿と申す公卿《くぎやう》でわたらせ給ふ《いらっしゃいます》。御宿所《ごしゅくしょ》《お住まい》の名とおぼえ候《の名と思われます》」と③申しければ、木曾、④「さらば」とて対面す。

《『平家物語』巻第八「猫間」による》

注1　木曾……木曾義仲のこと。

注2　郎等……家来。従者。

注3　げんざう……「見参」のなまったもの。

問一　══部a～cの読みを、それぞれ現代仮名遣いで書きなさい。

問二　──部①「おはしたりけり」とあるが、誰がどこに何のためにいらっしゃったのか、書きなさい。

問三　──部②「木曾大きにわらッて」とあるが、木曾は、なぜ大いに笑ったのか。その理由として最も適切なものを、次のア～エから一つ選び、符号で書きなさい。

ア　猫が人間である自分に話しかけてきたため。

イ　猫が人間のように中納言の身分を得ているため。

ウ　猫が人間である自分に会いに来たと思ったため。

エ　猫が人間のように手紙をよこしてきたため。

問四　──部③「申し」の主語を、本文中から抜き出して書きなさい。

問五　──部④「さらば」の現代語訳として最も適切なものを、次のア～エから一つ選び、符号で書きなさい。

ア　さようなら　　イ　こんにちは

ウ　それならば　　エ　そうなので

問六　猫間殿という名の由来は何か。本文中から五字で抜き出して書きなさい。

問四　――部①「店先で言い合う母子」とあるが、何かにかこつけて帰ろうとはしなかった母親が、「私」（娘）の元から去っていく行動が端的に表れている箇所を、十字で抜き出して書きなさい。

問五　――部②「泣きそうな自分の声が耳に届く」とあるが、「私」の心深くにあると思われる「泣きそうになるほど」の気持ちを表した一文を、本文中から三十四字で抜き出して書きなさい。

問六　――部③「忘れてた」とあるが、何を忘れていたのか。十字以内で書きなさい。

問七　――部④「母は若い店員に向かって頭を下げ」とあるが、それはなぜか。その理由として最も適切なものを、次の**ア**～**エ**から一つ選び、符号で書きなさい。

**ア**　娘の一人暮らし先の大家である店員に、引っ越しの挨拶をするため。

**イ**　棚にうっかり手をかけて、大切な商品を落としてしまったことを謝罪するため。

**ウ**　娘の一人暮らしを心配し、何かの時には助けてやってほしいと依頼するため。

**エ**　初めての都会暮らしに動揺している娘に対して、何か助言を求めるため。

問八　次に示すのは、本文を読んだ五人の生徒が「大中小の三つの鍋」について話し合っている場面である。本文の主旨に合う発言を、次の**ア**～**オ**からすべて選び、符号で書きなさい。

**ア**　生徒A――鍋の大、中、小で、具体的にどのような料理を作ったらよいか教えてくれているね。一人暮らしをする「私」に対して、料理でもって、人生のアドバイスをしてくれているようだね。

**イ**　生徒B――そうだね。Aさんの言うとおりで、料理作りのアドバイスの数だけ鍋が必要なわけだし、店員さんからの助言や薦めもあって、母親は、大、中、小の三つの鍋にしたのじゃないかな。

**ウ**　生徒C――AさんとBさんが言うように、「私」も雑貨店に来るまでに、母親の料理の数々を思い浮かべていたよね。でも、「私」は本当は、万能な鍋を一つ買ってもらう約束で雑貨店に来たのだから、三つは多くないかな。

**エ**　生徒D――そうかな。確かに「三つもいらないんじゃない」と「私」は言っているけれど、プレゼント用に包装された鍋を見て、「思わず笑って」しまったわけだから、母親の愛情やメッセージを、しっかりと受け止めたのだと思うよ。

**オ**　生徒E――初めは不安や気恥ずかしさもあった「私」だけれど、三つの鍋を見て、これから始まる生活の、大小様々な喜びや悲しみを乗り越えていくための母親からの励ましを感じ取っているのかもしれないね。

## 三

次の文章を読んで、後の問いに答えなさい。ただし、設問の都合で文章の一部を変更した。

或時《あるとき》猫間中納言光隆卿《ねこまのちゅうなごんみつたかのきやう》ａといふ人、注1木曾に宣《のたま》ひあはすべき事《ご相談すべき事》あって①おは《いらっ》

トでひとり暮らしをするの、それで鍋と思ってね、選びにきたんだけど、やだ、こんなにしちゃって。大丈夫かしら、傷なんかついてない？　えーと、私が選んだのはどれだったかしら、しょうがないわねえ」

おばさんらしい饒舌《じょうぜつ》さで母はべらべらとしゃべり、さっき選んだ鍋を店員に押しつけるように渡している。鍋は大、中、小と三つあった。

「三つもいらないんじゃない」

「いるわよ、ちいさい鍋で毎朝お味噌《みそ》汁を作りなさい、大きい鍋は筑前《ちくぜん》煮とか、あとお魚を煮るときにね。中くらいのは南瓜《かぼちゃ》とか里芋とか、そういうちょっとしたものを煮るのに便利だから」まだ顔の赤い母は念押しするように説明しながら、バッグから財布を取り出している。

「この子ね、はじめてひとり暮らしするんですよ。ご近所だし、何かあったらよろしくお願いいたしますね」

④母は若い店員に向かって頭を下げ、鍋を包んでいた店員は困ったように私を見、かすかにエシャク(b)した。

母とは店の前で別れた。アパートにいって荷ほどきをすると母は言い張ったが、ひとりで大丈夫だと私はくりかえした。

「そうね。これからひとりでやっていかなきゃならないんだもんね」

母は自分に言い聞かせるようにつぶやいて、幾度か小刻みにうなずくと、顔のあたりに片手をあげて、くるりと背を向けた。ふりかえらず、よそ見をすることなく、陽のあたる商店街を歩いていく。母に渡された重たい紙袋《かみぶくろ》をサ(c)げ、遠ざかる母のうしろ姿を私はずいぶん長いあいだ眺めていた。母のうしろ姿はあいかわらず陽にさらされて［Ⅰ］と光っている。カートを引いて歩く老婆《ろうば》、小走りに駅へ向かうスーツ姿の男、幼い子どもの手を引く若い母親、いつもと変わらぬ町を歩く人々の合間を、母はまっすぐ歩いていく。雲のない空の下で商店街は［Ⅱ］と明るい。この光景を、ひょっとしたら私は一生忘れないかもしれない、ふいにそんなことを思った。そんなことを思ったら急に泣き出しそうになった。ひとりになって泣くなんて子どもみたい。私は母が向かう先とは反対に走り出す。かんかんと音をさせてアパートの階段を駆け上がり、紙袋の中身を取り出した。いつのまに母が頼んだのか、それとも店員が気をきかせたのか、大中小、三つの鍋はプレゼント用に包装されていた。でこぼこの包装紙のてっぺんに、ごていねいにリボンまでついている。みず色のリボン。ひとりきりになったちいさな部屋のなか、思わず私は笑ってしまう。

問一　＝＝部a～cのカタカナを漢字に改めなさい。

問二　――部A「素っ頓狂な声で」、B「顔が火照る」の本文中における意味として最も適切なものを、次のア～エからそれぞれ一つずつ選び、符号で書きなさい。

A　素っ頓狂な声で
- ア　場にそぐわない重苦しい感じの声で
- イ　場にそぐわない間の抜けた感じの声で
- ウ　場にそぐわないはきはきとした声で
- エ　場にそぐわない自嘲《じちょう》的な声で

B　顔が火照る
- ア　苛立ちが増して顔が赤くなる
- イ　発熱をして顔が赤くなる
- ウ　興奮のあまり顔が赤くなる
- エ　恥ずかしさのあまり顔が赤くなる

問三　［Ⅰ］・［Ⅱ］にあてはまる言葉を、それぞれ四字で、本文中から抜き出して書きなさい。

「でも、まだ荷ほどきもしてないじゃない」
「あれっぽっちの荷物、私ひとりだって、すぐ片づいちゃう」
「掃除も、もう一回したほうがいいんじゃない」
「さっきしたばかりじゃないの」
「だけど、台所はなんだか汚れが落ちなかったし」
①店先で言い合う母子を、通りすがりの人がちらりと眺めていく。
「もういいって」強い口調で私は言った。本当のことを言うと、母といっしょにあのしょぼけたアパートに帰りたかった。何度でもいっしょに掃除をしてもらいたかった。あの狭苦しい台所で、夕食の支度をしてほしかった。魚の煮つけ、切り干し大根、たらこと葱《ねぎ》の入った卵焼き、家のテーブルに並ぶような夕食。そして、布団を並べていっしょに眠ってほしかった。苛立《いらだ》った私の八つ当たりを、とんちんかんな言葉で受け流してほしかった。けれど今日泊まってもらったら、明日も泊まってもらいたくなる。私は今日から、たった今から、ひとりで、あの部屋で、なんとか日々を過ごしていかなくてはならないのだ。
「もういいって。帰って」私は言った。②泣きそうな自分の声が耳に届く。
「あっ、いやだ、おかあさん、③忘れてた」
突然母がA素《す》っ頓狂《とんきょう》な声で叫ぶ。
「何、忘れもの?」
「そうじゃないの、あのね、鍋。鍋を用意してあげるのを忘れてた」
母は言い、すたすたと商店街を歩き出す。コートを着た母のうしろ姿が、陽をあびてちかちかと光る。私はちいさな子どものように、母のあとを追う。
「鍋なんかいいよ」
「よくないわよ、鍋がなきゃなんにもできないじゃないの。あんたもね、料理くらい覚えなさい。フライパンひとつでできるものなんか料理とは言わないの、きちんと鍋を揃《そろ》えて、煮炊きをしなさいよ」
母は得意げに言いながら、店先に茶碗《ちゃわん》を並べた雑貨屋に入っていく。店のなかは、食器や鍋や、ゴミ箱や掃除用品、ありとあらゆるものが所狭しと並んでいた。母は通路にしゃがみこみ、片っ端から鍋を手に取っていく。「これはなんだか重いわね」「これじゃあいかにも安っぽい」「こんなに馬鹿《ばか》でかくても困るしね」ひとりごとをつぶやきながら、鍋をひっくり返したり片手で揺すってみたりしている。私は母のわきに突っ立って、隅に整然と並んでいるル・クルーゼの鍋を見ていた。高校生のころ、女性誌で見て、ひとり暮らしをしたら買いたいと決めていたル・クルーゼである。色も橙色《だいだい》と決めていた。けれど、これがほしいと母にはなんだか言えなかった。こんなもので料理なんかできませんと母は言うような気がした。実際、母の作るもの、母の作ってきたものは、ル・クルーゼとは不釣り合いだった。あのアパートに橙のル・クルーゼがあっても、なんだか滑稽だとも思った。
「これがいいわ」
思いきり立ち上がった母ははずみでよろけ、体を支えようと咄嗟《とっさ》に棚に手をつき、積んであった鍋がものすごい音を出して転がり落ちる。店内にいた客がaチンレツ棚から首だけ出してこちらを見ている。
「やだ、もう」B顔が火照《ほて》るのを感じながら私はつぶやく。
「やだもうはこっちのせりふよ」母も赤い顔をして、転げ落ちた鍋を懸命に元に戻している。「大丈夫ですかあ」店員が歩いてくる。
「あらまあ、ごめんなさいね、あのね、この子、春からこの先のアパー

め方のことなのか。「～のこと」に続くように、本文中から三十五字以内で抜き出して書きなさい。

問四　――部②「普遍的に高リスクと認知される自然的なもの」を、本文中から二つ抜き出して書きなさい。

問五　――部③「太陽光の一部である紫外線だとどうでしょう？」とあるが、どのように評価されると考えられるか。十五字以内で書きなさい。

問六　――部④「〝天然の方が良い〟ヒューリスティックには、これから検討すべき面白い研究テーマが豊富にありそうです」とあるが、筆者がそう考える理由を、「リスク」「認知」「自然」「技術」の語を必ず用いて、七十字以内で書きなさい。

問七　本書の筆者は、他の箇所で次のような問いと解説をしている。解説の中の [1] ～ [3] にあてはまる言葉の組み合わせとして最も適切なものを、後のア～カから一つ選び、符号で書きなさい。

問い　「ナチュラル・チーズ」と「プロセス（加工）・チーズ」、健康に良いのはどちらでしょうか？

解説　どちらを選びましたか？　多くの人はナチュラルチーズを選んだのではないかと思います。〝ナチュラル〟は身体に良い印象を受けますが、〝プロセス（加工）〟だと人工的な印象を受けるでしょう。ですが、プロセスチーズはナチュラルチーズに乳化剤を加えて、加熱、溶解、形成し直したものであり、加熱殺菌をしているため長期的に安定した品質が得られます。乳化剤が健康に悪いわけではなく、むしろ、プロセスチーズは保存性や安全性の点で [1] 食品といえるでしょう。ところが、印象としては、〝自然〟や〝ナチュラル〟は健康や環境にも [2] いて、逆に、〝加工〟や〝人為〟は体にも環境にも [3] と認知されやすいようです。自然なものであればそれは良いもの、という直感的な判断は、「〝天然の方が良い〟ヒューリスティック」と呼ばれます。

| | 1 | 2 | 3 |
|---|---|---|---|
| ア | リスクを管理しにくい | 優れて | リスクが高い |
| イ | リスクを管理しやすい | 優れて | リスクが低い |
| ウ | リスクを管理しにくい | 適して | リスクが低い |
| エ | リスクを管理しやすい | 優れて | リスクが高い |
| オ | リスクを管理しにくい | 適して | リスクが高い |
| カ | リスクを管理しやすい | 適して | リスクが低い |

二　次の文章は、角田光代《かくたみつよ》の小説『Presents』所収「鍋セット」の一節である。大学入学のために上京した「私」は、母親とともに一人暮らしの準備を始める。引っ越しの荷入れが一段落したところで、二人は蕎麦《そば》屋で食事をとる。それに続く次の文章を読んで、後の問いに答えなさい。ただし、設問の都合で文章の一部を変更した。

蕎麦屋を出る。春特有のふわふわした陽射《ひざ》しが商店街を染め抜いている。

「じゃあここで、もう帰っていいよ、おかあさん」私はぶっきらぼうに言った。

のです。

先進国ではさまざまな自然の脅威に対抗する技術を開発し、それらによって人々を守る生活が長くなったので、自然の脅威が薄らぎ、人為的な技術への不安が残ったのかもしれません。そうだとすれば、途上国ではあまり〝天然の方が良い〟ヒューリスティックは使われないはずですね。このヒューリスティックをめぐる文化間比較は興味深い研究テーマだと思います。

また、天然の方が良い、とはいっても、自然災害である地震や台風を低リスク、高ベネフィット[注4]と受けとめる人は、先進国であろうが途上国であろうがいないでしょう。②普遍的に高リスクと認知される自然的なものと、技術発展などによってリスク認知のレベルが変化する自然的なものの違いとは何でしょう？　また、太陽光は自然であるとの印象をもたらし、それを取り入れた商品名は〝天然の方が良い〟ヒューリスティックによって低リスクと評価されるかもしれません。しかし、③太陽光の一部である紫外線だとどうでしょう？

これらのように④〝天然の方が良い〟ヒューリスティックには、これから検討すべき面白い研究テーマが豊富にありそうです。

（中谷内《なかやち》一也《かずや》『リスク心理学　危機対応から心の本質を理解する』による）

注1　ヒューリスティック……意思決定の場面において、緻密な論理で一つ一つ確認しながら判断するのではなく、経験則や先入観に基づく直感で素早く判断すること。

注2　リスク……先々に好ましくない事象が発生する可能性。本書で筆者は、「リスクとはある行為によって『望ましくない事態が起こる不確実性（可能性や確率）』と『その事態の望ましくなさ（深刻さ）』から構成されている」と説明している。

注3　ハザード……本書で筆者は、「被害をもたらしうる原因物質や現象」と説明している。

注4　ベネフィット……利益、恩恵、便益のこと。本書で筆者は、「経済的な利益、労力の節減、健康の増進など、『良いこと』」と説明している。

問一　――部a～c中のカタカナに相当する漢字を含むものを、各群のア～エからそれぞれ一つずつ選び、符号で書きなさい。

a　貢ケン
- ア　ケン定試験を受ける。
- イ　真ケンに取り組む。
- ウ　ケン身的に尽くす。
- エ　仕事をケン務する。

b　カ程
- ア　カ庭菜園を楽しむ。
- イ　カ定の上に立って述べる。
- ウ　高校の三つのカ程。
- エ　電車が駅を通カする。

c　ハイ出
- ア　ハイ水口を掃除する。
- イ　後ハイの面倒をみる。
- ウ　ハイ句の腕をあげる。
- エ　公害の原因とハイ景。

問二　A・B にあてはまる言葉の組み合わせとして最も適切なものを、次のア～エから一つ選び、符号で書きなさい。

- ア　A　このように　B　つまり
- イ　A　やがて　B　そして
- ウ　A　たしかに　B　ですが
- エ　A　また　B　さらに

問三　――部①「そのような受けとめ方」とあるが、どのような受けとめ方

**【国　語】**（四五分）〈満点：一〇〇点〉

**【注意】**　字数を指示した解答については、句読点、記号も一字に数えなさい。

**一**　次の文章を読んで、後の問いに答えなさい。ただし、設問の都合で文章の一部を変更した。

自然への介入が悪いこと、という直観が〝天然の方が良い〟ヒューリスティック[注1]を支え、さまざまな領域で「自然＝善、人為的介入＝悪」という判断を導くのは興味深いことです。なぜなら、人為的介入は、もともと自然の脅威から人を守るために行われてきたからです。

多くの技術は、本来、[注2]リスク削減を目的として開発されてきましたが、いまやその技術が取りのぞくべきハザード[注3]としてみなされる局面が増えてきたのです。例えば、農薬は病気や虫によって作物の収穫が落ち込むことを避けるために開発されました。食品保存料も、冷蔵技術が不十分な中、食物の腐敗を防いで健康リスクを抑えることに[a]貢ケンしてきました。けれども、現在ではむしろ農薬や食品添加物の利用が削減すべきハザードとみなされています。

人が定住し、文明を形成しはじめた初期の技術発展として治水があげられます。大洪水は今でも多くの命を奪い、作物を台無しにするおそるべきハザードです。そこで、築堤という技術が生まれ、大規模化してきました。そうすると、今度は堤防に護《まも》られているという前提で都市や農地が形成されますので、堤防が十分に機能しないと惨事を招きます。このため、自然に介入して人を護るものであった堤防が、被害をもたらしうるハザードとしてみなされるようになった、という筋道は不思議ではありません。

同様に、農薬や食品添加物は使い方によって実際にリスクがありますので、そのリスクを評価し、管理しようとするのは当たり前のことです。

しかし、一方、もともとの強烈なハザードであった洪水、さらには農産物の病気や虫害、腐敗、といった自然の脅威は認知されにくくなっているようです。

単に脅威が認知されなくなっただけでなく、さらに進んで、「自然のままが良い」とか「自然のままが安全」とかいう肯定的な認知がどのようにして形成されてきたのかも不思議なところです。

食品についても①そのような受けとめ方は強く、自然のまま、生の新鮮なものがおいしく安全、と考える人も多いようです。例えば、鶏刺しや鶏のたたきを好む人は多いですが、カンピロバクターという菌によって重い食中毒になるリスクがあります。鶏は高い割合でカンピロバクターを保菌しており、しかも、生きている状態で感染していますので、新鮮だから安全、生だから安心ということはまったくないのです。むしろ、加熱殺菌という初歩的な介入を行うことでようやく安全に食べることができます。かつては、肉の生食は危険とされていたのですが、流通[b]カ程と調理現場での冷蔵技術向上によって、魚の生食が身近になるとともに、肉の生食に対する警戒も低くなってきたようです。

［A］、四大公害病に示されるように、工場から環境中に[c]ハイ出された化学物質が人々を苦しめてきた歴史があり、人々が人為性を感じさせる介入に警戒するのは当然でしょう。［B］、もう一方のありのままの自然も、洪水、干ばつなどの異常気象、ウイルス、細菌、感染症の媒介となる虫、動物など、実際にはおそるべきハザードで満たされている

# MEMO

大切なことはメモしておこうネ!

# 2022年度

# 解 答 と 解 説

《2022年度の配点は解答欄に掲載してあります。》

## ＜数学解答＞

[1] (1) $-31$　(2) $\dfrac{-x-y}{12}$　(3) $x=7,\ y=-5$　(4) $3+\sqrt{3}$　(5) $x=3,\ 7$
(6) $a$　(7) $144\pi\,\mathrm{cm}^2$　(8) 135度　(9) 105度　(10) ア

[2] (1) ウ，オ　(2) アとウ

[3] (1) $\dfrac{1}{7}$　(2) $\dfrac{10}{49}$　(3) $\dfrac{8}{49}$

[4] (1) 14点　(2) ア

[5] ア $100a+10b+c-2d$　イ $21d$　ウ $10n+3d$

[6] (1) $180\mathrm{cm}^3$　(2) 2　(3) 14本

[7] (1) $a=1$　(2) $(2\sqrt{3},\ 0)$　(3) $y=-\sqrt{3}x+6$　(4) $-2\sqrt{3}$　(5) 3

○推定配点○

[1] 各3点×10　[2] 各3点×2　[3]～[7] 各4点×16　計100点

## ＜数学解説＞

基本 [1] (数・式の計算，連立方程式，平方根の計算，2次方程式，1次関数，球の表面積，角度，統計)

(1) $-2^2+(-3)^3=-4+(-27)=-4-27=-31$

(2) $\dfrac{3x-5y}{4}-\dfrac{5x-7y}{6}=\dfrac{3(3x-5y)-2(5x-7y)}{12}=\dfrac{9x-15y-10x+14y}{12}=\dfrac{-x-y}{12}$

(3) $4x+5y=3$…①　$3x+4y=1$…②　①×4－②×5から，$x=7$　これを②に代入して，$3\times7+4y=1$　$4y=-20$　$y=-5$

(4) $\sqrt{3}(\sqrt{3}+1)+\sqrt{12}-\dfrac{6}{\sqrt{3}}=3+\sqrt{3}+2\sqrt{3}-\dfrac{6\sqrt{3}}{3}=3+\sqrt{3}+2\sqrt{3}-2\sqrt{3}=3+\sqrt{3}$

(5) $(x-2)(x-8)+5=0$　$x^2-10x+16+5=0$　$x^2-10x+21=0$　$(x-3)(x-7)=0$　$x=3,\ 7$

(6) 1次関数の変化の割合は一定で，傾きと等しいので$a$

(7) $4\pi\times6^2=144\pi(\mathrm{cm}^2)$

(8) 正八角形の内角の和は，$180^\circ\times(8-2)=180^\circ\times6=1080^\circ$　よって，正八角形の1つの内角の大きさは，$\dfrac{1080^\circ}{8}=135^\circ$

(9) ACとBDの交点をOとすると，$\mathrm{DO}=\dfrac{8}{2}=4$　△DOCは二等辺三角形になるので，$\angle\mathrm{DCO}=\dfrac{180^\circ-30^\circ}{2}=75^\circ$　△DOCにおいて内角と外角の関係から，$\angle x=30^\circ+75^\circ=105^\circ$

(10) 階級値とは，各階級の中央の値である。

基本 [2] (数の性質)

(1) $\left(\dfrac{2}{5}\right)^2=\dfrac{4}{25}$　$\dfrac{2}{5}=\dfrac{10}{25}$　よって，$\left(\dfrac{2}{5}\right)^2<\dfrac{2}{5}$　$\left(\dfrac{1}{\sqrt{3}}\right)^2=\dfrac{1}{3}$　$\sqrt{3}<3$から，$\dfrac{1}{3}<\dfrac{1}{\sqrt{3}}$　よって，$\left(\dfrac{1}{\sqrt{3}}\right)^2<\dfrac{1}{\sqrt{3}}$

(2)　絶対値が等しくなるのは，$-\frac{2}{5}$と$\frac{2}{5}$

**3**　**(確率)**

(1)　カードの引き方は全部で，$7\times7=49$(通り)　そのうち，$a+b$が8になる場合は，$(a,\ b)=(1,\ 7),\ (2,\ 6),\ (3,\ 5),\ (4,\ 4),\ (5,\ 3),\ (6,\ 2),\ (7,\ 1)$の7通り　よって，求める確率は，$\frac{7}{49}=\frac{1}{7}$

(2)　$a+b$が11以上になる場合は，$(a,\ b)=(4,\ 7),\ (5,\ 6),\ (5,\ 7),\ (6,\ 5),\ (6,\ 6),\ (6,\ 7),\ (7,\ 4),\ (7,\ 5),\ (7,\ 6),\ (7,\ 7)$の10通り　よって，求める確率は，$\frac{10}{49}$

(3)　$ab$が素数になる場合は，$(a,\ b)=(1,\ 2),\ (1,\ 3),\ (1,\ 5),\ (1,\ 7),\ (2,\ 1),\ (3,\ 1),\ (5,\ 1),\ (7,\ 1)$の8通り　よって，求める確率は，$\frac{8}{49}$

**4**　**(統計－最頻値，箱ひげ図)**

基本　(1)　最頻値は度数が一番多い値だから，14点

(2)　データから，最小値は2点，最大値は18点，中央値は11点，第3四分位数は14点　よって，適切な箱ひげ図はアになる。

**5**　**(文字式の利用)**

$\underline{100a+10b+c-2d}=7n$　$\mathrm{N}=1000a+100b+10c+d=10(100a+10b+c)+d=10(100a+10b+c-2d)+20d+d=10(\underline{100a+10b+c-2d})+\underline{21d}=10\times7n+\underline{21d}$　$\mathrm{N}=7(\underline{10n+3d})$　よって，$\underline{10n+3d}$は整数であるから，Nも7の倍数になる。

**6**　**(空間図形の問題－切断，体積，頂点・辺・面の数，ねじれの位置)**

基本　(1)　立体Xの体積は，立方体の体積から8つの三角錐の体積をひいたものになるから，$6\times6\times6-\frac{1}{3}\times\frac{1}{2}\times3\times3\times3\times8=216-36=180(\mathrm{cm}^3)$

(2)　立体Xは正方形が6つ，正三角形が8つの面でできている。$v=\frac{4\times6+3\times8}{4}=12$　$e=\frac{4\times6+3\times8}{2}=24$　$f=6+8=14$　よって，$v-e+f=12-24+14=2$

(3)　辺AB，AD，AE，FB，FE，FW，HD，HE，HGの各中点をO，S，T，U，V，W，X，Y，Zとする。PQを除いた辺の数23本のうち，直線PQと交わる直線は，PS，PR，PX，QO，QU，QRの6本，直線PQと平行な直線は，SO，YV，ZWの3本　よって，直線PQに対してねじれの位置にある直線は，$23-6-3=14$(本)

**7**　**(図形と関数・グラフの融合問題)**

基本　(1)　$y=ax^2$に点Aの座標を代入して，$3=a\times(\sqrt{3})^2$　$3a=3$　$a=1$

(2)　$\mathrm{OA}=\sqrt{(\sqrt{3})^2+3^2}=\sqrt{12}=2\sqrt{3}$　$\mathrm{OB}=\mathrm{OA}=2\sqrt{3}$　よって，$\mathrm{B}(2\sqrt{3},\ 0)$

(3)　直線ABの傾きは，$\frac{0-3}{2\sqrt{3}-\sqrt{3}}=\frac{-3}{\sqrt{3}}=-\frac{3\sqrt{3}}{3}=-\sqrt{3}$　直線ABの式を$y=-\sqrt{3}\,x+b$として点Bの座標を代入すると，$0=-\sqrt{3}\times2\sqrt{3}+b$　$b=6$　よって，直線ABの式は，$y=-\sqrt{3}\,x+6$

(4)　$y=x^2$に$y=12$を代入して，$12=x^2$　$x=\pm\sqrt{12}=\pm2\sqrt{3}$　点Cの$x$座標は負の数なので，$-2\sqrt{3}$

重要　(5)　△OABと△OACのそれぞれAB，ACを底辺とすると高さは同じなので，面積の比は底辺の比と等しくなる。$\mathrm{S}:\mathrm{T}=\mathrm{AB}:\mathrm{AC}=(2\sqrt{3}-\sqrt{3}):\{\sqrt{3}-(-2\sqrt{3})\}=\sqrt{3}:3\sqrt{3}=1:3$　よって，$\frac{\mathrm{T}}{\mathrm{S}}=\frac{3}{1}=3$

★ワンポイントアドバイス★

6(2)のように，多面体では，(頂点の数)−(辺の数)+(面の数)=2が成り立つ。覚えておくとよい。

## <英語解答>

1 1 (1) ア (2) イ (3) エ (4) ウ 2 (1) ア (2) イ (3) ウ (4) エ

2 1 clothes 2 ate 3 sea 4 piece 5 wear

3 1 ウ 2 ア 3 イ 4 エ 5 ウ

4 1 children 2 thousand 3 spoken 4 Few 5 each

5 1 This bus will take you to the zoo(.) 2 Nobody knows where he met her(.) 3 Emma has a cat which has big eyes(.) 4 We had to speak English there(.) 5 Has your sister left for Canada yet(?)

6 1 longer, mine 2 old, is 3 made, me 4 something, to 5 How, about

7 1 オ 2 ク 3 ケ 4 コ 5 ウ

8 1 (1) She asked John to show his books to Andrew. (2) Because his father had to go to another town. 2 他の人に対しても優しい[親切な]人。 3 (1) F (2) T (3) T (4) F (5) T 4 オ 5 誰にでも良い点があり，それを見つけられれば，人生を変えることができる。

○推定配点○

8 1，2，5 各3点×4 他 各2点×44(6各完答) 計100点

## <英語解説>

1 リスニング問題解説省略。

2 (同音異義語問題：名詞，動詞)

1 「目を開けて，口を閉じてください。」，「いつもどこで服を買いますか。」

2 「彼女は今朝8時に起きた。」，「私は昼食に中華料理を食べた。」

3 「私はボーイフレンドに会いたい。」，「彼は海に泳ぎに行った。」

4 「私たちは世界平和のために働く。」，「ケーキを1個もらえますか。」

5 「あなたは日本のどこに住んでいますか。」，「私はこの夏浴衣を着るつもりだ。」

3 (語句補充問題：受動態，前置詞，慣用表現，現在完了，比較)

1 「これらの魚はどこで獲られましたか。」 受動態の文なので<be 動詞+過去分詞>という形にする。

基本 2 「私は11月1日の朝に生まれた。」 日付を表す時には on を使う。

3 「私には2人姉がいる。ひとりは先生で，もうひとりは看護師だ。」 2つあるものについて説明するときは，<one ~ , the other ~>という表現を用いる。

4 「私は子供のときからジャックを知っている。」 < since ～ >は「 ～以来」という意味。

5 「カケルとヒロキでは，どちらが英語をより上手に話せますか。」 2人の人を比べているので，比較級の文だとわかる。well の比較級は better である。

**[4] (語句補充問題：名詞，分詞，形容詞，副詞)**

1 数をたずねるときは<how many ＋複数形の名詞>という表現を用いる。

2 1,000は thousand と表す。

3 過去分詞は受け身の意味を表すので「話される」となり，直前の名詞を修飾する。

4 「ほとんど～ない」という打ち消しの意味は<few ＋名詞>で表すことができる。

基本 5 「お互いに」という意味は，2人ならば each other，3人以上ならば one another と表す。

**[5] (語句整序問題：動詞，間接疑問文，関係代名詞，助動詞，現在完了)**

1 <take A to B>で「AをBに連れて行く」という意味を表す。

2 nobody は「誰も～ない」という意味を表し，単数であつかう。間接疑問文なので，<疑問詞＋主語＋動詞>の形になる。

3 「大きな目を持った」という意味が「猫」を修飾するので，主格の関係代名詞を使う。

4 <have to ～>で「～しなければならない」という意味を表す。

5 現在完了の文において「もう～しましたか」という意味を表す時は yet を使う。

**[6] (書き換え問題：比較，疑問詞，SVOC，不定詞，疑問詞)**

1 「私のえんぴつはあなたのより短い。」→「あなたのえんぴつは私のより長い。」「より長い」とするので，long の比較級を使う。

2 「あの有名な建物はいつ建てられましたか。」→「あの有名な建物は何歳ですか。」 経過した時間をたずねるので，「何歳」とたずねる。

3 「私はその知らせを聞いてとてもうれしかった。」→「その知らせは私をとてもうれしくさせた。」<make A B>で「AをBにする」という意味になる。

4 「私は何か食べ物がほしい。」→「私は何か食べる物がほしい。」 <something to ～>で「何か～する(べき)もの」という意味を表す。

5 「野球をしませんか。」→「野球をするのはどうですか。」 <how about ～ ing>は「～するのはどうですか」という意味を表す。

**[7] (長文読解問題・物語：内容吟味)**

(全訳) ケンは小さな男の子だ。彼は7歳である。

ある夏の日，彼は両親と妹のアミと一緒に山に登った。山のふもとで，父親は「上に行くには2つの方法があるよ。歩いて登ると，約1時間15分かかる。ロープウェイを使えば，わずか10分だ。ケン，君はどっちで行きたい？」と言った。「ぼくは上まで歩いて行くよ。」とケンは言った。

彼の母親とアミはロープウェイに乗った。ケンは父親と一緒に山を登り始めた。彼らは1時間30分歩き，ようやく頂上に到着した。ケンは母親やアミと頂上で再び会えてとてもうれしかった。

1 「ケンは夏の日に家族と一緒にどこに行ったか。」「一緒に山に登った」とあるので，オが答え。

2 「ケンは山の頂上まで歩いたか。」「ケンは父親と一緒に山を登り始めた」とあるので，クが答え。

3 「誰が山のふもとでロープウェイに乗ったか。」「彼の母親とアミはロープウェイに乗った」とあるので，ケが答え。

4 「ケンは山のふもとから頂上までどれくらいの間歩いたか。」「彼らは1時間30分歩き」とあるので，コが答え。

5 「ケンは山の頂上でうれしかったか。」「ケンは母親やアミと頂上で再び会えてとてもうれしかった」とあるので，ウが答え。

ア「10分間。」，イ「海へ。」，エ「いいえ，彼はちがった。」，カ「ケンと父親がした。」，キ「いいえ，彼はしなかった。」

**8 （長文読解問題・物語文：内容吟味）**

（全訳） ジョンは物静かな少年だった。彼はスポーツが苦手で，仲の良い友達もいなかったので，学校ではいつも一人だった。彼は自分の悪い点がたくさんあることは知っていたが，自分の良い点は何も知らなかった。

ある春の日，先生のミス・ホワイトが男の子を連れて部屋に入ってきた。彼女は彼をクラスに紹介した。「この人はアンドリューです。彼はニューヨーク出身です。彼はあなたたちの新しい友達になるでしょう。」「はじめまして。ぼくはアンドリューです。ぼくはスポーツが得意で，特にサッカーが好きです。趣味はギターを弾くことです。ぼくの友達になってください」と少年は言った。先生は「ジョン，アンドリューはあなたの隣に座ります。あなたの本を彼に見せてください。」と言った。ジョンは一言も言わずにうなずいた。アンドリューはジョンの隣に座った。朝の授業の後，アンドリューは「ぼくと一緒に昼食を食べない？」と言った。ジョンは再びうなずいた。

その日から，ジョンとアンドリューは学校で一緒に過ごした。アンドリューはとても活発な少年だった。彼はいつも助けを借りずに物事を行おうとした。アンドリューは放課後にジョンにサッカーを教えた。ジョンはボールをうまく蹴れなかったが，アンドリューのおかげでうまくなった。ジョンはアンドリューのようになりたかったが，できないことを知っていた。アンドリューは彼にギターの弾き方を教えた。アンドリューはいつもジョンと一緒にいて，いつも笑顔でジョンを見ていた。

ある日，アンドリューはジョンに「君はぼくの親友だ。君の長所をぼくは知っているよ。君は他の人にとても親切だ。」と言いました。ジョンは黙って聞いていたが，自分の中に何か温かいものを感じました。アンドリューはいつもジョンを励ました。ジョンは「ありがとう，アンドリュー。」としか言えなかった。

その時から，ジョンは変わり始めた。彼はまた，助けを借りずに物事を行おうとし始めた。アンドリューは，ジョンが変わりつつあるのを知っていた。彼らは良い友達になった。彼らが一緒に勉強していたとき，アンドリューは「ジョン，ぼくはまた行かなければならないんだ。」と言った。「また行く？　どういう意味なの？」「ぼくの父は別の町に行かなければならないので，ぼくは彼と一緒に行かなければならないんだよ。」ジョンはとても悲しかったが，彼は今や強い少年だったので泣かなかった。

……　30年後　……

現在，ジョンは40歳だ。彼は先生である。彼は生徒や他の教師に愛されている。彼は自分の仕事が好きだ。彼は生徒たちによくこう言う。「誰もが長所を持っている。もしそれを見つけられたら，君たちは人生を変えることができる。」アンドリューは今，ジョンから遠く離れて住んでいるが，アンドリューはいつもジョンの心の中で生きている。

1 (1) 「先生はジョンに何を頼んだか。」「あなたの本を彼に見せてください」とある。

(2) 「アンドリューはなぜまた行かねばならなかったか。」「ぼくの父は別の町に行かなければならない」とある。

2 アンドリューは「君は他の人にとても親切だ」と言った。

重要 3 (1) 「ジョンは彼の友達たちと話すのがとても好きだった。」 文中に書かれていない内容なので，誤り。 (2) 「アンドリューはジョンをよく理解した友達だった。」 アンドリューはジョンの良い点を認めていたので，正しい。 (3) 「アンドリューは行かねばならないと言ったとき，ジョンはうれしくなかった。」「ジョンはとても悲しかった」とあるので，正しい。 (4) 「アンドリューは静かな少年だったが，大きく変わった。」「アンドリューはとても活発な少年だった」とあるので，誤り。 (5) 「ジョンは今彼の仕事を楽しんでいる。」 最後の段落の内容に合うので，正しい。

4 「アンドリューはいつもジョンの心の中で生きている」とあるので，オが答え。 ア 「いつもジョンと会える友達」「アンドリューは今，ジョンから遠く離れて住んでいる」とあるので，誤り。 イ 「ジョンと一緒に働いている友達」 文中に書かれていない内容なので，誤り。 ウ「ジョンとよく話す友達」 文中に書かれていない内容なので，誤り。 エ 「ジョンの家の近くに住む友達」「アンドリューは今，ジョンから遠く離れて住んでいる」とあるので，誤り。 オ 「いつもジョンによって記憶されている友達」

5 ジョンは「誰もが長所を持っている。もしそれを見つけられたら，君たちは人生を変えることができる」と言っている。

**★ワンポイントアドバイス★**

[5]の2には nobody が使われている。これと同じ意味を表す表現として no oneもある。また，人ではなく物について同様の意味を表すときは nothing を用いる。
(例) Nothing can make me happy. (何も私を喜ばせない。)

## <理科解答>

[1] 1 (1) 垂直抗力 (2) 400(Pa) (3) ① A ② 300(g) 2 (1) 力を加える方向を変えることができる。 (2) 3.15(N) (3) 6.3(J) 3 (1) フックの法則 (2) 12(cm) 4 (1) 300(Pa) (2) 0.9(N) (3) 18(cm)

[2] 1 (1) ア 負 イ 正 ウ 2 エ 水素 オ b (2) すぐに電圧が低下する。[可燃性の気体(水素)が発生する。] (3) 正極 $Cu^{2+}+2e^{-}\rightarrow Cu$ (4) ア
2 (1) 漂白されて赤色が消える。 (2) 陽極 $Cl_2$ (3) 青色はうすくなる。
(4) ア，ウ，オ

[3] 1 A ユーラシアプレート B 北アメリカプレート C 太平洋プレート D フィリピン海プレート 2 マグニチュード 3 エ 4 G 5 J 6 海溝
7 震源は太平洋側で浅く，日本海側で深くなっている。 8 80(km)

[4] 1 (1) A，C，G (2) A，B，E (グループ名) 恒温動物 (3) A 鳥類 D 両生類 (4) F，H (5) (臼歯の発達) 草をすりつぶすのに適している。(目が顔の側面にある) 視野が広がり，後方まで見ることができる。 (6) セキツイ動物
2 (1) I，O，P (グループ名) 軟体動物 (2) K，M，N (グループ名) 節足動物
(3) ① 甲殻類 ② 昆虫類

○推定配点○

[1] 2(1)・4(3) 各4点×2 他 各2点×10 [2] 1(3) 4点 他 各2点×11(2(4)完答)
[3] 8 4点 他 各2点×10 [4] 各2点×11(1(1)～(4)，2(1)・(2)各完答)
計100点

## ＜理科解説＞

### 1 (力・圧力，仕事ー力とばね，滑車を使った仕事)

1 (1) 600gの物体には鉛直下向きに6Nの重力が働き，床からは6Nの垂直抗力が上向きに働いている。

(2) A面の面積が，15(cm)×10(cm)＝150($cm^2$)＝0.015($m^2$)なので，物体が床に加える圧力は，$\frac{6(\mathrm{N})}{0.015(\mathrm{m}^2)}$＝400(Pa)である。

(3) B面の面積が，10(cm)×10(cm)＝100($cm^2$)＝0.01($m^2$)なので，物体が床に加える圧力は，$\frac{6(\mathrm{N})}{0.01(\mathrm{m}^2)}$＝600(Pa)である。したがって，A面と床が接していて，床に加える圧力が600Paになるとき床を押す力を$x$Nとすると，$\frac{x(\mathrm{N})}{0.015(\mathrm{m}^2)}$＝600(Pa)より，$x$＝9(N)である。以上より，9(N)－6(N)＝3(N)の力が増えるので，のせたおもりの質量は300gである。

2 (1) 定滑車を使っても力の大きさは変わらないが，力の向きを変えることができる。

(2) おもりと定滑車の質量を合わせて，600(g)＋30(g)＝630(g)になるので，全体の重力の大きさは6.3Nになり，ひもを引く力の大きさは，6.3(N)÷2＝3.15(N)である。(下図1参照)

(3) 物体を100cm持ち上げるのに，ひもは200cm持ち上げる必要がある。したがって，力Fがする仕事は，3.15(N)×2(m)＝6.3(J)である。

基本 3 (1) ばねののびはばねに加えた力に比例する。この関係をフックの法則という。

(2) このばねは1Nで2cmのびるので，6Nの力を加えると，ばねは，2(cm)×6＝12(cm)のびる。

4 (1) ばねののびが3cmのとき，ばねに加わっている力は，1(N)×$\frac{3(\mathrm{cm})}{2(\mathrm{cm})}$＝1.5(N)なので，物体が床を押す力は，6(N)－1.5(N)＝4.5(N)であり，圧力は，$\frac{4.5(\mathrm{N})}{0.015(\mathrm{m}^2)}$＝300(Pa)である。

やや難 (2) ばねにかかる力と定滑車の重さを合わせて，1.5(N)＋0.3(N)＝1.8(N)なので，ひもを引く力は，1.8(N)÷2＝0.9(N)である。(下図2参照)

やや難 (3) 物体を浮かせるには，ばねを，さらに，12(cm)－3(cm)＝9(cm)のばす必要がある。そのとき，ひもを引く長さは，9(cm)×2＝18(cm)である。

図1

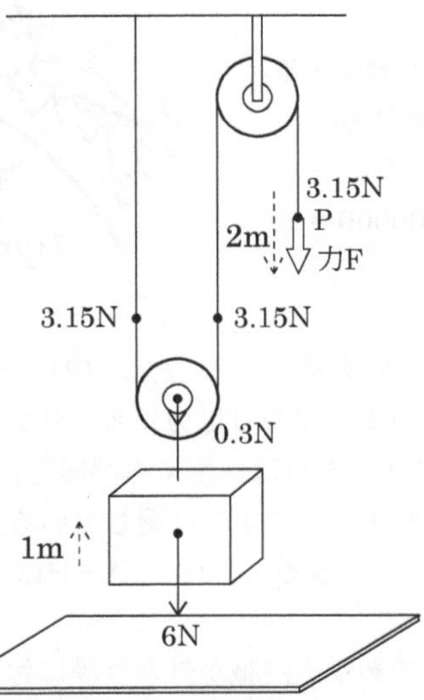


図2

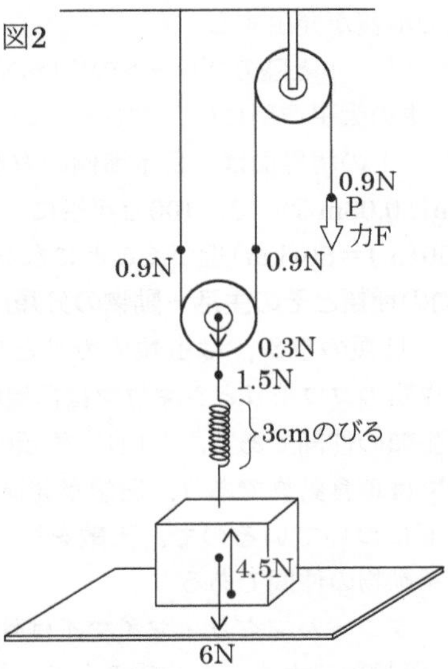


### 2 (電池と電気分解－電池と塩化銅水溶液の電気分解)

重要 1 (1) 亜鉛Znは，電子2個を失って亜鉛イオン$Zn^{2+}$になり，塩酸に溶ける。一方，電子は導線を通って銅板に流れ，銅板の表面で，水素イオン$H^+$と電子$e^-$が結びついて水素原子Hになる。さらに，2個の水素原子が結びついて水素分子$H_2$になり，銅板の表面から空気中に出ていく。(図3)

図3

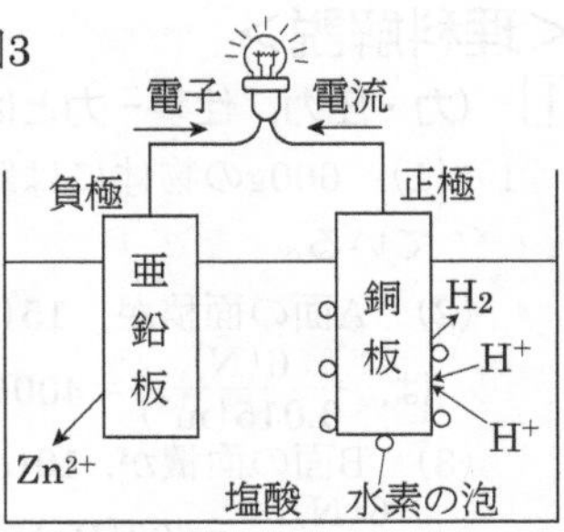


やや難　(2)　この電池では，しばらくすると，銅板の表面が水素の泡でおおわれてしまい，電圧が下がってしまう。

やや難　(3)　ダニエル電池の各電極で起きている変化は，次の通りである。正極　$Cu^{2+}+2e^- \rightarrow Cu$　　負極　$Zn \rightarrow Zn^{2+}+2e^-$

やや難　(4)　負極では亜鉛イオン$Zn^{2+}$が増加し，正極では銅イオン$Cu^{2+}$が減少するので，硫酸イオン$SO_4{}^{2-}$が正極側から負極側に移動する。(図4)

図4

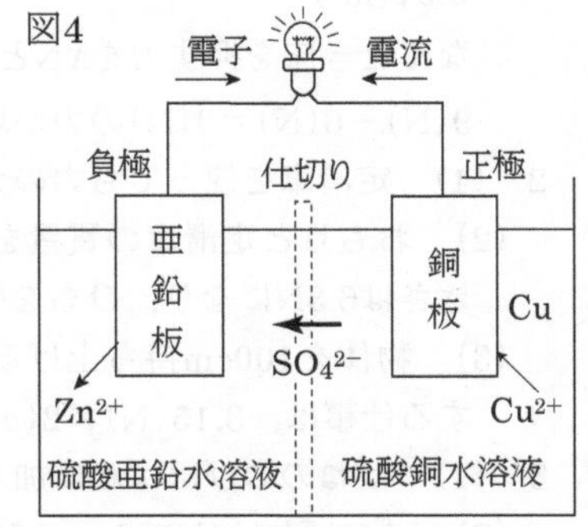


重要　2　(1)～(3)青色の塩化銅水溶液に電流を流すと，塩化銅が電気分解されて，青色がうすくなり，陰極には銅が付着し，陽極からは塩素が発生する。また，赤インクは塩素によって漂白されて色が消える。このとき起きた化学変化を化学反応式で表すと，次のようになる。$CuCl_2 \rightarrow Cu+Cl_2$

重要　(4)　エタノールや砂糖のような有機物は，水に溶けても分子のままで，電離しないので，水溶液は電流を流さない。

## 3　(大地の動き・地震－プレートの移動と地震)

基本　1・3　図5のAとBは陸のプレート，CとDは海のプレートであり，矢印の向きに動いている。

図5

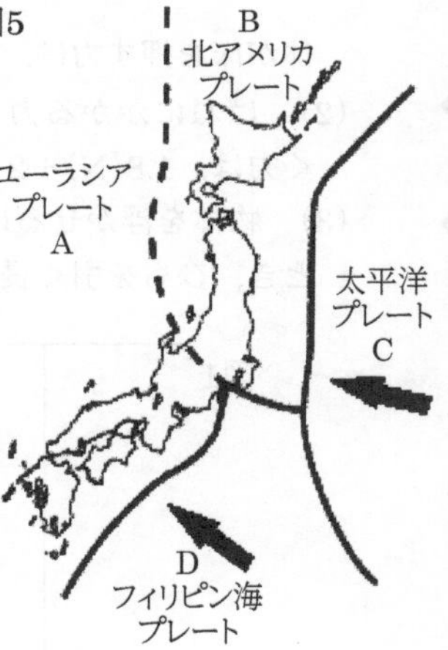


基本　2　地震の規模はマグニチュード(M)で表される。また，各地点のゆれの大きさは震度で表される。

重要　4　海のプレートが陸のプレートの下に沈みこむことで，陸のプレートにひずみが生じ，限界に達するとはね上がることで，G付近で地震が発生する。

重要　5　海のプレートと陸のプレートの境目のJ付近でマグマが発生する。

6　東日本の太平洋側には，プレートの境目に日本海溝がある。

重要　7　プレートの境界面は，日本海側の方が深くなっている。

8　8cmは0.08mなので，100万年後に，0.08(m)×1000000＝80000(m)＝80(km)近づくことになる。

## 4　(動物の種類とその生活－動物の分類)

1　(1)　鳥類のワシ，は虫類のカメとワニは殻のある卵を陸上に産む。　(2)　鳥類のワシ，ホニュウ類のコウモリとシマウマは恒温動物である。　(3)　イモリはカエル・サンショウウオと同じ両生類の仲間である。　(4)　魚類のサケとタツノオトシゴは一生えら呼吸を行う。　(5)　シマウマは草食動物であり，臼歯が発達していて，草をすりつぶすのに適している。また，目が顔の側面についているので，天敵を早く見つけることができる。　(6)　A～Hは，背骨があるセキツイ動物の仲間である。

重要　2　(1)　タコ・ハマグリ・マイマイは軟体動物の仲間であり，内臓が外とう膜に包まれている。
(2)　甲殻類のカニ，クモ類のクモ，昆虫類のカブトムシはいずれも節足動物の仲間である。
(3)　①ザリガニもカニと同じ甲殻類の仲間である。　②　バッタもカブトムシと同じ昆虫類の仲間である。

**★ワンポイントアドバイス★**

生物・化学・地学・物理の4分野において，基本問題に十分に慣れておくこと。その上で，すべての分野において，記述問題や計算問題にしっかり取り組んでおく必要がある。

## <社会解答>

[1] 1 (1) 摂政 (2) 小野妹子 (3) 東アジアでの立場を有利にし隋の進んだ制度や文化を取り入れようとした。 2 (1) 平安時代 (2) 唐の衰え，往復の危険 (3) エ 3 (1) 大和絵 (2) 清少納言 4 (1) ア (2) 日米修好通商条約 5 (1) 民撰議院設立の建白書 (2) イ (3) 西郷隆盛 (4) ウ 6 (1) 欽定憲法 (2) 枢密院 (3) 韓国統監府[統監府] 7 イ 8 北里柴三郎

[2] 1 (1) (符号) オ (河川名) 神通川 (2) (符号) カ (河川名) 利根川 (3) (符号) エ (河川名) 信濃川 2 (1) あ，う，え (2) こ (3) け (4) い 3 (1) G (2) A (3) F

[3] 1 イ 2 イ→カ→ア→オ→エ→ウ 3 ア 4 ウ，エ 5 人口爆発

[4] 1 象徴 2 (符号) ア (権利名) 生存権 3 (1) 立法機関 (2) ウ 4 (1) 3 (2) エ (3) 与党 5 c 検察官 d 弁護人 (権利名) 黙秘権 6 (1) イ (2) 議院内閣制 7 (1) 持たず・作らず・持ち込ませず (2) アメリカ軍が日本の領域内に駐留すること。

○推定配点○

各2点×50([2]1・2(1)，[3]4各完答) 計100点

## <社会解説>

[1] **(日本の歴史—各時代の特色，政治・外交史，社会・経済史，文化史，日本史と世界史の関連)**

1 (1) 当時，地方の豪族が反乱を起こし，また，大和政権内でも，蘇我氏や物部氏などの豪族が，それぞれの支持する皇子を大王にしようと争いが続いていた。この争いを和らげるために推古天皇(女帝)が即位すると，おいの聖徳太子が摂政になり，蘇我馬子と協力しながら，大王(天皇)を中心とする政治を整えようとした。摂政とは天皇が女性であったり幼少であったりするときに置かれることがあり，天皇の代理として政治を行った。 基本 (2) 太子は，607年に小野妹子などを送って以後，数回にわたり遣隋使を送り，多くの留学生や僧を同行させた。 (3) 聖徳太子は，隋の皇帝煬帝に対して，対等な立場での交流を求める手紙を，小野妹子に持たせている。このことから，東アジアでの日本の立場を有利にしようとしていることがうかがえる。そして，日本より進んでいる中国(隋)の進んだ制度や文化を取り入れる目的もあった。

2 (1) 平安時代の894年に，菅原道真の意見を取り入れ，遣唐使は廃止された。 (2) 唐では，国内の反乱が相次ぎ，9世紀には勢力がおとろえ，学ぶこともなくなっていた。こうした中，道真は，往復の危険をおかしてまで，唐に行く価値はないと訴え，認められたのである。 (3) 藤原時平は，平安時代に権勢を誇った藤原一族の一人で，陰謀により，ライバルであった菅原道真を太宰府(今の福岡県)に左遷させたことで知られている。

3 (1) 大和絵は，中国風の絵画「唐絵」(からえ)に対する呼称であり，平安時代に発達した日本独自の絵画のことである。有名な大和絵に資料1の『源氏物語絵巻』などの絵巻物がある。

基本 (2) 清少納言は，紫式部と同時期の平安時代に随筆『枕草子』を書いた女流作家である。「春はあけぼの」で始まる『枕草子』は日本初の本格的随筆とされている。

4 (1) 資料2は，1872年，岩倉使節団が最初に訪問したアメリカ合衆国サンフランシスコで撮影した写真である。左から，木戸孝允，山口尚芳，岩倉具視，伊藤博文，大久保利通である。

(2) 岩倉使節団は，幕末に欧米諸国と結んでしまった不平等条約(日米修好通商条約)の改正も進めようとしたが失敗に終わった。

5 (1) 政府を去った板垣退助などは，明治政府は藩閥政府であり，専制政治をしているとして批判し，国民が政治に参加できる道を開くべきだと主張して，1874年1月，民撰議院設立の建白書を提出し国会開設を求めた。 (2) 憲政党は，1898年に，自由党(党首板垣退助)と進歩党(党首大隈重信)が，憲法擁護，政党内閣樹立を掲げ，藩閥勢力の打倒を目指して，合同で結成した政党である。 (3) 1877年に西郷隆盛を中心として鹿児島の士族などが起こした西南戦争は，徴兵制によってつくられた政府軍によって，鎮圧された。 (4) 自由民権運動に対して，明治政府は，集会や結社の自由を規制する法律として集会条例を制定した。同じように自由を圧迫する目的として，新聞紙条例，出版条例なども制定した。

6 (1) 欽定憲法とは，国王や皇帝(君主)が自らの主張や意見を盛り込んで制定した憲法のことで，ドイツ国憲法 (ビスマルク憲法)や大日本帝国憲法が例としてよく出される。 (2) 枢密院は大日本帝国憲法で，「天皇の質問に答え重要の国務を審議する」と規定された天皇の最高諮問機関である。 (3) 韓国統監府は，1905年，日本政府が朝鮮支配のためにソウルに設置した機関である。1910年の韓国併合後，朝鮮総督府に引き継がれた。

7 写真7の野口英世の代表的な研究対象だった黄熱病は，現在は，ウイルスが原因で起こることがわかっている。

8 写真8の北里柴三郎は，近代日本医学の父として知られ，破傷風の血清療法の発見，ペスト菌の発見など感染医学の発展に貢献した。

**2 (日本の地理—地形，産業，諸地域の特色，その他)**

1 (1) イタイイタイ病は，岐阜県の三井金属鉱業神岡鉱山による製錬に伴う未処理廃水により，神通川下流域の富山県で発生した公害で，四大公害病の一つである。 (2) 利根川は，関東地方を北から東へ流れ，太平洋に注ぐ利根川水系の本流である。流域面積は日本最大であり，首都圏の水源として国内の経済活動上重要な役割を果たしている。「坂東太郎(ばんどうたろう“東国にある日本一の大河”)」の異名を持つ。 (3) 信濃川は，長野・新潟県境で「千曲川」から「信濃川」と名を変え新潟県に入り，中津川，清津川及び谷川岳に源を発する魚野川と合流して越後平野を潤しつつ，大河津分水路などを分派して日本海に注ぐ一級河川で，日本で最も長い川である。

2 (1) 米の生産量の多い都道府県は，1位新潟県，2位北海道，3位秋田県(2021年農林水産省)となり，設問地図中の米の生産量の多い平野では，あの石狩平野，うの庄内平野，えの越後平野である。 (2) 設問中の都市は，毛利氏以来の城下町，明治時代以後は軍事基地，という記述から広島市であることがわかり，広島市は，この広島平野にある。 (3) 製鉄所や石油コンビナートという記述から，石油化学コンビナートがある倉敷市がある，けの岡山平野であることが分かる。 (4) 写真1はてんさいであり，日本最大の畑作地域などの記述から，いの十勝平野であることがわかる。

3 (1) 写真2は京都府北部，日本海の宮津湾にある天橋立で，陸奥の松島・安芸の宮島とともに，日本三景の一つとなっている。 (2) 写真3は，青森県で行われているねぶた祭であり，略地図中のAで行われている。　(3)　写真4は日本一の高さを誇るアーチ式の黒部ダムであり，Fの場所にある。黒部ダムは，その建設が映画「黒部の太陽」に描かれたことでも有名である。

**3　(地理―世界の人口，その他)**

1　1950年～2020年の人口増加率であるから，増加量(2020年人数－1950年人数)÷基準量(2020年人数)で求められる。その結果は，1位アフリカ0.830，2位中南アメリカ0.741，3位アジア0.697，4位オセアニア0.696，5位北アメリカ0.532，6位ヨーロッパ0.265である。したがって，1番高い地域はアフリカ州でイが正解となる。

やや難　2　2010年～2020年の人口増加率であるから，増加量(2020年人数－2010年人数)÷基準量(2020年人数)で求められる。その結果は，1位アフリカ0.22，2位オセアニア0.135，3位アジア0.092，4位中南アメリカ0.086，5位北アメリカ0.069，6位ヨーロッパ0.015である。したがって，増加率を高い順に並べると，イ：アフリカ→カ：オセアニア→ア：アジア→オ：中南アメリカ→エ：北アメリカ→ウ：ヨーロッパとなる。

3　1960年代の日本は富士山型でアとなる。同じ富士山型でもウは，アよりもさらに前のものである。現在の日本はイのつぼ型である。

やや難　4　ヨーロッパの1990年～2000年の人口増加率を考えると，72085÷72555＝0.99となり，この数字が1番大きく，逆に増加率は1番小さくなっている。オセアニアの1950年と2010年の全人口に占める割合を計算すると，1297÷253648≒0.005(0.5％)，3687÷695682≒0.005(0.5％)であり，ほとんど変わっていないといえる。

5　人口爆発とは，人口が急激に増えることである。世界人口は，長らく緩やかな増加を続けてきたが18世紀から21世紀にかけて急激に増加していった。このような人口爆発は，アジアやアフリカ地域などの発展途上国で多く見られ，人口が増えることによる資源不足や貧困層の増加などが問題視されている。

**4　(公民―憲法，政治のしくみ，経済生活，その他)**

1　現行憲法は，天皇を日本国及び日本国民統合の象徴とし，その地位を主権の存する日本国民の総意に基づくものと規定した。

2「生活保護」とは，日本国憲法第25条の「健康で文化的な最低限度の生活を営む権利」(生存権)の理念に基づき，国が生活に困窮するすべての国民に対し，その困窮の程度に応じ必要な保護を行い，最低限の生活を保障するとともに，その自立を助長することを目的としている。

3　(1)　立法をつかさどる国家機関が立法機関であり，具体的には議会や国会である。近代国家は国民の代表者で組織される議会に立法権をゆだねており，日本でも国会を唯一の立法機関であると定めている(憲法41条)。　(2)　国会に設置される弾劾裁判所は，不適正と思われる裁判官を裁くのであるから，Aは誤りとなる。

4　(1)　ドント式とは，①各政党の得票数を1，2，3の整数で割る(300÷1，240÷1，……)。②①で得られた商を大きな順に，定数(設問では8人)まで各政党に分配する。この方法で分配するとB党は3議席の獲得となる。　(2)　有権者は，ウェブサイトなどを利用する方法で選挙運動を行うことが認められている。ウェブサイトなどを利用する方法とは，具体的には，ホームページ，ブログ，SNS(フェイスブック，Twitterなど)，動画共有サービス(YouTube，ニコニコ動画など)などの利用である。また，有権者には電子メールを利用した選挙運動は認められていない。たとえ候補者から送信された電子メールであっても，有権者はそのメールを転送することも認められていない。　(3)　与党は政権を担当している党であり，野党は政権の座に就いていない党である。

5　刑事裁判において，起訴状を読むのは検察官であり，被告人を弁護するのは弁護人(弁護士)である。黙秘権とは，裁判や刑事事件の捜査で，質問されたときや取り調べを受ける際，陳述を拒み，裁判官や警察・検察等からの質問に対して沈黙をする権利のことである。

6 (1) 国務大臣の任免権は内閣総理大臣が持っている。過半数の国務大臣を国民の代表者である国会議員から選ぶことで国民の意思を反映させる。 (2) 日本では，内閣総理大臣は，国会議員の中から国会の議決で指名される。また，内閣は，行政権の行使について，国会に対し連帯して責任を負うものとされており，衆議院で不信任案が可決されたときは，衆議院を解散するか，あるいは総辞職をしなければならない。このように内閣の組織と存続の基礎を国会に置く制度を議院内閣制という。

重要

7 (1) 非核三原則とは，「核兵器をもたない，つくらない，もちこまない」という三つの原則からなる。3項目の表現は「持ち込まさず」「持ち込ませず」の2通りがある。佐藤栄作総理が打ち出したものである。 (2) 日米安全保障条約での最大のポイントは，アメリカの陸海空軍を日本に置くことを認めた点 にある。日本に対して外国からの武力攻撃があったとき，アメリカはその軍隊を使って対処することができる。また，日本内部に反乱や革命の動きがあった場合でも，アメリカはその軍隊でこれを鎮圧することが可能になっている。

重要

★ワンポイントアドバイス★

[1]4(2) 日本に近代的な法制度が整っていないことなどを理由に，不平等条約改正交渉は失敗に終わった。 [2]1 四大公害病とは，水俣病，新潟水俣病，イタイイタイ病，四日市ぜんそくである。いずれも，高度経済成長期に発生・拡大した。

## ＜国語解答＞

一 問一 a ウ b エ c ア 問二 ウ 問三 「自然のままが良い」とか「自然のままが安全」とかいう肯定的な認知(のこと) 問四 地震・台風 問五 (例) 高リスクと評価される。 問六 (例) ヒューリスティックの文化間での差や，技術発展などによってリスク認知のレベルが変化する自然的なものとそうでないものがある点が，興味深いから。 問七 エ

二 問一 a 陳列 b 会釈 c 提 問二 A イ B エ 問三 Ⅰ ちかちか Ⅱ ふわふわ 問四 くるりと背を向けた。 問五 苛立った私の八つ当たりを，とんちんかんな言葉で受け流してほしかった。 問六 鍋を用意すること。 問七 ウ 問八 ア，エ，オ

三 問一 a いう[ゆう] b たまい c これ 問二 (例) 猫間中納言光隆卿[猫間殿]が，木曾[木曾義仲]のところに，相談のためにいらっしゃった。 問三 ウ 問四 郎等ども[郎等] 問五 ウ 問六 御宿所の名

○推定配点○

一 問一 各2点×3 問四 各3点×2 問六 8点 他 各4点×4

二 問一・問二 各2点×5 問三 各3点×2 問五 6点 他 各4点×4(問八完答)

三 問一 各2点×3 他 各4点×5 計100点

## ＜国語解説＞

一 （論説文－漢字，脱文・脱語補充，接続語，指示語，文脈把握，内容吟味，要旨）

問一　a　貢献　ア　検定　イ　真剣　ウ　献身的　エ　兼務
　　　b　過程　ア　家庭　イ　仮定　ウ　課程　エ　通過
　　　c　排出　ア　排水口　イ　後輩　ウ　俳句　エ　背景

やや難　問二　A　文末の「当然でしょう」に呼応する語としては，肯定する意味を表す「たしかに」が適切。　B　直前に「人為性を感じさせる介入に警戒するのは当然でしょう」とあり，直後では，「人為性」とは対照的な「ありのままの自然」について「ありのままの自然も，……実際にはおそるべきハザードで満たされているのです」としているので，逆接を表す「ですが」が入る。

問三　直前に「食品についても」とあり，その前の「『自然のままが良い』とか『自然のままが安全』とかいう肯定的な認知」を「そのような受け止め方」とする文脈である。食品は自然のままのほうが加工品よりも良く，なおかつ安全である，とする一般的な認識のことである。

問四　「高リスクと認識される自然的なもの」について，直前に「自然災害である地震や台風」とあるので，「地震」「台風」を抜き出す。

やや難　問五　直前に「太陽光は自然であるとの印象をもたらし，それを取り入れた商品名は“天然の方が良い”ヒューリスティックによって低リスクと評価されるかもしれません」とあるのに対し，「しかし，……紫外線はどうでしょう」と疑問を投げかけていることから，低リスクとは評価されない，とする文脈になるので「高リスクと評価される。（11字）」などとするのが適切。

やや難　問六　筆者の考えは，「先進国では……」で始まる段落に「先進国ではさまざまな自然の脅威に対抗する技術を開発し，それらによって人々を守る生活が長くなったので，自然の脅威が薄らぎ，人為的な技術への不安が残ったのかもしれません。そうだとすれば，途上国ではあまり“天の方が良い”ヒューリスティックは使われないはずですね。このヒューリスティックをめぐる文化間比較は興味深い研究テーマだと思います」とあるので，「ヒューリスティックをめぐる文化間比較」について，自然の脅威に対する技術開発の進んだ先進国と，そうではない途上国とではリスク認知のレベルが変化する，という内容をおさえてまとめればよい。

問七　1　「プロセスチーズ」について，直前に「加熱殺菌をしているため長期的に安定した品質が得られます」と説明されているので，「リスクを管理しやすい（商品）」とするのが適切。
2　直前に「印象としては」とある。冒頭に「“ナチュラル”は身体に良いという印象を受けます」とあるので，「（健康や環境にも）優れて（いて）」とするのが適切。　3　直前に「“加工”や“人為”」とあり，直後の「自然なものであればそれは良いもの，という判断」とは逆の意味になるので，「良いもの」とは反対の「リスクが高い」が入る。

二 （小説－漢字，語句の意味，脱文・脱語補充，情景・心情，文脈把握，内容吟味，大意）

問一　a　「陳」を使った熟語はほかに「陳情」「陳腐」など。　b　「会」を使った熟語はほかに「会得」「一期一会」など。音読みはほかに「カイ」。熟語は「会議」「会話」など。訓読みは「あ（う）」。
c　「提」の音読みは「テイ」。熟語は「提案」「提携」など。

問二　A　突然「『あっ，いやだ，おかあさん，忘れてた』」と叫ぶ様子なので，イの「場にそぐわない間の抜けた感じの声で」が適切。「素っ頓狂」は，だしぬけに調子はずれの言動をすること。
B　「顔が火照る」は，顔が熱くなって赤くなる様子。直前に「思いきり立ち上がった母ははずみでよろけ，体を支えようと咄嗟に棚に手をつき，積んであった鍋がものすごい音を出して転がり落ちる。店内にいた客が……こちらを見ている」とあるので，「恥ずかしさのあまり」とするエが適切。母が店内の鍋を大きな音を立てて落としてしまい，店内にいた人々に注目されて恥ずかしかったのである。

問三　Ⅰ　直前に「遠ざかる母のうしろ姿」とある。母の後ろ姿の様子は，「母は言い……」で始まる段落に「コートを着た母のうしろ姿が陽をあびてちかちかと光る」とあるので，「ちかちか」が入る。　Ⅱ　直前に「商店街」とある。「商店街」の様子は，本文冒頭に「春特有のふわふわした陽射しが商店街を染め抜いている」とあるので，「ふわふわ」が入る。

問四　母が去っていく様子は，「母は自分に……」で始まる段落に「幾度か小刻みにうなずくと，顔のあたりに片手をあげて，くるりと背を向けた。」とあるので，「くるりと背を向けた。(10字)」を抜き出す。

やや難　問五　「私」の心情は，直前に「本当のことをいうと，母といっしょにあのしょぼけたアパートに帰りたかった。……夕食の支度をしてほしかった。……苛立った私の八つ当たりを，とんちんかんな言葉で受け流してほしかった。」と表現されているので，ここから，「苛立った私の八つ当たりを，とんちんかんな言葉で受け流してほしかった。(34字)」を抜き出す。

問六　直後に「『……あのね，鍋。鍋を用意してあげるのを忘れてた』」とあるので，「鍋を用意すること。(9字)」とする。

問七　直前に「『この子ね，はじめてひとり暮らしするんですよ。ご近所だし，何かあったらよろしくお願いいたしますね』」とあるのでウが適切。

問八　イは，「料理作りのアドバイスの数だけ鍋が必要」という部分が合致しない。ウは，「万能な鍋を一つ買ってもらう約束」という部分が合致しない。

## 三　(古文－仮名遣い，文脈把握，内容吟味，現代語訳)

〈口語訳〉 ある時，猫間中納言光隆卿という人が，木曾にご相談すべきことがあっていらっしゃった。家来たちは，「猫間殿がお目にかかり，ご相談すべきことがあるということで，いらっしゃってございます」と申したところ，木曾殿は大いに笑って，「猫が人に見参するのか」(とおっしゃった)。「これは，猫間中納言殿と申す公卿でいらっしゃいます。お住まいの名と思われます」と申し上げると，「それならば」とおっしゃって応対する。

問一　a　語頭以外の「はひふへほ」は，現代仮名遣いでは「わいうえお」となるので，「いふ」の「ふ」は「う」に直して「いう」となる。　b　「給ひ」の「い」は「ひ」に直して「給い」となり，ひらがなに直して「たまい」とする。　c　「是」は，「これ」と読む指示語。

問二　主語は，文頭の「猫間中納言光隆卿」。直前に「猫間中納言光隆卿といふ人，木曾に宣ひあはすべき事あって」とあるので，この部分を現代語訳して，「猫間中納言光隆卿が，木曾のところに，相談のためにいらっしゃった」などとする。

問三　直後に「『猫は人にげんざうするか(猫が人に会いに来たのか)』」とあるので，ウが適切。「猫間」という名前を面白がったのである。

問四　直前の会話文の前に「郎等ども」とあるので，主語は「郎等ども」。家来たちが木曾殿に，猫間中納言光隆卿の来訪を報告したのである。

問五　前の「『是は猫間の中納言殿と申す公卿でわたらせ給ふ。……おぼえ候』」を受けて，「対面す」とあるので，「それならば」とするのが適切。「さらば」は，そうであるならば，という意味。

問六　「猫間」という名について家来たちは，「『猫間の中納言殿と申す公卿でわたらせ給ふ。御宿所の名とおぼえ候』」と説明している。「猫間」とは「御宿所の名」であると思われます，と説明しているので，「御宿所の名(5字)」を抜き出す。

**★ワンポイントアドバイス★**



論説文の読解は，言い換え表現や指示内容をすばやくとらえる練習をしよう！　小説文の読解は，心情表現を丁寧に読み，情景・心情をしっかり読み取る練習をしよう！

# 2021年度

★★★★★★★★★★★★★★★★★★★★★★★★

# 入　試　問　題

## 2021年度

# 岐阜聖徳学園高等学校入試問題

**【数　学】**（45分）　＜満点：100点＞

**【注意】** 1　答えが分数になるときは，それ以上約分できない形で答えなさい。
　　　　 2　答えに根号が含まれるときは，根号の中は最も小さい自然数で答えなさい。

**1**　次の問いに答えなさい。

(1)　$-2$，$0$，$6$，$\frac{2}{3}$，$\frac{5}{4}$，$-\sqrt{3}$，$\sqrt{16}$，$(\sqrt{5})^2$，$\pi$ を値の小さい順に並べなさい。

(2)　$(-3)^2+5^2+1\times(-2)^3$ を計算しなさい。

(3)　$\frac{4x+2y}{3}-\frac{3(x-y)}{2}$ を計算しなさい。

(4)　$3\sqrt{3}+\sqrt{75}-\sqrt{48}$ を計算しなさい。

(5)　$x$の２次方程式 $(x+2)(x-4)=2x$ を解きなさい。

(6)　$a=1-\sqrt{5}$のとき，$a^2-2a-4$の値を求めなさい。

(7)　右の図のように，半径２㎝，中心角90°のおうぎ形ABF，CDEと，BC＝３㎝の長方形をあわせた図形がある。この図形を直線ADを軸として１回転させてできる立体の体積を求めなさい。ただし，円周率はπとする。

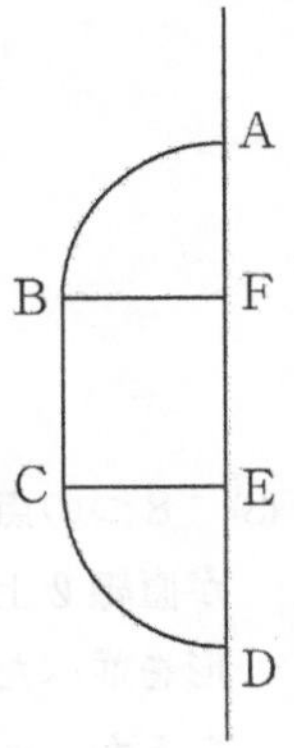


(8)　右の図は面積が２㎠の正方形である。これを使って，三角形ABMについて調べた。下の ① ～ ⑨ にあてはまる最も適切な語句や数を，それぞれ書きなさい。

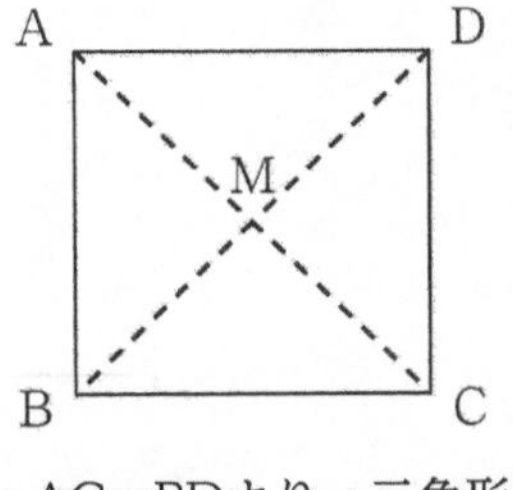


正方形の面積が２㎠であることより辺ABの長さは ① ㎝となる。

さらに，正方形の対角線の交点Mは線分AC，BDの ② であり，AC＝BDより，三角形ABMの辺AM＝ ③ がいえる。正方形は４つの辺が等しいので ④ 形でもあるから，

∠AMBの大きさは ⑤ 度となる。

したがって三角形ABMは ［ ⑥ ］ 形である。
また，面積が $2\,\text{cm}^2$ の ［ ④ ］ 形だから，対角線AC＝BD＝ ［ ⑦ ］ cmより線分AM，BMの長さは，AM＝BM＝ ［ ⑧ ］ cmとなり，
三角形ABMの辺の長さの比はAB：BM：MA＝ ［ ⑨ ］ になる。

**2** 右の図のように，半径 $r$ の円Oの円周上に８つの点A～Hがある。$\overset{\frown}{AB}=\overset{\frown}{BC}=\overset{\frown}{CD}=\overset{\frown}{DE}=\overset{\frown}{EF}=\overset{\frown}{FG}=\overset{\frown}{GH}=\overset{\frown}{HA}$ のとき，次の問いに答えなさい。

(1) 三角形OABの面積を求めなさい。
必要ならば 1 (8)の結果を使ってもよいものとする。

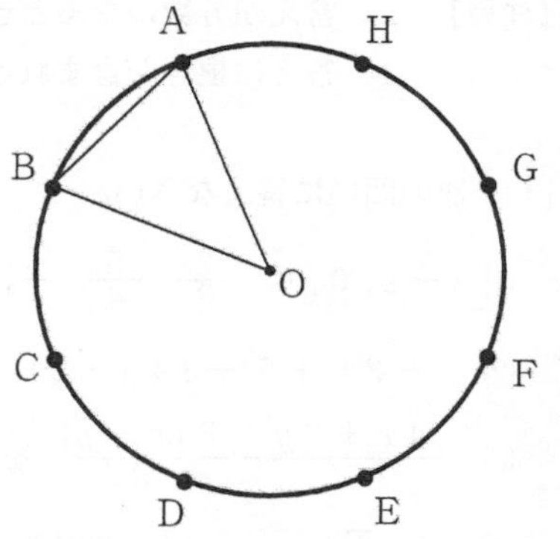


(2) ∠CADの大きさを求めなさい。

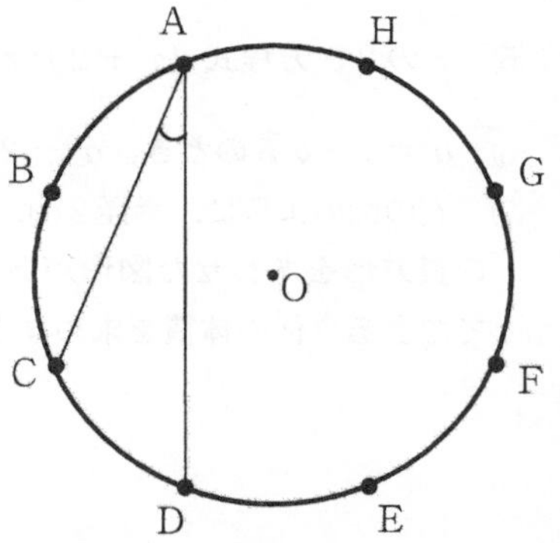


(3) ８つの点を順に結んでできる正八角形の１辺を１cmとする。この正八角形と同じものを，１辺が直線 $\ell$ 上にあるように，右に１cmずつずらしながら重ねて並べていく。下の図は $n$ 個の正八角形を並べたものであり，太線はそのときに見える正八角形の辺である。見える辺は全部で何本になるか，$n$ を使ったできるだけ簡単な式で表しなさい。

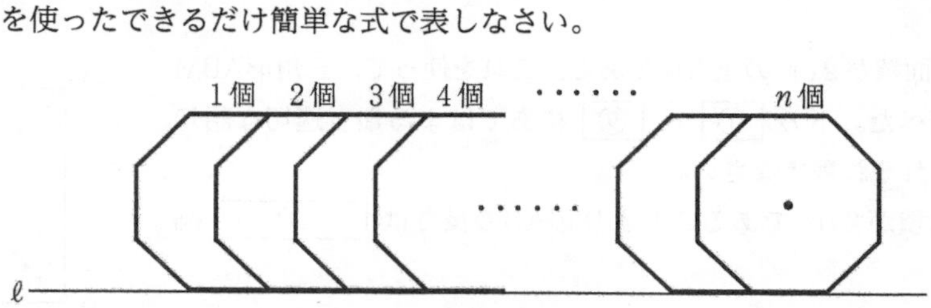


(4) １辺が１cmの正八角形を次のページの図のように，直線 $\ell$ 上を右にすべることなく転がしたら $m$ cm転がって止まった。このとき，正八角形は何度回転したことになるか，その角の大きさを $m$ を使った式で表しなさい。

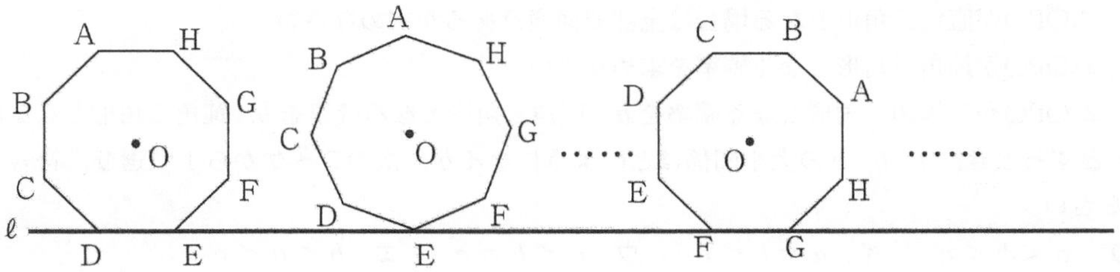


**3** 右の図のように，直線 $y=\frac{1}{3}x+1$ 上の点Aがあり，点Aから $x$ 軸へ垂線をおろし $x$ 軸との交点を点Bとするとき，の問いに答えなさい。

⑴ 三角形OBAの面積が30となるとき，点Aの座標を求めなさい。

⑵ 四角形OBACの面積が36となるとき，点Aの座標を求めなさい。

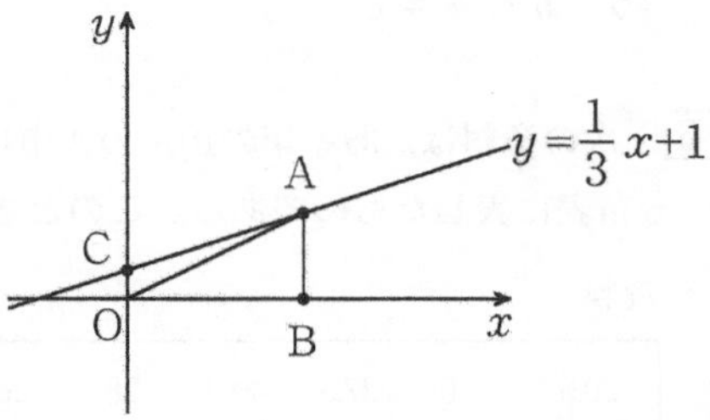


**4** 直線を表す方程式 $4y=3x-10$，$2y=-5x+8$ の交点を点Pとする。また，直線を表す方程式 $2y=7x-9$，$3y=8x-6$ の交点を点Qとする。このとき，次の問いに答えなさい。

⑴ 点P，点Qの座標をそれぞれ求めなさい。

⑵ 点Pを通る放物線を $y=ax^2$ としたとき，$a$ の値を求めなさい。

⑶ 点Qを通る放物線を $y=ax^2$ としたとき，$a$ の値を求めなさい。

⑷ 右の図は，関数 $y=ax^2$ の $a$ が $1$，$-1$ のとき，および点P，Qを通るグラフを含む6つの放物線である。このとき，点Pを通る放物線と点Qを通る放物線を①～④から1つずつ選び，それぞれ符号で書きなさい。

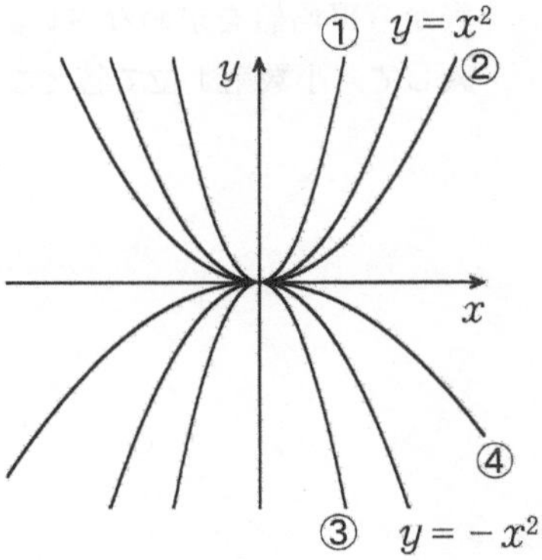


**5** 右の図のように，点O (0, 0)，点P (4, 0) がある。大小2つのさいころを同時に投げるとき，大，小のさいころの出た目の数をそれぞれ $x$ 座標，$y$ 座標の値とし，点Q $(x,\ y)$ をとる。このとき，次の問いに答えなさい。ただし，さいころの各面には1から6が1つずつかいてあり，どの目が出ることも同様に確からしいものとする。

⑴ △OPQが二等辺三角形となる場合は全部で何通りあるか求めなさい。

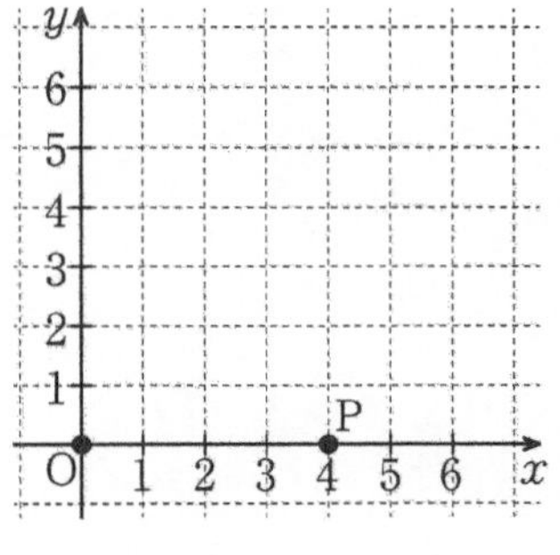

⑵　△OPQが直角三角形となる場合は全部で何通りあるか求めなさい。

⑶　△OPQが鈍角三角形となる確率を求めなさい。

⑷　△OPQが二等辺三角形となる確率を$a$，直角三角形となる確率を$b$，鈍角三角形となる確率を$c$とするとき，$a$，$b$，$c$の大小関係はどのようになるか，次の**ア**～**ケ**から１つ選び，符号で書きなさい。

**ア**　$a < b < c$　　**イ**　$a = b < c$　　**ウ**　$a < b = c$　　**エ**　$b < a < c$

**オ**　$b < c < a$　　**カ**　$c < a < b$　　**キ**　$c < b < a$　　**ク**　$a = b = c$

**ケ**　$b < a = c$

**6**　次の**資料**は，ある年の10月のＡ市における毎日の最高気温のものであり，**表**は，この**資料**を度数分布表に表したものである。このとき，あとの問いに答えなさい。

**資料**

| | | | | | | | |
|---|---|---|---|---|---|---|---|
| 20.5 | 27.0 | 27.5 | 28.1 | 28.9 | 26.2 | 25.5 | 19.3 |
| 23.9 | 25.1 | 23.5 | 24.7 | 26.4 | 27.5 | 27.6 | 23.8 |
| 26.8 | 25.8 | 22.0 | 21.6 | 21.3 | 21.9 | 21.2 | 21.5 |
| 21.1 | 18.5 | 18.4 | 15.9 | 15.8 | 19.2 | 16.5 | （単位：℃） |

**表**

| 階級（℃） | 度数（日） |
|---|---|
| 以上　　未満 | |
| 14.0 ～ 16.0 | 2 |
| 16.0 ～ 18.0 | 1 |
| 18.0 ～ 20.0 | 4 |
| 20.0 ～ 22.0 | 7 |
| 22.0 ～ 24.0 | 4 |
| 24.0 ～ 26.0 | 4 |
| 26.0 ～ 28.0 | 7 |
| 28.0 ～ 30.0 | 2 |
| 合　計 | 31 |

⑴　中央値を求めなさい。

⑵　**資料**からの月平均気温は23.0℃であった。**表**の度数分布表から平均値を求めなさい。ただし，小数第２位を四捨五入して，小数第１位で答えなさい。

【英　語】（45分）　＜満点：100点＞

1　放送を聞いて答える問題

1　これから放送する(1)～(4)の対話を聞き，質問に対する答えとして最も適切なものを，次のア～エから１つずつ選び，それぞれ符号で答えなさい。なお，英文は２回繰り返します。

(1) ア One dollar.　イ Four dollars.
ウ Ten dollars.　エ Fifteen dollars.

(2) ア The girl.　イ The girl's father.
ウ The boy.　エ The boy's father.

(3) ア She's a college student.　イ She's a doctor.
ウ She's a nurse.　エ She's a science teacher.

(4) ア In a bookstore.　イ In a bank.
ウ In a restaurant.　エ In a library.

2　これから放送する(1)～(4)の短い英文を聞き，質問に対する答えとして最も適切なものを，次のア～エから１つずつ選び，それぞれ符号で答えなさい。なお，英文は２回繰り返します。

(1) ア On Monday.　イ On Tuesday.
ウ On Wednesday.　エ On Thursday.

(2) ア She cooks dinner.　イ She cleans the bathroom.
ウ She washes the dishes.　エ She washes the clothes.

(3) ア For one week.　イ For three weeks.
ウ For one year.　エ For three years.

(4) ア In America.　イ In Asia.　ウ In Canada.　エ In Japan.

〈Listening script〉

1

(1) A：How was the shopping?
B：Great.　T-shirts were only 10 dollars each, so I decided to get one.
A：That's nice.
B：I also got a bag for 15 dollars.
Question: How much was the T-shirt?

(2) A：Have you been to India?
B：No.　How about you, Nancy?
A：I haven't either, but my dad has.
B：Wow.　I hope I can visit there someday.
Question: Who baa been to India?

(3) A：Paul, is your sister still a nurse?
B：No.　She was a nurse until last year, but now she's a coljege student.
A：Oh, really?
B：She wants to become a doctor.

Question: What does Paul's sister do?

(4) A：Can I help you?

B：Yes, I'd like to borrow these books. Here's my card.

A：Thanks. Please return them by February 7th.

B：OK, thank you.

Question: Where are they talking?

2

(1) Next week, Kumi ia going to Osaka for work. Shell have meetings on Monday and Wednesday. She's free on Tuesday, so shell go to Universal Studios Japan on that day. Shell come back to Gifu on Thursday.

Question: When will Kumi go to Universal Studios Japan?

(2) Kate and her sisters help their parents with jobs at home. Kate washes the clothes every day. Her older sister washes the dishes. Her younger sister cleans the bathroom.

Question: What is Kate's job at home?

(3) Mr. Hayashi studies English three times a week. Next month, he's moving to London. He's going to work there for a year. He is excited about living in London.

Question: How long will Mr. Hayaahi be in London?

(4) I come from Canada. After university, I traveled to Japan and also visited many countries in Asia. Last year, I got a job in America, and now I live there.

Question: Where does the man live now?

**2** 次の各組の（　）内に入る語で，――部と発音が同じで意味の異なる適切な語を，それぞれ１つずつ答えなさい。

1 The earth moves around the sun.
My (　　　) is a high school student.

2 I don't want to go there.
People eat a lot of vegetables for (　　　) health.

3 Our school begins at 8:40.
Ami and I studied English for an (　　　).

4 There are seven days in a week.
My brother was (　　　) when he was young.

5 The little girl is wearing a red dress.
She (　　　) a letter from him last night.

**3** 次の（　）内に入る最も適切な語を，次のア～エから１つずつ選び，それぞれ符号で答えなさい。

1 Maybe you're tired (　　　) you arrived late last night from America.
ア before　イ and　ウ because　エ so

2 I will wait (　　　) she comes back.
　ア still　　イ until　　ウ by　　エ after

3 The boy has a (　　　) books in his bag.
　ア few　　イ some　　ウ little　　エ much

4 This book is (　　　) in English.
　ア wrote　　イ writing　　ウ written　　エ write

5 How many (　　　) has Ken visited Okinawa?
　ア days　　イ months　　ウ weeks　　エ times

**4** 次の日本文に合うように，(　) 内に入る最も適切な語を，それぞれ１つずつ答えなさい。

1 私は母より早く起きます。
　I get up (　　　) than my mother.

2 私たちは水がなければ生きられません。
　We can't live (　　　) water.

3 この川で泳ぐのは危険です。
　It is (　　　) to swim in this river.

4 私はあなたに会えることを楽しみにしています。
　I am looking forward to (　　　) you.

5 ３月は１年の３番目の月です。
　March is the (　　　) month of the year.

**5** 次の日本文の意味を表すように，(　) 内の語句を並べかえて，英文を完成させなさい。ただし，(　) 内には，それぞれ不要な語が１つある。

1 私は Takumi（タクミ）に教師になってほしかった。
　I ( teacher / be / a / the / to / wanted / Takumi ).

2 昨日，ここに来た男の人を知っていますか。
　Do you know ( which / the / came / who / here / yesterday / man )?

3 Akiko（アキコ）は一度も北海道に行ったことがありません。
　Akiko ( Hokkaido / been / yet / never / to / has ).

4 お茶をもう一杯いかがですか。
　Would ( another / you / cup / tea / other / like / of )?

5 Jenny（ジェニー）は彼に５ドルもらいました。
　Jenny ( given / him / got / five / was / by / dollars ).

**6** 次の各組の英文がほぼ同じ内容になるように，(　) 内に入る最も適切な語を，それぞれ１つずつ答えなさい。

1 { My daughter became sick last Friday and she is still sick.
　{ My daughter has (　　　) sick (　　　) last Friday.

2 Don't be late for school.
You (　　　)(　　　) be late for school.

3 The old man didn't have any food yesterday.
The old man had (　　　)(　　　) eat yesterday.

4 Who can sing the best in your class?
Who is the (　　　)(　　　) in your class?

5 I always wash my hands before eating.
I always eat (　　　)(　　　) my hands.

**7** 次の英文を読んで，――部の指す内容を，それぞれ日本語で答えなさい。

1 I came from Canada two weeks ago. Many things about Japanese school life are new to me.

An interesting thing happened after school. After we finished our class, some students started to clean the classroom. I was surprised at that. Because our school in Canada has cleaning staff, students and teachers don't have to clean.

2 Ichiro said, "An American girl will come to my house. She is interested in Japan. One of the purposes of her trip is to learn about our country. What should I do for her?" His English teacher said, "Tell her about some traditional things of Japan." Ichiro said, "Oh, I want to do it in English." Ichiro began to study English harder. When she came, Ichiro enjoyed talking with her in English.

3 There are many people who need assistance dogs. Most of them can't get one, because there are not many assistance dogs. I am lucky to have Jolly. But many people don't know much about him. So I sometimes have problems. For example, some people come to Jolly on the street, and try to give him food. They should not do such a thing, because the dogs are working. I want people to know this.

（注） assistance dogs　介助犬

**8** 次の英文は高校生のSakura（サクラ）が書いたものである。この英文を読んで，後の問いに答えなさい。

I went to America to study English at a school last year. The school was in New York. I stayed with the Brown family for a month. Mr. Brown's wife is my aunt. She was teaching Japanese. I went to school by bus every day. I could not meet any Japanese students at the school. But I was able to meet many students from foreign countries. They also came to the school to study English. They always said, "Let's become masters of English" with smiles on their faces and ①I was encouraged by them.

Three days after I started to study there, a welcome party was held for the international students who came to the school. We introduced ourselves in English first. And I talked with Emma from France, and Sofia from Italy. Emma told me about some interesting customs in France, and Sofia told me about some famous places in Italy. Then they asked me some questions about Japanese customs and culture. At first I thought it would be [②] for me to answer, because I was born and grew up in Japan. But soon I found it was [③] to explain about these things. I didn't know much about them and I could not answer. ④I was sad. I thought I should study more about my country.

When I went back to the Brown's house after the party, I talked about Emma's and Sofia's questions with Mr. and Mrs. Brown. My aunt showed me some books about Japan. I asked her to lend me the books. When I read them, I learned a lot of things about my own country. So, I was able to answer their questions about Japan when I saw Emma and Sofia at the school.

Emma, Sofia and I became good friends. We studied English together. When we were leaving America, they said, "We hope we can see you again. I will write to you, Sakura." I was happy to hear that.

While I was in America, I was happy to stay with the Brown family. They were warm and kind, just like my family in Japan. I learned a lot of things there. I realized it was important to learn foreign languages. I realized it was also important to know about our own country. I will never forget all the smiles on people's faces and their words, "Let's become masters of English."

（注） wife 妻　aunt おばさん　masters 達人　introduced 紹介した　customs 習慣
was born 生まれた　grew up 育った　explain 説明する　lend 貸す　while ～の間

1 ――部①は具体的にどのような内容を表しているか。最も適切なものを，次のア～エから１つ選び，符号で書きなさい。

ア Mr. and Mrs. Brown（ブラウン夫妻）が温かくて親切だったので，Sakura は幸せだった。

イ 日本語が分かる学生がたくさんいたので，Sakura は安心した。

ウ 同じ目標を持った学生たちが，いつも笑顔で言葉をかけてくれたので，Sakura は励まされた。

エ 様々な言語を学びに来ている学生が多く，Sakura は頑張ろうと思った。

2 [②]，[③] に入る語の組み合わせとして最も適切なものを，次のア～エから１つ選び，符号で書きなさい。

ア ② easy — ③ easy

イ ② easy — ③ difficult

ウ ② difficult — ③ difficult

エ ② difficult — ③ easy

3 ――部④の理由として，次の（　）内に入る具体的な内容を日本語で書き，文を完成させなさい。

（　　　　）についてよく知らなかったため，（　　　　）から。

4　次の質問に対する答えを，本文の内容に即して，英語で書きなさい。

What did Sakura and Mr. and Mrs. Brown talk about when Sakura went back to the Brown's house after the welcome party?

5　次の⑴～⑸の英文が本文の内容に合っていればＴを，間違っていればＦを，それぞれ書きなさい。

⑴　Sakura went to America with the Brown family one month ago.

⑵　Sakura and Emma and Sofia were at the welcome party for the international students.

⑶　Sakura found many books about Japan in her aunt's house.

⑷　Sakura was very happy when Emma and Sofia said, "We hope we can see you again. I will write to you, Sakura."

⑸　Sakura liked the Brown family in America better than her family in Japan.

6　Sakura が外国人留学生との交流を通して，外国の人々と交流する上で重要であると気づいた内容を，２つ日本語で書きなさい。

**【理　科】**（45分）　＜満点：100点＞

**1**　音について，次の実験を行った。１～５の問いに答えなさい。

〔実験〕

空気中では音源が振動することによって空気を振動させ，その振動が空気中を次々と伝わる。一般に音は，波の伝わる方向に物質が振動する波である。図１のような直線上で，地点Xに音源Aを置き，地点Yでは観察者がオシロスコープで波を観察している。ただし，音が空気中を伝わる速さは秒速340mとする。

❶　地点Xで，時刻０秒から時刻２秒まで音を出したところ，地点Yで波を観察するまでに５秒かかった。また，このとき観察された波形は，**図２**のようになった。なお，**図２**の横軸の１目盛りは0.0005秒とする。また，隣り合う山と山のように，振動の状態が同じ２点間の距離を波長という。

**図１**

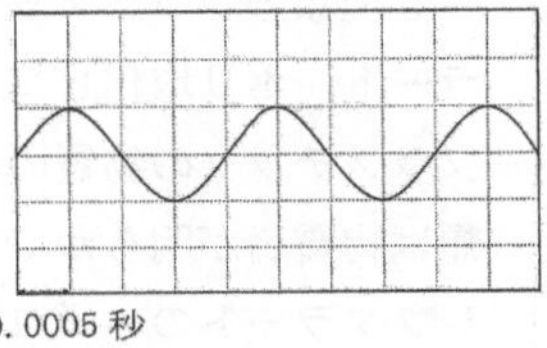


**図２**

❷　観察者を音源Aに近づけ，波形の変化を観察した。

❸　音源Bをのせた車が，図１の地点Xを秒速17mで地点Yに向かって通過した。このときの地点Xを通過した時刻を時刻０秒とし，時刻０秒から10秒間音を出した。これを地点Yで観察したところ，時刻５秒から時刻ｔ秒の間，波の観察ができ，このとき観察された波の振動回数は9500回であった。ただし，音源Bをのせた車は，常に秒速17mで移動した。

1　❶について，⑴，⑵の問いに答えなさい。

⑴　音源から観察者までの距離は何mか。

⑵　振動数は何Hzか。

2　❷について，⑴，⑵の問いに答えなさい。

⑴　観察される波形として最も適切なものを，次の**ア**～**カ**から１つ選び，符号で書きなさい。ただし，横軸の１目盛りは0.0005秒である。

**ア**
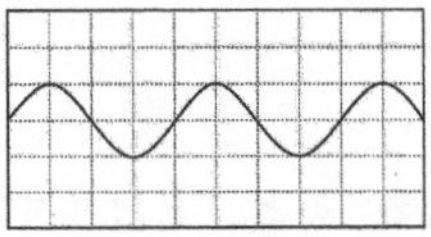

**イ**
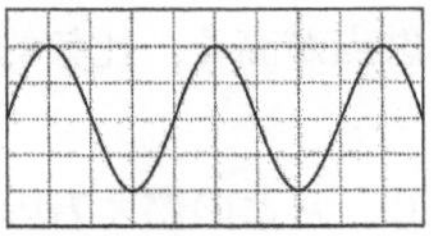

**ウ**
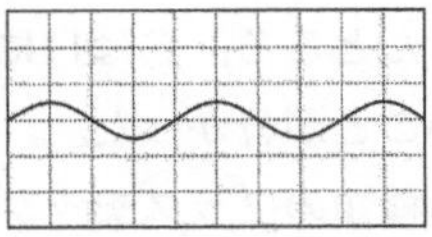

**エ**
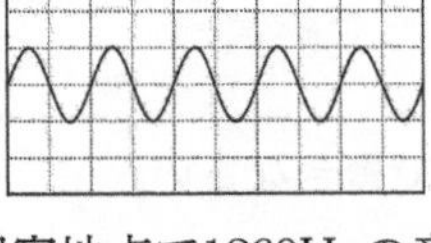

**オ**
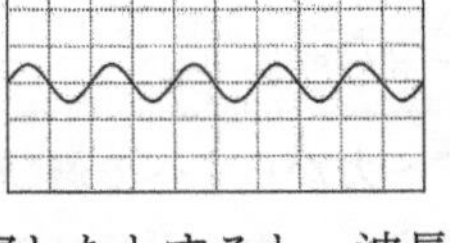

**カ**
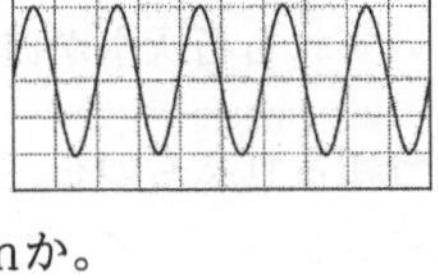

⑵　観察地点で1360Hzの音を観察したとすると，波長は何mか。

3　❸について，⑴～⑶の問いに答えなさい。

⑴　時刻ｔは何秒か。

⑵　音が聞こえるのは，何秒間か。

⑶　地点Yで観察される振動数は何Ｈｚか。ただし，解答が小数になる場合は，小数第２位を四

捨五入して，小数第１位まで求めなさい。

4　音に関する説明として適切でないものを，次のア～エからすべて選び，符号で書きなさい。

**ア**　音源の移動速度が速いほど，観察者に音が早く伝わる。

**イ**　空気が存在しない宇宙空間では，音は聞こえない。

**ウ**　空気中を伝わる音の波は，横波である。

**エ**　音源が観察者から遠ざかるとき，振幅は小さくなるが，振動数は一定である。

5　ある弦楽器において，弦を指で押さえることなく高い音を出すには，弦にどのような工夫をするとよいか。２つ書きなさい。

**2**　プラスチックについて，次の実験を行った。１～６の問いに答えなさい。

〔実験〕

５種類のプラスチックＡ～Ｅを用意した。これらは，ポリエチレン，ポリエチレンテレフタラート，ポリ塩化ビニル，ポリスチレン，ポリプロピレンのいずれかである。図は，５種類のプラスチックの物質の固体の体積（$cm^3$）と質量（ｇ）の関係を表したものである。なお，３種類は物質名が明らかであるが，物質名がついていない２種類はポリスチレン，ポリエチレンテレフタラートのいずれかである。

❶　５種類のプラスチックをそれぞれ水の入ったビーカーの底に沈め，変化を観察した。その結果，水に浮かんだものと，沈んだままのものがあった。

❷　水に沈んだままの複数のプラスチックのうち，２種類を3.5ｇの小片にして，これをＡ，Ｂとした。100mLメスシリンダーに60mLの水を入れ，プラスチックＡ，Ｂをそれぞれメスシリンダーに入れて目盛りを読んだところ，Ａを入れたときは62.5mL，Ｂを入れたときは62.9mLであった。

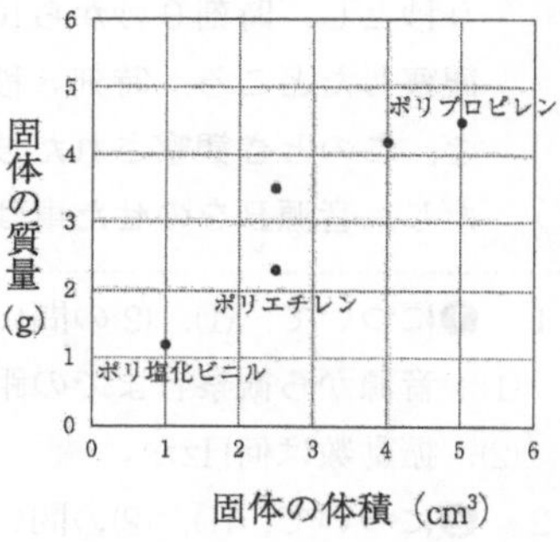


図

❸　水に浮かんだ複数のプラスチックのうち，２種類を選び，これをＣ，Ｄとした。このＣ，Ｄの熱に対する性質を比較したところ，ＣはＤに比べて融点が高く，比較的熱に強いことが分かった。

❹　残り１種類のプラスチックをＥとし，Ａとの燃え方の違いを調べると，Ｅはすすが出るのに対し，Ａは燃えにくい性質がみられた。また，Ａ～Ｅを燃焼させ，生じた気体を石灰水に通すと，いずれも石灰水が白くにごった。

1　無機物に分類されるものを，次のア～カからすべて選び，符号で書きなさい。

| | | |
|---|---|---|
| **ア**　ポリエチレン | **イ**　二酸化炭素 | **ウ**　ポリスチレン |
| **エ**　ポリ塩化ビニル | **オ**　炭素 | **カ**　銅 |

2　プラスチックの用途と性質に関して適切でないものを，あとのア～オからすべて選び，符号で書きなさい。

**ア**　ポリプロピレンは，ペットボトルのふたなどに用いられる。

**イ**　発砲ポリスチレンは食品容器などにも用いられ，熱のやりとりを容易にできる。

**ウ**　ポリエチレンテレフタラートは，主にペットボトルに使われ，圧力に弱い。

**エ**　ポリエチレンは，油や薬品に強く，バケツや包装材に使われる。

**オ**　ポリ塩化ビニルは，燃えにくく，消しゴムや水道管に使われる。

3　❶について，水に浮かんだものを○，沈んだままのものを×としたとき，観察の結果として正しい組み合わせのものを，次のア～オから１つ選び，符号で書きなさい。

| | ア | イ | ウ | エ | オ |
|---|---|---|---|---|---|
| ポリエチレン | ○ | ○ | ○ | × | × |
| ポリエチレンテレフタラート | × | × | ○ | ○ | ○ |
| ポリ塩化ビニル | × | ○ | × | ○ | × |
| ポリスチレン | × | ○ | × | ○ | ○ |
| ポリプロピレン | ○ | × | × | × | ○ |

4　ポリエチレンテレフタラートの密度は何 g/cm$^3$ か。

5　物質C，Eは，それぞれ何か。物質名を書きなさい。

6　プラスチックはくさりにくい性質をもつため，土にうめても分解されにくい。そのため，微生物の作用によって，最終的に二酸化炭素と水へ分解することができるプラスチックの開発が進められている。このようなプラスチックを何というか。ことばで書きなさい。

**3**　次の１，２の問いに答えなさい。

1　図１は，ヒトの血液循環の経路を模式的に表したものであり，➡は肺の中での血流の方向を示している。次の文章を読んで，⑴～⑷の問いに答えなさい。

ヒトの血液循環は，体循環と肺循環に分けられる。

体循環では，血液が心臓から大動脈に送り出され，この血液は全身の細胞に酸素と養分を与え，二酸化炭素などを受け取り，静脈を通って心臓にもどる。

一方，肺循環では血液が心臓から［　①　］を通って左右の肺に送られる。肺に送られた血液は，二酸化炭素を放出し酸素を受け取り，［　②　］を通って心臓にもどる。

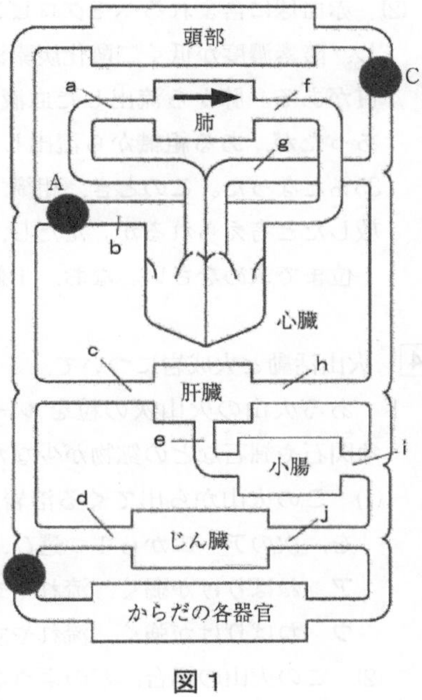


**図１**

⑴　文中の［①］，［②］にあてはまる血管の名称を，それぞれ書きなさい。また，それらの場所を図１中の a ～ j から１つずつ選び，符号で書きなさい。

⑵　次のⅠ～Ⅲの血液が流れている血管を，図１中の a ～ j から１つずつ選び，符号で書きなさい。

Ⅰ　食後，ブドウ糖が最も多く含まれている血液

Ⅱ　新しく合成された尿素が最も多く含まれている血液

Ⅲ　含まれる酸素の割合が最も多い血液

⑶　図１中のＡ～Ｃについて，血液の流れの方向として正しい組み合わせのものを，あとのア～ク

から１つ選び，符号で書きなさい。

| | ア | イ | ウ | エ | オ | カ | キ | ク |
|---|---|---|---|---|---|---|---|---|
| A | ← | ← | ← | ← | → | → | → | → |
| B | ↑ | ↓ | ↑ | ↓ | ↑ | ↓ | ↑ | ↓ |
| C | ↓ | ↓ | ↑ | ↑ | ↓ | ↓ | ↑ | ↑ |

⑷　ヒトをはじめとするほ乳類の心臓は，２心房２心室である。血液循環が心臓からはじまると考えた場合，体循環で血液は心臓のどこから出てどこにもどるか。次の**ア**～**カ**から１つ選び，符号で書きなさい。

**ア**　左心房から出て右心房にもどる　　**イ**　左心房から出て右心室にもどる

**ウ**　左心房から出て左心室にもどる　　**エ**　左心室から出て右心房にもどる

**オ**　左心室から出て右心室にもどる　　**カ**　左心室から出て左心房にもどる

２　**図２**は，ヒトの血液成分を電子顕微鏡で観察した写真である。⑴，⑵の問いに答えなさい。

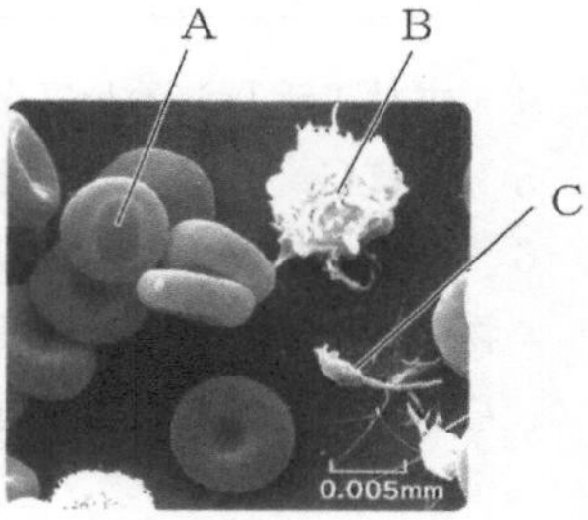


**図２**

⑴　**図２**中のＡ～Ｃの血液成分のはたらきを，次の**ア**～**エ**から１つずつ選び，符号で書きなさい。

**ア**　養分や不要な物質を運搬する。

**イ**　酸素を運搬する。

**ウ**　細菌などの異物を分解する。

**エ**　出血した血液を固める。

⑵　赤血球に含まれるヘモグロビンは，酸素濃度が高く二酸化濃度の低い肺（肺胞）で酸素と結合し，酸素濃度が低く二酸化炭素濃度の高い組織で酸素を放して，もとのヘモグロビンにもどる性質がある。肺から流出した血液を調べると，酸素分子とヘモグロビンが結合したものが95％であったが，ある組織から流出した血液を調べると，酸素分子とヘモグロビンが結合したものが35％となった。このとき，組織では，酸素分子と結合していたヘモグロビンの何％が酸素分子を放したと考えられるか。ただし，解答が小数になる場合は，小数第２位を四捨五入して，小数第１位まで求めなさい。なお，１個のヘモグロビンは１個の酸素分子と結合するものとする。

**4**　火山活動と火成岩について，１～３の問いに答えなさい。

１　ある火山の火山灰の粒をルーペで観察したところ，石英《せきえい》や長石《ちょうせき》などの鉱物がほとんどで，角閃石《かくせんせき》や輝石《きせき》などの鉱物が少なかった。⑴～⑶の問いに答えなさい。

⑴　この火山から出てくる溶岩のねばりけ，流れやすさについての説明として最も適切なものを，次の**ア**～**エ**から１つ選び，符号で書きなさい。

**ア**　ねばりけが弱く，流れやすい　　**イ**　ねばりけが弱く，流れにくい

**ウ**　ねばりけが強く，流れやすい　　**エ**　ねばりけが強く，流れにくい

⑵　この火山の場合，どのような噴火の様子になるか。適切なものを，あとの**ア**～**オ**からすべて選び，符号で書きなさい。

**ア**　激しく噴火することが無い。

**イ**　爆発的な激しい噴火をする。

**ウ**　火口からはなれたところまで溶岩が流れる。

エ　火口付近に溶岩ドームと呼ばれる溶岩のかたまりをつくることがある。

オ　火砕流を発生することがある。

(3)　過去に(2)のような噴火をした火山を，次のア～オからすべて選び，符号で書きなさい。

ア　伊豆《いず》大島《おおしま》火山　　イ　有珠《うす》山　　ウ　昭和新山《しょうわしんざん》

エ　富士山　　オ　雲仙《うんぜん》普《ふ》賢岳《げんだけ》

2　図は，火山岩のつくりをスケッチしたものである。(1)～(4)の問いに答えなさい。

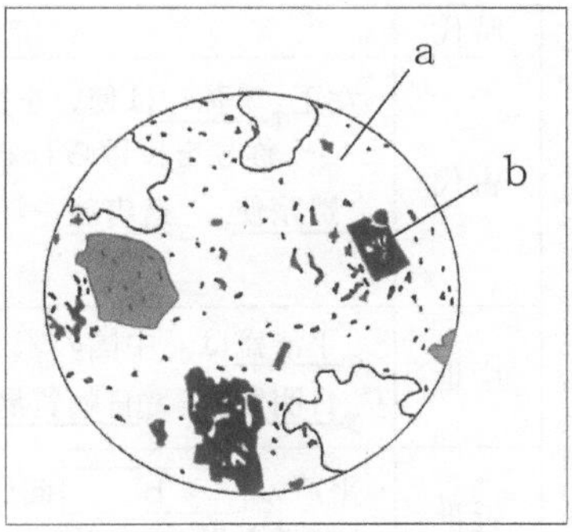

図

(1)　図のような組織を何というか。ことばで書きなさい。

(2)　図中のａ，ｂで示される部分の名称を，それぞれ漢字で書きなさい。

(3)　図の火山岩のでき方として最も適切なものを，次のア～オから１つ選び，符号で書きなさい。

ア　地表近くでゆっくり冷却された。

イ　地表近くで急速に冷却された。

ウ　地下深くで急速に冷却された後，地表近くでゆっくり冷却された。

エ　地下深くで急速に冷却された。

オ　地下深くでゆっくり冷去された。

(4)　図中のｂには，長石や角閃石がある。これらの鉱物の分類として最も適切なものを，次のア～エから１つ選び，符号で書きなさい。

ア　長石も角閃石も無色鉱物である。

イ　長石も角閃石も有色鉱物である。

ウ　長石は無色鉱物で，角閃石は有色鉱物である。

エ　長石は有色鉱物で，角閃石は無色鉱物である。

3　火山活動では，硫黄をふくむ有毒な火山ガスが発生し，その地域に近づくことができなくなることがある。その火山ガスとしては，①無色で刺激臭のある気体，②無色で腐卵臭のある気体がある。①，②の物質名を漢字で書き，それぞれの化学式も書きなさい。

**【社　会】**（45分）　＜満点：100点＞

1　次の**略年表**は，日本と外国との関わりとその影響についてまとめたものである。1～13の問いに答えなさい。

**略年表**

| 時代 | できごと | 影響 |
|---|---|---|
| 古代 | ・女王①卑弥呼は使いを魏の都に送り，［a］という称号を授けられる。<br>・②遣隋使，③遣唐使を派遣する。 | ・国内の対立する勢力に対して，自分が「倭の王」であることを認めさせた。<br>・④東アジアでの立場を有利にし，進んだ制度や文化を取り入れた。 |
| 中世 | ・⑤平清盛は，中国の宋との貿易に目をつけた。<br>・⑥日明貿易，⑦日朝貿易が行われる。 | ・平氏政権の重要な経済的基盤となった。<br>・貨幣経済が浸透した。 |
| 近世 | ・平戸の［b］商館を長崎の出島に移す。<br>・⑨蘭学を学ぶ者が増えた。 | ・⑧鎖国の体制が固まった。<br>・近代化の基礎が築かれた。 |
| 近代 | ・明治政府は，殖産興業を進めた。<br>・岩倉使節団を欧米に派遣する。 | ・⑩文明開化によって，日本人の衣食住は欧米風に変化していった。<br>・⑪条約改正のための近代化政策を推し進めた。 |

1　――部①について，卑弥呼が女王となった国は何か，国名を漢字で書きなさい。

2　［a］は，女王卑弥呼が魏の皇帝から授けられた称号である。［a］にあてはまる語句を漢字4字で書きなさい。

3　――部②について，607年に隋に派遣された日本の使者は誰か，人物名を書きなさい。

4　――部③について，唐にならって日本でも貨幣が発行された。天武天皇の時代につくられた日本で最初の銅銭を何というか，書きなさい。

5　――部④について，⑴～⑶の問いに答えなさい。

⑴　聖徳太子が百済から朝廷に伝えられた仏教を広めようとしてつくった寺を何というか，書きなさい。

⑵　東大寺の正倉院宝物の中には，遣唐使が持ち帰ったと考えられるものがある。右の**資料1**の作品名を，次の**ア～エ**から1つ選び，符号で書きなさい。

**ア**　見返り美人図　　**イ**　鳥毛立女屏風

**ウ**　樹下美人図　　**エ**　薬師寺吉祥天像

**資料1**

⑶　日本にわたろうとして何度も遭難し，盲目になりながらも遣唐使にともなわれて来日し，正しい仏教の教えを広めた人物は誰か，人物名を書きなさい。

6 ——部⑤について，⑴，⑵の問いに答えなさい。

⑴ 後白河上皇の院政を助け，武士として初めて就任した官職は何か，次の**ア**～**エ**から１つ選び，符号で書きなさい。

**ア** 摂政 **イ** 関白 **ウ** 太政大臣 **エ** 征夷大将軍

⑵ 平氏が源氏によって滅ぼされた戦いを何というか，書きなさい。

7 ——部⑥について，⑴～⑶の問いに答えなさい。

⑴ 中国の元がおとろえたころ，西日本の武士や商人などが船をおそい，大陸沿岸をあらした。この海賊集団を何というか，漢字２字で書きなさい。

⑵ 右の**資料２**はこの貿易で使われたとされている証明書で，明から与えられたものである。これを何というか，書きなさい。

資料２

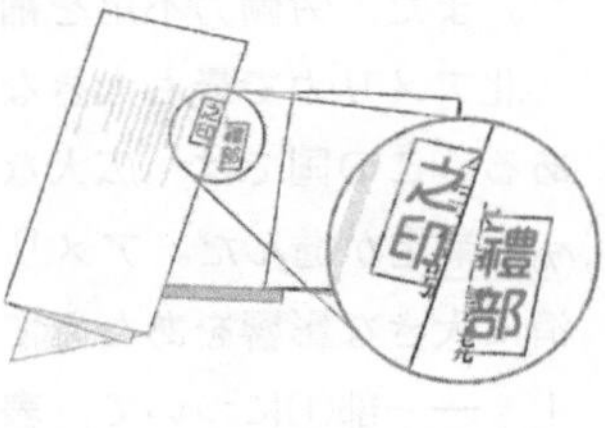


⑶ 右の**資料２**を使用した理由を，簡潔に説明しなさい。

8 ——部⑦が行われる前の14世紀末に，高麗を滅ぼして朝鮮国を建国した人物は誰か，次の**ア**～**エ**から１つ選び，符号で書きなさい。

**ア** 李成桂 **イ** 溥儀 **ウ** 毛沢東 **エ** 袁世凱

9 [ b ] は，鎖国の体制下で中国とともに長崎で貿易を許された国である。[ b ] にあてはまる国名を，次の**ア**～**エ**から１つ選び，符号で書きなさい。

**ア** イギリス **イ** スペイン **ウ** ポルトガル **エ** オランダ

10 ——部⑧をするようになった大きな原因である，「島原・天草一揆」を起こした大将は誰か，人物名を書きなさい。

11 ——部⑨について，⑴，⑵の問いに答えなさい。

⑴ 杉田玄白などがヨーロッパの解剖書を翻訳した。その著書名を書きなさい。

⑵ 19世紀初めにヨーロッパの技術で全国の海岸線を測量し，日本地図を作製したのは誰か，人物名を書きなさい。

12 ——部⑩のころについて，⑴，⑵の問いに答えなさい。

⑴ 日本の社会のようすについて述べた文として誤っているものを，次の**ア**～**エ**から１つ選び，符号で書きなさい。

**ア** 太陽暦が採用され，１日を24時間，１週間を七日とすることになった。

**イ** 都市では，馬車が走り，ランプやガス灯がつけられた。

**ウ** 新橋・横浜間に鉄道が開通し，イギリスから陸蒸気と呼ばれた車両が輸入された。

**エ** 20歳以上のすべての男女に，選挙権があたえられた。

⑵ 『学問のすゝめ』という著書の中で，人間の平等主義を分かりやすい表現で説いたのは誰か，人物名を書きなさい。

13 ——部⑪について，（A）領事裁判権の撤廃，（B）関税自主権の完全な回復を，それぞれ実現したときの外務大臣として正しい組み合わせを，次の**ア**～**エ**から１つ選び，符号で書きなさい。

**ア** A－井上薫 B－大隈重信 **イ** A－陸奥宗光 B－小村寿太郎

**ウ** A－井上薫 B－小村寿太郎 **エ** A－陸奥宗光 B－大隈重信

**2** 北アメリカの自然環境，文化，産業などについて説明した文章を読んで，１～７の問いに答えなさい。

北アメリカは，北アメリカ大陸，西インド諸島から構成される。特に①アメリカ，カナダは，どちらも広大な面積を持つ国である。ここには②ロッキー山脈などの山脈が連なるとともに広大な平原が広がり，③ミシシッピ川などの大きな河川が流れている。

北アメリカにはもともと先住民が住んでいた。しかし，15世紀末以降，ヨーロッパの北西部やイベリア半島から④移民がやってきた。移民は先住民の土地をうばって開拓を進め，文化を持ち込んだ。また，労働力不足を補うため，アフリカから多くの人々が奴隷として連れてこられた。

北アメリカで最も大きな経済力を持つ国はアメリカで，特に⑤ニューヨークは国内最大の都市である。この国では，広大な国土と恵まれた自然を利用して⑥農業が発達し，豊富な資源を利用して⑦工業化が進んだ。アメリカの企業は多国籍企業として積極的に外国で活躍し，進出した社会や経済に大きな影響をあたえている。

1 ――部①について，**表**は国別の面積上位５か国と人口を示したものである。**表**中の**ア**～**オ**は，アメリカ，ブラジル，カナダ，中国，ロシアのいずれかである。アメリカとカナダを，**表**中の**ア**～**オ**から１つずつ選び，符号で書きなさい。

**表**

| 順位 | 国名 | 面積（万㎢） | 人口（万人） |
|---|---|---|---|
| 1位 | ア | 1710 | 14399 |
| 2位 | イ | 998 | 3662 |
| 3位 | ウ | 983 | 32445 |
| 4位 | エ | 960 | 140951 |
| 5位 | オ | 851 | 20928 |

（『統計要覧 2018 年度版』）

2 ――部②について，**地図１**や**写真１**を見て，⑴，⑵の問いに答えなさい。

**地図１**

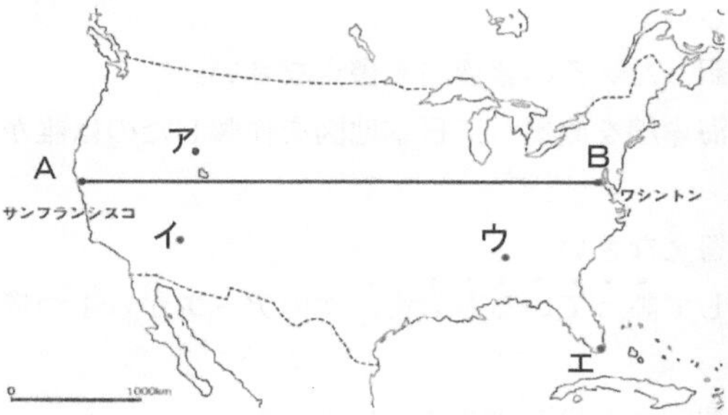


**写真１**

⑴ **地図１**の**A－B**の断面図はどれか，次の**ア**～**エ**から１つ選び，符号で書きなさい。

**ア**

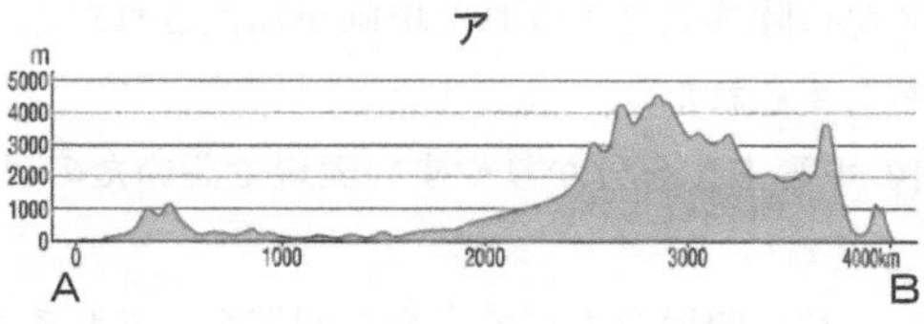


**イ**

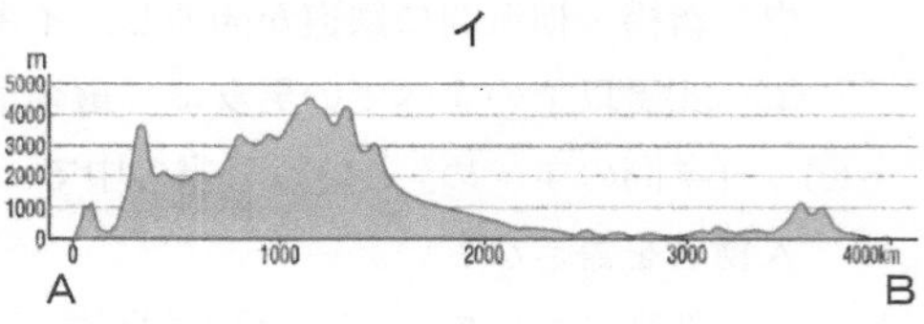


**ウ**

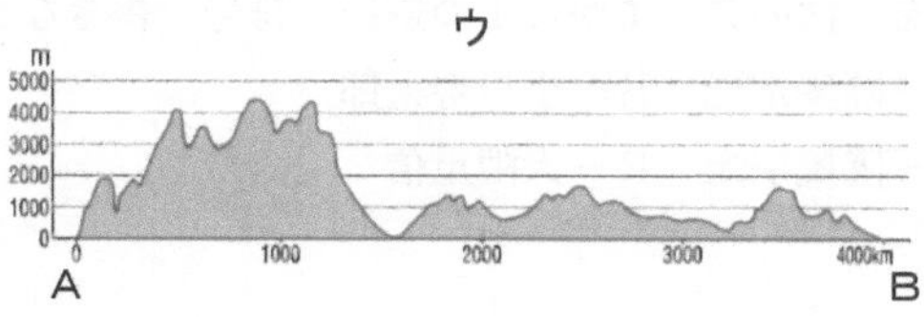


**エ**

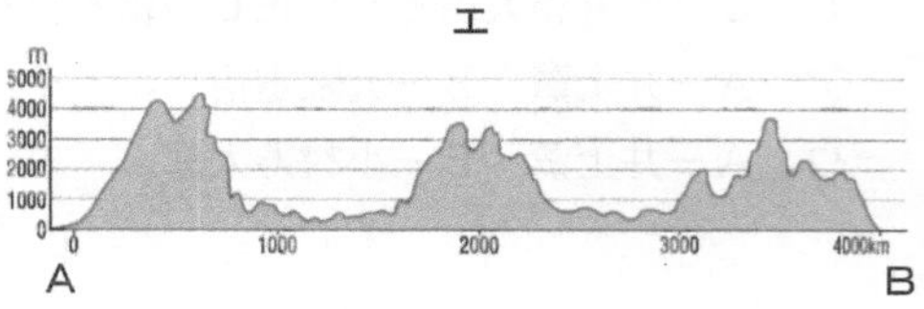

⑵　**写真１**はアメリカを代表とする大規模な峡谷である。これを何というか，書きなさい。また，その場所を**地図１**の**ア**～**エ**から１つ選び，符号で書きなさい。

3　――部③はどこに注いでいるか，次の**ア**～**エ**から１つ選び，符号で書きなさい。

**ア**　太平洋　　**イ**　メキシコ湾　　**ウ**　大西洋　　**エ**　ハドソン湾

4　――部④について，近年メキシコ，中央アメリカや西インド諸島の国々などからやってきた移民を何とよぶか。また，その移民は何語を話すか，それぞれ書きなさい。

5　――部⑤について，⑴，⑵の問いに答えなさい。

⑴　ニューヨークは，世界の金融の中心ともいわれる。その金融のさかんな地域の名前は何か，次の**ア**～**エ**から１つ選び，符号で書きなさい。

**ア**　ブロードウェイ　　**イ**　マンハッタン通り　　**ウ**　５番街　　**エ**　ウォール街

⑵　ニューヨークが，２月22日午後５時のとき，東京は何日の何時か，計算して書きなさい。ただし，ニューヨークは西経75度，東京は東経135度を標準時とする。なお，午前・午後は，解答用紙に○で囲みなさい。

6　――部⑥について，**写真２**，**３**の農業風景は，円形の畑に長いスプリンクラーで水をまく，大規模なかんがい方式の様子を示したものである。このかんがい方式のことを何というか，書きなさい。

写真２

写真３

7　――部⑦について，⑴～⑶の問いに答えなさい。

地図２

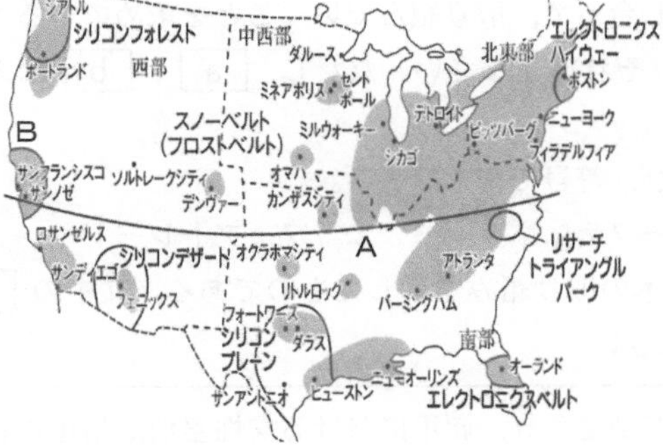


グラフ

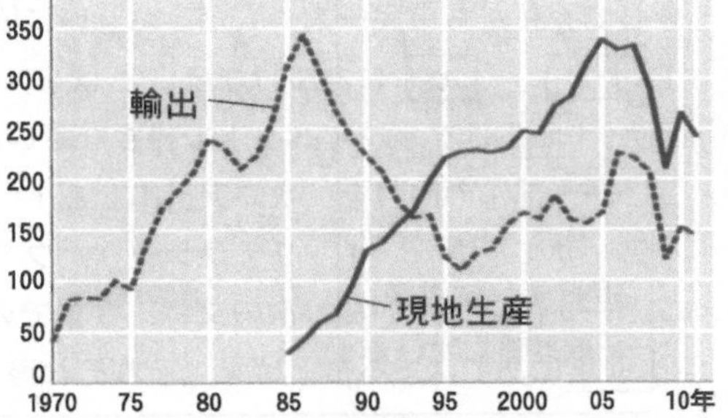


（日本のアメリカへの自動車輸出および日本企業のアメリカにおける自動車の現地生産『帝国書院』）

⑴　**地図２**はアメリカ合衆国の工業地帯を表したものである。1970年代から**A**の緯度より南に先端技術産業が集積した。この地域を何というか，また，**A**の緯度は北緯何度か，それぞれ書き

なさい。

(2) **地図2のB**の先端技術産業の研究・開発の中心となっているカリフォルニア州にある先端技術産業集積地を何というか，書きなさい。

(3) **グラフ**は日本のアメリカへの自動車輸出と日本企業のアメリカにおける自動車の現地生産数の推移を示したものである。1985年ごろ，ある問題により日本の自動車メーカーは輸出ではなく，現地生産を行う形に切り替えた。日本とアメリカとの間で起きたある問題とは何か，漢字4字で書きなさい。

**3** 次の文章を読んで，1～5の問いに答えなさい。

持続可能な開発目標は，2015年に国際連合で採択された，2030年までに国際社会が達成すべき目標のことである。【持続可能な社会】の考えを採用し，貧困と飢餓の撲滅，教育の普及，男女平等，水問題やエネルギー問題の解決など，17の目標をかかげている。

その中で，【貧困をなくそう】では，①貧困問題の解決のために，途上国の原料や製品を適正な価格で継続的に購入することを通じて，途上国の生産者の経済的な自立を目指す運動が注目されている。【ジェンダー平等を実現しよう】では，②日本でも，管理職や専門職に就いている女性の割合を高めていくなど，女性の活躍を進める政策に取り組んでいくことが求められている。【つくる責任つかう責任】では，過剰な包装や容器，使い捨て商品の多用などがごみ増加の原因になっていることから，3R，つまり，ごみを減らし（ a ），まだ使えるものを再び使用し（ b ），ごみを再資源化（リサイクル）することも必要である。【質の高い教育をみんなに】では，2014年にノーベル平和賞を受賞したマララ・ユスフザイさんが，「一人の③子ども，一人の教師，1冊の本，そして1本のペン，それで世界を変えられる」と演説し，教育を受ける権利の大切さなどを訴えたことが印象に残っている。

また，目標どうしのつながりも大切である。国際連合事務総長特別顧問として，持続可能な開発目標を取りまとめたアミーナ・モハメッドさんは，④地球温暖化の影響は，農業などの産業の弱体化にもおよんでいることから，【気候変動に具体的な対策を】と【飢餓をゼロに】の二つの目標は，お互いにつながりあっていることを訴えている。このような持続可能な開発目標を達成するためには，私たちの取り組みも，お互いにつながっていくことが大切である。【パートナーシップで目標を達成しよう】は，国家や企業， c （非政府組織）やNPO（非営利組織）などの民間組織，そして，私たち市民一人一人が，お互いに協力し合って，取り組んでいくことを求めている。

1 a ～ c にあてはまることばを，それぞれ書きなさい。ただし， a ， b はカタカナ， c はアルファベットで書きなさい。

2 ——部①の内容を，次の**ア**～**エ**から1つ選び，符号で書きなさい。

**ア** サミット　**イ** リテラシー　**ウ** セーフティネット　**エ** フェアトレード

3 ——部②について，次の文は，今までの日本の取り組みを示したものである。文中の Ⅰ ， Ⅱ にあてはまることばを，それぞれ書きなさい。

> 日本では，1985年に男女 Ⅰ 法が制定され，雇用における女性差別が禁止され，さらに，1999年には男女 Ⅱ 法が制定され，男性も女性も対等に参画し活動できる社会を創ることに取り組んでいます。

4　――部③も人権を持つことを確認し，生きる権利や意見を表明する権利，休息し遊ぶ権利などを定めた条約は何か，条約名を書きなさい。

5　――部④の主な原因とされ，地球の表面から出る熱の放射をさまたげる性質をもつ二酸化炭素などの気体の総称を，次の**ア**～**エ**から１つ選び，符号で書きなさい。

**ア**　温室効果ガス

**イ**　バイオマス

**ウ**　シェールガス

**エ**　メタンハイドレート

**4**　次の文章を読んで，１～５の問いに答えなさい。

日本国憲法は，①国民主権，②基本的人権の尊重，③平和主義を三大原則にしている。また，政治組織の原理として，国会と内閣と裁判所の三つの機関に権力を分ける［ a ］の制度をとっている。また，2007年に，④憲法を改正する手続きを決めた法律が制定され，2010年に施行された。

1　［ a ］にあてはまることばを書きなさい。

2　――部①について，次の文は，1863年にゲティスバーグで行われた演説の一部である。この演説を行ったのは誰か，人物名を書きなさい。

> それは，……人民の人民による人民のための政治を地上から決して絶滅させないために，われわれがここで固く決意することである。

3　――部②の一つである社会権にあてはまるものを，次の**ア**～**エ**から１つ選び，符号で書きなさい。

**ア**　裁判を受ける権利

**イ**　個人の私生活に関する情報を公開されない権利

**ウ**　健康で文化的な最低限度の生活を営む権利

**エ**　経済活動の自由

4　――部③について，戦争を放棄し，戦力を持たず，交戦権を認めないと定めているのは，憲法第何条か，書きなさい。

5　――部④について，⑴，⑵の問いに答えなさい。

⑴　憲法を改正する手続きをあらわした次のページの資料中の［ Ⅰ ］，［ Ⅱ ］にあてはまることばや数字を，それぞれ書きなさい。

⑵　憲法を改正する手続きにおいて，国民投票が行われる理由を，「主権」ということばを必ず用いて，簡潔に説明しなさい。

資料

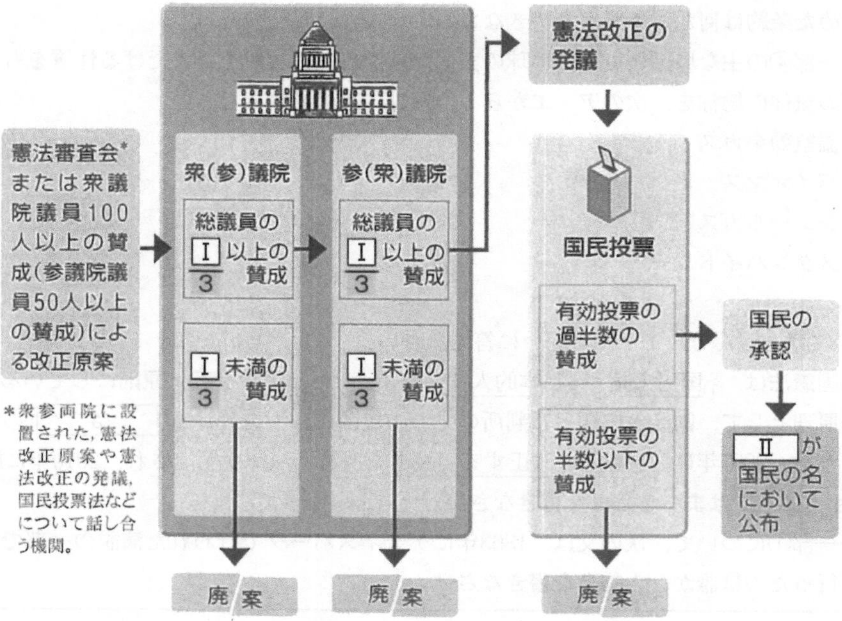
憲法審査会*または衆議院議員100人以上の賛成(参議院議員50人以上の賛成)による改正原案
*衆参両院に設置された，憲法改正原案や憲法改正の発議，国民投票法などについて話し合う機関。
衆(参)議院
総議員の Ⅰ/3 以上の賛成
Ⅰ/3 未満の賛成
廃案
参(衆)議院
総議員の Ⅰ/3 以上の賛成
Ⅰ/3 未満の賛成
廃案
憲法改正の発議
国民投票
有効投票の過半数の賛成
有効投票の半数以下の賛成
廃案
国民の承認
Ⅱ が国民の名において公布

三　次の文章を読んで、後の問いに答えなさい。ただし、設問の都合で文章の一部を変更した。

a経《きやう》の中に、畜類《ちくるい》の問答《動物の問答（のある話が）》、多く見えたり。ある池の中に、蛇《へび》と亀《かめ》、蛙《かへる》と知音《ちいん》にて《親しく付き合って》住みけり。天下旱《ひでり》して、池の水も失《う》せ《世の中が日照りに見舞われて、》、食物《じきもつ》も無くして、b飢《うゑ》んとして、つれづれなりける時《他に何もすることがない時に、》、蛇、亀をもて使者として、蛙の許《もと》へ、時のほどcおはしませ《ちょっとの間おいでくださいませ。》。見参《けんざん》せんと《お目にかかりたい》云《い》ふに、蛙、返事に申しけるは、飢渇《きかつ》にせめらるれば《飢餓に苦しんでいるので、》、仁義《じんぎ》を忘れて［1］をのみ思ふ。情けも好《よし》みも世の常の時こそあれ《親しく付き合うのも普通に暮らしている時のことだ。》。①かかる比《ころ》なれば《このようなころなので、》、②え参らじ《うかがえない》とぞ返事しける。③げにも《いかにも》［2］見参なり。《『沙石集』巻第五本ノ九　による》

問一　＝＝部a～cを、それぞれ現代仮名遣いに改めて書きなさい。

問二　本文中に会話（発話）として、「　」を付けることができる部分が二箇所ある。それぞれ最初と最後の三字を書きなさい。

問三　［1］にあてはまる言葉として最も適切なものを、次のア～オから一つ選び、符号で書きなさい。

ア　亀　　イ　池　　ウ　世　　エ　食　　オ　蛇

問四　――部①「かかる比」とはどのような時か。指し示す部分を本文中から抜き出し、最初と最後の三字を書きなさい。

問五　――部②「え参らじ」とあるが、それはなぜか。その理由として最も適切なものを、次のア～オから一つ選び、符号で書きなさい。

ア　何も食べておらず、空腹で動くことができなかったから。

イ　最近会っていない相手を助ける必要はないと思ったから。

ウ　相手のほうが、こちらに助けに来るべきだと思ったから。

エ　日照り続きで池の水がなくなってしまい、泳げないから。

オ　飢餓で苦しい時なので、相手に食べられると思ったから。

問六　――部③「げにも～見参なり」は、筆者の感想にあたる一文である。［2］にあてはまる言葉として最も適切なものを、次のア～オから一つ選び、符号で書きなさい。

ア　ありがたき　　イ　をかしき　　ウ　あぶなき　　エ　いやしき

オ　よき

反することだと感じてしまうこと。

**ウ**　感情移入をし過ぎないようにと思いながらも、実際には共に歩んできたかのように感じてしまうこと。

**エ**　感情移入をし過ぎないようにと思いながらも、実際には淡々と接するしかないと感じてしまうこと。

問六　本文中に、次の一文が入るところがある。入れるべき最も適切な箇所の直前の二十五字以上三十字以内の一文を探し、最初の五字を抜き出して書きなさい。

> 川の向こうにもここと同じような総合病院があり、その屋上で私や蔵原さんのような誰かが柵にもたれて空を眺めているかもしれない。

問七　次の（Ⅰ）の会話文は、本文の少し前の場面で、ベテラン看護師の三上さんと比々野先生のやり取りの一部を抜き出したものである。本文とこのやり取りを参考にして、この小説において、病院がターミナルステーションと表現されていることを（Ⅱ）のようにまとめた。（Ⅱ）の文章中の［1］・［2］にあてはまる言葉を、［1］には三字で、［2］には十字以内で、それぞれ書きなさい。

（Ⅰ）

三上さん　…「人生の旅路には交通整理がいるんですよね」

三上さん　…「たくさんの人がここを訪れるでしょう。ここはターミナルステーションみたいなものですから。たいがいは年を取って、病に倒れたり、疲れて休みたくなったりした人たちですね。私たちは彼らを受け入れて、ひとりひとりのためにできるだけのことをします。でも、しばらく滞在した人たちは、どんな形にせよ、やがてここを出ていくんですよね」

比々野先生…「なるほど、彼らの道を捌《さば》いて、進ませるための交通整理なんですね」

三上さん　…「違うんですよ、先生。残る私たちのための交通整理なんです。ここは一時の避難所だとみんなわかっているから、それ以上の感情移入はお互いに避けるでしょう。比々野先生も、患者さんとあまり親しくならないよう、共振しないよう、心がけてるんじゃないですか」

三上さん　…「それでもね、先生、深入りしないつもりで、しているんです。患者さんの——いえ、旅人のことを真剣に考えるなら、どうしてもその人がどこから来てどこへ行こうとしているのか、考えないわけにはいかないんですから。だから私たちはときどきとてもしんどい。私たちこそ、この胸の中の交通整理が必要なんです。そうでしょう?」

（Ⅱ）

> 病院には多くの患者さんが訪れるが、患者さんが進むべき道への交通整理というよりも、むしろ、医師や看護師たちの［1］を整理するという意味合いが強い。さらに、病院の屋上は、「私たち」のように病院に残る医師や看護師たちが［2］役割も担っている。

けの雲の上で駆けまわっているだろうか。

「どこか温泉にでも行ってゆっくりしたいですね」

蔵原さんのひとことで我に返る。

「いいね、温泉」

ほんとうなら温泉へ、欲をいえばできるだけ人に会わずにすむような場所へ、ひとりで出かけていってそこにしばらくとどまりたい。けれども、屋上からの景色を眺めるだけで――夕焼けの中のカシコに手を振っただけで――少し遠くまで出かけたような心持ちになっていることに気づく。

この人も同じだろう。病院がターミナルステーションだとしたら、私たちは人々の流れを整理しつづけなくてはならない。そのために屋上に出る。ここを通過していく人たちの気配をいつまでも抱えていくわけにはいかないと思う。

いろんな人にいろんな生があって、そこに触れるたびに畏《おそ》れを感じる。共振しすぎるとよくない、背負わないようにしよう、と思いながら、ほんのいっときだけ患者の生を旅してきたような③錯覚にd陥ることもある。もうすぐ河口へとたどり着こうとしている生がほとんどだとしても。その気配を、ゆるやかにe携え、暴れようとするものは整理をし、そうやって生きていくしかないのだろう。

夕焼けの雲は川の向こうの空に浮かんでいる。あの空の下でもこの街と同じように人々が生きて暮らしている。

白衣のポケットで院内専用の携帯が鳴る。

「呼ばれちゃった」

携帯を確かめる私を蔵原さんが振り返り、

「よかったですね、夕焼けが終わってからで」

といって微笑んだ。

注1 濱岡さん、高田さん……二人は同じ病気で入院していた。高田さんは退院したが、濱岡さんは亡くなった。

問一 ══部a～eのカタカナは漢字に改め、漢字は読み仮名を書きなさい。

問二 〰〰部A～Eのうち、次の文の「の」と同じ用法で使われているものを一つ選び、符号で書きなさい。

> 若鮎《あゆ》の行き交う清流長良川を眺める。

問三 ――部①「屈託」の語の意味として最も適切なものを、次のア～エから一つ選び、符号で書きなさい。

ア 複数の対等な事柄から、一つを選択できないこと。

イ 迷いが生じて、解決する手立てを見出せないこと。

ウ 注意力が散漫し、物事に集中できないこと。

エ 気にかかることがあって、心が晴れないこと。

問四 ――部②「気配に取り憑かれている」ことを暗示している情景描写を二十五字程度の一文で探し、最初の五字を抜き出して書きなさい。

問五 ――部③「錯覚」とあるが、この場面では、どのような感覚になることを言っているのか。最も適切なものを、次のア～エから一つ選び、符号で書きなさい。

ア 感情移入をし過ぎないようにと思うことで、実際には悩むこともなく、晴れやかに感じてしまうこと。

イ 感情移入をし過ぎないようにと思うことが、実際には自身の意に

> 発表する側は聴衆の側に対して、あなたは［ 1 ］という認識を前提として、懇切丁寧な説明から始める。質問する場において聴衆は、わからないことを［ 2 ］に非があるからすべてを受け入れるという受身的な姿勢よりも、積極的に尋ねて知識の量の差を詰めることに意味がある。

## 二

次の文章は、宮下《みやした》奈都《なつ》の小説『遠くの声に耳を澄ませて』所収「夕焼けの犬」の一節である。呼吸器内科医の「私」（比々野先生）は、病院の屋上へとつながる扉越しに、看護師の蔵原さんとすれ違うが、思い詰めたような表情であったことが気にかかり、再び屋上へと向かう。これを読んで、後の問いに答えなさい。

鉄の扉を開けると、ひんやりした空気が入り込んできた。コンクリートに足を下ろす。夕闇《ゆうやみ》が降りて粒子の粗くなった視野に人影があった。柵《さく》にもたれ、紺に近くなった空を見上げているようだ。近づいていくと、その影が無防備に振り返った。

「あ、比々野先生」

そういって私に向かい微笑んだ顔には①屈託が見えない。よかった、と思う。②気配に取り憑《つ》かれているこの人を想像してしまったから、とにかくこんなふうに微笑む力があってよかったと思う。柵に並び、同じように立って空を見上げる。

「ほら、向こうのほうに、ほんの少しまだ夕焼けが残っているでしょう」

蔵原さんAの指したほうを見ると、雲の上の一角にだけ赤みが残っている。

「ほんとだ、きれいだなあ」

蔵原さんはもう黙っていた。横顔を盗み見ても、半時ほど前の思い詰めたような表情はどこにもない。そのすがすがしいような顔に、この人は旅立ってしまった人の気配をここで空に返しているんじゃないかと思ってしまった。

「四十九日だったんですって」

「え」

「[注1]濱岡さんの」

ああ、とうなずく。高田さん[注1]と同室だった人だ。たしか、うなぎBの研究をしていたというaオダやかな紳士だった。高田さんより後に来て、高田さんより先に行ってしまった。

「うなぎの形の雲でもあれば、見送るのにうってつけなんですけど」

蔵原さんが明るい声でいう。

見上げた空の片隅に残る、雲Cの、朱色の中にふと何かが動いたような気がした。

「犬みたい。うなぎじゃないよ、あDの雲、犬だよ」

思わず雲に手を振りたくなった。それは、bナツかしい犬の姿をしていた。カシコという、子供の頃に飼っていた犬だ。うんと可愛がっていたのに、ある日の午後遅く夕闇にcマギれるように出ていってそれっきりだ。いくら探しても見つからなかった。日も暮れた頃に幹線道路の脇を急ぎ足で歩いていたEのを見かけたという人もいた。名前を呼んだけれど振り返らなかったから、よく似た犬なのだろうと思っていたけれど、そうか、カシコはいなくなったのか。それじゃあやっぱりあれはカシコだったのだな、という。あの子は今どうしているだろう。あの夕焼

う。こちらが思っていることは、言葉に出さずともおのずから相手はわかってくれるはずだというわけである。

しかし、多民族からなる国家の場合には、こうはいかない。基本的なスタンスは、私とあなたは、立っている場所がもともとまったく違うのだというところからすべては始まる。私の考えていることは、あなたは理解していないはずだという前提からすべては始まると言ってよい。そこには端的に言葉が違うことからくる理解の不十分さということも当然あるだろうが、より本質的なところは、それぞれが持つ文化の違い、文化が歴史という時間のなかで醸《かも》し出してきた香りの違いにｅキインすると言ってもいいだろう。

だから外国人が説明するときは、あなたは私については何も知らないはずだというところから、説明は始まる。懇切丁寧に、わかりやすくせざるを得ないのである。

それは聴衆の側からも真であり、本来違っているのであるから、理解できなくともそれは私の責任ではない、という認識から議論は始まる。だからわからないことは、どんな些細《ささい》なことであっても、それを質問するということが、話をしている人の心証を害するとはまったく考えられていない。自分が理解できないのは、相手に不備があると言わんばかりの質問に③閉口することも、多く経験せざるをえないわけである。

しかし、わからないことはとことん尋ねて、そのずれを修正するという態度は、わからないことは自分に非があることだから、たとえわからなくとも相手の発表を尊重してお聞きする、すべて受け入れるといったへりくだりの態度とはあきらかに違うものである。そして、どちらがその発表から得るものが多いかと考えれば、一も二もなく、質問をして認識、感覚、蓄積された知識の量の差を詰めておくことに意味があるのは言うまでもないことだろう。

《永田 和宏『知の体力』による》

注1 矜持……自信や誇り、プライドのこと。

注2 不遜……思い上がっていること。へりくだる気持ちがないこと。

問一 ══部ａ～ｅのカタカナを漢字に改めなさい。

問二 ──部①「いきおい」、③「閉口」の語の意味として最も適切なものを、次のア～エからそれぞれ一つずつ選び、符号で書きなさい。

① ア 偶然にも イ 必然的に
ウ 感情的に エ 意図的に

③ ア 言葉を選ぶこと イ 言葉をかけること
ウ 言葉を濁すこと エ 言葉に詰まること

問三 筆者は、プレゼンを行う意義や目的をどのように考えているか。それがわかるひと続きの二文を本文中から抜き出し、最初の五字を書きなさい。

問四 日本人の従来のプレゼンとは対照的な外国の学者の発表の特徴を、本文中の言葉を使って六十五字以内で書きなさい。

問五 ──部②「何も言わなくともわかってくれるはずだ」とあるが、このような前提は、日本人のどのような心性から生まれたものか。それが説明されている一文の最初の五字を書きなさい。

問六 **以心伝心の功罪**の部分の文章における、筆者が肯定する発表者と聴衆のあり方を、次のように説明した。［1］・［2］にあてはまる言葉を、［1］には十字で、［2］には二字で、それぞれ本文中から抜き出して書きなさい。

**【国　語】**（四五分）〈満点：一〇〇点〉

**【注意】**　字数を指示した解答については、句読点、記号も一字に数えなさい。

一　次の文章を読んで、後の問いに答えなさい。ただし、設問の都合で文章の一部を変更した。

**プレゼンの心構え**

概して日本人はプレゼンが下手である。自らの発見でも、新しい発展でも、興奮することなく淡々と述べる。その淡々とした語り口に、研究者としての良心、誠実さが表れるのであって、自らの成果をおもしろく見せようなどとするのは学者としての[注1]矜持《きょうじ》に欠けると思っている研究者は多いはずである。

私も以前はそのように感じていたし、殊更《ことさら》にぶっきらぼうな味もそっけもないスライドを作り、結果としての細胞の写真や、生化学的な数値だけを示して発表を終わっていた。それが恰好《かっこう》いい発表だと思っていた。

しかし、これはある意味ではきわめて[注2]不遜《ふそん》な態度でもあることは、少し考えてみればわかることであろう。そもそもこのような成果発表の意味は、自分のデータについていろんな人から批判やコメント、示唆を得たいがために行うのである。聞く人がその背景を知り、興味を持ってくれることが前提のプレゼンなのであるから、そのための準備をaオコタっては何のための発表なのかわからない。

読者は、あるいは聴衆は、自分と同じレベルであるはずだという思い込み、あるいはそうあるべきだという上からの目線。どちらをとっても、自らの発表を「聞いていただく」というbケンキョさからは遠いところにある。聞きたい奴だけが聞けばいいのであって、無理にみんなに聞いてもらう積もりも、そんな必要もないという傲慢《ごうまん》さが透けて見える。

国際学会に多くcショウタイされるようになって、外国の学者の発表に接するうちに、徐々にそんな研究発表に対する私の考え方が変わらざるを得なくなっていった。外国の学者の発表は、どれも研究の背景を説明するための導入、イントロのスライドが充実し、まず自分の研究の位置づけを明確にしてから、新しく得たデータに関する説明に移っていく。その説明がまたとても懇切丁寧で、専門分野の人でなくとも容易に理解できるような図になっているものが多い。

わが国の古いタイプの学者には、こんなにも懇切丁寧な素人にもわかるような図の構成は、ひょっとしたら聴衆へ媚《こ》びていると映るかもしれない。しかし、考えてみると世界では、日本のような単民族国家はきわめて稀《まれ》なのであって、多くは多民族がdザッキョしているという国である。①いきおい、②何も言わなくともわかってくれるはずだという前提は通用しないことになる。

当然のことながら、いかに日本人であっても、私とあなたは違っていて当然と思ってはいるだろう。しかし、発想の根本のところで、私が当然のこととして理解していること、知っていることは、あなたも同じ程度には知っているはずだという、一方的な了解が、あるいは思い込みがあることも事実である。こんなことは改めて言わずとも、当然わかってくれているはずだという思い込みである。

**以心伝心の功罪**

以心伝心という言葉は、そんな日本人の心性の一端を表しているだろ

# 2021年度

# 解答と解説

《2021年度の配点は解答欄に掲載してあります。》

## ＜数学解答＞

1 (1) $-2$, $-\sqrt{3}$, $0$, $\frac{2}{3}$, $\frac{5}{4}$, $\pi$, $\sqrt{16}$, $(\sqrt{5})^2$, $6$ (2) 26 (3) $\frac{-x+13y}{6}$

(4) $4\sqrt{3}$ (5) $x=2\pm2\sqrt{3}$ (6) 0 (7) $\frac{68}{3}\pi(\mathrm{cm}^3)$ (8) ① $\sqrt{2}$(cm)

② 中点 ③ BM ④ ひし(形) ⑤ 90(度) ⑥ 直角二等辺三角(形)

⑦ 2(cm) ⑧ 1(cm) ⑨ $\sqrt{2}:1:1$

2 (1) $\frac{\sqrt{2}}{4}r^2$ (2) 22.5° (3) $5n+3$(本) (4) $45m$(度)

3 (1) (12, 5) (2) (12, 5)

4 (1) 点P(2, −1) 点Q(3, 6) (2) $a=-\frac{1}{4}$ (3) $a=\frac{2}{3}$

(4) (点Pを通るグラフ) ④ (点Qを通るグラフ) ②

5 (1) 7通り (2) 7通り (3) $\frac{5}{12}$ (4) イ

6 (1) 23.5(℃) (2) 22.9(℃)

○推定配点○

1 (8) 各1点×9 他 各4点×7 2 各4点×4 3 各4点×2

4 (2)・(3) 各4点×2 他 各2点×4 5 各4点×4 6 (1) 3点 (2) 4点

計100点

## ＜数学解説＞

基本 1 (数の大きさ，数・式の計算，平方根の計算，2次方程式，式の値，体積，平面図形)

(1) $-2=-\sqrt{4}$，$\sqrt{16}=4$，$(\sqrt{5})^2=5$，$\pi=3.14\cdots$から，小さい順に並べると，$-2$，$-\sqrt{3}$，0，$\frac{2}{3}$，$\frac{5}{4}$，$\pi$，$\sqrt{16}$，$(\sqrt{5})^2$，6

(2) $(-3)^2+5^2+1\times(-2)^3=9+25+1\times(-8)=34-8=26$

(3) $\frac{4x+2y}{3}-\frac{3(x-y)}{2}=\frac{2(4x+2y)-9(x-y)}{6}=\frac{8x+4y-9x+9y}{6}=\frac{-x+13y}{6}$

(4) $3\sqrt{3}+\sqrt{75}-\sqrt{48}=3\sqrt{3}+5\sqrt{3}-4\sqrt{3}=(3+5-4)\sqrt{3}=4\sqrt{3}$

(5) $(x+2)(x-4)=2x$ $x^2-2x-8-2x=0$ $x^2-4x-8=0$ 二次方程式の解の公式から，$x=\frac{-(-4)\pm\sqrt{(-4)^2-4\times1\times(-8)}}{2\times1}=\frac{4\pm\sqrt{48}}{2}=\frac{4\pm4\sqrt{3}}{2}=2\pm2\sqrt{3}$

(6) $a^2-2a-4=a^2-2a+1-1-4=(a-1)^2-5=(1-\sqrt{5}-1)^2-5=(-\sqrt{5})^2-5=5-5=0$

(7) できる立体の体積は，半径2cmの球の体積と底面が半径2cmの円で高さが3cmの円柱の体積の和になるから，$\frac{4}{3}\pi\times2^3+\pi\times2^2\times3=\frac{32}{3}\pi+12\pi=\left(\frac{32}{3}+\frac{36}{3}\right)\pi=\frac{68}{3}\pi(\mathrm{cm}^3)$

(8) ABの長さを$x$cmとすると，$x^2=2$から，$x=\sqrt{2}$(cm) 正方形の対角線の交点Mは線分AC，BDの中点であり，AC＝BDより，三角形ABMの辺AM＝BM 正方形は4つの辺が等しいのでひし形でもあるから，∠AMB＝90度 したがって，三角形ABMは直角二等辺三角形 対角線AC＝BD＝$y$cmとすると，面積が2cm²のひし形だから，$\frac{1}{2}y^2=2$ $y^2=4$ $y=\sqrt{4}=2$

(cm)　AM＝BM＝$\frac{2}{2}$＝$\underline{1}$(cm)　よって，三角形ABMの辺の長さの比は，AB：BM：MA＝$\underline{\sqrt{2}:1:1}$

**2 (平面図形の計量問題－面積，円の性質，角度，規則性，図形の移動)**

(1)　∠AOB＝360°÷8＝45°　点AからBOへ垂線AHを引くと，AO：AH＝$\sqrt{2}$：1から，AH＝$\frac{r}{\sqrt{2}}$　よって，三角形OABの面積は，$\frac{1}{2}\times\mathrm{BO}\times\mathrm{AH}=\frac{1}{2}\times r\times\frac{r}{\sqrt{2}}=\frac{r^2}{2\sqrt{2}}=\frac{\sqrt{2}}{4}r^2$

(2)　円周角の定理から，∠CAB＝$\frac{\angle\mathrm{COD}}{2}=\frac{45°}{2}$＝22.5°

重要 (3)　$(n-1)$番目までの正八角形の見える辺は5本で，$n$番目の正八角形の見える辺は8本だから，$5(n-1)+8=5n-5+8=5n+3$(本)

(4)　1cmで45度回転するから，$m$cmで45$m$度回転する。

**3 (図形と関数・グラフの融合問題)**

(1)　点Aの$x$座標を$a$とすると，OB＝$a$，AB＝$\frac{1}{3}a+1$　三角形OBAの面積から，$\frac{1}{2}\times a\times\left(\frac{1}{3}a+1\right)=30$　$\frac{1}{6}a^2+\frac{1}{2}a=30$　両辺を6倍して，$a^2+3a=180$　$a^2+3a-180=0$　$(a+15)(a-12)=0$　$a=-15$，12　$a>0$から，$a=12$　$\frac{1}{3}\times12+1=5$　よって，A(12，5)

(2)　CO＝1　四角形OBACは台形だから，$\frac{1}{2}\left(1+\frac{1}{3}a+1\right)\times a=36$　$\frac{1}{6}a^2+a=36$　両辺を6倍して，$a^2+6a=216$　$a^2+6a-216=0$　$(a+18)(a-12)=0$　$a=-18$，12　$a>0$から，$a=12$　よって，A(12，5)

基本 **4 (1次関数と2乗に比例する関数)**

(1)　$4y=3x-10$…①　$2y=-5x+8$…②　①－②×2から，$0=13x-26$　$13x=26$　$x=2$　これを②に代入して，$2y=-5\times2+8=-2$　$y=-1$　よって，P(2，－1)
$2y=7x-9$…③　$3y=8x-6$…④　③×3－④×2から，$0=5x-15$　$5x=15$　$x=3$　これを③に代入して，$2y=7\times3-9=12$　$y=6$　よって，Q(3，6)

(2)　$y=ax^2$に点Pの座標を代入して，$-1=a\times2^2$　$4a=-1$　$a=-\frac{1}{4}$

(3)　$y=ax^2$に点Qの座標を代入して，$6=a\times3^2$　$9a=6$　$a=\frac{6}{9}=\frac{2}{3}$

(4)　点Pを通る放物線は比例定数が負の数だから，下向きのグラフになるので③か④になる。$-\frac{1}{4}>-1$から，④のグラフになる。点Qを通る放物線は比例定数が正の数だから，上向きのグラフになるので①か②になる。$\frac{2}{3}<1$から，②のグラフになる。

重要 **5 (図形，関数・グラフと確率の融合問題)**

(1)　OQ＝PQとなる場合が，$(x, y)$＝(2，1)，(2，2)，(2，3)，(2，4)，(2，5)，(2，6)
OP＝QPとなる場合が，$(x, y)$＝(4，4)　よって，6＋1＝7(通り)

(2)　∠OPQ＝90°となる場合が，$(x, y)$＝(4，1)，(4，2)，(4，3)，(4，4)，(4，5)，(4，6)
∠OQP＝90°となる場合が，$(x, y)$＝(2，2)　よって，6＋1＝7(通り)

(3)　大小2つのさいころの目の出方は全部で，6×6＝36(通り)　∠OQP＞90°なる場合が，$(x, y)$＝(1，1)，(2，1)，(3，1)　∠OPQ＞90°となる場合が，$(x, y)$＝(5，1)，(5，2)，(5，3)，(5，4)，(5，5)，(5，6)，(6，1)，(6，2)，(6，3)，(6，4)，(6，5)，(6，6)　よって，3＋12＝15(通り)　したがって，求める確率は，$\frac{15}{36}=\frac{5}{12}$

(4)　△OPQが二等辺三角形になる場合と直角三角形になる場合はどちらも7通りなので，確率は，$\frac{7}{36}$　よって，$a=b<c$

基本 **6** (統計－中央値，平均値)

(1) 中央値は，低い方から数えて16番目の気温だから，23.5℃

(2) $\frac{15.0\times2+17.0\times1+19.0\times4+21.0\times7+23.0\times4+25.0\times4+27.0\times7+29.0\times2}{31}=\frac{709}{31}=$ 22.87… よって，22.9℃

**★ワンポイントアドバイス★**

4(4)は，関数$y=ax^2$のグラフは，比例定数$a$の絶対値が大きいほど，開き方が小さくなることから考えよう。

## ＜英語解答＞

**1** 1 (1) ウ (2) イ (3) ア (4) エ 2 (1) イ (2) エ (3) ウ (4) ア

**2** 1 son 2 their 3 hour 4 weak 5 read

**3** 1 ウ 2 イ 3 ア 4 ウ 5 エ

**4** 1 earlier 2 without 3 dangerous 4 seeing [meeting] 5 third

**5** 1 (I) wanted Takumi to be a teacher (.) 2 (Do you know) the man who came here yesterday (?) 3 (Akiko) has never been to Hokkaido (.) 4 (Would) you like another cup of tea (?) 5 (Jenny) was given five dollars by him (.)

**6** 1 been, since 2 must, not 3 nothing, to 4 best, singer 5 after, washing

**7** 1 放課後(授業後)，何人かの生徒が教室を掃除し始めたこと。 2 彼女にいくつかの日本の伝統的なものについて話すこと。 3 (通りで)介助犬に近づいて，食べ物を与えること。

**8** 1 ウ 2 イ 3 日本の習慣や文化，答えることができなかった 4 They talked about Emma's and Sofia's questions. 5 (1) F (2) T (3) F (4) T (5) F 6 外国語を学ぶこと，自分の国について知ること

○推定配点○

1～7 各2点×36(6各完答) 8 3・6 各3点×4 他 各2点×8 計100点

## ＜英語解説＞

**1** リスニング問題解説省略。

**2** (同音異義語問題：名詞，代名詞，動詞)

1 「地球は太陽の周りを回ります。」，「私の息子は高校生です。」

2 「私はそこに行きたくありません。」，「人々は彼らの健康のためにたくさんの野菜を食べます。」

3 「私たちの学校は8時40分に始まります。」，「アミと私は1時間英語を勉強しました。」

4 「1週間には7日あります。」,「私の兄は若かったとき弱かったです。」

5 「その少女は赤いドレスを着ていました。」,「彼女は昨夜彼からの手紙を読みました。」

**3** **(語句補充問題：接続詞，前置詞，形容詞，受動態，疑問詞)**

1 「あなたは昨夜遅くにアメリカから到着したので，たぶんあなたは疲れています。」 直後の部分に理由が書いてあるので，because でつなぐ。

2 「私は彼女が戻るまで待ちます。」 until は「～までずっと」という意味を表す。

基本 3 「少年はバッグの中に2，3冊の本を持っています。」 <a few ～>で「少しの～，少数の～」という意味を表す。

4 「この本は英語で書かれています。」 受動態の文なので<be 動詞＋過去分詞>という形にする。

5 「ケンは何回沖縄を訪れましたか。」 how many times は「何回」と頻度をたずねる時に使う。

**4** **(語句補充問題：比較，前置詞，不定詞，動名詞，序数詞)**

1 直後に than があるので，比較級の文だと判断する。

2 <without ～>で「～なしに」という意味を表す。

3 <it is ～ to …>で「…することは～である」という意味になる。

4 <look forward to ～ ing>で「～を楽しみに待つ」という意味を表す。

基本 5 「3番目の」は third と表す。

**5** **(語句整序問題：不定詞，関係代名詞，現在完了，助動詞，受動態)**

1 <want A to ～>で「Aに～してほしい」という意味を表す。

2 「ここに来た」という部分が「男の人」を修飾するので，主格の関係代名詞を使う。

3 <have been to ～>で「～へ行ったことがある」という意味になる。

4 相手にものをすすめるときは<would you like ～>を使う。

5 SVOC の文を受動態にするときは，<be 動詞＋過去分詞＋ O>とする。

**6** **(書き換え問題：現在完了，助動詞，不定詞，比較，動名詞)**

1 「私の娘は先週の金曜日に病気になり，今も病気です。」→「私の娘は先週の金曜日からずっと病気です。」「ずっと～している」という意味は，現在完了の継続用法で表す。

2 「学校に遅れるな。」→「あなたは学校に遅れてはいけません。」 <must not ～>は「～してはならない」という禁止の意味を表す。

3 「その老人は昨日食べ物を持っていませんでした。」→「その老人は昨日食べるものがありませんでした。」 <nothing to ～>で「何も～するべきものがない」という意味になる。

4 「あなたのクラスで誰が一番上手に歌えますか。」→「あなたのクラスで一番の歌手は誰ですか。」 歌を歌う人について言っているので，「歌手」と言い換えられる。

5 「私はいつも食べる前に手を洗います。」→「私はいつも手を洗った後に食べます。」 前置詞の後に動詞を置く場合は動名詞にする。

**7** **(長文読解問題：指示語)**

1 私は2週間前にカナダから来ました。日本の学校生活についての多くのことは私にとって新しいことです。

放課後，面白いことが起こりました。クラスを終えた後，何人かの生徒が教室を掃除し始めました。私はそれにびっくりしました。カナダの私たちの学校には清掃スタッフがいるので，生徒や教師は清掃する必要がありません。

「クラスを終えた後，何人かの生徒が教室を掃除し始めました」という部分を指している。

2 イチローは「アメリカ人の女の子が私の家に来ます。彼女は日本に興味を持っています。彼女の旅行の目的の一つは私たちの国について学ぶことです。彼女のために何をすべきでしょうか？」と言いました。彼の英語の先生は「日本の伝統的なことを彼女に話してください。」と言いました。一郎は「ああ，私はそれを英語でやりたいです。」と言いました。一郎は英語をもっと勉強し始めました。彼女が来たとき，イチローは英語で彼女と話すのを楽しみました。

「日本の伝統的なことを彼女に話してください」という部分を指している。

3 補助犬を必要とする人はたくさんいます。補助犬が少ないので，ほとんどの人は手に入れることができません。ジョリーがいて私はラッキーです。しかし，多くの人は彼についてあまり知りません。だから私は時々問題を抱えます。たとえば，何人かの人々は通りでジョリーのところに来て，彼に食べ物を与えようとします。犬は働いているので，彼らはそのようなことをするべきではありません。私は人々にこれを知ってもらいたいです。

「何人かの人々は通りでジョリーのところに来て，彼に食べ物を与えようとします」という部分を指している。

**8 (長文読解問題・物語文：内容吟味，語句補充)**

(全訳) 私は去年，学校で英語を勉強するためにアメリカに行きました。学校はニューヨークにありました。私はブラウン家に1ヶ月滞在しました。ブラウンさんの妻は私のおばです。彼女は日本語を教えていました。私は毎日バスで学校に行きました。私は学校で日本人学生に会うことができませんでした。しかし，私は外国からの多くの学生に会うことができました。彼らも英語を勉強するために学校に来ました。彼らはいつも笑顔で「英語の達人になりましょう」と言い，①私は彼らに励まされました。

勉強を始めてから3日後，学校に来た留学生を対象にウェルカムパーティーが開かれました。最初に英語で自己紹介しました。そして，フランスのエマとイタリアのソフィアと話をしました。エマはフランスのいくつかの興味深い習慣について私に話し，ソフィアはイタリアのいくつかの有名な場所について私に話しました。それから彼らは私に日本の習慣や文化についていくつか質問をしました。私は日本で生まれ育ったので，最初は答えるのは②簡単だと思いました。しかし，すぐに私はこれらのことについて説明するのが③難しいことに気づきました。私はそれらについてあまり知りませんでした，そして，私は答えることができませんでした。④私は悲しく思いました。私は自分の国についてもっと勉強すべきだと思いました。

パーティーの後，ブラウン家に戻ったとき，ブラウン夫妻とエマとソフィアの質問について話しました。おばは日本についての本をいくつか見せてくれました。私は彼女に本を貸してくれるように頼みました。私がそれらを読んだとき自分の国についてたくさんのことを学んだので，学校でエマとソフィアに合ったとき，日本についての質問に答えることができました。

エマやソフィアと私は良い友達になりました。私たちは一緒に英語を勉強しました。私たちがアメリカを離れるとき，彼女たちは言いました。「サクラ，あなたに手紙を書きます。」それを聞いてうれしかったです。

私がアメリカにいる間，私はブラウン家と一緒にいて幸せでした。日本の私の家族のように，彼らは暖かくて親切でした。そこでたくさんのことを学びました。外国語を学ぶことが大事だと気づきました。自分の国について知ることも重要だと気づきました。人々の笑顔と言葉を決して忘れません。「英語の達人になりましょう。」

1 直前にある「彼らはいつも笑顔で『英語の達人になりましょう』と言い」という部分が理由なので，ウが答え。

2 サクラは日本人なので，日本に関する質問には簡単に答えられると思っていたが，実際はそうではなく，難しく思ったと言っている。

3 直前にある「私は答えることができませんでした」という部分が理由になっている。

4 「ウェルカムパーティーの後，サクラがブラウン家に戻ったとき，サクラとブラウン夫妻は何について話したか。」 直後に「エマとソフィアの質問について話しました」とある。

重要 5 (1) 「サクラは1か月前にブラウン家の家族といっしょにアメリカに行った。」 ブラウン家の家族といっしょに行ったわけではないので，誤り。 (2) 「サクラとエマとソフィアは留学生を対象にウェルカムパーティーにいた。」 第2段落の内容に合うので，正しい。 (3) 「サクラはおばの家で日本に関する多くの本を見つけた。」 多くのとは書かれていないので，誤り。 (4) 「エマとソフィアが『また会えるのを望みます。サクラ，手紙を書きますね。』と言ったとき，サクラはとてもうれしかった。」 第4段落の内容に合うので，正しい。 (5) 「サクラは，日本の家族よりもアメリカのブラウン家の方が好きだった。」 文中に書かれていない内容なので，誤り。

6 最後の段落に「外国語を学ぶことが大事だと気づきました。自分の国について知ることも重要だと気づきました」とある。

**★ワンポイントアドバイス★**

[4]3には<it is ~ to …>が使われている。この構文において，動作を行う人物を特定したいときは<it is ~ for - to …>として表す。 (例) It is interesting for Tom to play tennis. (トムはテニスをするのが面白い。)

## <理科解答>

[1] 1 (1) 1700(m) (2) 500(Hz) 2 (1) イ (2) 0.25(m)
3 (1) 14.5(秒) (2) 9.5(秒間) (3) 1000(Hz) 4 ア，ウ，エ
5 弦の張りを強くする。弦の太さを細くする。

[2] 1 イ，オ，カ 2 イ，ウ 3 ア 4 1.4(g/cm$^3$) 5 C ポリプロピレン
E ポリスチレン 6 生分解性プラスチック

[3] 1 (1) ① (名称) 肺動脈 (記号) a ② (名称) 肺静脈 (記号) f
(2) Ⅰ e Ⅱ c Ⅲ f (3) キ (4) エ 2 (1) A イ B ウ
C エ (2) 63.2(%)

[4] 1 (1) エ (2) イ，エ，オ (3) イ，ウ，オ 2 (1) 斑状組織
(2) a 石基 b 斑晶 (3) イ (4) ウ 3 ① (物質名) 二酸化硫黄
(化学式) $SO_2$ ② (物質名) 硫化水素 (化学式) $H_2S$

○推定配点○

[1] 2(1)・4・5 各2点×4(4完答) 他 各4点×6
[2] 4 4点 他 各2点×6(1・2各完答)
[3] 1(1)①・②・2(2) 各4点×3(1(1)①・②各完答) 他 各2点×8
[4] 3①・② 各4点×2 他 各2点×8(1(2)・(3)，3①・②各完答) 計100点

## <理科解説>

### [1] (光と音の性質－音の性質)

1 (1) 音が空気中を伝わる速さは秒速340mなので，音源までの距離は，340(m/秒)×5(秒)＝

1700(m)である。　(2)　図2の波長は4目盛り分なので，0.0005(秒)×4＝0.002(秒)かかる。したがって，振動数は，1(秒)÷0.002(秒)＝500(Hz)である。

2　(1)　観察者を音源Aに近づけると，音が大きく聞こえるので，振幅が大きくなる。　(2)　1360Hzの音が1秒間に340m伝わるので，波長は，340(m)÷1360＝0.25(m)である。

やや難　3　(1)・(2)　秒速17mで走っている車が10秒間に進む距離は，17(m)×10＝170(m)である。この距離を音が伝わる時間が，170(m)÷340(m/秒)＝0.5(秒)なので，音が聞こえる時間は，10(秒)－0.5(秒)＝9.5(秒間)である。したがって，時刻tは，5(秒)＋9.5(秒)＝14.5(秒)である。

やや難　(3)　振動回数が9500回の音が9.5秒間聞こえたので，地点Yで観察される振動数は，9500(回)÷9.5＝1000(Hz)である。

4　ア　音が伝わる速さは，音を伝える物質によって決まる。　イ　真空中では音は伝わらない。正しい。　ウ　空気中を伝わる音の波は縦波である。　エ　音源が観察者から遠ざかるとき，振幅は小さくなり，振動数は小さくなる。

5　弦は短くて，細く，張りが強いほど高い音が出る。

## 2　(物質の性質－プラスチック)

重要　1　ポリエチレン・ポリスチレン・ポリ塩化ビニルなど，プラスチックはすべて有機物である。

2　ア　ポリプロピレン(PP)はペットボトルのふたに使われている。正しい。　イ　ポリスチレン(PS)は食品容器に使われている。また，熱は伝わりにくい。　ウ　ポリエチレンテレフタラート(PET)はペットボトルに使われている。また，圧力に強い。　エ　ポリエチレン(PE)は，バケツや包装材に使われている。正しい。　オ　ポリ塩化ビニル(PVC)は，消しゴムや水道管に使われている。正しい。

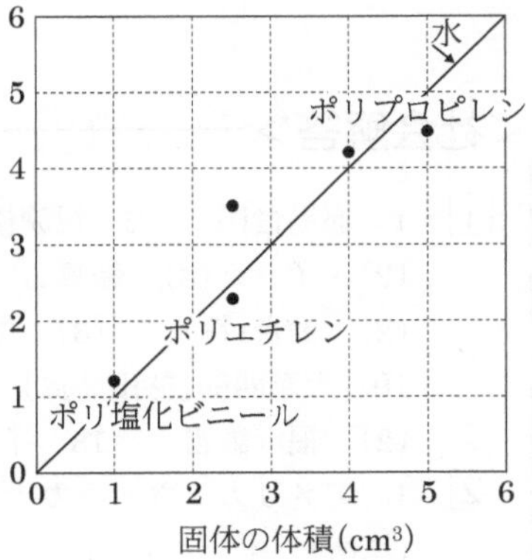


3　右の図のように，水のグラフを書き込むと，ポリエチレンとポリプロピレンだけが，グラフの下側にあり，水よりも密度が小さく，水に浮くことがわかる。

やや難　4　小片Aの体積は，62.5($cm^3$)－60($cm^3$)＝2.5($cm^3$)であり，密度が，3.5(g)÷2.5($cm^3$)＝1.4($g/cm^3$)である。また，Aは燃えにくいのでポリエチレンテレフタラートである。

やや難　5　融点が高いCがポリプロピレン，低いDがポリエチレンである。また，Eは，水に沈み，燃やすとすすが出るのでポリスチレンである。

6　生分解性プラスチックは，自然界に存在する微生物の働きによって，二酸化炭素と水に分解される。

## 3　(ヒトの体のしくみ－血液と血液循環)

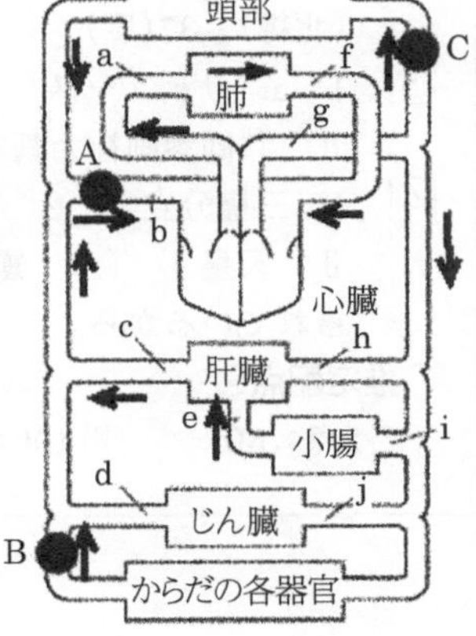


重要　1　(1)　肺循環は，右心室→肺動脈(a)→肺→肺静脈(f)→左心房の流れである。

重要　(2)　Ⅰ　食後，小腸の柔毛から吸収された養分は門脈(e)を通って，肝臓に送られて，一部は，肝臓にたくわえられる。　Ⅱ　肝臓では，有毒なアンモニアから比較的無害な尿素がつくられる。　Ⅲ　肺静脈(f)には酸素の割合が最も多い動脈血が流れている。　(3)　血液は右図のように流れる。

重要　(4)　体循環は，左心室→大動脈(g)→全身→大静脈(b)→右心房の流れである。

重要　2　(1)　A　赤血球にはヘモグロビンが含まれていて，酸素を運搬する。　B　白血球は細菌などの異物を取り込んで分解する。

やや難　C　血小板は出血したときに血液を固める。（2）ヘモグロビンが放した酸素分子は，全体で，95（%）−35（%）＝60（%）なので，肺で酸素分子と結合していたヘモグロビンの，60（%）÷95（%）×100＝63.15…（%）より，63.2%が酸素分子を放したことになる。

**4**　**(地層と岩石－火山と火成岩)**

重要　1　（1）・（2）　石英や長石などの無色鉱物を多く含んでいるので，溶岩の粘り気が強く，激しい噴火をする。また，溶岩ドームをつくったり，火砕流を発生することがある。（3）伊豆大島火山は，溶岩の粘り気が弱く，流れやすい。また，富士山の溶岩の粘り気は中程度である。

重要　2　（1）～（3）　火山岩は，マグマが地表または，地表付近で急に冷え固まってできるので，大きな結晶ができた斑晶と小さな結晶などの部分である石基からできている。また，このようなつくりを斑状組織という。

重要　（4）長石や石英は無色鉱物，黒雲母や角閃石などは有色鉱物である。

3　①　二酸化硫黄は，刺激臭のある有毒な気体である。また，硫黄を燃やすと発生する。②　硫化水素は，腐卵臭のある有毒な気体である。また，硫化鉄に塩酸を加えると発生する。

**★ワンポイントアドバイス★**

生物・化学・地学・物理の4分野において，基本問題に十分に慣れておくこと。その上で，すべての分野において，記述問題や計算問題にしっかり取り組んでおく必要がある。

## ＜社会解答＞

**1**　1　邪馬台国　2　親魏倭王　3　小野妹子　4　富本銭　5　（1）法隆寺　（2）イ　（3）鑑真　6　（1）ウ　（2）壇ノ浦の戦い　7　（1）倭寇[和寇]　（2）勘合(符)　（3）倭寇[海賊]と貿易船とを区別するため。　8　ア　9　エ　10　天草四郎[益田時貞]　11　（1）解体新書　（2）伊能忠敬　12　（1）エ　（2）福沢諭吉　13　イ

**2**　1　アメリカ　ウ　カナダ　イ　2　（1）イ　（2）（渓谷名）グランドキャニオン（場所）イ　3　イ　4　（移民名）ヒスパニック，スペイン(語)　5　（1）エ　（2）（2月）23(日)午前7(時)　6　センターピボット　7　（1）（地域名）サンベルト（北緯）37(度)　（2）シリコンバレー　（3）貿易摩擦

**3**　1　a　リデュース　b　リユース　c　NGO　2　エ　3　Ⅰ　雇用機会均等　Ⅱ　共同参画社会基本　4　子ども[児童]の権利　5　ア

**4**　1　三権分立　2　リンカン[リンカーン]　3　ウ　4　(第)9(条)　5　（1）Ⅰ　2　Ⅱ　天皇　（2）憲法は重要な法であるため，主権を持つ国民が直接判断すべきだと考えられているから。

○推定配点○

各2点×50　　計100点

## ＜社会解説＞

**1 （日本の歴史―各時代の特色，政治・外交史，社会・経済史，文化史，日本史と世界史の関連）**

1　魏の歴史を記した「三国志」魏書の倭人伝(魏志倭人伝)には，邪馬台国の女王卑弥呼が，倭の30余りの小国を従えていたことが書かれている。

2　卑弥呼が魏に使いを送り，皇帝から「親魏倭王」という称号と金印を授けられたことも，魏志倭人伝に書かれている。

3　聖徳太子が，607年，小野妹子などを遣隋使として，隋に送って以来，日本は，数回にわたって遣隋使を送り，多くの留学生や僧を同行させた。

4　日本でつくられた最初の銅銭である富本銭は，どのくらい流通していたかはわかっていない。

5　(1)　太子がつくった法隆寺は世界最古の木造建築といわれている。　(2)　東大寺正倉院宝物の中には，遠く西アジアやインドから唐にもたらされ，それを遣唐使が持ち帰ったと考えられるものが数多くある。資料1の鳥毛立女屏風もその一つである。　(3)　鑑真は，日本に渡ろうとして何度も遭難し，盲目になったが遣唐使にともなわれて来日し，正しい仏教の教えを広めた。彼は唐招提寺をたてた。

基本

6　(1)　平清盛は武士として初めて太政大臣になった。　(2)　源義経は，平氏を追いつめ，壇ノ浦で滅ぼした。

7　(1)　元がおとろえるころから，西日本の武士や商人，漁民の中には，集団をつくって貿易を強要し，船をおそい，大陸沿岸を荒らすものがあらわれ，倭寇と呼ばれた。　(2)　義満は，明からあたえられた資料2の勘合を，貿易船に持たせた。　(3)　義満の始めた日明貿易は，勘合符をもっている正式な貿易船と持っていない倭寇とを区別することによって行われていたので，勘合貿易ともいう。

8　14世紀末には，李成桂が高麗を滅ぼして朝鮮国をたてた。

9　鎖国下でも，幕府は，中国の上質な生糸や絹織物，東南アジアの品物を必要としていたので，中国人やキリスト教の布教を行わないオランダ人と，長崎で貿易をしていた。

10　キリスト教徒への迫害や重い年貢の取り立てに苦しんだ島原や天草の人々は，1637年，神の使いとされる天草四郎(益田時貞)という少年を大将にして一揆をおこした。これを島原・天草一揆という。

11　(1)　杉田玄白などがヨーロッパの解剖書を翻訳した「解体新書」を出版し，オランダ語でヨーロッパ文化を学ぶ蘭学の基礎を築いた。　(2)　19世紀初めには，民間出身の伊能忠敬がヨーロッパの測量技術で全国の海岸線を測量し，正確な日本地図をつくった。

基本

12　(1)　20歳以上の全ての男女に選挙権があたえられたのは戦後であるので，エが誤りである。(2)　福沢諭吉の書いた『学問のすゝめ』の中の「天は人の上に人をつくらず，人の下に人をつくらず」という言葉は社会に強い影響を与えた。

重要　13　日清戦争直前の1894年，外相陸奥宗光は領事裁判権を撤廃した日英通商航海条約を結んだ。関税自主権完全回復は，1911年に外相小村寿太郎がアメリカとの条約に調印して実現した。

**2 （地理―世界の地形・気候，産業，貿易，諸地域の特色：北アメリカ州）**

やや難　1　アはロシア，イはカナダ，ウはアメリカ，エは中国，オはブラジルである。

2　(1)　北アメリカ州は，西部に険しいロッキー山脈があるので，イが該当する。　(2)　写真1のグランド・キャニオンはアリゾナ州北部(地図1のイ)にある険しい峡谷である。コロラド高原が長年のコロラド川による浸食でけずられた地形である。

3　ミシシッピ川は中央平原を流れ，メキシコ湾に注いでいる。

4　アメリカ合衆国には，ヒスパニックとよばれるスペイン語を話すメキシコやカリブ海諸国，南アメリカの国々からの移民が多くやってくる。

5 (1) ウォール街はアメリカ合衆国ニューヨーク州ニューヨーク市マンハッタンにある世界金融の中心地域である。現在では通りの周辺の区域も含めて，世界の金融センター「ウォール街」として定着している。 (2) ニューヨーク(西経75度)と東京(東経135度)の経度差は75＋135＝210度である。15度で1時間の時差があるので，ニューヨークと東京の時差は210度÷15度＝14時間となる。東京は日付変更線の東側にあるので，西側にあるニューヨークよりも時間が早い。したがって，ニューヨークが2月22日午後5時のとき，東京は，それより14時間後の2月23日午前7時である。

やや難

6 センターピボットは，乾燥した土地で大規模に作物を栽培するために，くみ上げた地下水に肥料を加えて，自走式散水管から水をまくかんがい法のことである。これは，特に，アメリカ合衆国のグレートプレーンズなどで行われている。

7 (1) 1970年代以降，アメリカ合衆国では北緯37度(地図2中のA)より南のサンベルトと呼ばれる地域で工業が発達した。 (2) サンフランシスコ近郊のシリコンバレーとよばれる地域(地図2中のB)は，コンピュータ関連産業の中心地である。 (3) 日本とアメリカ合衆国の貿易摩擦で，アメリカの対日貿易は大幅赤字となった。これを受け，日本の自動車メーカーは，1985年ごろから輸出を減らし，現地生産に切り替えた。

重要

**3** (公民―経済生活，国際経済，国際政治，その他)

1 3Rとは，以下の3つの語の頭文字をとった言葉で，環境配慮・廃棄物対策に関するキーワードである。①リデュース(ごみの発生抑制)，②リユース(再使用)，③リサイクル(ごみの再生利用)の優先順位で廃棄物の削減に努めるのがよいという考え方を示している。NGOは非政府組織のことで，民間人や民間団体のつくる機構であり，国内・国際の両方がある。

2 フェアトレード(公平貿易)とは，発展途上国の原料や製品を適正な価格で継続的に購入することを通じ，立場の弱い途上国の生産者や労働者の生活改善と自立を目指す運動である。

3 男女雇用機会均等法とは，職場における性別による差別を禁止し，男女とも平等に扱うことを定めた法律である。募集や採用，昇進などの面での男女の平等を定めているほか，セクシャルハラスメント防止のために，事業主に対して雇用の管理を義務づけている。男女共同参画社会基本法は，男女平等を推進し，男女が，互いにその人権を尊重しつつ，能力を十分に発揮できる男女共同参画社会の実現のために作られた。

4 子どもの権利条約は，子どもの基本的人権を国際的に保障するために定められた条約で，18歳未満の子ども(児童)を権利をもつ主体と位置づけ，おとなと同様ひとりの人間としての人権を認めるとともに，成長の過程で特別な保護や配慮が必要な子どもならではの権利も定めている。

5 20世紀半ば以降に見られる地球規模の気温の上昇，すなわち現在問題となっている地球温暖化の主な原因は，人間活動による温室効果ガスの増加と考えられている。

**4** (公民―憲法，政治のしくみ)

基本

1 国の権力は，立法，行政，司法の三権に分けられ，それぞれ国会，内閣，裁判所という独立した機関によって担当されている。このように，国の政治組織を三権に分けることを三権分立という。

2 「人民の，人民による，人民のための政治」とはリンカンの言葉である。この言葉は，現在でいう「国民主権」をうったえたもので，アメリカ民主主義の根本原理となった。

3 「健康で文化的な最低限度の生活を営む権利」(憲法第25条)は，社会権の中で基本となる生存権のことである。

4 日本国憲法は，戦争を放棄して世界の恒久平和のために努力する平和主義を基本原理としている。それは，戦争を放棄し，戦力を持たず，交戦権を認めないと定めている憲法第9条に反映されている。

5 （1） 憲法改正は，衆参両議院それぞれの総議員の3分の2以上の賛成で，国会がこれを発議する。その後，国民投票において有効投票の過半数の賛成で，国民が承認したとして，天皇が，国民の名において公布する。 （2） 憲法は国の最高法規であり，その改正については，主権を持つ国民が直接判断すべきだと考えられ，2007年に制定された国民投票法と憲法第96条によって，憲法改正の手続きが具体的に定められた。

**★ワンポイントアドバイス★**

1 2 他に，卑弥呼は皇帝から，銅鏡100枚などのたくさんのおくり物をうけていた。2 5(2) ウォール街はニューヨーク証券取引所をはじめ米国の金融史とゆかりのある地区である。米国の金融業界を指す比喩として用いられることも多い。

## ＜国語解答＞

一 問一 a 怠 b 謙虚 c 招待 d 雑居 e 起因 問二 ① イ ③ エ
問三 そもそもこ 問四 （例） 外国の学者の発表は，まず自分の研究の位置づけを明確にしてから説明に移り，専門分野の人でなくとも容易に理解できるように丁寧である。
問五 こちらが思 問六 1 理解していないはずだ 2 自分

二 問一 a 穏 b 懐 c 紛 d おちい e たずさ 問二 A 問三 エ
問四 夕闇が降り 問五 ウ 問六 あの空の下 問七 1 胸の中 2 人々の流れを整理する

三 問一 a きょう b うえん c おわしませ 問二 （最初） 時のほ （最後） 参せん （最初） 飢渇に （最後） 参らじ 問三 エ 問四 （最初） 天下旱 （最後） ける時[る時,] 問五 オ 問六 ウ

○推定配点○

一 問一 各2点×5 問二・問六 各3点×4 問四 6点 他 各4点×2
二 問一 各2点×5 問二・問三・問七 各3点×4 他 各4点×3
三 問一 各2点×3 他 各4点×6 計100点

## ＜国語解説＞

一 （論説文－漢字，語句の意味，文脈把握，内容吟味，要旨）

問一 a 「怠」の訓読みは「おこた(る)」「なま(ける)」。音読みは「タイ」。熟語は「怠惰」「怠慢」など。 b 「謙」を使った熟語はほかに「謙譲」「謙遜」など。 c 「招」を使った熟語はほかに「招集」「招致」など。訓読みは「まね(く)」。 d 「雑」を使った熟語はほかに「雑誌」「雑談」など。音読みはほかに「ゾウ」。熟語は「雑木林」「雑巾」など。「雑魚(ざこ)」という読み方もある。訓読みは「ま(じる)」。 e 「起因」は，物事が起こる原因，という意味。「起」を使った熟語はほかに「起案」「起源」など。訓読みは「お(きる)」「お(こす)」「お(こる)」「た(つ)」。

問二 ① 「いきおい」には，当然の結果として，ことのなりゆきで，必然的に，といった意味があるので，イが適切。多くの民族が混在している国では，何も言わなくともわかってくれるとい

う前提は，当然，通用しない，という意味である。 ③「閉口」は，口を閉じて黙ってしまう，という意味なので，エが適切。

やや難 問三 「プレゼン」は，「プレゼンテーション」の略で，研究成果などを発表・説明をすること。「プレゼンを行う意義や目的」について，筆者の考えは，「しかし……」で始まる段落に「そもそもこのような成果発表の意味は，自分のデータについていろんな人から批判やコメント，示唆を得たいがために行うのである。聞く人がその背景を知り，興味を持ってくれることが前提のプレゼンなのであるから，そのための準備をオコタっては何のための発表なのかわからない。」と述べられている。

やや難 問四 「外国の学者の発表の特徴」については，「国際学会に……」で始まる段落に「外国の研究者の発表は，どれも研究の背景を説明するための導入・イントロのスライドが充実し，まず自分の研究の位置づけを明確にしてから，新しく得たデータに関する説明に入っていく。その説明がまたとても親切丁寧で，専門分野の人でなくとも容易に理解できるような図になっているものが多い」と説明されているので，この部分を要約して「外国の学者の発表は，まず自分の研究の位置づけを明確にしてから説明に移り，専門分野の人でなくとも容易に理解できるように丁寧である。(64字)」などとする。

問五 「なにも言わなくともわかってくれるはずだ」という前提は，この後で「以心伝心」と表現されており，「以心伝心という言葉は……」で始まる段落に「こちらが思っていることは，言葉に出さずともおのずから相手はわかってくれるはずだというわけである。」という一文により端的に説明されている。

問六 「発表する側」のあり方については，「しかし……」で始まる段落に「私の考えていることは，あなたは理解していないはずだという前提からすべては始まると言ってよい」とあり，「だから外国人が説明するときは，……親切丁寧に，わかりやすくせざるを得ないのである」と説明されているので，1には「理解していないはずだ(10字)」が入る。「聴衆」のあり方については，「しかし……」で始まる段落に「わからないことはとことん尋ねて，そのずれを修正するという態度は，わからないことは自分に非があることだから，たとえわからなくとも，相手の発表を尊重してお聞きする，すべて受け入れて受け入れるといったへりくだりの態度とはあきらかに違うものである」と述べられているので，2には「自分(2字)」が入る。

**二 (小説－漢字，品詞・用法，語句の意味，表現技法，文脈把握，内容吟味，脱文補充，大意)**

問一 a 「穏」の音読みは「オン」。熟語は「穏便」「平穏」など。 b 「懐」の訓読みは「なつ(かしい)」「なつ(かしむ)」「なつ(く)」「なつ(ける)」「ふところ」音読みは「カイ」。熟語は「懐古」「懐柔」など。 c 「紛」の訓読みは「まぎ(らす)」「まぎ(らわしい)」「まぎ(れる)」。音読みは「フン」。熟語は「紛糾」「紛失」など。 d 「陥」の訓読みは「おちい(る)」「おとしい(れる)」。音読みは「カン」。「陥没」「欠陥」など。 e 「携」の訓読みは「たずさ(える)」「たずさ(わる)」。音読みは「ケイ」。熟語は「携帯」「提携」など。

問二 「若鮎の行き交う」の「の」は，その文節が主語であることを示す用法で，「若鮎が」と，言い換えることができる。Aの「の」は，その文節が主語であることを示し，「蔵原さんが」と言い換えることができる用法。B・Cは，その文節が連体修飾語であることを示す用法。Dは，連体詞「あの」の一部。Eは，体言に準ずる用法で，ここでは「姿」などと言い換えることができる。

問三 「屈託」は，気にかけてくよくよする，という意味なので，エが適切。

やや難 問四 本文の前の説明に「看護師の蔵原さんとすれ違うが，思い詰めたような表情であったことが気にかかり」とあることから，ここでいう「気配」とは，「思い詰めた表情」から感じ取れる暗く重いものであることを読み取る。暗さを暗示する表現としては，冒頭の段落の「夕闇が下りて粒子の粗くなった視野に人影があった。」が適切。

やや難 問五　直前に「いろんな人にいろんな人生があって，そこに触れるたびに畏れを感じる。共振しすぎるとよくない，背負わないようにしよう，と思いながら，ほんのいっときだけ患者の生を旅してきたような」とある。患者の生を共有したような「錯覚」に陥る，とする文脈なので，「共に歩んできたかのように感じてしまう」とするウが適切。

問六　「川の向こう」とあることから考える。「夕焼けの……」で始まる段落に「夕焼けの雲は「川の向こうの空に浮かんでいる。あの空の下でもこの街と同じように人々が生きて暮らしている。」とあり，「川の向こう」を見ながら，そこに住む人々に思いを巡らす様子が描かれているので，「あの空の下でもこの街と同じように人々が暮らしている。」という一文の後に補うのが適切。

問七　1 「ベテラン看護師の三上さん」の言葉に「私たちこそ，この胸の中の交通整理が必要なんです」とあるので，1には「胸の中」が入る。　2　直前の「病院の屋上」について，「この人も……」で始まる段落に「病院がターミナルステーションだとしたら，私たちは人々の流れを整理しつづけなくてはならない。そのために屋上に出る」とあるので，2は「人々の流れを整理する(10字)」などとする。

**三 (古文－仮名遣い，脱語補充，指示語，口語訳，文脈把握，大意)**

〈口語訳〉　仏典の中に，動物の問答のある話が多くある。ある池の中に，蛇と亀，蛙が親しく付き合って住んでいた。世の中が日照りに見舞われて，池の水もなくなり，食べ物もなくなって，飢えそうになり，他に何もすることがない時に，蛇が亀を使者として，蛙の元へ(遣わし)，「ちょっとの間おいでくださいませ。お目にかかりたい」と言うと，蛙は，「飢餓に苦しんでいるので，道徳を忘れて食べることだけを考える。情けも親しく付き合うのも普通に暮らしている時のことだ。このようなころなので，うかがえない」と返事をした。いかにも危険な訪問である。

問一　a 「やう(yau)」は「よー(yo)」と発音し，現代仮名遣いでは「よう」となるので，「きやう」は「きょう」となる。　b 「ゑ」は，現代仮名遣いでは「え」となるので，「ゑ」は「うえ」となる。　c　語頭以外の「はひふへほ」は，現代仮名遣いでは「わいうえお」となるので，「は」は「わ」に直して，「おわしませ」となる。

問二　一つ目は，「蛇，亀をもて使者として，蛙の許へ」の直後から「亀」の発話が始まり，「と云ふ」の直前までが会話文となる。二つ目は，「蛙，返事に申しけるは」とあるので，この直後から「蛙」の発話が始まり，「とぞ返事しける」の直前までが会話文となる。

問三　直前に「飢渇にせめらるれば(飢餓に苦しんでいるので)」とあるので，「食」とするのが適切。飢餓に苦しめば，人は道徳も忘れて食べることだけを考える，という文脈である。

問四　このころの状況については，冒頭近くに「天下旱して，池の水も失せ，食物も無くして，飢えんとして，つれづれなりける時」とある。

やや難 問五　「え参らじ」は，「うかがえない」という意味。「え～じ」の形で，「～できない」という意味になる。理由は，直前に「情けも好みも世の常の時こそあれ」とある。飢餓に苦しんでいる時には，食べることしか考えられなくなるから，親しく付き合うこともできない，と言っているので，「飢餓で苦しい時なので，相手に食べられると思った」とするオが適切。

やや難 問六　直後の「見参」は，亀が蛇の使者として蛙を訪ねて来たことを指す。飢えて，蛙に「お目にかかりたい」という使いを寄越すのは蛙を食べたいから，と考えられるので，蛙の立場としては，「あぶなき(見参なり)」とするのが適切。

**★ワンポイントアドバイス★**

現代文の読解は，言い換え表現や指示内容をすばやくとらえる練習をしておこう！
わからない語句が出て来たら，こまめに辞書を引くなどして，語彙力を高めよう！

# 2020年度

# 入　試　問　題

## 2020年度

# 岐阜聖徳学園高等学校入試問題

**【数　学】**（45分）　　＜満点：100点＞

**【注意】**　1　答えが分数になるときは，それ以上約分できない形で答えなさい。

　　　　　2　答えに根号が含まれるときは，根号の中は最も小さい自然数で答えなさい。

**1**　次の問いに答えなさい。

(1)　$9^2-5^2+2\times(-1)^2$ を計算しなさい。

(2)　$\dfrac{4(x+2y)}{3}-\dfrac{6x+11y}{5}$ を計算しなさい。

(3)　$6\sqrt{15}\div\sqrt{27}+\sqrt{20}$ を計算しなさい。

(4)　$x$ の二次方程式 $3(x^2-2x+1)+2(x^2-2x+1)=0$ を解きなさい。

(5)　$a=\sqrt{2}+1$，$b=\sqrt{2}-1$ のとき，$2a^2-4ab+2b^2$ の値を求めなさい。

(6)　右の図の三角形は AB＝4㎝，BC＝2㎝，CA＝$2\sqrt{3}$㎝ の直角三角形である。辺CAを軸として三角形ABCを１回転させてできる立体の体積を求めなさい。ただし，円周率を$\pi$とする。

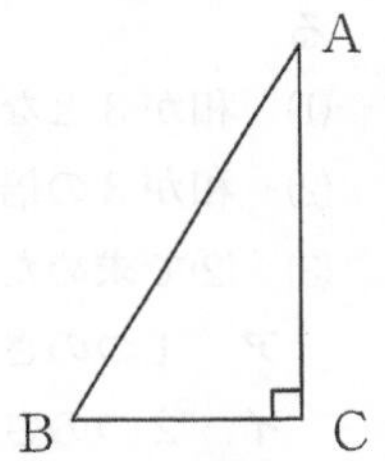


(7)　正五角形ABCDEがあり，右の図のように線分BEをひくと，BE∥CD となる。このことを次のように証明した。［①］～［⑤］にあてはまる語句や数を書きなさい。ただし，解答が語句の場合は，漢字で書くこと。

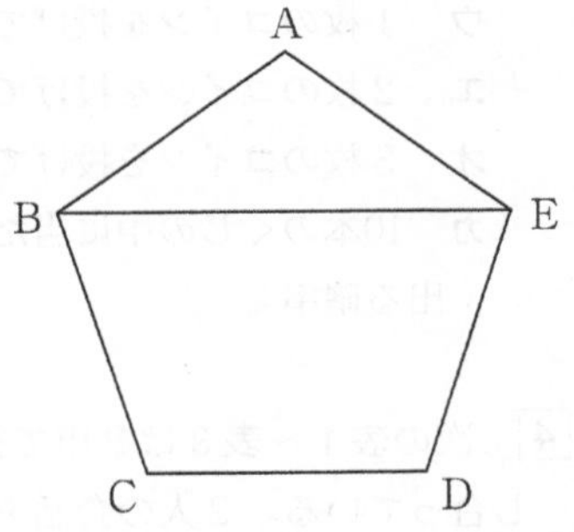


**証明**　　正五角形の１つの内角の大きさは［①］度である。

　　したがって，∠ABEの大きさは［②］度となり，

　　∠EBCの大きさは［③］度となる。

　　　また，半直線DC上に，辺上にはない点Pを定める。

　　このとき，∠BCPの大きさは［④］度である。

　　　よって，［⑤］が等しいため，BE∥CD となる。

(8)　中心がわからない円において，円周上に異なる３点をとったあと，その３点を用いて，ある直線を２本ひいたとき，２直線の交点が円の中心と一致する。このとき，円の中心を求めるためにひいた直線の名前を，漢字で書きなさい。

**2**　次のページの**ア**～**カ**は，関数 $y=ax^2$ の $a$ にいろいろな値を代入し，描いたグラフである。このとき，次の問いに答えなさい。

(1)　**ア**～**カ**のような曲線を何というか。漢字で書きなさい。

(2)　**ア**は点（２，18）を通る。このとき，**ア**を表す $y=ax^2$ の $a$ の値を求めなさい。

⑶　**ウ**と**カ**は，$x$ 軸に関して対称である。**ウ**が点（4，8）を通るとき，**カ**を表す $y = ax^2$ の $a$ の値を求めなさい。

⑷　⑵と⑶をみたし，**イ**を表す $y = ax^2$ の $a$ の値を整数とする。図のように，**イ**が**ア**と**ウ**の間に描かれる形になるとき，**イ**を表す $y = ax^2$ の $a$ の値をすべて求めなさい。

⑸　**エ**全体をより $y$ 軸に近づくような形にしたいとき，**エ**を表す $y = ax^2$ の $a$ の値をどのようにすればよいか。簡潔に書きなさい。

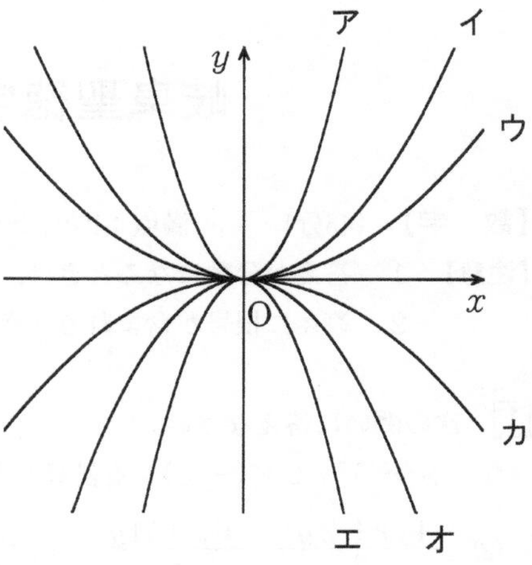


**3**　２つのさいころを投げて，出た目の和を求める。このとき，次の問いに答えなさい。ただし，さいころの各面には１から６が１つずつ書いてあり，各面が出る確率は同様に確からしいものとする。

⑴　和が３となる確率を求めなさい。

⑵　和が３の倍数となる確率を求めなさい。

⑶　⑵で求めた確率より低くなるものを，次の**ア**～**カ**からすべて選び，符号で書きなさい。

**ア**　１つのさいころを投げて，５以上の目が出る確率

**イ**　２つのさいころを投げて，出た目の積が奇数である確率

**ウ**　１枚のコインを投げて，表が出る確率

**エ**　２枚のコインを投げて，２枚ともに表が出る確率

**オ**　３枚のコインを投げて，３枚すべて表が出る確率

**カ**　10本のくじの中に当たりくじが４本入っている。このくじを１本ひいたときに当たりくじが出る確率

**4**　次の**表１**～**表３**はＰ市で行われた市長選挙の結果である。これについて，ＡさんとＢさんが話し合っている。２人の会話を読んで，あとの問いに答えなさい。

表１

| 年齢（歳） | 有権者数 | 投票者数 | 投票率（%） |
|---|---|---|---|
| 以上　未満<br>20 ～ 30 | 4100 | 900 | 22.0 |
| 30 ～ 40 | 4400 | 1500 | 34.1 |
| 40 ～ 50 | 6100 | 2100 | |
| 50 ～ 60 | 5300 | 2200 | |
| 60 ～ 70 | 5100 | 2400 | |
| 70 ～ | 8800 | 3600 | 40.9 |
| 合計 | 33800 | 12700 | 37.6 |

表２

| 年齢（歳） | 有権者数 | 投票者数 | 投票率（%） |
|---|---|---|---|
| 以上　未満<br>18 ～ 20 | 800 | | 30.0 |

表３

| | Ｘさん | Ｙさん |
|---|---|---|
| 得票数 | 8000 | 4500 |

A「(表１を見て）Ｐ市の有権者数は70歳以上を除くと ① の階級が一番多いね。」

B「投票者数を有権者数で割って得られる投票率は ② の階級が一番高いね。」

A「(表２を見て）18歳以上20歳未満で投票した人は ③ 人か。もっと増えて欲しいな。」

B「(表３を見て）でも，この選挙結果を見ると，自分が投票に行っても１票分しかないから，無駄だと感じるな。」

A「そんなことないよ。僕たちの年代の投票率が上がらないと，僕たちのための政策はしてくれなくなるよ。いいかい。今回，30歳未満の有権者で投票に行かなかった人は ④ 人だったよね。この人たち全員が投票に行って，Ｘさん，Ｙさんのどちらかに確実に投票したとしよう。このとき， ⑤ 人がＹさんに投票していれば，ＸさんとＹさんの得票数は同じになっていたんだ。ともあれ，30歳未満の人たちの投票率が高くなれば，ＸさんもＹさんも30歳未満の人たちに支持してもらえるような政策を出してくれるよ。」

B「なるほどね。選挙には絶対行くようにするよ。」

⑴ ① ～ ⑤ にあてはまる語句や数を書きなさい。

⑵ 投票した30歳未満の人たちのうち，75％の人たちがＹさんに投票したと仮定する。このとき，Ｙさんの得票数に占める30歳未満の人たちの割合は何％になるか。小数第１位を四捨五入して，整数で答えなさい。

**5** $b \geqq 0$ をみたす $x$ の二次方程式 $x^2 + ax + b = 0$ について，次の問いに答えなさい。

⑴ 解が $x = 2$，$x = 4$ であるとき，$a$ の値を求めなさい。

⑵ $a = 6$ のとき，解を $b$ を用いて表しなさい。

⑶ $a = 6$ のとき，解が整数となる $b$ の値をすべて求めなさい。

**6** ２つの素数（同じ素数であってもよい）の積でつくられた数を半素数という。例えば，６は素数である２と３の積，49は素数である７と７の積であるから半素数である。次の問いに答えなさい。

⑴ すべての半素数を小さい順に並べたとき，４番目にあらわれる半素数を答えなさい。

⑵ 半素数111をつくる素数の組み合わせを答えなさい。

⑶ コンピュータ上ではデータを送受信し合うとき，第三者がデータを盗んで見ても，そのデータの中身がわからないように，データを暗号化し，カギをかける。そして，そのカギ暗号として半素数が用いられることがある。その理由の１つは半素数の性質によるが，この半素数の性質を【積をつくる２つの素数の組み合わせ】という語句を用いて簡潔に書きなさい。

## 【英　語】（45分）　＜満点：100点＞

### 1　放送を聞いて答える問題

1　これから放送する(1)～(4)の対話を聞き，質問に対する答えとして最も適切なものを，次のア～エから１つずつ選び，それぞれ符号で答えなさい。なお，英文は２回繰り返します。

(1)　ア　At her house.　　イ　At the cafeteria.
　　ウ　At the man's house.　　エ　At the Chinese restaurant.

(2)　ア　On July 11th.　　イ　On July 26th.
　　ウ　On August 11th.　　エ　On August 13th.

(3)　ア　A fashion magazine.　　イ　A clothes shop.
　　ウ　A restaurant.　　エ　A famous band.

(4)　ア　Tom's mother.　　イ　Tom's friend.
　　ウ　Mary's mother.　　エ　Mary's friend.

2　これから放送する(1)～(4)の短い英文を聞き，質問に対する答えとして最も適切なものを，次のア～エから１つずつ選び，それぞれ符号で答えなさい。なお，英文は２回繰り返します。

(1)　ア　Three months ago.　　イ　Six months ago.
　　ウ　Three years ago.　　エ　Six years ago.

(2)　ア　Because he hurt his leg.　　イ　Because his bus was late.
　　ウ　Because he missed his bus.　　エ　Because his bus stop was crowded.

(3)　ア　English.　　イ　Math.　　ウ　Science.　　エ　Music.

(4)　ア　For thirty minutes.　　イ　For one hour.
　　ウ　For one and a half hours.　　エ　For two hours.

＜ Listening script ＞

1 (1)　A：Did you bring your lunch today?
　　B：No, I didn't.
　　A：How about eating at the Chinese restaurant?
　　B：Let's eat in the cafeteria.
　Question: Where did the woman want to have lunch?

(2)　A：When is your trip to New Zealand?
　　B：Next month.　I leave on July 26th.
　　A：Will you be here for my birthday party on August 13th?
　　B：Yes.　I'm coming back on the 11th.
　Question: When will the man come back from New Zealand?

(3)　A：Where did you buy that T-shirt?
　　B：At H & N.
　　A：I love that place.　I got these jeans there, too.
　　B：They are very nice.

Question: What are they talking about?

(4) A：Tom, what does your mom do?

B：She is a nurse. How about yours, Mary?

A：She teaches at Gifu Shotoku Gakuen High School.

B：My friend goes to that school.

Question: Who is a nurse?

2 (1) Miho began working as a teacher three years ago. She was teaching in Gifu, but six months ago she moved to Tokyo because her husband got a job there. She teaches at a school in Tokyo now.

Question: When did Miho move to Tokyo?

(2) When Takashi got off the bus this morning, he fell down and hurt his leg. He could only walk very slowly from the bus stop to his high school, so he was 20 minutes late.

Question: Why was Takashi late for school?

(3) Kumiko is a university student in Canada. She studies math, science, and music. She enjoys music the most because she thinks math and science are difficult.

Question: Which subject does Kumiko like the best?

(4) My friend and I usually practice piano for two hours every Saturday. Last Saturday, I was 30 minutes late, so we could only practice for one and a half hours.

Question: How long did the woman practice piano last Saturday?

**2** 次の各組の語の中から，アクセントの位置が他と異なるものを，次のア～エから１つずつ選び，それぞれ符号で答えなさい。

1 ア in-tro-duce イ Jap-a-nese ウ mu-se-um エ un-der-stand

2 ア al-read-y イ cer-tain-ly ウ im-por-tant エ to-mor-row

3 ア en-joy イ din-ner ウ an-swer エ vil-lage

4 ア li-brar-y イ beau-ti-ful ウ fam-i-ly エ an-oth-er

5 ア be-fore イ be-gin ウ fin-ish エ ho-tel

**3** 次の（ ）内に入る最も適切な語を，次のア～エから１つずつ選び，それぞれ符号で答えなさい。

1 The boy (　　　) blue eyes is my brother.

ア in イ on ウ from エ with

2 The letter was (　　　) by my brother.

ア writing イ written ウ writes エ wrote

3 She is sad (　　　) she cannot find her dog.

ア but イ both ウ because エ or

4 (　　　) you going to watch TV?
ア Did　　イ Are　　ウ Do　　エ Will

5 She was the (　　　) popular student among us.
ア most　　イ much　　ウ more　　エ better

**4** 次の日本文に合うように，(　) 内に入る最も適切な語を，それぞれ１つずつ答えなさい。

1 これは日本製の車です。
This is a car (　　　) was made in Japan.

2 私は妹と一緒に料理を楽しみました。
I enjoyed (　　　) with my sister.

3 その部屋には何人の男の人がいますか。
How many (　　　) are there in the room?

4 彼は先週からずっと病気です。
He has been sick (　　　) last week.

5 英語は私にとって数学よりやさしい。
English is (　　　) for me than math.

**5** 次の日本文の意味を表すように，(　) 内の語句を並べかえて，英文を完成させなさい。ただし，(　) 内には，不要な語が１語あり，文頭にくる語も小文字で示してある。

1 あなたはこの車を洗う必要がありません。
( this / don't / to / car / have / you / has / wash ).

2 私の考えはあなたのとは違います。
( your / idea / is / different / yours / my / from ).

3 私は今までにこんなに美しい絵を見たことがありません。
( never / have / such / I / seen / beautiful / not / a / picture ).

4 暗くなる前に出かけましょう。
( dark / ago / gets / it / let's / start / before ).

5 次に何をしたらよいかわかりません。
( don't / what / next / I / to / may / know / do ).

**6** 次の各組の英文がほぼ同じ内容になるように，(　) 内に入る最も適切な語を，それぞれ１つずつ答えなさい。

1
How about cleaning your room?
(　　　) don't you clean your room?

2
Miho speaks English well.
Miho is (　　　) at speaking English.

3
You must not play baseball here.
(　　　) play baseball here.

4 He was very happy to hear the news.
The news (　　　) him very happy.

5 What is the name of this flower in English?
What do you (　　　) this flower in English?

7 次の英文を読んで，――部の指す内容を，それぞれ日本語で答えなさい。

1 When he came into my house, he didn't take his shoes off. So I said, "Wait, Jack. In Japan we take our shoes off when we enter the house." "Really? I didn't know that," said Jack.

2 A：Today is mom's birthday. But we don't have much money to buy a present for her. What should we do?
B：Well, how about making a special dinner for mom?
A：Oh, that's a good idea!

3 Writing a letter is not easy, but I don't think that is a bad thing. When we write a letter, we need a lot of time. We can use the time to choose the best words for our ideas.

8 Ayaka は学校の体験実習で老人ホームに行きました。次の英文を読んで，後の問いに答えなさい。

Last week my friends and I visited a home for old people. First, we sang some songs for them. Some of them sang with us. We did a lot of things together. They showed us how to play some games. I was interested in *origami*. I learned how to make flowers with paper. It was very fun. Some of my friends were making *taketonbo*. Others were playing cards, *menko*. [ ① ].

We had lunch together. "What do you do when you have free time?" asked one old man. I answered, "I listen to music, watch TV." One of my friends said, "I play video games." Then the old man said, "I see. [ ② ]. I would often play outdoors until evening when I was a child." He talked to us happily.

[ ③ ]. There were many plants there. And old man showed us how to play with grass. He made a whistle with grass and made a sound with it. An old woman showed us how to make a crown with flowers. Then, we sat in a circle and some women told us some old folk stories. The stories were interesting.

The old people knew a lot of things. [ ④ ]. When we were leaving they said, "We had a very good time. Please come again."

This experience was really wonderful. When I got home, I talked to my mother about it. I said, "[ ⑤ ]. But at the home they were very kind and they told us many interesting things. I didn't need to worry. I had a very good time." "You didn't have the chance to talk with old people before. You had a good experience. Old people know a lot of things. It is important to pass their knowledge down from generation to generation." said my mother. I agree with her. If I have another chance, I really hope to visit the home again.

(注) outdoors 外で　until ～まで　happily 楽しそうに　grass 草　whistle 笛
crown 冠　in a circle 輪になって　folk story 民話　experience 経験
pass ～ down ～を伝える　knowledge 知識　generation 世代

1 ① ～ ⑤ に入る最も適切なものを，次のア～キから１つずつ選び，それぞれ符号で書きなさい。

ア We really enjoyed the day with them.
イ I should learn how to sing songs for children.
ウ After we had lunch, we went out into the garden.
エ I worried about the visit before I went.
オ We always have a lot of time to play outdoors after school.
カ The old people looked very happy when we did these things with them.
キ I hear few children play outdoors these days.

2 ――部の指す内容に合うものを，次のア～オからすべて選び，符号で書きなさい。

ア Ayaka taught old people how to play some games.
イ Ayaka learned how to make flowers with *origami*.
ウ Some of Ayaka's friends played with *taketonbo* and *menko*.
エ An old man showed Ayaka and her friends how to make a crown with flowers.
オ Ayaka and her friends learned a lot of things at the home.

3 次の⑴～⑸の日本文が本文の内容に合っていればＴを，間違っていればＦを，それぞれ書きなさい。

⑴ 病気で寝ているお年寄りに歌をプレゼントした。
⑵ お年寄りたちはAyakaたちと一日を過ごせて喜んだ。
⑶ お年寄りは読んでいた本について話してくれた。
⑷ お年寄りはAyakaたちにあまり興味を示さなかった。
⑸ Ayakaは訪問がとても楽しかったので，また行きたいと思った。

4 Ayakaの母は，このような経験から何が大切であると言っているか，日本語で書きなさい。

**【理　科】**（45分）　＜満点：100点＞

1　電流が磁界から受ける力を調べるために，次のような実験を行った。１～３の問いに答えなさい。

〔実験〕

❶　電源装置や抵抗器（10Ω）などを用いて図１のように回路をつくった。厚紙の中央にコイルを差しこみ，厚紙が水平になるようにつるした。コイルのまわりに方位磁針を３個置き，コイルに約２Ａの電流を流して，コイルのまわりの磁界のようすを調べた。

❷　次に，方位磁針と厚紙をとり，図２のようにＵ字形磁石に変えて実験を行った。Ｕ字形磁石の磁界の中に入れたコイルに約２Ａの電流を流し，コイルの動きを観察した。図３は，Ｕ字形磁石を横から見たものである。

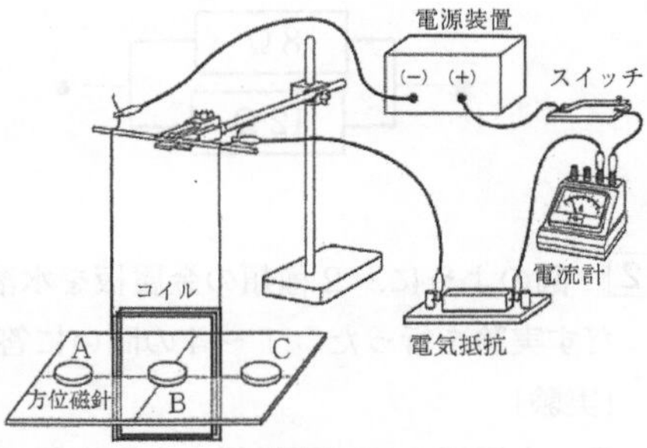

図１

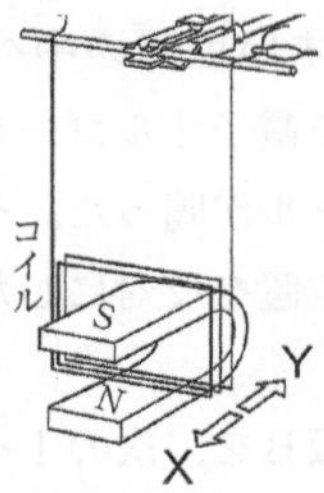

図２

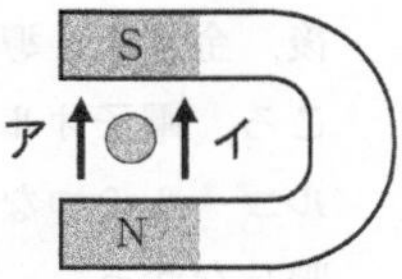

図３

１　❶について，⑴，⑵の問いに答えなさい。

⑴　Ａ点，Ｂ点，Ｃ点にある方位磁針が指す向きを，次のア～エから１つずつ選び，それぞれ符号で書きなさい。ただし，地球の北を指す針が色のこいほうとする。

ア　　　イ　　　ウ　　　エ

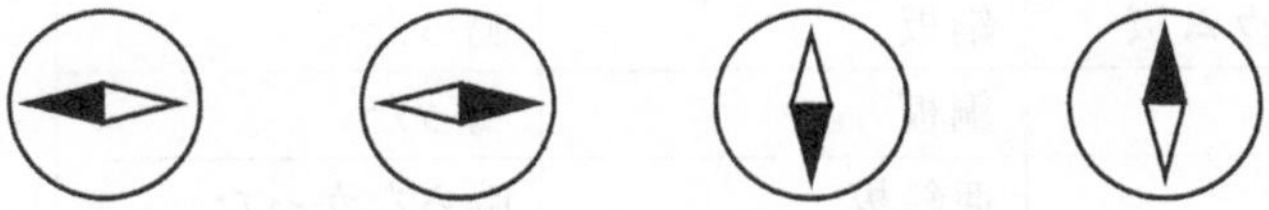

⑵　抵抗器をいれる理由を，簡潔に説明しなさい。

２　直線状の導線を流れる電流によってできる磁界の特徴として最も適切なものを，次のア～エから１つ選び，符号で書きなさい。

ア　電流の向きを，ねじの進む向きにすると，ねじを回す向きと磁界の向きは反対になる。

イ　磁界は，方位磁針を中心として，同心円状にできる。

ウ　磁界の強さは，導線に近いほど強い。

エ　磁界の向きは，電流の大きさと向きによって決まる。

３　❷について，⑴～⑷の問いに答えなさい。

⑴　電流のまわりの磁界の向きと，磁石の磁界の向きが同じになるところは，図３中のア，イのどちらか。

⑵　コイルは，図２中のＸ，Ｙのどちらに動くか。

⑶　コイルの動く向きを逆にする方法を２つあげなさい。

⑷　図１の抵抗器を変えた場合，コイルが①最も大きく動くもの，②最も小さく動くものを，次のページのア～エから１つずつ選び，それぞれ符号で書きなさい。

ア

イ

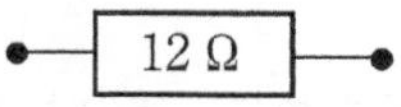


ウ

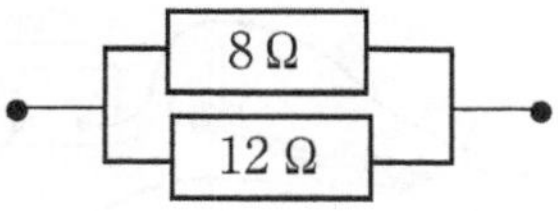


エ

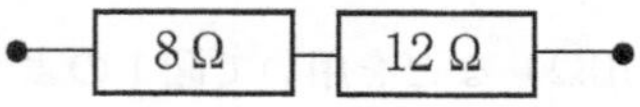


2 図のように，２種類の金属板を水溶液の中へ入れ，導線で電子オルゴールにつなぎ，電流をとりだす実験を行った。１～４の問いに答えなさい。

［実験］

❶ 金属板Aには亜鉛板，金属板Bには銅板を用いて，図のようにうすい塩酸の中へ入れた。その後，金属板を導線で電子オルゴールとつないだところ，電子オルゴールが鳴った。そこで，電子オルゴールのつなぐ位置を反対にしたところ，音は鳴らなかった。

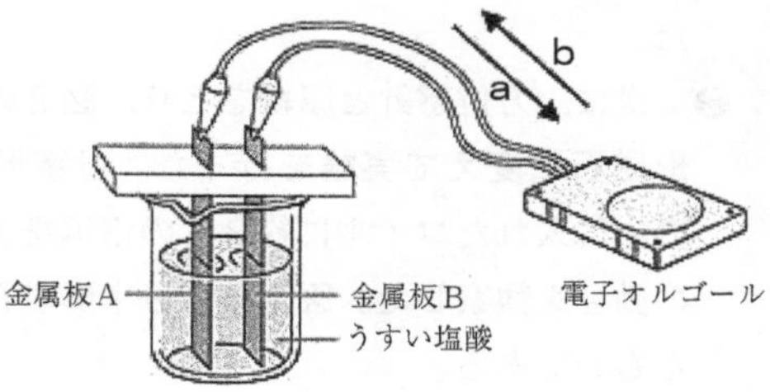


図

❷ 金属板Aと金属板Bを，次のⅠ～Ⅳのような金属板に変え，電子オルゴールが鳴るかどうかを調べたところ，表の結果が得られた。

表

| | 金属板A | 金属板B | オルゴール |
|---|---|---|---|
| Ⅰ | マグネシウム板 | 銅板 | 鳴った |
| Ⅱ | 鉄板 | 銅板 | 鳴った |
| Ⅲ | 鉄板 | 亜鉛板 | 鳴らなかった |
| Ⅳ | マグネシウム板 | 亜鉛板 | 鳴った |

1 電解質の水溶液に２種類の金属板を入れて導線につなぐと，金属間に電圧が生じる。このしくみをもつものを何というか。漢字で書きなさい。

2 ❶について，⑴～⑷の問いに答えなさい。

⑴ ＋極となる金属は，亜鉛板か銅板のどちらか。また，金属板Aとつながる導線の電子の流れの向きは，**a**，**b**のどちらか。

⑵ －極で起こっている反応を，イオン式で書きなさい。

⑶ ＋極で生成する物質を，化学式で書きなさい。

⑷ うすい塩酸を次の**ア**～**オ**と入れかえたとき，電子オルゴールが鳴るものをすべて選び，符号で書きなさい。

**ア** うすい砂糖水　**イ** こい砂糖水　**ウ** 塩化銅水溶液　**エ** 食酢　**オ** エタノール

3 ❷について，⑴，⑵の問いに答えなさい。

⑴ マグネシウム板，銅板，鉄板，亜鉛板の中で，うすい塩酸の中へ最もとけ出しやすい物質は何か。ことばで書きなさい。

(2) 表のⅢにおいて，電子オルゴールが鳴るようにするための操作として最も適切なものを，次のア～オから１つ選び，符号で書きなさい。

ア　金属板Ａの表面積を２倍にする。

イ　金属板Ａと金属板Ｂの表面積をそれぞれ２倍にする。

ウ　うすい塩酸ではなく，こい塩酸にかえる。

エ　金属板Ａには亜鉛板，金属板Ｂには鉄板を使う。

オ　両方の金属板を鉄板にする。

4　身のまわりの化学変化について，次の文章を読んで，(1)，(2)の問いに答えなさい。

身のまわりには化学変化によって電流をとり出すしくみをもつものが数多くある。例えば，電流をとり出すために，水の電気分解とは逆の化学変化を利用した［①］などがある。

［①］は，［②］と［③］が化学変化を起こすときに発生する電気エネルギーを直接とり出したもので，後には［④］が生成する。

(1)　文中の［①］～［④］にあてはまることばを，それぞれ漢字で書きなさい。

(2)　――部を，化学反応式で書きなさい。

**3**　動物の分類とからだのつくりについて，次の文章を読んで，１～５の問いに答えなさい。

セキツイ動物とは背骨のある動物のことであり，無セキツイ動物とは背骨をもたない動物のことである。無セキツイ動物には，多くの種類が存在する。その中の１つのグループのアメリカザリガニやトノサマバッタは［①］動物とよばれる。からだは外骨格でおおわれており，からだとあしに［②］があることで［①］動物と名付けられた。また，別のグループのヤリイカやアサリには［③］とよばれる筋肉でできた膜があり，内臓がある部分を包んでいる。

1　文中の［①］～［③］にあてはまることばを，それぞれ書きなさい。

2　次に示すＡ～Ｇの動物について，(1)～(3)の問いに答えなさい。

Ａ　ペンギン　　Ｂ　クジラ　　Ｃ　カメ　　Ｄ　コイ

Ｅ　イモリ　　Ｆ　ヤモリ　　Ｇ　カニ

(1)　トカゲと同じグループに入る動物を，Ａ～Ｇからすべて選び，符号で書きなさい。

(2)　ＤとＥに共通している事がらを，次のア～オからすべて選び，符号で書きなさい。

ア　卵生である。

イ　からだがうろこでおおわれている。

ウ　肺で呼吸する時期がある。

エ　皮膚が湿っていて，乾燥に強い。

オ　環境の温度の変化にともなって体温も変動する。

(3)　一生のうち，肺で呼吸することがどの時期にもない動物を，Ａ～Ｇからすべて選び，符号で書きなさい。

3　ヒトの肺は，細い血管がたくさん分布した，多くの小さな袋のあつまりである。(1)，(2)の問いに答えなさい。

(1)　この小さな袋を何というか。漢字で書きなさい。

(2)　この小さな袋の大きさとして最も適切なものを，次のア～エから１つ選び，符号で書きなさい。

ア　0.002㎜　　イ　0.02㎜　　ウ　0.2㎜　　エ　２㎜

4　ヒトの呼吸について，⑴，⑵の問いに答えなさい。

⑴　ヒトが息を吸うときの動きを，次のア～エから１つ選び，符号で書きなさい。

ア　ろっ骨と筋肉が上がり，横隔膜も上がる。

イ　ろっ骨と筋肉が上がり，横隔膜は下がる。

ウ　ろっ骨と筋肉が下がり，横隔膜は上がる。

エ　ろっ骨と筋肉が下がり，横隔膜も下がる。

⑵　ヒトが１回の呼吸で，吸気（吸う息）と呼気（はく息）にふくまれる気体の量を，それぞれ約500cm$^3$とするとき，次の表１をもとに，１回の呼吸で肺にとりこまれる酸素は約何cm$^3$か。ただし，解答が小数になる場合は，小数第２位を四捨五入して，小数第１位まで書きなさい。

表１　吸気と呼気にふくまれている気体中の酸素の割合（%）

| 気体 | 吸気 | 呼気 |
|---|---|---|
| 酸素 | 20.94 | 16.20 |

5　酵母は，菌類に属する単細胞生物であり，酸素存在下では酸素を用いて細胞による呼吸活動を行う。酵母を用いて，次のような実験を行った。⑴～⑶の問いに答えなさい。

［実験］

図のように，４つのポリエチレンの袋Ａ～Ｄを用意し，それぞれ表２に示した条件で10分間放置した。開始から約10分後に，袋Ａ～Ｄの中の空気を石灰水に通したら，袋Ｄの場合のみ白く濁った。

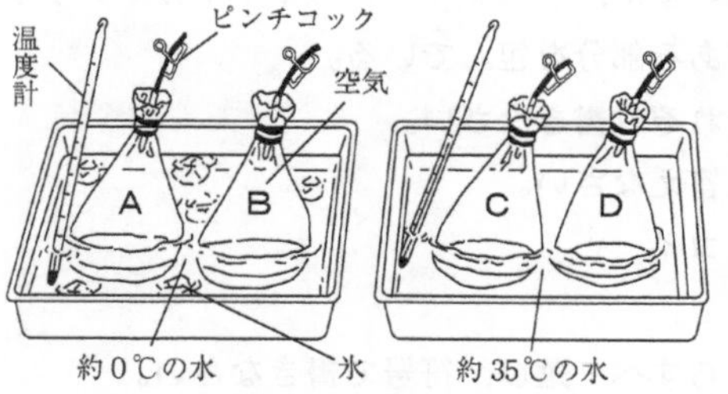

図

表２

| 袋 | 袋に入れるもの（○印） | | |
|---|---|---|---|
| | 水 50cm$^3$ | 砂糖 5g | 酵母 2g |
| A | ○ | | ○ |
| B | ○ | ○ | ○ |
| C | ○ | | ○ |
| D | ○ | ○ | ○ |

⑴　酵母が呼吸に砂糖を使っていることを検証するためには，袋Ａ～Ｄの中でどれとどれを比較すればよいか。それぞれ符号で書きなさい。

⑵　実験から酵母の呼吸についてわかることを，次のア～エからすべて選び，符号で書きなさい。

ア　酵母の呼吸によって，酸素と水が生成する。

イ　酵母の呼吸によって，二酸化炭素と水が生成する。

ウ　酵母が呼吸するには，適当な温度状態が必要である。

エ　酵母が呼吸するには，特別な温度の設定はいらない。

⑶　細胞による呼吸について，次の文が正しくなるように，（①），（②）のａ，ｂのどちらかを選び，それぞれ符号で書きなさい。

細胞呼吸とは，（① ａ：酸素　　ｂ：二酸化炭素）を使って，栄養分からエネルギーを（② ａ：とり出す　　ｂ：とり入れる）こと。

**4** 火山と地震について，次の文章を読んで，１～７の問いに答えなさい。

火成岩にはいろいろな種類があるが，すべてマグマが冷えて固まった岩石である。そして，火成岩のでき方には，マグマが①地表や地表付近で短い時間で冷えて固まった場合と，②地下の深いところでたいへん長い時間をかけて冷えて固まった場合とがある。

1　――部①，②の場合にできる火成岩をそれぞれ何というか。ことばで書きなさい。

2　１の２種類の火成岩をその鉱物のようすに注目して観察すると，つくりが異なっていることがわかる。――部②のつくりを何組織というか。ことばで書きなさい。

3　次の⑴～⑶の文は，それぞれ火成岩を構成する代表的な６種類の鉱物のうち，３種類の特徴を説明したものである。⑴～⑶はそれぞれ何という鉱物か。ことばで書きなさい。

⑴　結晶は長柱状で，柱状に割れやすい。

⑵　黄緑色をしており，割れ方は不規則である。

⑶　割れ方は不規則で，結晶度の高いものは水晶とよばれる。

4　地震は，地球表面をおおうプレートの動きが大きく関係している。日本付近にある４つのプレートのうち，南海トラフに関係するプレートを，次の**ア**～**エ**から２つ選び，それぞれ符号で書きなさい。

**ア**　ユーラシアプレート　　　**イ**　北アメリカプレート

**ウ**　フィリピン海プレート　　**エ**　太平洋プレート

5　震度とマグニチュードの関係について適切なものを，次の**ア**～**カ**からすべて選び，符号で書きなさい。

**ア**　地震によるゆれの大きさは，マグニチュードで表される。

**イ**　地震によるゆれの大きさは，震度で表される。

**ウ**　震源の深さが同じ場合，マグニチュードが大きい地震は震央付近の震度が大きくなる。

**エ**　震源の深さが同じ場合，マグニチュードが大きい地震は震央付近の震度は小さくなる。

**オ**　マグニチュードが同じ場合，震源が浅い地震は震央付近の震度は大きくなる。

**カ**　マグニチュードが同じ場合，震源が浅い地震は震央付近の震度は小さくなる。

6　**表１**は，ある地震について，Ｐ波，Ｓ波が届くまでの時間と震源からの距離との関係を表したものである。Ｓ波の伝わる速さは何km/ｓか。ただし，解答が小数になる場合は，小数第１位を四捨五入して，整数で書きなさい。

**表１**

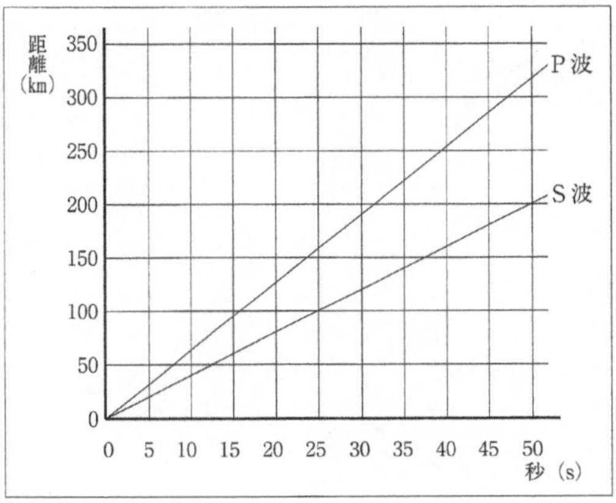

7　ある地震について，地震のゆれのようすとそのゆれの伝わり方を調べた。**表2**は，地点A～Cについて，震源からの距離とゆれが始まった時刻をまとめたものである。また，**図**は，ある地点での地震計の記録である。⑴～⑶の問いに答えなさい。

**表2**

| 地点 | 震源からの距離（km） | ゆれXが始まった時刻 | ゆれYが始まった時刻 |
|---|---|---|---|
| A | 123 | 9時59分35秒 | 9時59分43秒 |
| B | 202 | 9時59分46秒 | 10時00分04秒 |
| C | 245 | 9時59分52秒 | 10時00分15秒 |

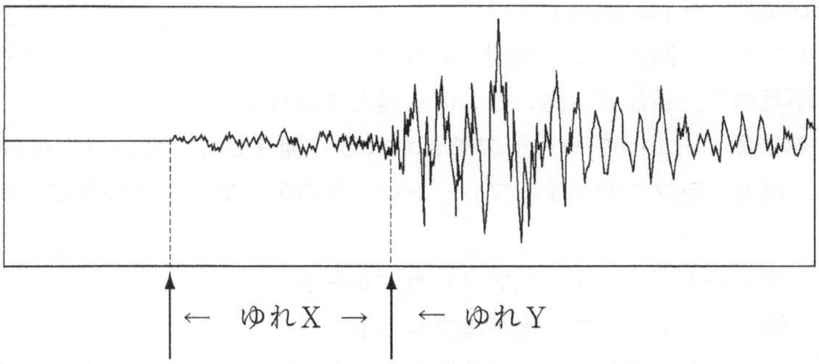


**図**

⑴　**図**より，Yで表されるゆれを何というか。ことばで書きなさい。

⑵　この地震において，P波の伝わる速さは何km/sか。ただし，解答が小数になる場合は，小数第2位を四捨五入して，小数第1位まで書きなさい。

⑶　震源からの距離と，初期微動継続時間にはどのような関係があるか。次の文中の（　）にあてはまる適切な文を書きなさい。

初期微動継続時間は，震源からの距離に（　　　　　　　　　　　　）なる。

**【社　会】**（45分）　＜満点：100点＞

1　日本と外国との関係やできごとについて，古代，中世，近世，近代とそれぞれまとめた。1～13の問いに答えなさい。

古代

> 　1世紀の半ばに倭の奴国の王が，後漢に使いを送り，皇帝から金印を授けられたと①歴史書には書かれている。「漢委奴国王」と刻まれた金印は，江戸時代に②志賀島で発見された。
> 　奈良時代，朝廷は遣唐使を中国に送ったため，③仏教と唐の文化の影響を強く受けた文化が栄えた。中国の僧の鑑真は，日本に渡ろうとして何度も遭難し盲目になったが，遣唐使とともに来日し，[ a ] を建て，仏教の教えを広めた。

中世

> 　元の皇帝である [ b ] が，鎌倉幕府に使者を送ってきた。④幕府はこれを無視したため，1274年と1281年の二度にわたって元の大軍が日本に攻めてきた。しかし，海岸に築いた石の防壁や，御家人の活躍で，元軍は上陸できず，いずれも引きあげた。
> 　室町幕府は大陸の文化の影響を受けて⑤新たな文化が生まれた。宋や元で盛んだった水墨画は，墨一色で表現する絵画で，禅宗の僧を中心にえがかれた。中国で水墨画を学んだ⑥雪舟が大成させた。

近世

> 　戦国時代の1543年，[ c ] 人を乗せた中国船が種子島に流れ着いた。このとき⑦鉄砲が伝えられ，戦国大名に注目され各地に広まった。鉄砲が広まると，戦い方が変化し，それに対応して築城技術も向上して，全国統一の動きをうながした。
> 　1549年にイエズス会の宣教師ザビエルが日本に来て，⑧キリスト教を伝えた。ザビエルは，布教のために鹿児島，山口，京都などを訪れ，2年余りで日本を去ったが，残った宣教師が布教に努めた。その後も，南蛮船と呼ばれた貿易船に乗り，次々と日本にやってきた。

近代

> 　1853年，アメリカの東インド艦隊司令長官のペリーが軍艦を率いて浦賀に来航し，日本に開国を求めた。翌年，江戸幕府は，再び来航したペリーの軍事的な圧力にくっして，⑨条約を結んだ。こうして長い間続いた鎖国政策はくずれ，⑩開国することになった。
> 　明治政府は欧米諸国に対抗するため，「富国強兵」を目指した。「富国」を実現するために [ d ] を進め，⑪経済の資本主義化を図った。その中でも経済の基礎となる交通や通信の整備を進めた。1872年，⑫日本初の鉄道が開通し，車両はイギリスから輸入し，陸蒸気と呼ばれ，人々をおどろかせた。

1　a ～ d にあてはまることばを，それぞれ書きなさい。

2　――部①とは何か，次のア～エから１つ選び，符号で書きなさい。

ア　魏志倭人伝　イ「漢書」地理誌　ウ「宋書」倭国伝　エ「後漢書」東夷伝

3　――部②は現在の何県か，書きなさい。

4　――部③について，⑴，⑵の問いに答えなさい。

⑴　この時の天皇は誰か，次のア～エから１つ選び，符号で書きなさい。

ア　天武天皇　イ　天智天皇　ウ　聖武天皇　エ　桓武天皇

⑵　この文化は西アジアやインドから唐にもたらしたものを遣唐使が持ち帰ったとされている。ユーラシア大陸を通る東西の交通路の総称を何というか，書きなさい。

5　――部④について，⑴，⑵の問いに答えなさい。

⑴　元の使者を無視した当時の執権は誰か，次のア～エから１つ選び，符号で書きなさい。

ア　北条時政　イ　北条政子　ウ　北条時宗　エ　北条泰時

⑵　この二度の襲来を何というか，漢字で書きなさい。

6　――部⑤について，誤っているものを，次のア～エから１つ選び，符号で書きなさい。

ア　観阿弥・世阿弥の親子は，現在まで続く能を発展させた。

イ　宋から新しい建築様式が取り入れられ，力強い彫刻作品が生まれた。

ウ　栄西が宋からもたらした茶を飲む習慣は，茶の湯の流行を生み出した。

エ　地方の武士や都市の有力者は，寺で子どもに教育を受けさせるようになった。

7　――部⑥の代表作である右の写真の作品名を，次のア～エから１つ選び，符号で書きなさい。

ア　秋冬山水図

イ　竹斎読書図

ウ　瓢鮎図

エ　柴門新月図

写真

8　――部⑦を有効に使った戦い方により，織田信長が甲斐の大名武田勝頼を破った戦いを何というか，書きなさい。

9　――部⑧について，⑴，⑵の問いに答えなさい。

⑴　領内の港に南蛮船を呼ぶために，キリスト教徒になる九州各地の戦国大名を何というか，書きなさい。

⑵　豊臣秀吉が宣教師の国外追放を命じたことを何というか，書きなさい。

10　――部⑨について，⑴，⑵の問いに答えなさい。

⑴　この条約名を書きなさい。

⑵　この条約の内容として適切なものを，次のア～エからすべて選び，符号で書きなさい。

ア　アメリカ船に食料や水などを供給する。

イ　アヘンの輸入を禁止し，アメリカ人が所持している場合は没収する。

ウ　幕府との連絡や交渉を行う公使を江戸に置く。

エ　下田と函館の２港を開き，下田にアメリカの領事を置く。

11　――部⑩の後の日本の貿易相手国について，次のページのグラフのAの国名を書きなさい。

グラフ

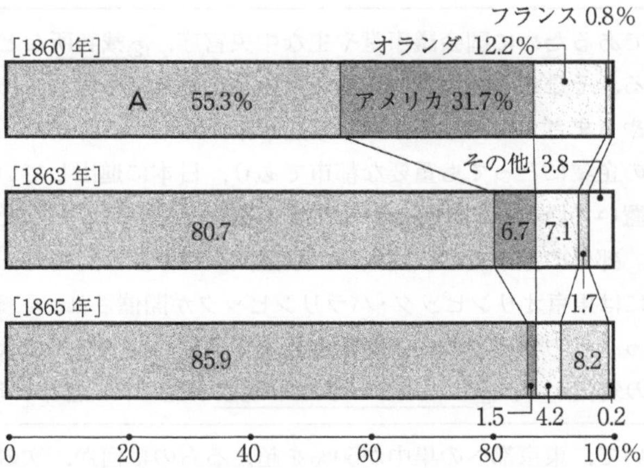


12　――部⑪について，富岡製糸場の建設をはじめ多くの企業を設立し，経済の発展に力をつくしたのは誰か，書きなさい。

13　――部⑫はどの区間か，次のア～エから１つ選び，符号で書きなさい。

ア　神戸・大阪間　　イ　新橋・横浜間　　ウ　小樽・札幌間　　エ　大阪・京都間

**2**　日本各地の特色について，１～５の問いに答えなさい。

1　次の東北地方についての文章を読んで，⑴～⑸の問いに答えなさい。

> 東日本大震災は，2011年３月11日に発生し，①東北地方を中心に各地に深刻な被害をもたらした。地震後の津波は，国内観測史上例を見ない大規模なもので，広範囲にわたって壊滅的被害を与えた。2019年３月時点での被害状況は死者数15897人，行方不明者数2533人に上る。被災地域の多くが②漁業を営んでおり，漁港，漁船，養殖施設に多大な被害が及ぼされた。また，③福島第一原子力発電所も津波被害を受け，放射性物質が流出する深刻な事態となった。

⑴　――部①の県と伝統工芸品の組み合わせとして誤っているものを，次のア～エから１つ選び，符号で書きなさい。

ア　青森県：南部鉄器　　イ　山形県：天童将棋駒

ウ　福島県：会津塗　　エ　宮城県：伝統こけし

⑵　――部①は古くから大都市へ米の供給地となってきた。秋田平野や庄内平野などの日本海沿岸や仙台平野など北上川流域の稲作の盛んな地域を日本の何地帯というか，書きなさい。

⑶　――部①の青森県と秋田県にまたがる世界遺産（自然遺産）に登録されている山地を何というか，書きなさい。

⑷　――部②について，三陸海岸の沖で暖流の黒潮（日本海流）と寒流の親潮（千島海流）がぶつかるところを何というか，書きなさい。

⑸　――部③について，日本の電力は，これまで水力，火力，原子力による発電に支えられてきた。近年，環境への配慮や安全性への懸念から再生可能エネルギーを使った発電が広がっている。再生可能エネルギーを使った新しい発電方法を１つ書きなさい。

2　次の東京についての文章を読んで，(1)～(4)の問いに答えなさい。

①東京は首都であるために国会議事堂や主な中央官庁，②裁判所など日本を動かす中枢機関が集中している。そこから発信される情報は企業にとっても重要であり，周辺には金融，建築，報道機関やさまざまな企業の本社，本店が集中している。また，外国の大使館も集中しており，外国の企業にとっても重要な都市であり，日本に進出している外国企業の多くが東京に事務所を置いている。都市機能が集中する東京には郊外からもたくさんの人が通勤，通学をしている。郊外の都市では夜間人口より昼間人口が少なくなる。

今年7～9月には東京オリンピック・パラリンピックが開催され，③多く出入りのある港湾や空港のよりいっそうの発展や改善が期待される。真夏の開催なので大都市では，都市化の進展に伴う環境の変化から，④ヒートアイランド現象が見られ，都市の環境対策が急がれる。

(1)　――部①について，東京都への集中が50％を超えるものは何か，次の**ア**～**エ**から１つ選び，符号で書きなさい。

**ア**　人口　　**イ**　大学生　　**ウ**　国内銀行預金残高　　**エ**　出版業

(2)　――部②について，東京にしかない裁判所は何か，次の**ア**～**エ**から１つ選び，符号で書きなさい。

**ア**　簡易裁判所　　**イ**　高等裁判所　　**ウ**　地方裁判所　　**エ**　最高裁判所

(3)　――部③について，日本の港湾別貿易額で輸出・輸入を合わせると第１位である港湾・空港はどこか，施設名を書きなさい。

(4)　――部④の原因を，簡潔に書きなさい。

3　次の**表１**は，沖縄県，大阪府，香川県を比較したものである。**表１**中のＡ～Ｃにあてはまる府県名を，それぞれ書きなさい。

**表１**

| 府県 | 面積（㎢） | 人口密度（人／㎢） | 産業別人口の割合（％） | | |
|---|---|---|---|---|---|
| | | | 第１次産業 | 第２次産業 | 第３次産業 |
| A | 1877 | 518.0 | 5.4 | 25.9 | 68.7 |
| B | 2281 | 631.0 | 4.9 | 15.1 | 80.0 |
| C | 1905 | 4636.1 | 0.6 | 24.3 | 75.1 |

『データでみる県勢 2018 年版』

4　次の**表２**は，生産量が多い野菜の県別生産量（上位３位）を示したものである。レタスときゅうりの生産量を，**表２**中の**Ａ**～**Ｄ**から１つずつ選び，符号で書きなさい。

**表２**

| A | | | B | | | C | | | D | | |
|---|---|---|---|---|---|---|---|---|---|---|---|
| 県名 | 生産量（ｔ） | （％） | 県名 | 生産量（ｔ） | （％） | 県名 | 生産量（ｔ） | （％） | 県名 | 生産量（ｔ） | （％） |
| 栃木 | 25100 | 15.8 | 群馬 | 260400 | 18.0 | 宮崎 | 61300 | 11.1 | 長野 | 205800 | 35.1 |
| 福岡 | 15600 | 9.8 | 愛知 | 251600 | 17.4 | 群馬 | 51900 | 9.4 | 茨城 | 86100 | 14.7 |
| 熊本 | 10200 | 6.4 | 千葉 | 129000 | 8.9 | 埼玉 | 47400 | 8.6 | 群馬 | 50400 | 8.6 |
| 全国 | 159000 | 100.0 | 全国 | 1446000 | 100.0 | 全国 | 550300 | 100.0 | 全国 | 585700 | 100.0 |

『データでみる県勢 2018 年版』

5　次の**表３**は，政令指定都市の札幌市，仙台市，広島市を比較したものである。**表３**中のＡ～Ｃの都市名として正しい組み合わせのものを，下の**ア～カ**から１つ選び，符号で書きなさい。

**表３**

| 都市 | 市の人口（万人） | 事業所数 | 従業員数（人） | 製造品出荷額（億円） |
|---|---|---|---|---|
| A | 108.2 | 937 | 16313 | 10921 |
| B | 119.4 | 2020 | 55546 | 27234 |
| C | 195.2 | 1692 | 29174 | 5394 |

『データでみる県勢 2018 年版』

**ア**　A－札幌市　B－仙台市　C－広島市
**イ**　A－札幌市　B－広島市　C－仙台市
**ウ**　A－仙台市　B－札幌市　C－広島市
**エ**　A－仙台市　B－広島市　C－札幌市
**オ**　A－広島市　B－札幌市　C－仙台市
**カ**　A－広島市　B－仙台市　C－札幌市

**3**　日本国憲法について，５つの文章にそれぞれまとめた。１～10の問いに答えなさい。

天皇について

天皇は日本国と日本国民統合の「象徴」であり，その地位は主権者である国民の総意に基づくものと定められている。また，天皇が憲法に定められている①国事行為をおこなうときは，［ a ］による助言と承認が必要で，その責任は［ a ］が負う。

平和主義について

日本国憲法第９条は，戦争を放棄し，［ b ］を持たず，交戦権を認めないと定めている。また，憲法９条と自衛隊の関係について，政府は，主権国家には②自衛権があり，憲法は「自衛のための必要最小限度の実力」を持つことは禁止していないと説明している。

基本的人権の保障について

1985（昭和60）年に［ c ］法が制定され，雇用における女性差別が禁止された。また，③障がいの有無にかかわらず，すべての人が区別されることなく，社会の中で普通の生活を送るノーマライゼーションの実現が求められている。

「新しい人権」について

産業の発達や科学技術の発展，情報化の進展などにともなって，日本国憲法に直接的には規定されていない権利が主張されるようになった。このような権利は「新しい人権」と呼ばれ，環境権や④自己決定権，知る権利，⑤プライバシーの権利などがある。

憲法改正について

> 憲法改正原案が⑥国会に提出されると，⑦衆議院と参議院で審議される。それぞれ総議員の３分の２以上の賛成で可決されると，国会は国民に対して憲法改正の発議をする。その後，満［ d ］歳以上の国民による投票（国民投票）がおこなわれ，有効投票の［ e ］の賛成を得ると，憲法が改正される。

1　［ a ］～［ e ］にあてはまることばや数を，それぞれ書きなさい。

2　日本国憲法が公布されたのは，1946年の何月何日か，書きなさい。

3　日本国憲法が施行されたのは，1947年の何月何日か，書きなさい。

4　――部①について，誤っているものを，次のア～エから１つ選び，符号で書きなさい。

**ア**　国会の召集　　**イ**　衆議院の解散

**ウ**　栄典の授与　　**エ**　内閣不信任の決議

5　――部②について，次の文章中の［ Ⅰ ］にあてはまることばを書きなさい。

> 個別的自衛権は，個々の国家が外部からの不法な武力攻撃に対して反撃する国際法上の権利のことである。それに対して，［ Ⅰ ］自衛権は，同盟関係にある国が攻撃を受けたときに，自国は攻撃を受けていなくても，その国の防衛活動に参加する権利のことである。

6　――部③のある人が生活を営むうえで支障がないように，安全・快適に暮らせるように障壁を取り除こうという考えを何というか，カタカナで書きなさい。

7　――部④について，医療において，患者が治療方法などを自ら決定できるように，手術などの際に十分な説明や情報を医師から受けたうえでの同意を何というか，次のア～エから１つ選び，符号で書きなさい。

**ア**　インフォームド・コンセント

**イ**　フェアトレード

**ウ**　ワーク・ライフ・バランス

**エ**　クーリング・オフ

8　――部⑤について，次の文は，「プライバシーの権利」が主張されるようになった要因を書いたものである。文中の［ Ⅱ ］にあてはまることばを書きなさい。

> 情報化の進展によって，個人の情報が，本人の知らない間に勝手に［ Ⅱ ］されるおそれが増大したため。

9　――部⑥について，次のページの**図２**は，立法権，司法権，行政権の三権の抑制と均衡の関係をあらわしたものである。**図２**中の**A**，**B**にあてはまるものを，次の**ア**～**エ**から１つずつ選び，それぞれ符号で書きなさい。

**ア**　弾劾裁判所の設置

**イ**　内閣総理大臣の指名

**ウ**　法律の違憲審査

**エ**　衆議院の解散の決定

図２

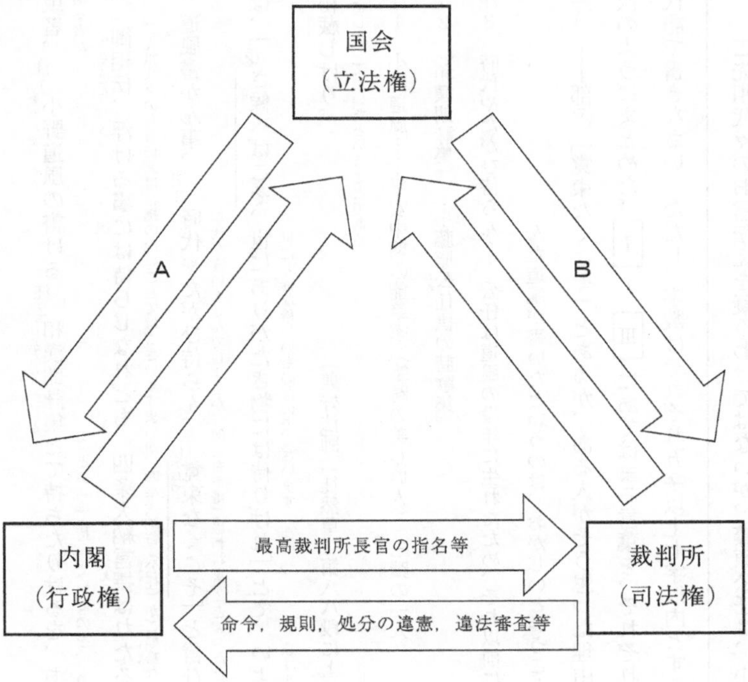


10　――部⑦について，両議院の議決が異なるときは，衆議院の議決が優先する理由を，簡潔に説明しなさい。

エ　娘の気持ちを感じるために、普段道に迷うはずがない父が、わざと道に迷って遅れてきたことに対して娘は少しだけ腹が立った。

三　次の文章を読んで、後の問いに答えなさい。

或者、注1小野道風《をののとうふう》の書ける注2和漢朗詠集《わかんらうえいしふ》とて持ちたりけるを、ある
ある者が　だといって持っていたのを、ある
人、「御相伝《ごさうでん》、浮《う》ける事には侍らじなれども、四条大納言撰《えら》ばれたる物
人が、「ご先祖代々のお言伝えは根拠のないことではございますまいが、四条大納言（公任《きんとう》）がご編纂《へんさん》なさっ
を、道風書かん事、注3時代やたがひ侍らん。①覚束《おぼつか》なくこそ」と言ひけ
たものを　年代が違いませんでしょうか。何とも不審に思われます」と言ったところ
れば、「②さ候《さうら》へばこそ、世にありがたき物には侍りけれ」とて、いよい
世にも稀《まれ》な珍しいものなのでございます　ますます
よ秘蔵《ひさう》しけり。
大切にしまっておいたということである。

（兼好法師『徒然草』第八八段による）

注1　小野道風……平安中期の能筆家（筆跡の美しい人）。三蹟《さんせき》の一人。
注2　『和漢朗詠集』……藤原公任《きんとう》撰の詩歌集。
注3　時代やたがひ侍らん……公任は道風の没年に生まれたため、それ以前に死んだ道風が書いたというのは、おかしいということ。

問一　――部①「覚束なくこそ」とあるが、ある人がそう思った理由を次のようにまとめた。［Ⅰ］～［Ⅲ］にあてはまる言葉を、それぞれ現代語で書きなさい。ただし、字数はそれぞれ五字以上七字以内とする。

> ご先祖代々のお言伝えを疑うわけではないが、藤原公任は、小野道風が［Ⅰ］年に生まれたのだから、公任のまとめた『［Ⅱ］』を小野道風が書き写したというのは、［Ⅲ］ことになるから。

問二　――部②「さ候へばこそ」の現代語訳として最も適切なものを、次のア～エから一つ選び、符号で書きなさい。

ア　さようでございますから
イ　どのように思われようとも
ウ　それまでとはうって変わって
エ　その人のおそばに控えてから

問三　この話の中で、ある者は、その書物をますます大切にしまっておいたということだが、このことについてのある者の気持ちとして最も適切なものを、次のア～エから一つ選び、符号で書きなさい。

ア　たとえ内容は公任がまとめた『和漢朗詠集』ではないと分かっていても、能筆家の小野道風の書いた書物であるので、価値はあると思っている。
イ　公任と道風の年代の違いから、贋物《にせもの》であることは間違いなさそうだとしても、かえって、それが稀少《きしょう》な珍品として価値があると思っている。
ウ　人から何と言われようとも、先祖代々からの言伝えで大切にされ続けてきているのだから、本物に違いなく、価値のあるものだと思っている。
エ　能筆家の小野道風が書き写したものではないと分かっても、それに勝るとも劣らないほど達筆な書物であるので、価値があると思っている。

問四　⑴「らうえいしふ」、⑵「さうらへば」をそれぞれ現代仮名遣いに改め、すべて平仮名で書きなさい。

ぜなら。
　私は人生で初めて、初対面の人間に愛されたいと願っているからだ。
　悩みに悩んだ末、私はある結論に達した。そう。道に迷えばいいのだ。
　迷い道のない人生を嫌った娘だからこそ、迷った人間にはあたたかく接するはずだ。私は娘の住む部屋までの道のりを思いきり迷い、他人に全幅《ぜんぷく》の信頼を置いて道をたずね、思わず相手が胸襟を開くような人間になろう。
「いやあ、迷ってしまって」
　時間に少し遅れて照れくさそうに言う私に対し、⑤ぷっと吹き出す娘。その腕に抱かれた孫は、軽く汗をかいて赤くなった私の禿頭《はげあたま》を見て笑うだろう。夫だという男は、そんな私を「お義父《とう》さん」と呼ぶのだろうか。

（坂木司『短劇』所収「迷子」による）

問一　＝＝部a～eのカタカナを漢字に改めなさい。

問二　――部①「何年も観察を続けていると、道に迷う人間にはいくつかのパターンがあることに気がついた」とあるが、「私」が「道に迷う人間」の「観察を続けている」根本的な理由を、五十字以内で書きなさい。

問三　――部②「他人の助言に頼るという傾向」を言い換えた言葉を、漢字二字で書きなさい。

問四　――部③「その原因はもしかしたらこんなところ」とあるが、「その原因はどんなところ」にあるのか。その答えを次のようにまとめた。［Ⅰ］・［Ⅱ］にあてはまる言葉を、本文中の言葉を利用しながら、それぞれ十字以上十五字以内でまとめなさい。

> 私があまり好意を抱かれない原因は、［Ⅰ］ため、［Ⅱ］ということがないこと。

問五　［A］にあてはまる語句を書きなさい。

問六　――部④「困った顔」とあるが、妻が「困った顔」をしたのは、なぜか。最も適切なものを、次のア～エから一つ選び、符号で書きなさい。

ア　孫に会いに行くのが第一の目的なのに、娘が「私のことを好きではない」という現実に夫がこだわっているから。

イ　自分の価値観や生き方に反発して勝手に家を出ていった娘のことを、夫が未だに許さないという態度でいるから。

ウ　娘のお祝いに行って孫を抱きかかえたら孫は喜ぶはずだという言葉を、素直に信じる勇気を夫が持とうとしないから。

エ　たとえ過去のわだかまりがあるとしても、初孫のお祝いに来てもらえる娘の喜びを夫は理解しようとしないから。

問七　――部⑤「ぷっと吹き出す娘」の気持ちとして最も適切なものを、次のア～エから一つ選び、符号で書きなさい。

ア　道に迷う人々の気持ちを理解できない父が、娘と仲直りをするために道に迷って遅れてきたことに対して娘は少しだけ滑稽に感じた。

イ　あれだけ人生に迷いながら暮らしてきた娘を批判してきた父が、道に迷って孫に会いにやってきたことに対して娘は皮肉を感じた。

ウ　あんなに用意周到な父が道に迷って時間に遅れてきたので、娘は父の意外な人間的な一面を感じ取れて思わず微笑《ほほえ》ましくなった。

しかし道に迷う人々を観察していると、ある共通項が見えてきた。それは「道に迷う者は好意を抱かれやすい」ということだ。これもまた私自身の感情による非論理的な感想に過ぎないのだが、道に迷う人々の大半はその c トッパ口を②他人の助言に頼るという傾向がある。

「すいません、道に迷ってしまいまして」

彼らは交番にいる警察官にものをたずねるように、道行く人にさり気なく声をかける。

「ここへはどう行ったらいいんでしょうか」

地図を見せて困り顔で首をかしげる彼ら。するとよほど不親切な者以外は、たいてい同じように首をかしげてその紙切れをのぞき込んでくれるだろう。

他人をあてにするような行為は、私から見れば依存としか思えない。けれどあるとき同僚との会話の中で、こんな意見が飛び出した。

「人に道をたずねることができる奴っていうのは、根本的に人を信じてるんだよ」

開けっぴろげで信頼を寄せてくる彼らだからこそ、相手もたやすく胸《きょう》襟《きん》を開いて受け入れる。

「嘘をつかれたり騙《だま》されたりする可能性というのを考えたりはしないものなのか」

「そこまで考えないからこそ、受け入れられるんだろう。子供と同じさ。心から信頼を寄せてくる相手に対して、人はそうそう冷たくなれないもんだ」

私の質問に、同僚は笑って答えた。説得力のある意見だった。私はあまり好意を抱かれるタイプではないが、③その原因はもしかしたらこんなところにあったのかもしれない。

しかしむやみやたらと他人を信頼するのも考えものだ。冒険と自重《じちょう》を天秤《てんびん》にかけた場合、私の中では大抵自重が競《せ》り勝つ。

（だからお父さんは愛されないんだよ）

娘の言葉が記憶の彼方から聞こえてくる。愛されない？　だが見ず知らずの他人に愛される必要がどこにあるというのか。私は自分の父母に愛され、妻に愛されていればそれで満足だ。そして娘は愛するものであって、娘に私を愛する d ギムはない。

そこに迷いの生ずる隙間はなかった。

孫が出来た。そう聞かされたのは昨日のことだった。妻は昨夜遅くまで外出しており、帰ってくるなり私にその事実を告げた。

「あなた、私たちおじいちゃんとおばあちゃんになったんですよ」

娘が妊娠したらしいということは、妻の態度からなんとなくわかっていた。けれどいつが予定日だとか詳しいことは知らなかったため、私にとっては［ A ］に水の出来事だった。

あのやわらかくてふにゃふにゃした e カンショクが甦《よみがえ》る。そうか、孫か。喜びがじわりじわりとわき上がってきた。どんなに小さいのだろう、そしてどんなにか可愛いのだろう。

けれど娘は私のことを好きではないはずだ。私がそう告げると、妻は④困った顔をしてみせる。

「そんなこと考えず、ただお祝いに行ってあげなさいな」

きっとあの子は喜びますから。妻の言葉を頭から信じるほど私は単純ではなかった。けれど今、私はその台詞《せりふ》にすがりたいと思っている。な

**イ**　じっと耐える「強さ」こそ、本当の「強さ」であることを強調したいという意図。

**ウ**　じっと耐える「強さ」も、発想を転換すれば「強さ」であることを強調したいという意図。

**エ**　じっと耐える「強さ」も、戦わない「強さ」も、発想を変えれば「強さ」であることを強調したいという意図。

**問七**　ジョン・フィリップ・グライムの「C—S—R三角形理論」を左表のようにまとめた。本文全体を読みながら、（Ⅰ）～（Ⅷ）にあてはまる言葉として最も適切なものを、（Ⅰ）～（Ⅲ）は**語群1**から、（Ⅳ）～（Ⅷ）は**語群2**から、それぞれ一つずつ選び、符号で書きなさい。

| 生育場所 | （Ⅰ）タイプ | （Ⅱ）タイプ | （Ⅲ）タイプ |
|---|---|---|---|
| 環境の厳しさ | ○ | × | × |
| 環境変化の大きさ | × | ○ | × |
| 具体的な場所 | （Ⅳ）（Ⅴ） | （Ⅵ）（Ⅶ） | （Ⅷ） |

**語群1**
**ア**　C　**イ**　S　**ウ**　R

**語群2**
**エ**　道ばた　**オ**　高山　**カ**　畑　**キ**　森　**ク**　砂漠

**問八**　雑草の生存戦略を、本文の論旨を踏まえながら、本文中の言葉を使って六十字以内で書きなさい。ただし、「争い」と「特徴」という言葉を必ず使用すること。

**二**　次の文章を読んで、後の問いに答えなさい。

「迷い道のない人生なんて、味気ないよ」

　私には理解しがたい世界で理解しがたい生活を送っていた娘は、最後にそう言い残して家を出た。妻は私にaナイショでひそかに連絡を取り続けていたらしいが、そのことが食卓の話題にのぼることはついぞなかった。

　しかし私の頭の中には、娘の残した言葉が案外深く刻みつけられていたらしい。なぜなら職場や出先で道に迷う人間を目にするたび、私はその相手を観察してしまうのだ。なぜ迷うのか。どうやってその状態から抜け出しているのか。その理由がわかれば娘の気持ちも理解できるのかもしれない。頭のどこかでそんなことを思いながら、私は迷う人々を見つめている。

　①何年も観察を続けていると、道に迷う人間にはいくつかのパターンがあることに気がついた。まず彼らは地図を見ない。あるいは見ても、理解できていない。そして運良く地図が理解できても歩き出したが最後、自分がどこを背にしているか失念する。

　東西南北がわからないのは当たり前。さらに駅や幹線道路といった目印を把握しないのも当たり前。彼らは目的地と自分のいる地点のことしか考えないから、一本でも道がそれたら迷ってしまう。

　ではなぜそんな状態で家を出ることができるのか。私だったら行き先の地図をbナガめ、目的地の周囲までをおおよそ把握してからでないと出かけられないものだが、彼らはそんな状況に一切臆することなく外出する。そして迷いながら私の倍以上の時間をかけて目的地に到着するのだ。まったくもって非合理的かつ非論理的である。

自然界には、他の成功戦略もあるのだ。

Ｓタイプは「Stress tolerance」であり、ストレス耐性型と呼ばれている。

「ストレス」という言葉は、現代社会に生きる人間だけのものではなく、植物の世界でもストレスはある。ストレスとは生育に対する不適な状況である。［D］、植物にとっては乾燥や、日照不足、低温などが生存をc脅かすストレスとなる。Ｓタイプは、このようなストレスに強いのである。水のない砂漠に生えるサボテンなどは、ＳタイプのdテンケイだろうI。あるいは、氷雪に耐える高山植物もＳタイプの特徴を持っていることだろう。

④競争に強いばかりが、強さではない。じっと耐える強さも、また「強さ」なのである。

三つ目のＲタイプは「Ruderal」である。Ruderal は直訳すると「荒地に生きる」という意味だが、日本語では攪乱《かくらん》依存型と呼ばれている。攪乱とは文字通り、環境が掻《か》き乱されることである。

いつ何が起こるかわからない「攪乱」は植物の生存に適しているとは言えない。しかし、攪乱があるところでは、強い植物が必ずしも有利ではない。強い植物が生えないということは、弱い植物である雑草にとっては、チャンスのある場所なのである。

Ｒタイプはこのような予測不能な環境の変化に強い。［E］、eリンキ応変に変化を乗り越える強さがＲタイプの特徴なのである。

ＣとＳとＲの要素は、すべての植物にとって不可欠なものである。そのため、この三つのタイプは、植物が種類ごとにどれかに当てはまるということではなく、すべての植物がこの三つの要素のバランスを変えながら、それぞれの戦略を発達させていると考えられている。

しかし、雑草と呼ばれる植物は、このＲタイプの要素が特に強いとされているのである。（稲垣栄洋『雑草はなぜそこに生えているのか』による）

問一　===部a～eのカタカナを漢字に改め、漢字はその読み仮名を書きなさい。

問二　［A］～［E］にあてはまる言葉として最も適切なものを、次のア～オから一つずつ選び、それぞれ符号で書きなさい。

ア　ただ　イ　つまり　ウ　しかし

エ　たとえば　オ　確かに

問三　——部①「雑草」の「雑」と同じ意味で使われていない熟語を、次のア～エから一つ選び、符号で書きなさい。

ア　雑念　イ　混雑　ウ　雑煮　エ　粗雑

問四　——部②「特殊な場所」の反対の意味に使われている言葉を、本文中から十五字で抜き出して書きなさい。

問五　——部③「激しい生存競争」とは何か。本文中の言葉を使って二十字以内で書きなさい。

問六　——部④「競争に強いばかりが、強さではない。じっと耐える強さも、また『強さ』なのである」について、三回目の「強さ」にはかぎ括弧が用いられている。そこには、筆者のどんな意図がこめられているのか。最も適切なものを、次のア～エから一つ選び、符号で書きなさい。

ア　競争に勝てる「強さ」こそ、本当の「強さ」であることを強調したいという意図。

【国語】（四五分）〈満点：一〇〇点〉

【注意】字数を指示した解答については、句読点、記号も一字に数えなさい。

一　次の文章を読んで、後の問いに答えなさい。ただし、本文の一部を変更した。

植物は、太陽の光と水と土さえあれば生きられると言われるが、その光と水と土を奪い合って、激しい争いが繰り広げられている。

①雑草と呼ばれる植物は、この競争に弱いのである。

どこにでも生えるように見える雑草だが、じつは多くの植物が生える森の中には生えることができない。豊かな森の環境は、植物が生存するのには適した場所である。しかし同時に、そこは激しい競争の場でもある。そのため、競争に弱い雑草は深い森の中に生えることができないのである。

雑草は弱い植物である。競争を挑んだところで、強い植物に勝つことはできない。そこで、雑草は強い植物が力を発揮することができないような場所を選んで生えているのである。

それが、道ばたや畑のような人間がいる②特殊な場所なのだ。

森の中にも雑草が生えているのを見たことがある、という意見があるかもしれないが、それはハイキングコースやキャンプ場など、人間が管理している場所である。

生き抜く上で、競争に弱いということは、致命的である。雑草は、どのようにして、この弱点を克服したのだろうか。

弱い植物である雑草の基本戦略は「戦わないこと」にある。

強い植物がある場所には生えずに、強い植物が生えない場所に生えるのである。

言ってしまえば、競争社会から逃げてきた脱落者だ。

しかし、私たちの周りにはびこる雑草は、明らかにaハンエイしている成功者である。

雑草は勝負を逃げているわけではない。土の少ない道ばたに生えることは、雑草にとっては戦いだし、耕されたり、草取りされる畑に生えることも雑草にとっては戦いだ。［　A　］、強い植物との競争はb避けているけれども、生きるためにちゃんと勝負に挑んでいるのである。どこかでは勝負をしなければならない。［　B　］、勝負の場所を心得ているのだ。

植物にとって、強さとは何だろう。

イギリスの生態学者であるジョン・フィリップ・グライム（一九三五―）は、植物の成功要素を三つに分類した。それが、「C―S―R三角形理論」と呼ばれるものである。この理論では、植物の戦略はCタイプ、Sタイプ、Rタイプという三つに分類できるとされている。

Cタイプは競争を意味する「Competitive」の頭文字を取っている。日本語では、競合型と呼ばれている。このCタイプは他の植物との競争に強い。いわゆる強い植物である。

自然界では③激しい生存競争が繰り広げられている。［　C　］、強い植物であるCタイプが、必ずしも成功するとは限らないところが自然界の面白いところでもある。

MEMO

大切なことはメモしておこうネ！

## 2020年度

# 解　答　と　解　説

《2020年度の配点は解答欄に掲載してあります。》

## ＜数学解答＞

**1**　(1)　58　(2)　$\dfrac{2x+7y}{15}$　(3)　$4\sqrt{5}$　(4)　$x=1$　(5)　8　(6)　$\dfrac{8\sqrt{3}}{3}\pi\text{cm}^3$

(7)　①　108　②　36　③　72　④　72　⑤　錯角　(8)　垂直二等分線

**2**　(1)　放物線　(2)　$\dfrac{9}{2}$　(3)　$-\dfrac{1}{2}$　(4)　1，2，3，4　(5)　$a$の値を小さくする

**3**　(1)　$\dfrac{1}{18}$　(2)　$\dfrac{1}{3}$　(3)　イ，エ，オ

**4**　(1)　①　40～50　②　60～70　③　240　④　3760　⑤　3630　(2)　19％

**5**　(1)　$a=-6$　(2)　$-3\pm\sqrt{9-b}$　(3)　0，5，8，9

**6**　(1)　10　(2)　3と37　(3)　「積を作る素数の組み合わせ」はただ1つしかない。

○推定配点○

1　(1)～(6)・(8)　各4点×7　(7)　各1点×5　2　各4点×5

3　各4点×3　4　(1)　①～③　各1点×3　④・⑤　各2点×2　(2)　4点

5　各4点×3　6　各4点×3　計100点

## ＜数学解説＞

基本　**1**　(数・式の計算，平方根の計算，2次方程式，式の値，体積，平面図形の証明問題，作図)

(1)　$9^2-5^2+2\times(-1)^2=81-25+2\times1=56+2=58$

(2)　$\dfrac{4(x+2y)}{3}-\dfrac{6x+11y}{5}=\dfrac{20(x+2y)-3(6x+11y)}{15}=\dfrac{20x+40y-18x-33y}{15}=\dfrac{2x+7y}{15}$

(3)　$6\sqrt{15}\div\sqrt{27}+\sqrt{20}=6\sqrt{15}\times\dfrac{1}{3\sqrt{3}}+2\sqrt{5}=2\sqrt{5}+2\sqrt{5}=4\sqrt{5}$

(4)　$3(x^2-2x+1)+2(x^2-2x+1)=0$　$5(x^2-2x+1)=0$　$x^2-2x+1=0$　$(x-1)^2=0$
$x=1$

(5)　$2a^2-4ab+2b^2=2(a^2-2ab+b^2)=2(a-b)^2=2\{(\sqrt{2}+1)-(\sqrt{2}-1)\}^2=2(\sqrt{2}+1-\sqrt{2}+1)^2$
$=2\times2^2=8$

(6)　$\dfrac{1}{3}\times\pi\times2^2\times2\sqrt{3}=\dfrac{8\sqrt{3}}{3}\pi(\text{cm}^3)$

(7)　正五角形の内角の和は，$180°\times(5-2)=180°\times3=540°$　よって，1つの内角の大きさは$540°\div5=108°$(①)　△ABEは二等辺三角形だから，$\angle\text{ABE}=\dfrac{180°-108°}{2}=\dfrac{72°}{2}=36°$(②)
$\angle\text{EBC}=\angle\text{ABC}-\angle\text{ABE}=108°-36°=72°$(③)　$\angle\text{BCP}=180°-\angle\text{BCD}=180°-108°=72°$(④)
よって，$\angle\text{EBC}=\angle\text{BCP}$　錯角(⑤)が等しいため，BE//CD

(8)　円周上の3点をA，B，Cとする。線分ABとACの垂直二等分線の交点が円の中心になる。

**2**　(2乗に比例する関数)

基本　(1)　$y=ax^2$のグラフは，放物線になる。

(2)　$y=ax^2$に(2, 18)を代入して，$18=a\times2^2$　$4a=18$　$a=\frac{18}{4}=\frac{9}{2}$

(3)　$y=ax^2$に(4, 8)を代入して，$8=a\times4^2$　$16a=8$　$a=\frac{8}{16}=\frac{1}{2}$　カはウのグラフと$x$軸に関して対称だから，カを表す$y=ax^2$のaの値は，$-\frac{1}{2}$

(4)　アは$y=\frac{9}{2}x^2$　ウは$y=\frac{1}{2}x^2$　よって，イを表す式の$a$の範囲は，$\frac{1}{2}<a<\frac{9}{2}$　$a$の値は整数だから，1，2，3，4

(5)　$a$の絶対値が大きいほど$y$軸に近づく。エを表す式の$a$は負の数だから，$a$の値を小さくする。

## 3 (確率)

基本

(1)　2つのさいころの目の出方は全部で，$6\times6=36$(通り)　そのうち，和が3となる場合は，(1, 2)，(2, 1)の2通り　よって，求める確率は，$\frac{2}{36}=\frac{1}{18}$

(2)　和が3の倍数となるのは，和が3，6，9，12になる場合だから，(1, 2)，(1, 5)，(2, 1)，(2, 4)，(3, 3)，(3, 6)，(4, 2)，(4, 5)，(5, 1)，(5, 4)，(6, 3)，(6, 6)の12通り　よって，求める確率は，$\frac{12}{36}=\frac{1}{3}$

(3)　ア：1つのさいころを投げて，5以上の目が出るのは5と6の2通りだから，確率は$\frac{2}{6}=\frac{1}{3}$

イ：2つのさいころを投げて，出た目の積が奇数になる場合は，(1, 1)，(1, 3)，(1, 5)，(3, 1)，(3, 3)，(3, 5)，(5, 1)，(5, 3)，(5, 5)の9通りだから，確率は$\frac{9}{36}=\frac{1}{4}$

ウ：1枚のコインを投げて，表が出る確率は$\frac{1}{2}$

エ：2枚のコインの出方は(表, 表)，(表, 裏)，(裏, 表)，(裏, 裏)の4通りで，2枚とも表が出るのは1通りだから，確率は$\frac{1}{4}$

オ：3枚のコインの出方は(表, 表, 表)，(表, 表, 裏)，(表, 裏, 表)，(表, 裏, 裏)，(裏, 表, 表)，(裏, 表, 裏)，(裏, 裏, 表)，(裏, 裏, 裏)の8通りで，3枚とも表が出るのは1通りだから，確率は$\frac{1}{8}$

カ：当たりくじが出る確率は$\frac{4}{10}=\frac{2}{5}$

よって，$\frac{1}{3}$より確率が低くなるのは，イ，エ，オ

## 4 (統計)

(1)　①　P市の有権者数が70歳以上の次に多いのは，40～50の階級　②　投票率は，40～50が$2100\div6100\times100=34.42\cdots$から，34.4%　50～60が$2200\div5300\times100=41.50\cdots$から41.5%　60～70が$2400\div5100\times100=47.05\cdots$から47.1%　よって，投票率は60～70の階級が一番多い。

③　求める投票者数を$x$人とすると，$x\div800\times100=30.0$　$x=30.0\times8=240$(人)　④　18～20で投票に行かなかった人は，$800-240=560$(人)。20～30で投票に行かなかった人は，$4100-900=3200$(人)　よって，30歳未満で投票に行かなかった人は，$560+3200=3760$(人)

⑤　$(8000+4500+3760)\div2=16260\div2=8130$，$8130-4500=3630$から3630人

(2)　$(900+240)\times0.75=855$　$855\div4500\times100=19$(%)

## 5 (二次方程式)

(1)　$x^2+ax+b=0\cdots$①　①に$x=2$を代入して，$2^2+2a+b=0$　$2a+b=-4\cdots$②　①に$x=4$

を代入して，$4^2+a\times4+b=0$　$4a+b=-16$…③　③−②から，$2a=-12$　$a=-6$

(2)　①に$a=6$を代入して，$x^2+6x+b=0$　2次方程式の解の公式から，$x=\dfrac{-6\pm\sqrt{6^2-4\times1\times b}}{2\times1}$

$=\dfrac{-6\pm\sqrt{36-4b}}{2}=\dfrac{-6\pm\sqrt{4(9-b)}}{2}=\dfrac{-6\pm2\sqrt{9-b}}{2}=-3\pm\sqrt{9-b}$

重要　(3)　(2)から，$\sqrt{9-b}$が整数になる場合を考えればよい。$9-b=m^2$（$m$は整数）になる$b$は，$m=0$のとき，$9-b=0$，$b=9$，$m=1$のとき，$9-b=1$，$b=8$，$m=2$のとき，$9-b=2^2=4$，$b=5$，$m=3$のとき，$9-b=3^2=9$，$b=0$　$b\geqq0$から，求める$b$の値は，0，5，8，9

**6**　(数の性質−半素数)

基本　(1)　半素数を小さい順に並べると，2×2=4，2×3=6，3×3=9，2×5=10，…から，4番目にあらわれる半素数は，10

(2)　111を素因数分解すると，3×37　よって，3と37

(3)　半素数の性質に，「積をつくる2つの素数の組み合わせは，ただ1つしかない。」がある。このことで，カギ暗号として半素数が用いられている。

**★ワンポイントアドバイス★**

5(3)は，$b\geqq0$，$9-b\geqq0$から，$0\leqq b\leqq9$の範囲で考える。

## ＜英語解答＞

**1**　1　(1)　エ　(2)　ウ　(3)　イ　(4)　ア
　2　(1)　イ　(2)　ア　(3)　エ　(4)　ウ

**2**　1　ウ　2　イ　3　ア　4　エ　5　ウ

**3**　1　エ　2　イ　3　ウ　4　イ　5　ア

**4**　1　which[that]　2　cooking　3　men　4　since　5　easier

**5**　1　You don’t have to wash this car.　2　My idea is different from yours.
　3　I have never seen such a beautiful picture.　4　Let’s start before it gets dark.
　5　I don’t know what to do next.

**6**　1　why　2　good　3　Don’t　4　made　5　call

**7**　1　日本では，家に入るときに靴を脱ぐこと。
　2　自分たちで母親のために特別な夕食を作ること。
　3　手紙を書くことは簡単ではないこと。

**8**　1　①　カ　②　キ　③　ウ　④　ア　⑤　エ　2　イ，ウ，オ
　3　(1)　F　(2)　T　(3)　F　(4)　F　(5)　T
　4　お年寄りの知識を世代から世代へ伝えることが大切であると言っている。

○推定配点○

1〜7　各2点×36　8　2，4　各4点×2(2完答)　他　各2点×10　計100点

## ＜英語解説＞

**1** リスニング問題解説省略。

**2** （アクセント問題）

1 ア [intrədjúːs] イ [dʒæ̀pəníːz] ウ [mjuːzíːəm] エ [ʌ̀ndərstǽnd]
2 ア [ɔːlrédi] イ [sə́rtnli] ウ [impɔ́rtənt] エ [təmɑ́rou]
3 ア [əndʒɔ́i] イ [dínər] ウ [ǽnsər] エ [vílidʒ]
4 ア [láibrèri] イ [bjúːtəfl] ウ [fǽməli] エ [ənʌ́ðər]
5 ア [bifɔ́r] イ [bigín] ウ [fíniʃ] エ [houtél]

**3** （語句選択問題：前置詞，受動態，接続詞，未来形，比較）

1 「青い目をした少年は私の兄です。」 あるものが備わっていることを表すときはwithを使う。
2 「その手紙は私の兄によって書かれました。」 受動態の文なので〈be動詞＋過去分詞〉という形にする。
3 「彼女は犬を見つけられないので，悲しいです。」〈because ～〉は「～だから」という意味を表す。
やや難 4 「あなたはテレビを見るつもりですか。」 未来のことを表すときは〈be going to ～〉を用いる。
5 「彼女は私たちの間で一番人気がある生徒でした。」 popularやfamousなどの形容詞は，the mostを使って最上級形にする。

**4** （語句補充問題：関係代名詞，動名詞，疑問詞，現在完了，比較）

1 was以下がcarを修飾するので，主格の関係代名詞を使う。
基本 2 enjoy，finish，stopの後に動詞を置く場合には動名詞にする。
3 数を尋ねるときは〈how many＋複数形の名詞〉という表現を用いる。
4 〈since ～〉は「～以来」という意味で，過去の一時点を示す。
5 後にthanがあるので，比較級の文だと判断する。

**5** （語句整序問題：助動詞，形容詞，現在完了，接続詞，不定詞）

1 〈don't have to ～〉で「～する必要がない」という意味になる。
2 〈be different from ～〉で「～と異なる」という意味を表す。
3 現在完了の経験用法の否定文で「こんな～を…したことがない」という意味を表している。〈such a ～〉で「こんな(そんな)～」という意味を表す。
4 〈before＋S＋V〉で「SがVする前に」という意味を表す。
5 〈what to ～〉で「何を～するべきか」という意味を表す。

**6** （書き換え問題：慣用表現，助動詞，命令文，不定詞，SVOC）

1 「あなたの部屋を掃除したらどうですか。」〈why don't you ～ ?〉は「～しませんか」という勧誘の意味を表す。
2 「ミホは英語を上手に話します。」→「ミホは英語を話すのが上手です。」〈be good at ～〉で「～が上手だ，得意だ」という意味になる。
3 「あなたはここで野球をしてはいけません。」→「ここで野球をするな。」〈must not ～〉は「～してはならない」という禁止の意味を表すので，Don'tから始まる命令文と書き替えることができる。
4 「彼はその知らせを聞いてとても幸せだった。」→「その知らせは彼をとても幸せにした。」〈make A B〉で「AをBにする」という意味を表す。
5 「この花の名前は英語で何ですか。」→「あなたは英語でこの花を何と呼びますか。」〈call A B〉で「AをBと呼ぶ」という意味を表す。この文ではBがwhatになっている。

7 （長文読解問題：指示語）

1 彼が家に入って来たとき，彼は靴を脱ぎませんでした。それで私は「ジャック，待って。日本では家に入るときに靴を脱ぎます。」と言いました。「本当ですか。私はそれを知りませんでした。」とジャックは言いました。

2 A「今日は母さんの誕生日です。でも母さんにプレゼントを買うほど多くのお金を私たちは持っていません。どうしたらいいでしょうか。」 B「ええと，母さんのために特別な夕食を作ったらどうでしょうか。」 A「ああ，それはいい考えですね！」

3 手紙を書くのは容易ではありませんが，それは悪いことだとは思いません。私たちが手紙を書く時，私たちには多くの時間が必要です。私たちは自分の考えについて一番よい言葉を選ぶためにその時間を使います。

8 （長文読解問題・物語文：語句補充，指示語，内容吟味）

（全訳） 先週，私の友人と私は老人ホームを訪問しました。まず，私たちは彼らのためにいくつかの曲を歌いました。彼らの何人かは私たちと一緒に歌いました。私たちは一緒に多くのことをしました。彼らは私たちにいくつかのゲームの遊び方を教えてくれました。私は折り紙に興味がありました。私は紙で花を作る方法を学びました。とても楽しかったです。私の友人の何人かは竹トンボを作っていました。他の人はメンコというカードをしていました。①私たちが彼らと一緒にこれらのことをしたとき，老人たちはとても幸せそうでした。

私たちは一緒に昼食を食べました。「暇なときは何をしますか」とある老人が尋ねました。「音楽を聴いたり，テレビを見たりします」と答えました。友人の一人が「私はビデオゲームをします」と言いました。すると老人は「なるほど。②最近は野外で遊ぶ子供はほとんどいないと聞いています。私は子供の頃は夕方まで，よく野外で遊んでいました。」と言いました。彼は私たちに楽しそうに話しました。

③昼食を食べた後，私たちは庭に出ました。そこにはたくさんの植物がありました。そして，老人は私たちに草で遊ぶ方法を教えてくれました。彼は草で笛を吹き，それで音を立てました。おばあさんは花で王冠を作る方法を教えてくれました。その後，私たちは輪になって座って，何人かの女性が私たちにいくつかの古い民話を教えてくれました。その物語は面白かったです。
老人たちは多くのことを知っていました。④私たちは彼らと一緒に一日を本当に楽しみました。私たちが去るとき，彼らは「私たちはとても楽しい時間を過ごしました。もう一度来てください。」と言いました。

この経験は本当に素晴らしかったです。家に帰ると，私は母にその話をしました。私は「⑤行く前には訪れるのが心配でした。しかし，ホームでは彼らはとても親切で，彼らは私たちに多くの興味深いことを教えてくれました。私は心配する必要はありませんでした。とても楽しい時間を過ごしました。」と言いました。「あなたは以前老人と話す機会がありませんでした。あなたは良い経験をしました。老人は多くのことを知っています。彼らの知識を世代から世代へと伝えていくことが大切です」と母は言いました。私は彼女に賛成です。もう一度チャンスがあれば，またホームを訪れたいと思います。

1 全訳参照。 イ 「私は子供たち用の歌の歌い方を学ぶべきです。」 オ 「私たちは放課後いつも屋外で遊ぶ多くの時間を持っています。」

2 ア 「アヤカは老人たちにいくつかのゲームの仕方を教えた。」 アヤカたちは教えてもらったので，誤り。 イ 「アヤカは折り紙で花を作る方法を学んだ。」 第1段落の第7文の内容に合うので，正しい。 ウ 「アヤカの友達の何人かは竹トンボや折り紙で遊んだ。」 第1段落の第6文，第9文の内容に合うので，正しい。 エ 「ある老人の男性はアヤカやその友達たちに花で王冠を作る方法を教えた。」 教えてくれたのは女性だったので，誤り。 オ「アヤカと彼女の友達たちはホームで多くのことを学んだ。」 第5文の第3文の内容に合うので，正しい。

重要 3 (1) 文中に書かれていない内容なので，誤り。 (2) 第4段落の第3文の内容に合うので，正しい。 (3) 文中に書かれていない内容なので，誤り。 (4) アヤカたちと過ごすことを楽しむ老人たちの様子が書かれているので，誤り。 (5) 最後の文の内容に合うので，正しい。

4 第5段落の終わりから4文目のIt is important to pass their knowledge down from generation to generation. の内容をまとめる。

**★ワンポイントアドバイス★**

5の3には現在完了の経験用法を使った文がある。これは最上級を使って書き換えることができる。 This is the most beautiful picture that I have ever seen. (これは私がこれまでに見た中で一番美しいです。)となる。

## ＜理科解答＞

1 1 (1) A ウ B エ C ウ (2) 大きい電流が流れるのを防ぐため。[大きな電流が流れ，電源装置が壊れるのを防ぐため。] 2 ウ 3 (1) ア (2) Y (3) (一つ目) 電流の向きを逆にする。[＋と－を反対にする。] (二つ目) 磁界の向きを逆にする。[磁石の上下の向きを逆にする。] (4) ① ウ ② エ

2 1 電池[化学電池] 2 (1) (＋極となる金属) 銅板 (電子の流れの向き) a (2) $Zn \rightarrow Zn^{2+} + 2e^-$ (3) $H_2$ (4) ウ，エ 3 (1) マグネシウム板 (2) エ 4 (1) ① 燃料電池 ② 水素[酸素] ③ 酸素[水素] ④ 水 (2) $2H_2 + O_2 \rightarrow 2H_2O$

3 1 ① 節足 ② 節 ③ 外とう膜 2 (1) C，F (2) ア，オ (3) D，G 3 (1) 肺胞 (2) ウ 4 (1) イ (2) 23.7($cm^3$) 5 (1) CとD (2) イ，ウ (3) ① a ② a

4 1 ① 火山岩 ② 深成岩 2 等粒状組織 3 (1) かくせん石 (2) カンラン石 (3) セキエイ 4 アとウ 5 イ，ウ，オ 6 4(km/s) 7 (1) 主要動 (2) 7.2(km/s) (3) (初期微動継続時間は，震源からの距離に)比例して長く(なる。)

**○推定配点○**

1 1(1)・(2) 各3点×2((1)完答) 他 各2点×7

2 1，2(3)・(4)，3 各2点×5(2(4)完答) 他 各3点×5(2(1)，4(1)各完答)

3 4(2)・5(3) 各3点×2(5(3)完答) 他 各2点×11(2，5(1)・(2)各完答)

4 6・7(2)(3) 各3点×3 他 各2点×9(4，5各完答) 計100点

## ＜理科解説＞

1 (磁界とその変化ー電流が磁界から受ける力)

1 (1) 図1では，コイルに右回りの電流が流れるので，コイルの中心のB点には，手前から向こう側に向かって磁界が生じる。また，コイルの外側のA点とC点には，向こう側から手前に向か

って磁界が生じる。　(2)　コイルの抵抗は小さいので，抵抗器を入れることで，回路に流れる電流を小さくすることができる。

重要 2　ア．ねじを回す向きと磁界の向きは同じである。イ．磁界は，導線のまわりに同心円状にできる。エ．磁界の向きは，電流の向きによって決まる。

重要 3　(1)　コイルのまわりには右回りの磁界ができるので，コイルの右側では下向きの磁界ができ，磁石の磁界の向きとは反対になり，磁界を弱めあう。一方，コイルの左側では上向きの磁界ができ，磁石の磁界の向きと同じになり，磁界を強め合う。

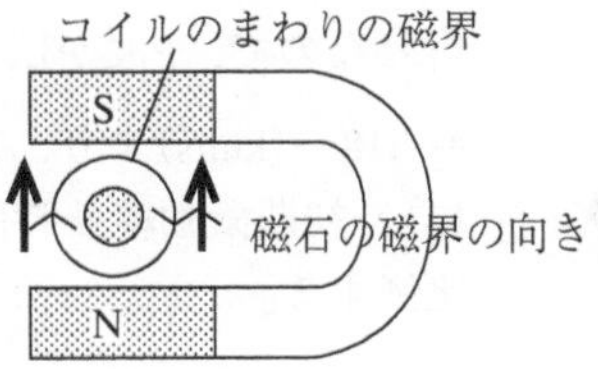


重要 (2)　コイルは，磁界の強め合う方から弱め合う方に向かって力を受けるので，Yの方(右の方)に動く。　(3)　コイルに流れる電流の向きや磁石の極を逆にすると，コイルが受ける力の向きも逆になる。　(4)　①　2つの抵抗器を並列につなぐと，合成抵抗が最も小さくなり，回路に流れる電流が最も大きくなり，コイルが最も大きく動く。　②　2つの抵抗器を直列につなぐと，合成抵抗が最も大きくなり，回路に流れる電流が最も小さくなり，コイルが最も小さく動く。

## 2 (電気分解とイオン―電池)

基本 1　電池は，化学反応によって電気エネルギーを取り出す装置である。

重要 2　(1)～(3)　亜鉛板($Zn$)は塩酸に溶け，亜鉛イオン($Zn^{2+}$)になるとき，電子($e^-$)を放出する。このとき，電子は，導線を伝わって銅板に移動し，銅板の表面で水素イオンと結びついて，次のように，水素分子となる。　$2H^+ + 2e^- \rightarrow H_2$　電子は，亜鉛板から銅板に流れるので，電流は銅板から亜鉛板に流れる。したがって，銅板は＋極，亜鉛板は－極になる。　(4)　塩化銅や酢酸は電解質，砂糖やエタノールは非電解質である。

3　(1)　マグネシウム→亜鉛→鉄→銅の順に，塩酸に溶けやすい。　(2)　金属板Aには塩酸に溶けやすい亜鉛板，金属板Bには塩酸に溶けにくい鉄板を使う。

4　燃料電池は，水素と酸素が化合するときに生じる電気エネルギーを取り出したものである。

## 3 (動物の種類とその生活，ヒトの体のしくみ―動物の分類，ヒトの肺，酵母)

重要 1　ヤリイカやアサリは軟体動物の仲間である。

重要 2　(1)　トカゲ・カメ・ヤモリは，は虫類の仲間である。　(2)　コイは魚類，イモリは両生類であり，どちらも卵生・変温動物である。　(3)　コイとカニはえら呼吸を行う。

重要 3　肺胞は，直径が0.2～0.3mmほどの大きさで，まわりを毛細血管が取り囲んでいる。

重要 4　(1)　息を吸うと，ろっ骨が上がり，横隔膜が下がることで，胸腔が広がり，空気が肺に入る。
(2)　1回の呼吸で取りこまれる酸素は，$500(cm^3) \times (0.2094 - 0.1620) = 23.7(cm^3)$

5　(1)・(2)　約35℃で，酵母は呼吸をさかんに行い，砂糖を分解するので，二酸化炭素が発生する。　(3)　酵母は，細胞による呼吸で酸素を吸収して二酸化炭素を出す。

## 4 (地層と岩石，大地の動き・地震―火成岩，地震)

重要 1・2　火山岩は斑状組織，深成岩は等粒状組織である。

3　カクセン石とカンラン石は有色鉱物，セキエイは無色鉱物(白色鉱物)である。

4　日本付近には，次ページの図のように4つのプレートがあり，南海トラフではフィリピン海プレートがユーラシアプレートにもぐりこんでいる。

5　震度は，ある地点でのゆれの大きさであり，マグニチュードは，地震のエネルギーの大きさをそれぞれ表している。

6　S波は，100kmを25秒かかり伝わるので，S波の伝わる速さは，$\frac{100(km)}{25(秒)} = 4(km/s)$

7 (1) P波によるゆれを初期微動，S波によるゆれを主要動という。 (2) 地点Aと地点Bの距離の差は，202−123＝79(km)で，P波が伝わるのにかかる時間は，46−35＝11(秒)なので，P波が伝わる速さは，$\dfrac{79(\text{km})}{11(\text{秒})}$＝7.18…(km/s)より，7.2km/sである。

基本 (3) 初期微動継続時間は震源からの距離に比例する。

**★ワンポイントアドバイス★**

生物・化学・地学・物理の4分野において，基本問題に十分に慣れておくこと。その上で，すべての分野において，記述問題や計算問題にしっかり取り組んでおく必要がある。

## ＜社会解答＞

1 1 a 唐招提寺 b フビライ・ハン c ポルトガル d 殖産興業 2 エ 3 福岡県 4 (1) ウ (2) シルクロード 5 (1) ウ (2) 元寇 6 イ 7 ア 8 長篠の戦い 9 (1) キリシタン大名 (2) バテレン追放令 10 (1) 日米和親条約 (2) ア，エ 11 イギリス 12 渋沢栄一 13 イ

2 1 (1) ア (2) 穀倉 (3) 白神 (4) 潮目 (5) 太陽光，風力，地熱，バイオマス，など 2 (1) エ (2) エ (3) 成田国際空港 (4) 自動車やエアコンから出る熱が気温を上昇させ，立ち並ぶ高層ビルで風通しが悪くなり，熱がこもるから。 3 A 香川県 B 沖縄県 C 大阪府 4 (レタス) D (きゅうり) C 5 エ

3 1 a 内閣 b 戦力 c 男女雇用機会均等 d 18 e 過半数 2 11月3日 3 5月3日 4 エ 5 集団的 6 バリアフリー 7 ア 8 利用 9 A イ B ア 10 衆議院のほうが，任期も短く解散もあるため，国民の意見とより強く結びついているから。

○推定配点○

1 2，4(1)，5(1)，6，7，13 各1点×6 他 各2点×14(10(2)完答)

2 2(4) 10点 1(1)，2(1)・(2)，4，5 各1点×6 他 各2点×8

3 10 10点 4，7，9 各1点×4 他 各2点×10 計100点

## ＜社会解説＞

**1 （歴史―日本史の各時代の特色，政治・外交史，社会・経済史，文化史，日本史と世界史の関連）**

1　鑑真の建てた寺は唐招提寺である。フビライは朝鮮半島の高麗を従え，さらに日本を従えようと，たびたび使者を送ってきた。1543年，ポルトガル人を乗せた中国船が種子島(鹿児島県)に流れ着いた。この船は，中国人の倭寇のものであったが，この時日本に鉄砲が伝えられた。明治政府は，近代的な産業を育てることで「富国」を実現するため，殖産興業を進めた。

2「後漢書」東夷伝には，1世紀半ばに現在の福岡平野にあった倭の奴国の王が，後漢に使いを送り，皇帝から金印を授けられたとあり，江戸時代に志賀島で発見された「漢倭奴国王」と刻まれた金印は，その時のものと考えられている。

3　志賀島は現在の福岡県にある。

4 (1)　当時の文化は，聖武天皇のころの年号(天平)にちなんで，天平文化と呼ばれている。

(2)　遣唐使が持ち帰り，正倉院宝庫に残されていた道具や楽器の中には，シルクロードを通って西アジアやインドから伝わったものも多い。

5 (1)　当時の執権北条時宗は，たびたび，フビライが派遣した元からの使者を退けていた。

(2)　文永の役，弘安の役の2度の元の来襲を「元寇」といっている。

6　この文化は室町文化である。イは鎌倉文化の説明であるから，誤りとなる。

基本　7　雪舟は，守護大名大内氏の援助で中国にわたり，多くの画法を学んだ。帰国してから各地を訪ねて，日本の水墨画を完成させた。雪舟の傑作品に写真の「秋冬山水図」がある。

基本　8　織田信長は，鉄砲を有効に使った戦い方により，甲斐(山梨県)の大名武田勝頼を長篠の戦で破った。

重要　9 (1)　イエズス会の宣教師は南蛮船と呼ばれた貿易船に乗り，日本にやってきた。貿易の利益に着目した九州各地の戦国大名は，領内の港に南蛮船を呼ぶためもあってキリスト教徒(キリシタン)になる者もあらわれた。これをキリシタン大名という。 (2)　秀吉は，長崎がイエズス会に寄進されていることを知り，日本は「神国」であるとして宣教師の国外追放を命じた。これをバテレン追放令という。

基本　10 (1)　幕府は日米和親条約を結び，開国した。 (2)　日米和親条約によって，下田(静岡県)と函館(北海道)の2港を開き，アメリカ船に食料や水，石炭などを供給することを認めた。また，下田にアメリカの領事館を置くことも認めた。

やや難　11　Aはイギリスである。アメリカは，日本の開国直後に起こった南北戦争の影響で，アジアへの進出がしばらくとまった。

12 渋沢栄一は，第一国立銀行を拠点に，株式会社組織による企業の創設・育成に力を入れ，また，「道徳経済合一説」を説き続け，生涯に約500もの企業に関わったといわれている。

13　1872年に新橋・横浜間にはじめて鉄道が開通した。

**2 （地理―日本の諸地域の特色，産業，交通・貿易，地理総合）**

1 (1)　南部鉄器は岩手県であるのでアは誤りである。 (2)　米の産地としては，「日本の穀倉地帯」と呼ばれる，東北・北陸地方が代表的で，それぞれ秋田平野，庄内平野，越後平野，仙台平野など，水が豊富な地域となっている。 (3)　白神山地は，青森県の南西部から秋田県北西部にかけて広がっている標高1,000m級の山地(山岳地帯)のことをいう。白神山地は，屋久島とならんで1993年(平成5年)12月，日本で初めてのユネスコ世界遺産(自然遺産)に登録された。

(4)　異なる二つの潮流の接する海面に現れる帯状の筋を潮目という。寒流と暖流の出合う付近などに見られ，しばしば好漁場となる。 (5)　再生可能エネルギーを使った発電方法として，太陽光，風力，地熱，バイオマスなどがあげられる。

重要 重要 2 (1) 東京の中心部には印刷・出版業が集中し，情報を各地に発信している。 (2) 全国に1つしかない最高裁判所は，東京の国会議事堂の隣にある。 (3) 日本の港湾別貿易額で輸出・輸入を合わせると第一位である港湾・空港は成田国際空港であり，オリンピックを控えて，その一層の改善や発展が期待されているのである。 (4) ヒートアイランド現象の原因としては，市街化の進行などによる地表面被覆の変化，エネルギー使用の増大，都市形態の変化による弱風化などが挙げられる。

3 Aは面積が最小であるので香川県とわかる。Bは第3次産業が多いので沖縄県とわかる。Cは人口密度が最大であるので大阪府とわかる。

やや難 4 Aはいちご，Bはキャベツ，Cはきゅうり，Dはレタスである。それぞれのベスト3を覚えておこう。

5 従業員数，製造品出荷額，ともに1番多いBは広島市である。市の人口が1番多いCは札幌市となる。残りのAが仙台市である。

**3** **(公民ー憲法，政治のしくみ，社会生活，国際政治，公民総合，その他)**

1 天皇の国事行為の責任は内閣が負う。日本国憲法は，戦争を放棄して世界の恒久平和のために努力するという平和主義を基本原理の一つとしている。憲法9条は，戦争を放棄し，戦力を持たず，交戦権を認めないと定めている。女性差別をなくすために，1985年男女雇用機会均等法が制定された。憲法改正に関する条文は憲法96条に明記されている。確認しておこう。

2 日本国憲法の公布は1946年11月3日である。

3 日本国憲法の施行は1947年5月3日である。公布日と施行日を間違わないように区別して覚えよう。

4 選択肢のア～ウは天皇の国事行為の内容である。内閣不信任決議は国会の仕事で衆議院だけが持つ権限である。

5 国際関係において武力攻撃が発生した場合，被攻撃国と密接な関係にある他国がその攻撃を自国の安全を危うくするものと認め，必要かつ相当の限度で反撃する権利を集団的自衛権という。

6 バリアフリーとは，障がいのある人や高齢者が，一般社会の中で安全・快適に暮らせるように身体的，精神的，社会的な障壁(バリア)を取り除こうという考え方のことをいう。

重要 7 個人が自分の生き方や生活のしかたについて自由に決定する権利は，自己決定権とよばれる。例えば，医療に関しては，治療を受ける患者の自己決定権のために，インフォームド・コンセント(十分な説明にもとづく同意)が重要になってくる。

8 情報社会では，個人情報が本人の知らないところで，収集され利用されることがある。このような中で，個人の私生活に関することがらを公開されない権利として，プライバシーの権利が認められている。

9 Aは国会が持つ内閣に対しての権限である「内閣総理大臣の指名」であり，Bは国会が持つ裁判所に対しての権限である「弾劾裁判所の設置」である。

10 衆議院の優越権が認められているのは，解散制度などによって国民とより強く結びついている衆議院の意思を優先させて，国会の意思形成をしやすくするためである。

**★ワンポイントアドバイス★**

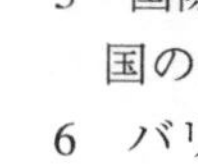

2 2 (1) 人口が集中すると，情報も多く集まるために，情報を扱う産業がさかんとなる。 3 1 女性差別をなくすために，1999年には男女共同参画社会基本法も制定されている。これも合わせて覚えておこう。

## ＜国語解説＞

一　問一　a　繁栄　b　さ　c　おびや　d　典型　e　臨機　問二　A　オ　B　ア　C　ウ　D　エ　E　イ　問三　エ　問四　植物が生存するのには適した場所　問五　(例)　植物は太陽の光と水と土を奪い合うこと。(19字)　問六　ウ　問七　Ⅰ　イ　Ⅱ　ウ　Ⅲ　ア　Ⅳ　オ[ク]　Ⅴ　ク[オ]　Ⅵ　エ[カ]　Ⅶ　カ[エ]　Ⅷ　キ　問八　(例)　競争やストレスに強い植物との争いは避け，予測不能な環境の変化に強い特徴を生かす戦略で生きている。(48字)

二　問一　a　内緒　b　眺　c　突破　d　義務　e　感触　問二　(例)　迷い道のない人生を嫌った娘の気持ちが理解できるかもしれないと考えたから。(36字)　問三　依存　問四　Ⅰ　(例)　他人を心から信頼しない(11字)　Ⅱ　(例)　相手が心を開いて私を受け入れる(15字)　問五　寝耳　問六　エ　問七　ウ

三　問一　Ⅰ　亡くなった　Ⅱ　和漢朗詠集　Ⅲ　年代が合わない[年代が違う]　問二　ア　問三　イ　問四　(1)　ろうえいしゅう　(2)　そうらえば

○推定配点○

一　問四　5点　問五・問八　各7点×2　問七　各1点×8　他　各2点×12
二　問二　7点　問四　各5点×2　他　各2点×9　三　各2点×7　計100点

## ＜国語解答＞

一　(論説文ー漢字の読み書き，空欄補充，接続語，漢字の意味，内容理解，要旨)

問一　a「繁栄」は，さかえること。　b「回避」「不可避」の「避」である。　c「脅」には「おど(かす)」「おど(す)」という訓読みもあるが，ここでは前に「生存を」とあるので「おびや(かす)」がふさわしい。　d「典型」は，同類のもののうち，その特徴を最もよく表しているもの。　e「臨機応変」は，そのときの場面や状況の変化に応じて，適切な処置を施すこと。

基本　問二　A「確かに……避けている」といったん認める事柄を述べたうえで，「けれども，……挑んでいるのである」と反対の事柄を述べている。　B「ただ」は，それだけであること。　C　空欄の前後が逆の内容になっているので，逆接の接続語が入る。　D　空欄の前の内容の具体例を空欄のあとで挙げているので，「たとえば」が入る。　E　空欄の前の事柄を空欄のあとで説明しているので，説明・補足の接続語が入る。

問三「雑草」の「雑」は，さまざまなもの(が混じる)，という意味。エ「粗雑」の「雑」は，まとまりがない，ごたごたしている，という意味。

問四　――部②は，直前の段落の「強い植物が力を発揮することができないような場所」と，その前の段落の「植物が生存するのには適した場所」を指している。

問五「激しい争い」という言葉が出てくる，冒頭の段落に注目する。

重要　問六　一般的に考えられている「強さ」とは違った意味を込めて，「強さ」という言葉が使われている。

問七「Sタイプ」が「高山」「砂漠」，「Rタイプ」が「道ばた」「畑」，「Cタイプ」が「森」である。

やや難　問八　雑草は「Rタイプ」の植物であり，他の植物との競争に強い「Cタイプ」の植物や，ストレスに強い「Sタイプ」の植物との争いを避けている。また，「Rタイプ」の植物は，「予測不能な環境の変化に強い」とあることに注目して解答をまとめる。

## 二 （小説－漢字の読み書き，内容理解，空欄補充，ことわざ，心情理解，主題）

問一　a「内緒」は，内々の秘密であること。　b「眺」と「挑」を区別しておくこと。c「突破口」は，困難な問題を解決するための糸口のこと。　d「義務」は，自分の立場に応じてしなければならないこと。　e「感触」とはここでは，話などから受けるぼんやりとした感じのこと。

やや難　問二　娘が，「迷い道のない人生なんて，味気ないよ」と言い残して家を出ていったあと，「私」は「職場や出先で道に迷う人間を目にするたび」「その相手を観察」するようになった。「私」は娘の気持ちを少しでも知りたいと思っているのである。

問三　あとに「他人をあてにするような行為は，私から見れば依存としか思えない」という言葉がある。

問四　――部③は，「心から信頼を寄せてくる相手に対して，人はそうそう冷たくなれない」という同僚の意見を聞いた「私」が考えていることである。「私」は「むやみやたらに他人を信頼する」人間ではないため，他人から「あまり行為を抱かれるタイプでない」のだろうと考えている。

基本　問五「寝耳に水」は，不意のことが起こって驚くこと。

問六　直後の「そんなこと考えず，……あげなさいな」「きっとあの子は喜びますから」という妻の言葉に注目。

重要　問七　父親である「私」は，ふだんは道に迷うような人間ではないことから考える。

## 三 （古文－語句の意味，現代語訳，内容理解，主語，空欄補充，要旨）

〈口語訳〉ある者が，小野道風が書いた和漢朗詠集だといって持っていたのを，ある人が，「ご先祖代々のお言伝えは根拠のないことではございますまいが，四条大納言（公任）がご編纂なさったものを，道風が書いたというのは，年代が違いませんでしょうか。何とも不審に思われます」と言ったところ，「さようでございますから，世にも稀な珍しいものなのでございます」と言って，ますます大切にしまっておいたということである。

重要　問一　注を参考にしながら古文を読み，「ある人」が何を不審に思ったのかをとらえる。

問二「さ」は，そのように，という意味。「候ふ」は，ございます，という意味。

問三「小野道風の書ける和漢朗詠集」がどのような点で，世にも稀な珍しいものなのかをとらえる。

基本　問四　(1)「らう」を「ろう」に，「しふ」を「しゅう」に直す。　(2)「さう」を「そう」に，「へ」を「え」に直す。

**★ワンポイントアドバイス★**

読解問題には空欄補充や要旨，心情を問う選択問題のほかに，抜き出しや自由記述の問題が多い。時間内で解答を書き終える訓練を重ねよう。ふだんから，国語辞典・漢和辞典を活用し，いろいろな種類の問題を解き，基礎力を保持しよう！

# 2019年度

# 入　試　問　題

## 2019年度

# 岐阜聖徳学園高等学校入試問題

**【数　学】**（45分）　<満点：100点>

**【注意】** 1　答えが分数になるときは，それ以上約分できない形で答えなさい。

2　答えに根号が含まれるときは，根号の中は最も小さい自然数で答えなさい。

**1**　次の計算をしなさい。

⑴　$-4+(7-5^2)\div(-2)$

⑵　$\left(-\dfrac{1}{2}\right)^2\div\left(-\dfrac{1}{14}\right)+0.5$

⑶　$\dfrac{1}{6}(2a-3b)-\dfrac{1}{3}(a+2b)$

⑷　$36x^6\div(-2x^2)\div(-3x)^3$

⑸　$(\sqrt{5}-\sqrt{2})^2-5$

**2**　次の問いに答えなさい。

⑴　$2x^2+10x-28$ を因数分解しなさい。

⑵　$x$ についての方程式 $3(x-2)=-(a-x)$ の解が５のときの $a$ の値を求めなさい。

⑶　$\sqrt{600n}$ の値が自然数になるような自然数 $n$ のうち，もっとも小さい数を求めなさい。

⑷　500円，100円，10円の３種類の硬貨がそれぞれ１枚ずつある。この３枚の硬貨を同時に投げるとき，表の出る硬貨の合計金額について，100円以上500円未満になる確率を求めなさい。

⑸　仕入れ値5000円の品物に定価をつけ，その定価の２割引きで売っても利益が200円出るようにしたい。定価はいくらにすればよいかを求めなさい。

**3**　ある学校の生徒に朝食についての調査をおこなった。生徒全体の８割は朝食を食べている。朝食を食べている生徒のうち，和食を食べている生徒は５分の２，洋食を食べている生徒は37.5%であった。また，朝食を食べていない生徒は120名いた。朝食を食べている生徒のうち，和食でも洋食でもない朝食を食べている生徒は何人かを答えなさい。ただし，２種類以上同時に食べないものとする。

**4**　右の図で，４点A，B，C，Dは円Oの円周上にある。
$\angle x$，$\angle y$ の大きさを求めなさい。

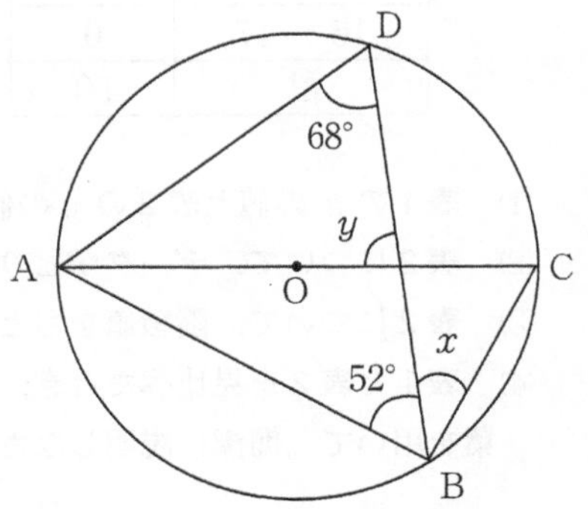

**5** 正方形の紙を向きを変えないように破線部で折り，最後に円形の穴を1つ開けた。これを広げたときの穴の位置として正しいものを，下のア～オから1つ選び，符号で答えなさい。

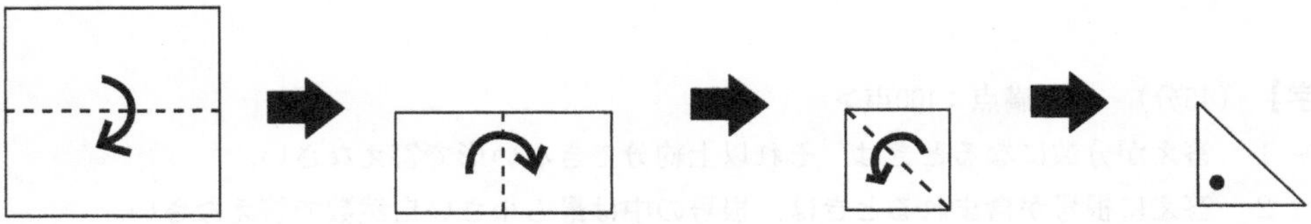

ア

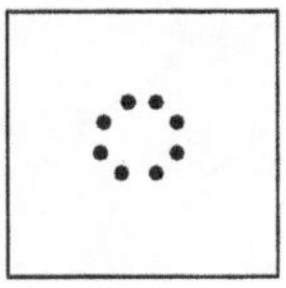

イ

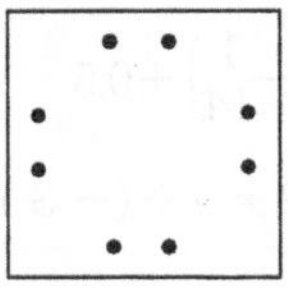

ウ

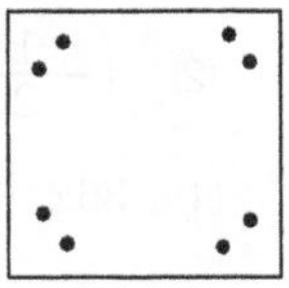

エ

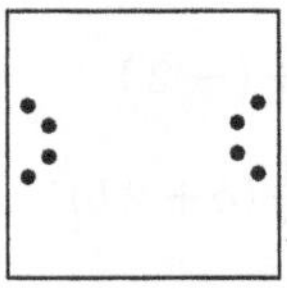

オ

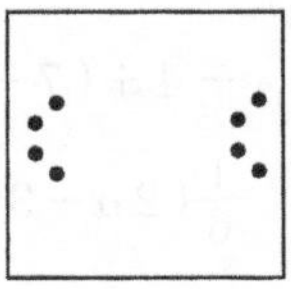

**6** ユウキさんは高さ105mの塔の上から，秒速20mでボールを地面に向かって投げ下ろした。$t$ 秒後のボールの高さ $y$ mについて，関係式 $y=105-20t-5t^2$ が成り立っていることが分かった。このとき，次の問いに答えなさい。

(1) ボールを投げ下ろしてから，最初の1秒間で落下した距離を求めなさい。

(2) ボールを投げ下ろしてから，ボールが地面に落ちるまでの平均の速さを求めなさい。

**7** さくらさんは総合的な学習の時間に環境問題の中から「地球温暖化」をテーマに選び，探究活動をしている。そこで，岐阜県の過去100年間の平均気温についての資料を気象庁のデータから探し，1918年から1967年までの50年間の平均気温を**表1**に，1968年から2017年までの50年間の平均気温を**表2**のように整理した。このとき，次の問いに答えなさい。

**表1**

| 階級（℃） | 度数 | 相対度数 |
|---|---|---|
| 以上　未満 | | |
| 13 ～ 14 | $a$ | 0.20 |
| 14 ～ 15 | $x$ | 0.62 |
| 15 ～ 16 | 9 | 0.18 |
| 16 ～ 17 | 0 | 0.00 |
| 計 | 50 | 1 |

**表2**

| 階級（℃） | 度数 | 相対度数 |
|---|---|---|
| 以上　未満 | | |
| 13 ～ 14 | 0 | 0.00 |
| 14 ～ 15 | 10 | $b$ |
| 15 ～ 16 | 22 | 0.44 |
| 16 ～ 17 | 18 | $y$ |
| 計 | 50 | 1 |

(1) **表1**の $x$ の値と**表2**の $y$ の値を，それぞれ求めなさい。

(2) **表2**について，データがとり得る値の範囲を求めなさい。

(3) **表2**について，階級値をもとに，平均値を求めなさい。

(4) **表1**と**表2**を見比べたとき，50年ごとの気温の変化について，「範囲」と「平均値」の2つの言葉を用いて，簡潔に説明しなさい。

**8** 下の図のように，直線 $2x+5y=13$…① と直線 $x-2y=2$…② が点Aで交わっている。直線 $\ell$ は，直線①，②とそれぞれ点B，Cで交わっている。このとき，次の問いに答えなさい。

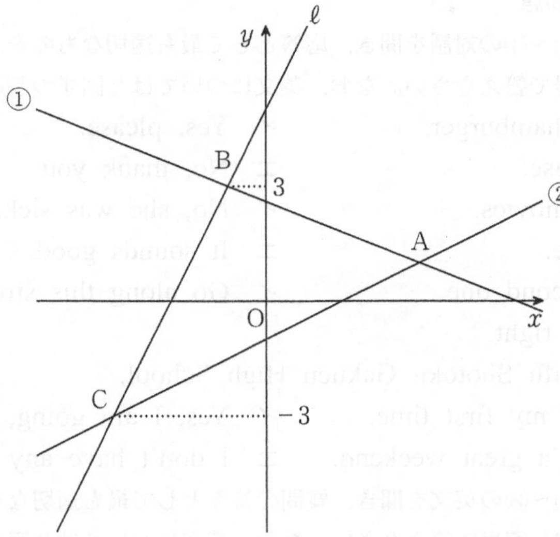


(1) 点Aの座標を求めなさい。

(2) 直線 $\ell$ の式を求めなさい。

(3) 点Aを通り $x$ 軸に平行な直線と，直線 $\ell$ との交点の座標を求めなさい。

(4) △ABCの面積を求めなさい。

**9** 右の図のようなAB＝５㎝，BC＝２㎝，CD＝８㎝，∠B＝∠C＝90° の台形ABCDがある。このとき，次の問いに答えなさい。ただし，円周率を $\pi$ とする。

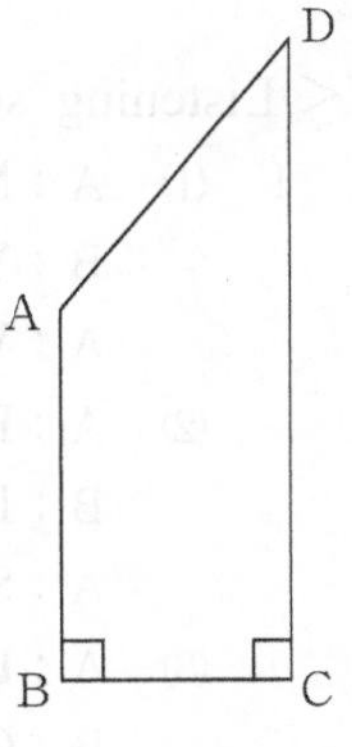


(1) 辺ABを軸として１回転させてできる立体の体積を求めなさい。

(2) 辺ABを軸として１回転させてできる立体の体積を $V_1$，辺CDを軸として１回転させてできる立体の体積を $V_2$ としたとき，$V_1 : V_2$ をもっとも簡単な整数の比で求めなさい。

(3) 辺BCを軸として１回転させてできる立体の体積を求めなさい。

【英　語】（45分）　＜満点：100点＞

## 1　放送を聞いて答える問題

1　これから放送する(1)～(4)の対話を聞き，応答として最も適切なものを，次のア～エから１つずつ選び，それぞれ符号で答えなさい。なお，英文については２回ずつ読みます。

(1)　ア　I'd like a hamburger.　　イ　Yes, please.
　　ウ　Apple, please.　　エ　No, thank you.

(2)　ア　She likes movies.　　イ　No, she was sick.
　　ウ　Yes, I have.　　エ　It sounds good.

(3)　ア　No, the second one.　　イ　Go along this street.
　　ウ　Yes, that's right.
　　エ　I got to Gifu Shotoku Gakuen High School.

(4)　ア　No, this is my first time.　　イ　Yes, I am going, too.
　　ウ　Yes, I had a great weekend.　　エ　I don't have any plans.

2　これから放送する(1)～(3)の英文を聞き，質問の答えとして最も適切なものを，次のア～エから１つずつ選び，それぞれ符号で答えなさい。なお，英文については２回ずつ読みます。

(1)　ア　Kenji.　　イ　The store owner.
　　ウ　A shop assistant.　　エ　Takeru.

(2)　ア　Of course he will.　　イ　Yes, it has.
　　ウ　He's on his way.　　エ　No, he won't.

(3)　ア　By bus.　　イ　By bike.　　ウ　On foot.　　エ　By car.

＜ Listening script ＞

1　(1)　A：May I help you?
　　　B：Yes.　I'd like a glass of juice.
　　　A：What kind would you like?

　(2)　A：How did you enjoy the movie last night?
　　　B：It was the best movie I've ever seen.
　　　A：Sounds good!　Did your daughter go with you?

　(3)　A：How do I get to Gifu Shotoku Gakuen High School?
　　　B：Go along this street and turn right at the second corner.
　　　A：Turn right at the second corner?

　(4)　A：Do you have any plans for the weekend?
　　　B：Oh, my friend and I are going to Lake Biwa.
　　　A：Sounds great!　Have you been there before?

2　(1)　Kenji went to a department store.　He was looking for a toy for his brother, Takeru.　A shop assistant told him that the toy section was on the $7^{th}$ floor, so he went there and bought one.
　Question: Who was looking for a toy?

(2) Hiroshi was a cyclist. He won the first prize for the National Cycle Championship a few years ago, but he was not satisfied with his result. So, he has started a new sport. He hopes to attend the Asian Championship. I think he will be successful with his new challenge.

Question: Has Hiroshi's second dream come true?

(3) Satoshi goes to school on foot every morning. Yesterday, it was raining. He usually goes by bus on rainy days, but yesterday his father was going to the city hall by car, so his father drove him.

Question: How did Hiroshi get to school yesterday?

2 次の各組の語の中から，アクセントの位置が他と異なるものを，次のア～エから１つずつ選び，それぞれ符号で答えなさい。

1　ア ad-vice　イ e-vent　ウ ho-tel　エ pat-tern

2　ア beau-ti-ful　イ im-por-tant　ウ Sep-tem-ber　エ Aus-tra-lia

3　ア be-lieve　イ sea-son　ウ al-ways　エ din-ner

3 次の（　）内に入る最も適切な語を，次のア～エから１つずつ選び，それぞれ符号で答えなさい。

1　Takeshi, Mika and I (　　) very good friends.

ア are　イ is　ウ was　エ am

2　The game is almost (　　).

ア in　イ off　ウ over　エ finish

3　(　　) gave this pen to you?

ア Why　イ Which　ウ Who　エ When

4　A : Is his name Akira?

B : Yes, but we (　　) him Aki.

ア talk　イ call　ウ say　エ tell

5　A : We have just (　　) about England in our homeroom activities.

B : Have you?

ア studying　イ studies　ウ study　エ studied

4 次の日本文に合うように，(　)内に入る最も適切な語を，１つずつ答えなさい。ただし，(　)内に示されている文字で書き始め，その文字も含めて答えること。

1　私は冬休みに飛行機で沖縄へ行きました。

I went to Okinawa by airplane (d　　) the winter holidays.

2　この参考書は英語で書かれています。

This textbook is (w　　) in English.

3　アフリカでは，たくさんの人々がなにも食べるものがない。

In Africa many people have (n　　) to eat.

4　みんな，雨が降り出さないうちに家に帰ろうね。

Go home（b　　）it begins to rain, boys and girls!

5　たくさんの宿題で私は忙しかった。

A lot of homework（m　　）me busy.

[5]　次の日本文の意味を表すように，（　）内の語を並べかえて，英文を完成させなさい。ただし，（　）の中では，文頭にくる語も小文字で示してある。

1　彼が岐阜でとった写真を見せましょうか。

（ show / shall / you / which / the / I / pictures / he ）took in Gifu?

2　池に釣りに出かけるのは私の楽しみです。

（ fun / me / it / to / is / go / for / fishing ）in the lake.

3　私は彼がいつ生まれたか知っています。

（ he / I / was / know / when / born ）.

4　父は家族の中で一番背が高い。

（ the / members / father / tallest / the / family / is / my / all / of ）.

[6]　次の各組の英文がほぼ同じ内容になるように，（　）内に入る最も適切な語を，1つずつ答えなさい。

1　{ Mr. White sings very well.
　　Mr. White is a very good（　　　）.

2　{ The mountain is Mt. Ibuki. It is covered with snow.
　　The mountain（　　　）with snow is Mt. Ibuki.

3　{ Junichi is a good old friend of mine.
　　Junichi and I have（　　　）good friends for a long time.

4　{ I didn't eat dinner and went to bed.
　　I went to bed without（　　　）dinner.

5　{ Twenty minutes' walk brought me to the park.
　　It（　　　）me twenty minutes to get to the park on foot.

[7]　次の英文を読んで，内容に合うものを，下のア～エから1つずつ選び，それぞれ符号で答えなさい。

1　There are a lot of ways to enjoy shopping. Some people like to go shopping at malls. At malls, people can enjoy movies and many kinds of food. Sometimes we can also enjoy special shows. Other people like to go to shops near their homes. They can enjoy talking with people working there. Often they can even be friends. Today, some people also like Internet shopping. It is very easy for them to find the things that they want to buy. Anyway, I like to buy things from shops near my home because I can buy local foods from local farmers. If we buy these foods, farmers living in the area can make more money. I think it is a very important thing for our hometown. I cannot tell you what the best way is, but we should appreciate our choices.

（注） appreciate　感謝する

ア Some people like shops near their houses because they can work at them.

イ Some people like Internet shopping because they can buy fresh local foods.

ウ It is best to buy things on the Internet because they are very cheap.

エ Nobody can tell what the best way is, but we should be thankful for our choices.

2 Today, I'd like to tell you one thing that would be helpful for young students. I have done exercise for thirty years. It has been a long way and very hard for me to do that. People sometimes ask me, "Does it have any meaning?" I have gotten tired of people asking me the same thing for thirty years. I think it is not important for me to have a reason. For me, the most important thing is to keep doing what I like and what I decide for myself. Sometimes those that cannot make their own choice ask you, "Does it have any meaning?" But you should not answer those questions, just smile. You already have your own will. Don't lose your way and just do it! Then you can see different views that cannot be seen by others.

ア It has been a long way so I am tired.

イ It is very important for us to smile every time.

ウ It is very important for us to do what we like and what we decide for ourselves.

エ It is very important for us to do something meaningful.

8 次の会話文を読んで，後の問いに答えなさい。

Yoshio : Thank you for taking time to teach me English, but it is time to go home now.

Mr. Miller : Oh, OK. Anyway, it is 5 : 30. Usually you study till late. Do you have a fever or something?

Yoshio : I'm fine, Mr. Miller. Today is February 8th. Our family has our own rules. We [ ① ] of the 8th.

Mr. Miller : You mean, your family goes to some nice restaurant every 8th?

Yoshio : Oh, no, we just have dinner at home. Special means just a small thing like one of us making dinner for my mother. I mean, [ ② ] in turn. We eat and talk together for about an hour and half at least.

Mr. Miller : At least an hour and half? Sounds interesting. Why did your family begin this custom?

Yoshio : Now, it has [ ③ ] together. We are all busy. For example, my sister practices in her basketball team and my mother works part-time. My father usually works overtime, and I am a student preparing for an exam.

Mr. Miller : I see. Do you like the custom?

Yoshio : <u>Of course</u>, yes. I do like it! I think the special night is great because we can share our news of the week with our family.

Mr. Miller : What do you talk about?

Yoshio : We talk about many things. For example, I can ask for help about my troubles, like studying. And my sister usually talks about basketball. Also, my mother likes to talk about the TV show she watched that week. My father usually listens to us, smiles, and drinks his favorite beers.

Mr. Miller : How nice! I wish our family had a custom like that. It seems that your family has great communication time. Do you have any other family rules? I'd like to make some new rules for my family.

Yoshio : Well, there are three more rules. We must [ ④ ] ourselves. We must not watch TV while eating meals. We must not bring our mobile phones to the dinner table.

Mr. Miller : Oh, maybe your family puts great importance on communication and respect for each other. I really like that! I will refer to these family rules. Thank you for telling me such wonderful things.

(注) in turn 順番に　at least 少なくとも　overtime 残業　beer ビール
I wish ～ 私は～したい　refer to 参考にする

1 [ ① ] ～ [ ④ ] に入る最も適切なものを，次のア～カから１つずつ選び，それぞれ符号で書きなさい。

ア become difficult to eat dinner
イ our family member eats lunch
ウ wash our lunch boxes
エ have a special dinner on the evening
オ making a wonderful dinner for our family
カ our family members make dinner

2 ――部について，Yoshio がこのように言った理由を，日本語で書きなさい。

3 次の⑴～⑸の日本文が本文の内容に合っていればＴを，間違っていればＦを，それぞれ書きなさい。

⑴ 毎月８日は，お母さん以外の家族が夕食を作ることになっている。
⑵ Yoshio の家族は５人で，それぞれが忙しい。
⑶ 家族で団らんしている時に，お父さんは家族に対していろいろアドバイスをしてくれる。
⑷ Yoshio の家では，家族のルールが２つある。
⑸ Mr. Miller もこれから家族のルールを作っていきたいと考えている。

4 Mr. Miller は，Yoshio の家族について，具体的にどのような評価をしているか，日本語で書きなさい。

**【理　科】**（45分）　＜満点：100点＞

**1**　電気回路に関する次の実験について，１～７の問いに答えなさい。

〔実験１〕　１本の金属線から長さの異なる６本の金属線を切り取り，それぞれの金属線に15.0Vの電圧をかけ，流れる電流の大きさを測定した。

表は，〔実験１〕の結果をまとめたものである。

表

| | | | | | | |
|---|---|---|---|---|---|---|
| 金属線の長さ〔cm〕 | 4.0 | 8.0 | 12.0 | 16.0 | 20.0 | 24.0 |
| 電流の大きさ〔A〕 | 6.0 | 3.0 | 2.0 | 1.5 | 1.2 | 1.0 |

〔実験２〕　図１のように，〔実験１〕で使った長さ8.0cmと16.0cmの金属線を直列につなぎ，12.0Vの電圧をかけ，8.0cmの金属線に流れる電流$I_1$と16.0cmの金属線を流れる電流$I_2$を測定した。

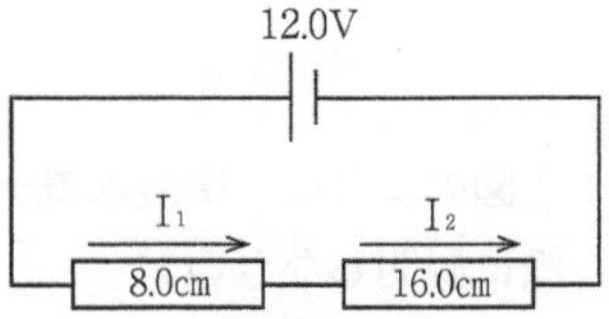

図１

〔実験３〕　図２のように，〔実験２〕で使った２本の金属線を並列につなぎ，12.0Vの電圧をかけ，8.0cmの金属線に流れる電流$I_3$，16.0cmの金属線に流れる電流$I_4$，全体を流れる電流$I_5$を測定した。

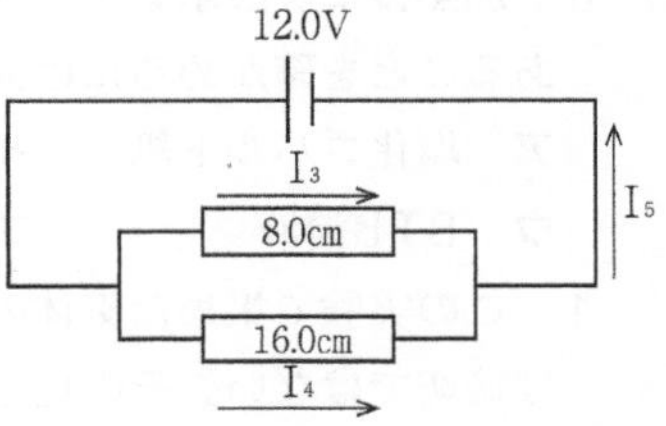

図２

1　〔実験１〕を行うための実験装置として正しい電気回路となるように，解答用紙の電源，スイッチ，金属線，電圧計，電流計をつなぎなさい。

2　電源，スイッチ，電圧計，電流計を表す電気用図記号を，次の**ア**～**オ**から１つずつ選び，それぞれ符号で書きなさい。

ア 　イ 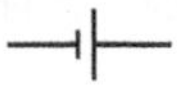　ウ ⊗　エ Ⓐ　オ Ⓥ

3　〔実験１〕で金属線の長さが12.0cmのとき，金属線の抵抗の大きさは何Ωか。

4　〔実験１〕の結果から，金属線の長さと抵抗の大きさの関係を表すグラフを書きなさい。ただし，解答用紙のグラフの（　）にあてはまる適切な数値も記入すること。

5　４の結果から，金属線の長さと抵抗の大きさはどのような関係があるか。ことばで書きなさい。

6　〔実験２〕と〔実験３〕で測定した電流の大きさ$I_1$～$I_5$は，それぞれ何Aか。

7　〔実験１〕と同じ金属線をある長さに切り7.2Vの電圧をかけたところ，金属線を流れる電流が$I_5$と同じになった。金属線の長さは何cmか。

**2**　化学変化と質量に関する次の実験について，あとの１～８の問いに答えなさい。

〔実　験〕　炭酸水素ナトリウムを加熱したときの変化を調べる。

《操作１》　次のページの図のように，試験管に炭酸水素ナトリウム8.4gを入れ，ガスバーナーで十分に加熱し，発生する気体を集めた。

《操作２》　出てきた気体を３本の試験管に集め，ゴム栓をした。

《操作３》　加熱後の試験管内に残った白い粉末の質量をはかった。

〔結　果〕 加熱後の試験管内に残った白い粉末の質量は，5.3 g であった。

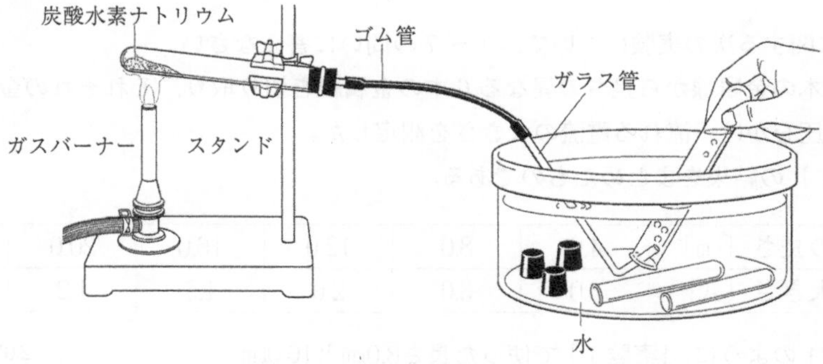


図

1　図のように，炭酸水素ナトリウムを入れた試験管の口を底より少し下げて加熱する理由を，簡潔に説明しなさい。

2　図の右側の試験管に気体を集める方法を何というか。ことばで書きなさい。

3　加熱後に炭酸水素ナトリウムの入っていた試験管の内側に液体がついていた。この液体が水であることを確かめるには何を用いればよいか。次の**ア**～**エ**から１つ選び，符号で書きなさい。

**ア**　塩化コバルト紙　　**イ**　ベネジクト液

**ウ**　BTB溶液　　**エ**　リトマス紙

4　この実験で集めた気体の性質を調べるとき，最初の１本目の試験管にたまった気体を使うことは適切ではない。その理由を，簡潔に説明しなさい。

5　この実験で集めた気体の入っている試験管に，石灰水を入れてよくふったところ石灰水が白くにごった。集めた気体は炭酸水素ナトリウムの熱分解によって発生したものであることから，炭酸水素ナトリウムをつくっている原子のうち，２種類の原子が推定できる。この２種類の原子を，それぞれ元素記号で書きなさい。

6　次の試験管A，Bにそれぞれフェノールフタレイン溶液を加えたとき，その結果として最も適切なものを，下の**ア**～**エ**から１つ選び，符号で書きなさい。

試験管A：炭酸水素ナトリウムを水に溶かした溶液

試験管B：加熱後の試験管に残った白い粉末を水に溶かした溶液

**ア**　試験管AがBより赤くなる。　　**イ**　試験管BがAより赤くなる。

**ウ**　試験管A，Bとも同じくらい赤くなる。　　**エ**　試験管A，Bとも無色である。

7　6から試験管Bの水溶液は何性を示すか。ことばで書きなさい。

8　炭酸水素ナトリウムと食塩の混合物50.0 g をステンレス皿にのせ，質量に変化が見られなくなるまで加熱した。加熱後の混合物の質量は37.6 g であった。もとの混合物中に炭酸水素ナトリウムは何％ふくまれていたか。ただし，食塩は加熱によって変化しないものとする。

**3**　植物について，１～３の問いに答えなさい。

1　次のページの図１は，植物のなかま分けを示したものである。A～Gには植物をなかま分けしたときの名前が，①～③には植物のなかま分けをしたときの基準が入るようになっている。あとの(1)～(3)の問いに答えなさい。

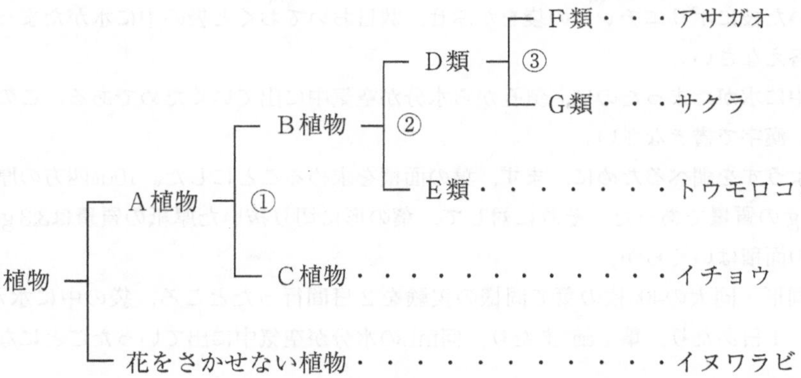


図1

(1) 図1のA，B，D，Fにあてはまる語句を，それぞれ漢字で書きなさい。

(2) 図1の①～③に入る基準を，次のア～カから1つずつ選び，それぞれ符号で書きなさい。

**ア** 胚珠が子房につつまれているか，いないか。

**イ** 維管束があるか，ないか。

**ウ** 陸上で生活するか，水中で生活するか。

**エ** 種子をつくるか，つくらないか。

**オ** 花弁がくっついているか，はなれているか。

**カ** 子葉が1枚か，2枚か。

(3) D類の特徴として正しいものを，次のア～カからすべて選び，符号で書きなさい。

**ア** 葉脈は平行に通る。　　**イ** 葉脈は網目状に通る。

**ウ** 根は主根と側根である。　　**エ** 根はひげ根である。

**オ** 茎と維管束の配列は，ばらばらである。

**カ** 茎と維管束の配列は，輪の形に並んでいる。

2　ムラサキツユクサの葉の気孔と，そのまわりの細胞のようすを顕微鏡で観察した。(1)，(2)の問いに答えなさい。

(1) 右のAとBは接眼レンズ，CとDは対物レンズである。観察をするときの倍率が最も高くなるときの組み合わせを選び，それぞれ符号で書きなさい。

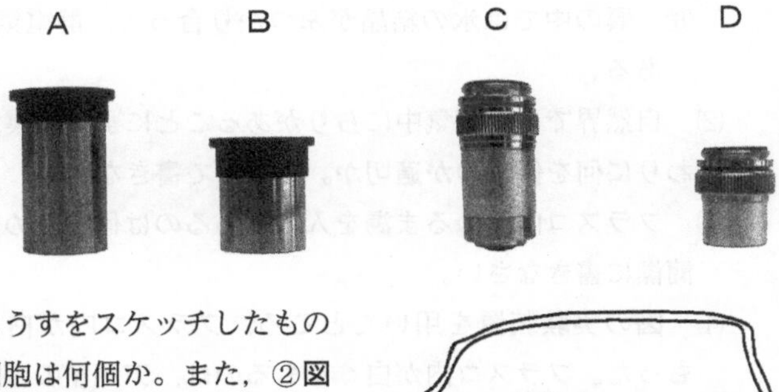


(2) 図2は，気孔とまわりの細胞のようすをスケッチしたものである。①図2中に書かれている細胞は何個か。また，②図2中で葉緑体がふくまれていない細胞は何個か。

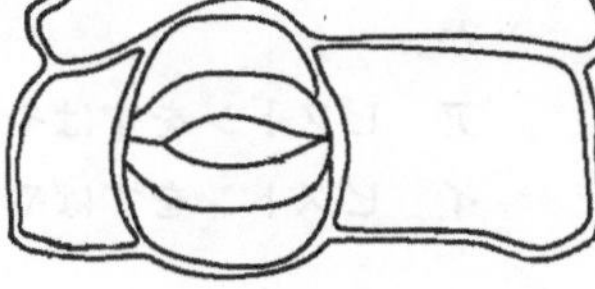

図2

3　葉のついた枝にポリエチレンの袋をかぶせ，数日おいておくと袋の中に水がたまった。(1)～(3)の問いに答えなさい。

(1)　袋の中に水がたまったのは，気孔から水分が空気中に出ていくためである。この現象を何というか。漢字で書きなさい。

(2)　(1)のようすを調べるために，まず，葉の面積を求めることにした。10㎝四方の厚紙を測定すると4.4ｇの質量であった。それに対して，葉の形に切り抜いた厚紙の質量は3.3ｇであった。この葉の面積はいくらか。

(3)　(2)と同形・同大の400枚の葉で同様の実験を２日間行ったところ，袋の中に水が2700mLたまった。１日あたり，葉１$cm^2$あたり，何mLの水分が空気中に出ていったことになるか。

**4**　水蒸気の変化について，１～５の問いに答えなさい。

1　空気にふくまれる水蒸気が，気温が下がって水滴に変わる現象を何というか。漢字で書きなさい。

2　気温が18℃で，１$m^3$中に13.6ｇの水蒸気をふくむ空気がある。ある部屋の広さが300$m^3$，18℃のときの飽和水蒸気量を15.4ｇ/$m^3$として，(1)，(2)の問いに答えなさい。

(1)　この部屋の空気は，あと何ｇの水蒸気をふくむことができるか。

(2)　この部屋の湿度は何％か。小数第１位を四捨五入して，整数で書きなさい。

3　雲のでき方を調べるために，図のような装置でピストンを押したり引いたりして実験を行った。(1)～(5)の問いに答えなさい。

(1)　次の①～⑥の文は，雲のでき方の例を順にまとめたものである。[ a ]～[ c ]にあてはまる最も適切な語句を，それぞれ書きなさい。

①　太陽の光が，地面をあたためる。

②　地面の熱であたためられた[ a ]が上昇して，膨張する。

③　気温が[ b ]に達すると，水蒸気が水滴に変化する。

④　上昇がつづくと，さらに膨張して気温が下がる。

⑤　温度が０℃以下になると，氷の結晶ができてくる。

⑥　雲の中では氷の結晶がぶつかり合って，静電気が発生し，[ c ]が発生することもある。

(2)　自然界では，空気中にちりがあることによって雲ができやすくなる。この実験では，そのかわりに何を使うのが適切か。ことばで書きなさい。

(3)　フラスコ内にぬるま湯を入れてあるのは何のためか。簡潔に書きなさい。

(4)　図の実験装置を用いたところ，フラスコ内が白くくもった。フラスコ内が白くくもるのは，**ア**，**イ**のどちらか。

**ア**　ピストンをすばやく引いたとき。

**イ**　ピストンをすばやく押したとき。

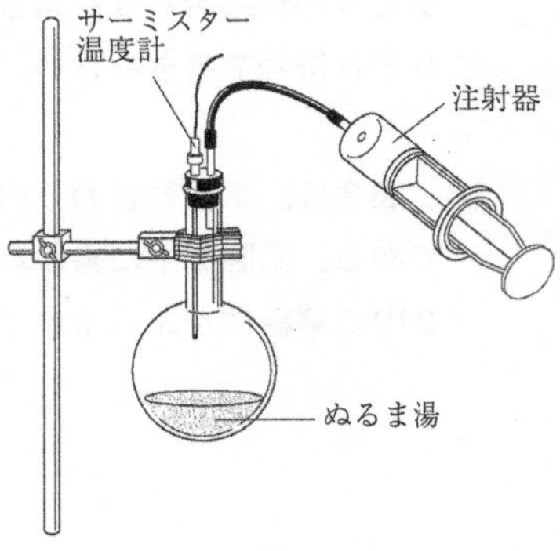


図

⑸ ⑷のとき，フラスコ内の圧力，温度はどうなるか。最も適切なものを，次の**ア**～**エ**から１つ選び，符号で書きなさい。

**ア** 圧力も温度も上がる。　**イ** 圧力も温度も下がる。

**ウ** 圧力は上がり，温度は下がる。　**エ** 圧力は下がり，温度は上がる。

4 日本付近の気団について，⑴，⑵の問いに答えなさい。

⑴ シベリア気団の性質として最も適切なものを，次の**ア**～**エ**から１つ選び，符号で書きなさい。

**ア** 冷たく，湿度が高い。　**イ** 冷たく，湿度が低い。

**ウ** あたたかく，湿度が高い。　**エ** あたたかく，湿度が低い。

⑵ シベリアからの空気は日本海上で多量の水蒸気をふくみ，本州の山脈にぶつかり上昇する。そのとき，垂直に発達する雲を何というか。次の**ア**～**エ**から１つ選び，符号で書きなさい。

**ア** 巻雲　**イ** 乱層雲　**ウ** 巻層雲　**エ** 積乱雲

5 空気のかたまりは山の斜面にぶつかることで，雲が発生する。**表**は，気温と飽和水蒸気量との関係を示したものである。ふもと（０ｍ）における空気のかたまりの温度が10℃であるとき，その空気のかたまりが高さ800ｍに達したときに雲が発生したとすると，ふもとにおける空気のかたまりの湿度は何％であったと考えられるか。小数第２位を四捨五入して，小数第１位まで書きなさい。

ただし，上昇する空気のかたまりの温度は高さ100ｍにつき，１℃の割合で下がり，湿度100％になったときに雲が発生するものとする。また，雲が発生するまで，１$m^3$あたりの空気にふくまれる水蒸気量は空気が上昇しても変わらないものとする。

**表**

| 気　　温[℃] | 0 | 2 | 4 | 6 | 8 | 10 |
|---|---|---|---|---|---|---|
| 飽和水蒸気量[$g/m^3$] | 4.8 | 5.6 | 6.4 | 7.3 | 8.3 | 9.4 |

【社　会】（45分）　＜満点：100点＞

1　写真１～８は日本の歴史に関係する人物や建造物，または作品である。１～９の問いに答えなさい。

写真１

写真２

写真３

写真４

写真５

写真６

写真７

写真８

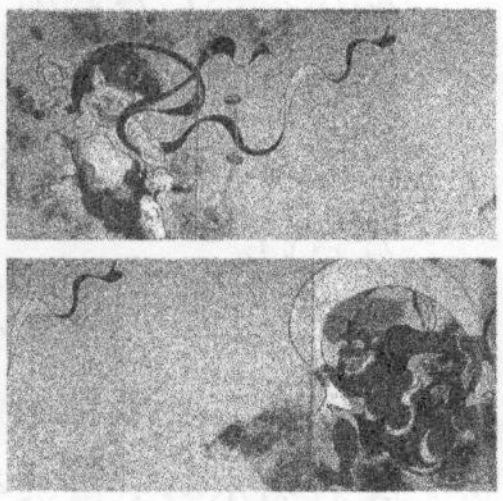

1　**写真１**について，⑴，⑵の問いに答えなさい。

⑴　この人物が摂政となったときの天皇は誰か，次の**ア**～**エ**から１つ選び，符号で書きなさい。

**ア**　推古天皇　　**イ**　欽明天皇　　**ウ**　崇峻天皇　　**エ**　天智天皇

⑵　**資料１**はこの人物が役人の心構えを示したものである。［ a ］，［ b ］にあてはまることばを，それぞれ書きなさい。

資料１

> 一に曰く，［ a ］をもって貴しとなし，さからうことなき宗とせよ。
> 二に曰く，あつく［ b ］を敬え。［ b ］とは，仏・法・僧なり。
> 三に曰く，詔をうけたまわりては必ずつつしめ。
>
> （初めの３条の一部）

2　**写真２**について，⑴～⑶の問いに答えなさい。

⑴　次の**ア**～**ウ**はこの人物が活躍する前に起きたできごとである。年代の古い順に並べかえ，符号で書きなさい。

**ア**　大老の井伊直弼が，江戸城の桜田門外で暗殺された。

**イ**　イギリスがアヘン戦争で清に勝利し，清と不平等な条約を結んだ。

**ウ**　幕府はアメリカと日米和親条約を結び，下田と函館を開港した。

⑵　この人物が仲介役となり結んだ同盟とは何か，ことばで書きなさい。

⑶　当時の将軍が，土佐藩のすすめで政権を朝廷に返したできごとを何というか，ことばで書きなさい。

3　前のページの**写真3**の作品を描いた人物は誰か，次の**ア**～**エ**から１つ選び，符号で書きなさい。

**ア**　千利休　　**イ**　狩野山楽　　**ウ**　雪舟　　**エ**　狩野永徳

4　前のページの**写真4**について，⑴，⑵の問いに答えなさい。

⑴　この人物が行った改革について述べた文として適切でないものを，次の**ア**～**エ**から１つ選び，符号で書きなさい。

**ア**　物価の上昇をおさえるため，営業を独占している株仲間に解散を命じた。

**イ**　倹約令を出す一方，旗本や御家人が札差からしていた借金を帳消しにした。

**ウ**　江戸に出てきた農民を故郷に帰し，凶作やききんに備えるため，各地に倉を設けた。

**エ**　江戸の湯島に昌平坂学問所を創り，朱子学以外の学問を教えることを禁じた。

⑵　⑴の改革が行われるなか，蝦夷地の根室に来航し，日本との通商を求めてきたロシアの使節は誰か，人物名を書きなさい。

5　前のページの**写真5**のような金属器が伝わった時代の代表的な遺跡を，次の**ア**～**エ**からすべて選び，符号で書きなさい。

**ア**　吉野ヶ里遺跡　**イ**　岩宿遺跡　**ウ**　登呂遺跡　**エ**　三内丸山遺跡

6　前のページの**写真6**について，⑴～⑶の問いに答えなさい。

⑴　この人物が源義経などを送って平氏を追いつめほろぼした場所を，次の**ア**～**エ**から１つ選び，符号で書きなさい。

**ア**　一の谷　**イ**　壇ノ浦　**ウ**　屋島　**エ**　隠岐

⑵　幕府が成立し，この人物が任命された役職は何か，ことばで書きなさい。

⑶　**資料2**は武士の戦いを記した軍記物の一部である。この作品名を書きなさい。

**資料2**

祇園精舎《ぎおんしょうじゃ》の鐘《かね》の声，諸行無常《しょぎょうむじょう》の響《ひび》きあり。
娑羅双樹《しゃらそうじゅ》の花の色，盛者必衰《じょうしゃひっすい》のことわりをあらわす。
おごれる人も久しからず，只《ただ》春の夜《よ》の夢のごとし。
たけき者も遂《つい》にはほろびぬ，ひとえに風の前の塵《ちり》に同じ。

（冒頭の部分）

7　前のページの**写真7**について，⑴～⑶の問いに答えなさい。

⑴　この建造物を建てたのは誰か，人物名を書きなさい。

⑵　当時の将軍の邸宅は，名木が取り寄せられていたことから何と呼ばれていたか，ことばで書きなさい。

⑶　この頃に始まった貿易について述べたものとして最も適切なものを，次の**ア**～**エ**から１つ選び，符号で書きなさい。

**ア**　倭寇を禁じる一方で，正式な貿易船に勘合を持たせ，朝貢の形を取った。

**イ**　平戸や長崎などで貿易が始まり，生糸や絹織物などを中心に輸入した。

**ウ**　渡航を許す朱印状を発行し，ベトナムやカンボジアなどに朱印船の保護を依頼した。

**エ**　神奈川，長崎など５港を開港し，開港地に設けた居留地でアメリカ人が自由な貿易を行った。

8　14ページの**写真8**について，⑴～⑶の問いに答えなさい。

⑴　この作品の作者は誰か，次の**ア**～**エ**から１つ選び，符号で書きなさい。

**ア**　井原西鶴　　**イ**　俵屋宗達　　**ウ**　尾形光琳　　**エ**　近松門左衛門

⑵　⑴の人物と同じ時期に発達した，坂田藤十郎や市川団十郎などの名優を出した演劇を何というか，ことばで書きなさい。

⑶　この頃，京都や大阪を中心とする上方では，都市の繁栄を背景に，経済力を持った町人をにない手とする新しい文化が栄えたが，この文化を何というか，ことばで書きなさい。

9　14ページの**写真1**～**8**を古い順に並べた場合，**写真7**は何番目で何時代のものか，数字とことばで書きなさい。

**2**　次の文章は，日本の自然環境と自然災害などに関する説明である。１～８の問いに答えなさい。

①日本列島は環太平洋造山帯の中にあり，４枚のプレートが隣接する場所に位置している。このような場所では，プレートの沈み込みなどによる圧力でプレートがずれたり，内部が破壊されたりすることが多く，地震が生じやすい。震源が海底の場合，［　a　］が起こることもあり，さらにプレートが沈み込む場所の近くではマグマが生成されることが多いため，②日本列島は火山が多い。特に九州のほぼ中央部には，阿蘇山の噴火で火山灰や溶岩がふき出したあと，広範囲に陥没した地形が見られるが，これは火山の分類上，［　b　］という。

日本列島は四季の変化がはっきりしており，夏は熱帯なみの高温になるが，冬は気温が大きく下がる。また，日本列島はユーラシア大陸と太平洋にはさまれており，太平洋からふきこむ湿気を大量にふくんだ夏の暖かい季節風（モンスーン）と大陸からふきこむ冷たい季節風の影響を強く受けて，③太平洋側と日本海側で大きく気候が異なる。

初夏には前線が停滞するため梅雨になり，夏から秋にかけては赤道の北側で発生した④台風の通過により大量の雨がもたらされ，⑤洪水や土砂災害をしばしば引き起こす。一方，冬は日本海からの季節風により東北地方の日本海側や北陸，山陰地方で豪雪の被害（雪害）が出ることも多い。東北地方の太平洋側（東側）の冬は積雪量が少なく晴天が続くが，夏になると⑥やませがふくことがある。瀬戸内地方や内陸の盆地では，季節風の影響が弱いために他の地域よりも降水量が少なく，［　c　］の被害もみられる。そのため，農業用水が不足しがちな讃岐平野では，かんがい用の［　d　］を造って水を確保してきた。関東地方の大部分は太平洋側の気候で，冬は乾燥し，［　e　］と呼ばれる冷たい北西の季節風がふくが，夏は蒸し暑く，内陸部で高温になり，山沿いを中心にしばしば雷雨が発生する。沿岸部は，［　f　］海流の影響で，冬でも０℃以下になることがほとんどない。⑦東京・横浜などの大都市では，都市化の進展にともなう環境の変化からたくさんの問題が生じている。

1　文中の［ a ］～［ f ］にあてはまることばを，それぞれ書きなさい。

2　――部①について，次のページの**地図**をみて，⑴，⑵の問いに答えなさい。

⑴　**地図**中の**A**は，日本アルプスから，その東側に南北にのびる大断層帯である。これを何というか，ことばで書きなさい。

⑵　**地図**中の**B**と**C**のプレート名の組み合わせとして最も適切なものを，次のページの**ア**～**エ**から１つ選び，符号で書きなさい。

地図

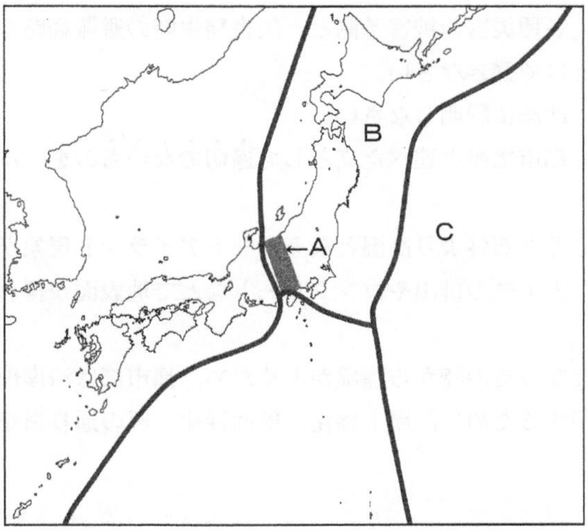


| | B | C |
|---|---|---|
| ア | 北アメリカプレート | 太平洋プレート |
| イ | 北アメリカプレート | フィリピン海プレート |
| ウ | ユーラシアプレート | フィリピン海プレート |
| エ | ユーラシアプレート | 太平洋プレート |

3　――部②について，火山は自然災害を引き起こす一方で，人間生活を豊かにする側面もある。火山地域について述べた文として適切でないものを，次のア～エから１つ選び，符号で書きなさい。

**ア**　美しい風景や温泉などに恵まれているため，観光地化がみられる。

**イ**　豊富な地下水が存在するため，生活用水としての利用がみられる。

**ウ**　地熱エネルギーが豊富であるため，地熱発電による電力供給がみられる。

**エ**　噴火直後の火山灰に有機物が多くふくまれるため，穀物生産に適している。

4　――部③について，上越（高田）と高松の雨温図を，次のア～エから１つずつ選び，それぞれ符号で書きなさい。

雨温図

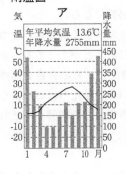

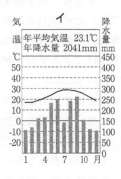

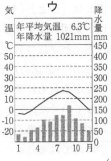

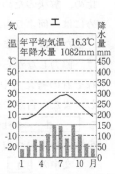

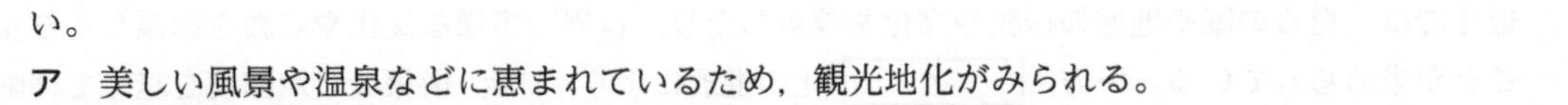


（『理科年表 平成29年』による）

5　――部④について，カリブ海やメキシコ湾で発生し，アメリカ合衆国南東部をおそう熱帯低気

圧を何というか，ことばで書きなさい。

6　――部⑤について，各種災害の被害予測と，災害発生時の避難経路など，緊急対応を示した地図を何というか，ことばで書きなさい。

7　――部⑥について，簡潔に説明しなさい。

8　――部⑦について，都市気候を述べた文として適切でないものを，次の**ア**～**エ**から１つ選び，符号で書きなさい。

**ア**　大都市では，中心部が郊外より高温となるヒートアイランド現象がみられる。

**イ**　都市の高温化は，人工熱の排出やコンクリートなどで地表面が覆われていることなどが原因である。

**ウ**　昼間には，高温となった内陸から陸風がふくため，都市部は沿岸部より気温が低い。

**エ**　気温の上昇を緩和するために，屋上緑化や壁面緑化，風の通り道を考慮した都市計画などが行われている。

[3]　次の文章を読んで，１～４の問いに答えなさい。

公民とは，自分だけを中心にして社会を見たり考えたりする人間のことではない。地域・日本・世界など広い範囲から社会を見つめ，地球環境問題などの解決のために，環境の保全と経済や社会の発展を両立させ，将来の世代の幸福と現在の世代の幸福をともに満たそうとする [a] な社会の形成に参画できる人間を意味する。現代の社会には，地球環境や資源・エネルギー，人権や平和など，さまざまな課題が存在する。2011年３月の東日本大震災や2016年４月の熊本地震などを機に，防災・安全に関する課題も大きく取り上げられるようになった。これらの課題はいずれも解決が難しく，その解決に向けて多くの人々が協力してさまざまな工夫や努力を重ねている。また，近年では，自らの国や地域の伝統や文化を尊重したり，世界の多様な文化や宗教を尊重したりすることが求められている。一方，[b] 化の進展により，お金，情報などが国境を越えて移動することで，世界の一体化が進み，それぞれの国が競争力のある得意な産業に力を入れ，競争力のない不得意な産業については外国からの輸入にたよることで，[c] が行われるようになった。

公民の授業では，「現代社会と私たちの生活」「①人権と日本国憲法」「②現代の民主政治と社会」「私たちの暮らしと経済」「地球社会と私たち」のおもに五つのことについて学習する。また，公民という人間は，③現代社会に存在するさまざまな問題を他人ごとではなく自分の問題として受け止め，解決のためにどうしたらよいかを考えることのできる人間を指す。そのような人間になるためには，何よりも，さまざまな「ひと」「もの」「こと」とかかわることが必要になる。

私たちは，さまざまな社会集団の中で，多様な考え方や価値観を持つ人々とうまく折り合いをつけ，協力しながら生きている。ときには考え方のちがいによって対立が生じることがあっても，それぞれの考え方や価値観のちがいを認めたうえでたがいに尊重しあい，解決のための合意を形成し，また，合意を作り直しながらともに生きていく道を探す努力を続けている。私たちはこのような [d] 社会を目指していくために，対立と合意，効率と公正という考え方を理解し，それを活用していく力を養うことが大切である。

1　文中の [a] ～ [d] にあてはまることばを，それぞれ書きなさい。

2　――部①について，次のページの**略年表**は，人権思想の考え方や発展についてまとめたものである。[Ⅰ] ～ [Ⅵ] にあてはまることばを，あとの**ア**～**ケ**から１つずつ選び，それぞれ符号で書きなさい。

略年表

| 年 | できごと | 特　　徴 |
|---|---|---|
| 1689 | [ Ⅰ ] | 議会の同意なしに，国王の権限によって法律とその効力を停止できない。 |
| 1789 | フランス人権宣言 | 人は生まれながらに，自由で [ Ⅱ ] な権利を持つ。 |
| 1889 | 大日本帝国憲法 | 国民は主権者である [ Ⅲ ] から与えられる「臣民《しんみん》ノ権利」を持つ。 |
| 1919 | ワイマール憲法 | 人間に値する生存の保障などの [ Ⅳ ] を世界で最初に取り入れた。 |
| 1946 | 日本国憲法 | 国民に保障する [ Ⅴ ] は，侵《おか》すことのできない永久の権利である。 |
| 1948 | [ Ⅵ ] | 条約ではないが，世界各国の人権保障の模範になっている。 |

**ア**　世界人権宣言　　**イ**　国際人権規約　　**ウ**　自由権　　**エ**　国王　　**オ**　天皇
**カ**　基本的人権　　**キ**　権利章典　　**ク**　社会権　　**ケ**　平等

3　――部②について，⑴～⑶の問いに答えなさい。

⑴　日本では，企業や団体からの政治家に対する献金は厳しく制限されている。そのかわりに，得票や議席に応じて各党へ国からお金が交付されている。このお金を何というか，漢字で書きなさい。

⑵　選挙制度のうち，一つの選挙区で一人の代表を選ぶ制度を何というか，漢字で書きなさい。

⑶　衆議院と参議院とで議決が異なったときに，必ずしも両院協議会を開かなくてもいいものを，次の**ア**～**エ**から１つ選び，符号で書きなさい。

**ア**　法律案の議決　　**イ**　予算の議決　　**ウ**　条約の承認　　**エ**　内閣総理大臣の指名

4　――部③について，⑴，⑵の問いに答えなさい。

⑴　出生率が低下し，その一方で平均寿命がのびることによって起きた社会現象を何というか，漢字で書きなさい。

⑵　障がいの有無にかかわらず，すべての人が区別されることなく，社会の中で普通の生活を送ることができるという考え方を何というか，ことばで書きなさい。

るらむ。これ、思ひつることなり《思ったとおりだ》。虚言《そらごと》をもつて人を謀《たばか》りて《うそをついてだまして》、木を拾はせ火を焚かせて、③なんぢ火を温まむとて、あな憎《にく》《ああ憎らしい》」と言へば、兎、「我、食物《じきもつ》を求めて持て来たるに力なし。④されば、ただ我が身を焼きて食《く》らひ給《たま》ふべし」と言ひて、火の中に躍《をど》り入りて焼け死にぬ《焼け死んでしまった》。

そのとき、天帝釈、⑤もとの形に復《ぶく》して、⑥この兎の火に入りたる形を月の中に移して、あまねく一切の衆生《しゆじやう》に見しめむがために、月の中に籠《こ》め給ひつ《籠めなさった》。

しかれば《だから》、月の面《おもて》に雲のやうなる物の有るは、この兎の火に焼けたる煙《けぶり》なり。また、月の中に兎の有るといふは、この兎の形なり。よろづの人、月を見むごとにこの兎のこと思ひ出《い》づべし《思い出すだろう》。（『今昔物語集』による）

問一　――部①「狐と猿に焚き火の準備を頼んで」とあるが、兎は何のために、狐と猿に焚き火の準備を頼んだのか。その理由が書かれている部分を、本文中から十六字で抜き出して書きなさい。

問二　――部②「持つ物なくして来たれり」、③「なんぢ火を温まむとて」の現代語訳として最も適切なものを、次の**ア**～**エ**から一つずつ選び、それぞれ符号で書きなさい。

②　**ア**　何も持たずに帰って来た
　　**イ**　何も探せずには帰って来られない
　　**ウ**　見つけた物をなくして帰って来た
　　**エ**　見つけた物を抱えて帰って来た

③　**ア**　お前は焚き火で食料を温めることもせずに
　　**イ**　お前は焚き火で食料を温めようとして
　　**ウ**　お前は焚き火で自分の体を温めることもせずに
　　**エ**　お前は焚き火で自分の体を温めようとして

問三　――部④「されば」と同じ用法で用いられている接続語を、次の**ア**～**エ**から一つ選び、符号で書きなさい。

**ア**　彼は英語が得意だ。また、努力家だ。
**イ**　君たちは若い。それゆえ、無限の可能性を持つ。
**ウ**　子どもたちは成長し、やがて、巣立っていく。
**エ**　彼女は私の母の弟の子どもだ。つまり、いとこだ。

問四　――部⑤「もとの形に復して」とは、どういうことか。二十字以内で書きなさい。

問五　――部⑥「この兎の火に入りたる形を月の中に移して」とあるが、兎を月の中に移した理由として最も適切なものを、次の**ア**～**エ**から一つ選び、符号で書きなさい。

**ア**　月の表面は兎が餅をついているように見えることを、人々に確認させるため。
**イ**　勇気を与える象徴とされていた月を見て、人々に兎の偉業を讃えさせるため。
**ウ**　兎の自己犠牲ともいえる捨て身の行為の尊さを、命あるすべての者に見せるため。
**エ**　雲がかかると月が見えなくなるが、心の中で偲《しの》ぶことが兎の供養につながるため。

学期に入ってから、二ヶ月も先である。

それじゃ、ちっともじょうずにならない。少なくとも「こんど」が先になってしまう。できれば夏休みも練習がしたい。じょうずになるだけでなく、レパートリーを e フやして、「こんど」のときは、この子達をさらに喜ばしたい。

（山本幸久『誰《た》がために鐘を鳴らす』による）

問一 ===部 a ～ e のカタカナは漢字に改め、漢字はその読み仮名を書きなさい。

問二 ——部①「なんで、かかないの」とあるが、主人公が短冊を書かないのはなぜか。四十字以内で書きなさい。

問三 [A] にあてはまる漢数字を書きなさい。

問四 [B] には、主人公と園児達との会話文が入る。次の**ア**～**ウ**を、会話が成立するように並べかえ、符号で書きなさい。

**ア**「きのう、センセーにきめてきなさいっていわれていたの」

**イ**「うん」「かけた」「カンセー」

**ウ**「早いね」

問五 ——部②「それ」とはどのようなことか。本文中の言葉を使って、主語を明確にして五十字以内で書きなさい。

問六 ——部③「身近」と同じ読みの構成の熟語を、次の**ア**～**エ**から一つ選び、符号で書きなさい。

**ア** 手本　**イ** 名札　**ウ** 茶色　**エ** 短気

問七 ——部④「適当」について、本文中での意味として最も適切なものを、次の**ア**～**エ**から一つ選び、符号で書きなさい。

**ア** 目的などにほどよくあてはまること。

**イ** その場しのぎでいい加減であること。

**ウ** 自分の思想などに最もふさわしいこと。

**エ** 目新しい部分がなくつまらないこと。

問八 ——部⑤「今度。その言葉に胸が熱くなるのを感じた」のはなぜか。その理由として最も適切なものを、次の**ア**～**エ**から一つ選び、符号で書きなさい。

**ア** ようやく園児達から解放されることに安心したため。

**イ** もう保育園から帰らなければいけないことに落胆したため。

**ウ** 園児達から次回も期待されていることに感激したため。

**エ** 新曲をつくって園児達をもっと喜ばせたいと感じたため。

## 三

次の文章はある寓話《ぐうわ》の一節である。これを読んで、後の問いに答えなさい。ただし、設問の都合により原文の一部を変更した。

兎《うさぎ》と狐《きつね》と猿《さる》の三匹の獣が、わが身を捨てて善い行いを積もうと修行に励んでいた。これを見た仏法の守護神である帝釈天《たいしゃくてん》は、感心はするものの、本心を確かめようと、衰弱しきった老人に変身して、三匹の前に現れた。狐と猿は、うまく食べ物を探し老人を満腹にさせたが、兎だけは食べ物を探し出すことができない。そんな中、兎は、①狐と猿に焚《た》き火の準備を頼んで、再び食べ物を探しに出かけた。

しからば《それならば》、猿は木を拾ひて来《き》たりぬ《来た》。狐は火を取りて《火をおこして》来たりて焚きつけて、もしや《もしかしたら》と待つほどに、兎、②持つ物なくして来たれり。

そのときに、猿・狐、これを見て言はく、「なんぢ何物《なにもの》をか持て来た《何を持って来たのか》

となった。

　願い事と言われてもな。

　これといって思い浮かばずに、黒の油性ペンを握りしめ、色画用紙を縦長に切った水色の短冊とにらめっこをしていた。

「みんなは書きおわったの？」

B

　隣の子が言う。彼女の短冊を見ると、『ちんじゅうはんたーになれますように　めぐみ』と書いてあった。珍獣ハンターと変換するのに、やや時間がかかった。

「豚鼻コウモリはいないかって訊《き》いたのって、きみ？」

「コトリさん、ブタバナコウモリ、しってるの？」

「いや、あの、どんなコウモリなのかな」

「コウモリとしてだけではなくて、ホニュウルイとしてもセカイサイショーのコウモリよ。なまえのとおり、ブタみたいなハナをしているわ」

　bユウギ室には、近所の農家からc譲り受けたという笹があった。他の四人は、どんな願い事を書いたのか。気になる。片目のタヌキは、すでに自分の班の子達の短冊を笹に吊《つ》るしている。

「むずかしくかんがえないで」「そうそう」「なりたいじぶんをかけばいいのよ」

　なりたい自分。

　ここ最近、それがわからずに悩んでいるのだ。

「コトリさんはいくつ？」「コーコーセーだよね」

「十七歳で高校三年生だよ」

　メイクをしてても、本気で『山の音楽家』とは思っていないのか。

　②それはそうだよな。

「ダイガクいくの？」「だったらゴーカクできますようにね」

「大学へいくかどうかは」

「はたらくんだ」「おカネをたくさんくれるカイシャに、はいりたいっておねがいしたら？」「ケーヤクではなくセーシャインでやとわれたいとかは？」

　自分の人生が園児に決められかねない。キツネの班も一斉に立ちあがり、笹にむかっている。

「はやくはやく」「ぼくたち、ビリになっちゃう」「いそいで、コトリさん」

　急《せ》かされても困る。なにを願おう。世界平和？　家内安全？　大願d成就？　いや、もっと③身近な目標にすべきだろう。

『ハンドベルがじょうずになりますように』。

　思いついたのが、これだった。④適当と言えばあまりに適当だ。でも本心ではある。名前をどうしようかと思ったが、『ことり』と書く。その短冊をおなじテーブルの子ども達みんなが見ていた。

「いまでもじょうずなのに」「もっとじょうずになりたいんだ」「ねがうだけじゃダメなのよ。じぶんでもドリョクしなくちゃ」

　もっともだ。

「がんばるよ」

「こんどはいつくるの」

　⑤今度。その言葉に胸が熱くなるのを感じた。

「必ずくるよ。約束する」

　ほんとにじょうずにならなきゃな。そう決心もした。でもこれから夏休みに入る。一学期の部活は今日でおしまいだ。つぎに練習するのは二

した土台に足を踏みしめた「暮らし」がないからではないか。私は、そう思うのだ。

（辰巳渚《たつみなぎさ》『家を出る日のために』による）

注1　もんぺ……腰まわりをゆるく仕立て、すそを足首のところでしぼったズボン状の衣服。労働用・防寒用に女性が着物の上からはく。

問一　＝＝部**a**～**e**のカタカナを漢字に改めなさい。

問二　――部①「基本」とは何か。本文中から二十六字で抜き出して書きなさい。

問三　――部②「あられもない」と同じ意味の語を、次の**ア**～**エ**から一つ選び、符号で書きなさい。

**ア**　美しくない　**イ**　下手くそな

**ウ**　ふさわしくない　**エ**　不都合な

問四　――部③「着こなし方」と同じ意味で「方」が用いられている熟語を、次の**ア**～**エ**から一つ選び、符号で書きなさい。

**ア**　方角　**イ**　方便　**ウ**　方正　**エ**　方円

問五　――部④「みんな暗い顔をして、お互いに相手を責めてばかりいる」のはなぜか。その理由を本文中から抜き出して書きなさい。

問六　次の⑴～⑶の言葉の対義語を、それぞれ本文中から抜き出して書きなさい。

⑴　興奮　⑵　ふつう　⑶　野暮

問七　本文の内容と合うものとして最も適切なものを、次の**ア**～**エ**から一つ選び、符号で書きなさい。

**ア**　敗戦の前までは、自由も情報も物もなく、たいへんな生活を送っていたため「決まりごと」でがんじがらめだった。

**イ**　筆者は、いつも着物を着ているお茶の先生が奇抜な色を取り合わせた格好をしているのを見かけたことがある。

**ウ**　「土台」があたりまえにある大切さに気づけなかったために、いまの時代の暮らしはまるで借り物のようである。

**エ**　幸せな暮らしをするために、メディアは次々に悪者探しをし、購買者である私たちも他人をあてにばかりしている。

## 二　次の文章を読んで、後の問いに答えなさい。

**ハンドベル部の部長である主人公は、保育園での演奏会を終えた後で、園児達とテーブルについている。主人公達ハンドベル部は、演奏曲である『森の音楽家』になぞらえて、動物の格好をしていた。主人公は小鳥のメイクを、指揮をした音楽教師の「カラニャン」やその他の仲間達も猫やキツネやタヌキなどのメイクをしたままである。**

「コトリさん、どうしたの？」隣に座る女の子が、覗《のぞ》きこんできた。

「①なんで、かかないの？」

おなじテーブルにいた彼女を含めて六人の子どもみんなが、自分を見ている。なにを書かないでいるかと言えば願い事である。

アンコールは『おもちゃのチャチャチャ』と『さんぽ』だった。しかし二度目の『さんぽ』がおわったあとに、あと一曲だけと子ども達にねだられたので、三度目の『さんぽ』を演奏した。

**a**マク代わりのカーテンが閉まり、その裏でハンドベルを片付けていると、猫のままのカラニャンに呼ばれ、子ども達に交じって、七夕の願い事を書きなさいと命じられた。そしてメイクを落とさず再登場し、［Ａ］つの班に分かれた子ども達のテーブルに一匹ずつ座ること

【国　語】（四五分）〈満点：一〇〇点〉

【注意】字数を指示した解答については、句読点、記号も一字に数えなさい。

一　次の文章を読んで、後の問いに答えなさい。ただし、設問の都合により原文の一部を変更した。

自由と情報と物は、たしかにとてもすばらしいものだ。人間が、人間らしく誇りを持って生きていくために、必要なものだと思う。敗戦の前まで――とくに戦時中は、自由も情報も物もなくてたいへんだったというし、軍事aタイセイ下の「決まりごと」や、家ごとの「決まりごと」でがんじがらめだったとも聞く。

当時の人たちが、どれほど自由や情報や物の豊かさを求めていたのか、いまの時代に生きる私たちには想像もつかない。

でも、気がついたらbギャクテンし、それらの豊かさしかなくなってしまったのが、いまだ。戦後の六十年間で失ってきたものが何だったのか、考えてみる意味はあると思う。

「自由」について、考えてみよう。（中略）

たとえば、子どものころから着物で生活していたお祖母《ばあ》さんなら、ふだんは洋服で生活していても、いざ着物を着るとぴたりと決まるだろう。「①基本」が身についていれば、ふつうはしないような奇抜な色の取り合わせや、少し崩した着方でも、かっこよく着こなしてしまうかもしれない。

いつも着物を着ているお茶の先生が、着物の上から注1もんぺ式のズボンをはいて、さっそうと自転車に乗っている姿を見かけたことがある。それはそれは粋な姿だった。私がやったら、ただの「②あられもない姿」になっただろうと思う。

「自由」のよさとは、しっかりした土台があってこそcハッキできるものだ。土台のない人は、最初から着物をじょうずに着こなせないし、「自由に」着ようとするとただの「恥ずかしい人」になりかねない。

私が「ない」と言っているのは、このような「土台」のことだ。ないのは、「物」でも「心」でもない。私たちは着物も持っていたりすることだってある。「着物をすてきに着たいな」という心も持っている。でも、③着こなし方、着こなす力がない。「物を扱う心」といえば、いいだろうか。英語で言うと「スタイル」なのだけれど、「dシュタイテキ」と同じように、ほんとうに理解するのはとてもむずかしい言葉だと思う。

私たちは、長いあいだ受け継がれてきた知恵や暮らしに基づいた経験という「土台」があたりまえにあることの大切さに気づかないまま、つっぱしってきてしまったのだ。

さて、一から九まで土台ばかり、自由が一しかなくて苦しかったからといって、一から十まで上に載せるものだけにしたら、なにも形にならない。上に載せるだけのふわふわした暮らしは、なにか底の浅い、頭でっかちの、借り物になってしまう。

いまの時代の日本は、よくよく冷静にeナガめれば、あいかわらず自由も情報も物も、世界でもトップクラスの豊かさを誇る国と言える。それなのに、④みんな暗い顔をして、お互いに相手を責めてばかりいる。食品の偽装問題も、メディアは次々に悪者探しをしている状態で、私たち買う側も「誰かがなんとかしてくれなきゃ」と、他人をあてにばかりしている。なんだか誰もがちっとも幸せそうに見えないのは、きちんと

## 2019年度

# 解 答 と 解 説

《2019年度の配点は解答欄に掲載してあります。》

## ＜数学解答＞

**1** (1) 5　(2) $-3$　(3) $-\frac{7}{6}b$　(4) $\frac{2}{3}x$　(5) $2-2\sqrt{10}$

**2** (1) $2(x+7)(x-2)$　(2) $a=-4$　(3) $n=6$　(4) $\frac{1}{4}$　(5) 6500円

**3** 108人　**4** $\angle x=38$度，$\angle y=74$度　**5** イ　**6** (1) 25m　(2) 秒速35m

**7** (1) $x=31$，$y=0.36$　(2) 3℃　(3) 15.66℃

(4) 範囲は同じであるが，表2の平均値は表1の平均値より高くなっている。

**8** (1) (4，1)　(2) $y=2x+5$　(3) $(-2，1)$　(4) 18

**9** (1) $28\pi\text{cm}^3$　(2) 7：6　(3) $86\pi\text{cm}^3$

○推定配点○

1・2 各3点×10　3 5点　4 各3点×2　5 5点　6 各4点×2

7 (1) 各3点×2　(2)～(4) 各4点×3　8・9 各4点×7　計100点

## ＜数学解説＞

基本 **1** (数・式の計算，平方根の計算)

(1) $-4+(7-5^2)\div(-2)=-4+(7-25)\div(-2)=-4+(-18)\div(-2)=-4+9=5$

(2) $\left(-\frac{1}{2}\right)^2\div\left(-\frac{1}{14}\right)+0.5=\frac{1}{4}\times(-14)+\frac{1}{2}=-\frac{7}{2}+\frac{1}{2}=-\frac{6}{2}=-3$

(3) $\frac{1}{6}(2a-3b)-\frac{1}{3}(a+2b)=\frac{1}{3}a-\frac{1}{2}b-\frac{1}{3}a-\frac{2}{3}b=-\frac{3}{6}b-\frac{4}{6}b=-\frac{7}{6}b$

(4) $36x^6\div(-2x^2)\div(-3x)^3=36x^6\times\left(-\frac{1}{2x^2}\right)\times\left(-\frac{1}{27x^3}\right)=\frac{2}{3}x$

(5) $(\sqrt{5}-\sqrt{2})^2-5=5-2\sqrt{10}+2-5=2-2\sqrt{10}$

**2** (因数分解，1次方程式，平方根，確率，方程式の応用問題)

(1) $2x^2+10x-28=2(x^2+5x-14)=2(x+7)(x-2)$

(2) $3(x-2)=-(a-x)$　$3x-6=-a+x$　$2x=6-a$　$x=\frac{6-a}{2}$　$\frac{6-a}{2}=5$から，$6-a=10$　$a=6-10=-4$

(3) $\sqrt{600n}=10\sqrt{6n}$　よって，求める$n$の値は，$n=6$

(4) 3枚の硬貨の出方は全部で，$2\times2\times2=8$(通り)　そのうち，表の出る硬貨の合計金額が，100円以上500円未満になるのは，(500円，100円，10円)＝(裏，表，裏)，(裏，表，表)の2通り　よって，求める確率は，$\frac{2}{8}=\frac{1}{4}$

(5) 定価を$x$円とすると，$x\times0.8=5000+200$　$0.8x=5200$　$x=5200\div0.8=6500$(円)

**3** (方程式の応用問題)

生徒全員の人数を$x$人とすると，2割の生徒が朝食を食べていないことから，$0.2x=120$　$x=$

120÷0.2＝600　朝食を食べている生徒の人数は，600×0.8＝480　そのうち，和食を食べている人数は，$480\times\frac{2}{5}=192$　洋食を食べている人数は，480×0.375＝180　よって，朝食を食べている生徒のうち，和食でも洋食でもない朝食を食べている生徒の人数は，480－(192＋180)＝480－372＝108(人)

4　（角度－円の性質）

ACは円の直径だから，∠ABC＝90°　よって，∠$x$＝90°－52°＝38°　弧DCの中心角から，∠DAC＝∠DBC＝38°　三角形の内角の和の関係から，∠$y$＝180°－(68°＋38°)＝180°－106°＝74°

5　（図形の移動）

各点を下図のようにすると，開いたあとの穴の位置はイのようになる。

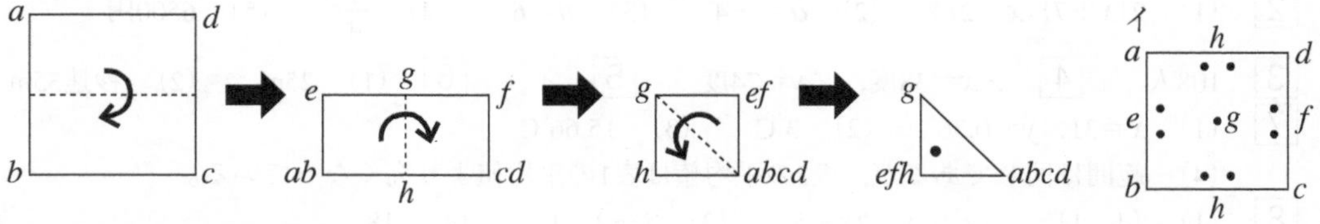


6　（2次方程式の応用問題）

基本　(1)　1秒後のボールの高さは，$y=105-20\times1-5\times1^2=105-20-5=80$　よって，最初の1秒間で落下した距離は，105－80＝25(m)

(2)　$105-20t-5t^2=0$　$21-4t-t^2=0$　$t^2+4t-21=0$　$(t+7)(t-3)=0$　$t>0$から，$t=3$　よって，3秒後にボールは地面に落ちる。したがって，求める平均の速さは，105÷3＝35から，秒速35m

7　（統計－相対度数，範囲，平均値）

基本　(1)　$\frac{x}{50}=0.62$から，$x=0.62\times50=31$　$y=18\div50=0.36$

基本　(2)　17－14＝3(℃)

基本　(3)　$\frac{14.5\times10+15.5\times22+16.5\times18}{50}=\frac{145+341+297}{50}=\frac{783}{50}=15.66$(℃)

(4)　表1の範囲は，16－13＝3(℃)　$a=50-(31+9)=10$　表1の平均値は，$\frac{13.5\times10+14.5\times31+15.5\times9}{50}=\frac{135+449.5+139.5}{50}=\frac{724}{50}=14.48$(℃)　よって，範囲は同じであるが，表2の平均値は，表1の平均値より高くなっていると言える。

8　（図形と関数・グラフの融合問題）

基本　(1)　①と②を連立して解く。①－②×2から，$9y=9$　$y=1$　これを②に代入して，$x-2\times1=2$　$x=2+2=4$　よって，A(4，1)

(2)　①に$y=3$を代入して，$2x+5\times3=13$　$2x=13-15=-2$　$x=-1$　よって，B(－1，3)　②に$y=-3$を代入して，$x-2\times(-3)=2$　$x=2-6=-4$　よって，C(－4，－3)　直線$\ell$の式を$y=ax+b$として点B，Cの座標を代入すると，$3=-a+b$…③　$-3=-4a+b$…④　③－④から，$6=3a$　$a=2$　これを③に代入して，$3=-2+b$　$b=5$　よって，直線$\ell$の式は，$y=2x+5$

(3)　$y=2x+5$…⑤　点Aを通り$x$軸に平行な直線の式は，$y=1$…⑥　⑤と⑥から$y$を消去すると，$2x+5=1$　$2x=-4$　$x=-2$　よって，求める座標は，(－2，1)

重要　(4)　D(－2，1)とすると，AD＝4－(－2)＝6　$\triangle ABC=\triangle ABD+\triangle ACD=\frac{1}{2}\times6\times(3-1)+\frac{1}{2}\times6\times\{1-(-3)\}=6+12=18$

9 （空間図形の計量問題－回転体の体積）

（1） 点Dから直線ABへ垂線DHを引くと，HD＝BC＝2，AH＝CD－AB＝8－5＝3　求める立体の体積は，底面が半径BCの円で高さがCDの円柱の体積から，底面が半径HDの円で高さがAHの円錐の体積をひいたものになるので，$\pi \times 2^2 \times 8 - \frac{1}{3} \times \pi \times 2^2 \times 3 = 32\pi - 4\pi = 28\pi\,(\mathrm{cm}^3)$

（2） （1）から，$V_1 = 28\pi$　点AからDCへ垂線AIを引くと，AI＝2，DI＝3　辺CDを軸として1回転させてできる立体は，底面が半径BCの円で高さがABの円柱の体積と底面が半径AIの円で高さがDIの円錐の体積の和になるから，$\pi \times 2^2 \times 5 + \frac{1}{3} \times \pi \times 2^2 \times 3 = 20\pi + 4\pi = 24\pi$　よって，$V_2 = 24\pi$　したがって，$V_1 : V_2 = 28\pi : 24\pi = 7 : 6$

重要 （3） 直線DAとCBとの交点をOとすると，三角形の比の定理から，OB：OC＝AB：DC　OB＝$x$とすると，$x : (x+2) = 5 : 8$　$8x = 5(x+2) = 5x + 10$　$3x = 10$　$x = \frac{10}{3}$　OC＝$\frac{10}{3} + 2 = \frac{16}{3}$　求める体積は，底面が半径CDの円で高さがOCの円錐の体積から，底面が半径BAの円で高さがOBの体積をひいたものになるから，$\frac{1}{3} \times \pi \times 8^2 \times \frac{16}{3} - \frac{1}{3} \times \pi \times 5^2 \times \frac{10}{3} = \frac{1024\pi}{9} - \frac{250\pi}{9} = \frac{774\pi}{9} = 86\pi\,(\mathrm{cm}^3)$

**★ワンポイントアドバイス★**

9（3）は，相似比を利用して解くと，求める体積は，底面が半径CDの円で高さがOCの円錐の体積の$\frac{8^3 - 5^3}{8^3}$になるから，$\frac{1}{3} \times \pi \times 8^2 \times \frac{16}{3} \times \frac{8^3 - 5^3}{8^3} = 86\pi\,(\mathrm{cm}^3)$

## ＜英語解答＞

1　1 （1） ウ　（2） イ　（3） ウ　（4） ア
　2 （1） ア　（2） ウ　（3） エ

2　1 エ　2 ア　3 ア

3　1 ア　2 ウ　3 ウ　4 イ　5 エ

4　1 during　2 written　3 nothing　4 before　5 made

5　1 Shall I show you the pictures which he　2 It is fun for me to go fishing
　3 I know when he was born
　4 My father is the tallest of all the family members

6　1 singer　2 covered　3 been　4 having［eating］　5 takes

7　1 エ　2 ウ

8　1 ① エ　② カ　③ ア　④ ウ　2 家族とその週にあったことを話すことができるから。　3 （1） T　（2） F　（3） F　（4） F　（5） T
　4 コミュニケーションを重要と考え，お互いを尊重しあう家族。

○推定配点○

1 各1点×7　2～4 各2点×13　5～8 1～3 各3点×21　8 4 4点　計100点

## ＜英語解説＞

**1** リスニング問題解説省略。

**2** （発音問題・アクセント）

1 ア [ədváis]　イ [ivént]　ウ [houtél]　エ [pǽtərn]

2 ア [bjúːtəfl]　イ [impɔ́ːrtnt]　ウ [sepémbər]　エ [ɔːstréiljə]

3 ア [bilíːv]　イ [síːzn]　ウ [ɔ́ːlweiz]　エ [dínər]

**3** （語句補充問題：動詞，副詞，疑問詞，SVOC，現在完了）

基本 1 「タケシ，ミカそして私はとてもよい友達です。」 主語が複数なのでアを選ぶ。

2 「試合はほぼ終わりです。」 be over は「終わる」という意味を表す。

3 「誰があなたにこのペンをあげましたか。」 主語になれる疑問詞で人をたずねる時は who を使う。

4 A 「彼の名前はアキラですか。」 B 「はい，しかし私たちは彼をアキと呼びます。」〈call A B〉で「AをBと呼ぶ」という意味を表す。

5 A 「私たちはホームルーム活動でイギリスについてちょうど学んだところです。」 B 「そうですか。」 現在完了の文なので，〈have ＋過去分詞〉の形になる。

**4** （語句補充問題：前置詞，受動態，代名詞，SVOC）

1 「～の間に」という意味は〈during ＋名詞〉で表す。

2 受動態の文なので〈be動詞＋過去分詞〉という形にする。

3 nothing は「何も～ない」という意味を表す。

基本 4 「～する前に」という意味を表すので before を使う。

5 〈make A B〉で「AをBにする」という意味になる。

**5** （語句整序問題：助動詞，SVOO，関係代名詞，不定詞，間接疑問文，比較）

1 〈shall I ～ ?〉は「(私が)～しましょうか」という意味を表す。〈show A B〉で「AにBを見せる」という意味を表す。he took in Gifu の部分が pictures を修飾するので，目的格の関係代名詞を使う。

2 〈it is ～ for S to …〉で「Sが…することは～である」という意味になる。

3 間接疑問文なので，〈疑問詞＋主語＋動詞〉の語順になる。

4 最上級の文なので〈the ＋ ～ est〉の形になる。

**6** （語句補充問題：名詞，分詞，現在完了，前置詞，動詞）

1 「ホワイトさんはとても上手に歌います。」→「ホワイトさんはとてもよい歌手です。」「上手に歌う」とあるので，「歌手」となる。

2 「その山は伊吹山です。それは雪で覆われています。」→「雪で覆われているその山は伊吹山です。」 山は覆われるものなので過去分詞を使う。

3 「ジュンイチは私のよい旧友です。」→「ジュンイチと私は長い間よい友達でいます。」 現在完了の文なので，〈have ＋過去分詞〉の形になる。

4 「私は夕食を食べずに寝ました。」〈without ～〉で「～なしに」という意味を表す。without のあとの動詞は ing形にする。

5 「20分歩いてその公園に着きました。」→「歩いてその公園に着くのに20分かかりました。」〈it takes O ～ to …〉で「Oが…するのに～かかる」という意味を表す。

**7** （長文読解問題・説明文：内容吟味）

1 （全訳） 買い物を楽しむ方法はたくさんあります。ショッピングモールに買い物に行くのが好きな人もいます。モールでは，人々は映画や様々な種類の食べ物を楽しむことができます。時には特別なショーが楽しめることもあります。家の近くの店に行くのが好きな人もいます。そこで働く人たちと話すのを楽しむことができます。多くの場合，彼らは友人にさえなることができます。今日では，インターネットショッピングが好きな人もいます。彼らが買いたいものを見つけるのは非常に簡単です。とにかく，私は地元の農家から地元の食材を買うことができるので，家の近くの店で買うのが好きです。これらの食べ物を買えば，その地域に住む農家の人々はより多くのお金を稼ぐことができます。それは私たちの故郷にとってとても大切なことだと思います。最善の方法はわかりませんが，私たちは自分たちの選択に感謝するべきです。

ア 「働くことができるので，家の近くのお店が好きな人もいる。」 働くことについては言っていないので，誤り。　イ 「新鮮な地元の食べ物を買うことができるので，インターネットショッピングが好きな人もいる。」 新鮮な地元の食べ物を買えるとは言っていないので，誤り。

ウ 「とても安いので，インターネット上で物を買うのが最善だ。」 安く買えるとは言っていないので，誤り。　エ 「誰も最善の方法が何であるかを知ることはできないが，私たちは自分の選択に感謝する必要がある。」 最後の文の内容に合うので，正解。

2 （全訳） 今日は，若い学生に役立つ一つのことをお伝えしたいと思います。私は30年間運動をしてきました。それは長い道のりで，そうするのは非常に大変でした。人々は時々私に「何か意味があるのか」と尋ねます。私は30年間，同じことを尋ねる人々にうんざりしています。理由を持つことは私にとって重要ではないと思います。私にとって一番大切なことは，自分が好きで，自分で決めたことを続けることです。自分で選ぶことができない人びとがあなたに，「何か意味があるのか」と尋ねることがあります。しかし，あなたはそれらの質問に答えるべきではなく，ただ微笑んでください。あなたはすでに自分の意志を持っています。道に迷わずに，ただそれをしてください！ そうするとあなたは，他の人には見えないさまざまな景色を見ることができます。

ア 「長い道のりだったので，私は疲れている。」 疲れているとは言っていないので，誤り。

イ 「毎回笑顔を見せることは私たちにとってとても大切だ。」 笑顔を見せることは大切だとは言っていないので，誤り。　ウ 「自分の好きなことや自分で決めたことをするのは私たちにとってとても大切だ。」 第7文の内容に合うので，正解。　エ 「何か意味のあることをすることは私たちにとってとても大切だ。」 意味のあることとは限定していないので，誤り。

**8** **（対話文問題：語句補充，内容吟味）**

ヨシオ　　：ぼくに英語を教えてくれる時間をとっていただいてありがとうございます，でも，もう家に帰る時間です。

ミラー先生：ああ，わかりました。とにかく5：30ですね。ふだんは君は遅くまで勉強しますね。熱か何かあるのですか。

ヨシオ　　：ぼくは元気です，ミラー先生。今日は2月8日です。ぼくたちの家族には独自のルールがあります。私たちは8日には①夜特別な夕食を食べます。

ミラー先生：君の家族は8日のたびによいレストランに行くということですか。

ヨシオ　　：いいえ，ぼくたちは家で夕食を食べます。特別とは，ぼくたちのひとりが母親のために夕食を作るといった小さなことです。つまり，②家族の一員が交代で夕食を作ります。ぼくたちは少なくとも約1時間半一緒に食べて話します。

ミラー先生：少なくとも約1時間半ですか。面白いですね。あなたの家族はなぜこの習慣を始めたのですか。

ヨシオ　　：今では，一緒に③夕食を食べるのが難しくなっています。ぼくたちはみんな忙しいです。例えば，ぼくの妹はバスケットボールチームで練習し，母はパートタイムで働きます。ぼくの父はふつう残業し，ぼくは試験のために準備している生徒です。

ミラー先生：なるほど。君はその習慣が好きですか。

ヨシオ　：もちろん，好きです。本当に好きです！　家族でその週のニュースを共有できるので，特別な夜はすばらしいと思います。

ミラー先生：君たちは何を話しますか。

ヨシオ　：ぼくたちは多くのことについて話します。例えば，勉強のような困ったことについて助けを求められます。そしてぼくの妹はふつうバスケットボールについて話します。また，母はその週に見たテレビ番組について話すのが好きです。父はふつうぼくたちの話を聞き，ほほえみ，好きなビールを飲みます。

ミラー先生：なんてすばらしい！　私の家族にもそのような習慣があったらいいと思います。君の家族はすばらしいコミュニケーションの時間を持っているようですね。他に家族のルールはありますか。私は自分の家族のためにいくつか新しいルールを作りたいです。

ヨシオ　：ええと，もう3つルールがあります。ぼくたちは④お弁当箱を自分で洗わねばなりません。ぼくたちは食事をしている間テレビを見てはいけません。ぼくたちは夕食のテーブルに携帯電話を持って行ってはいけません。

ミラー先生：ああ，きっと君の家族はコミュニケーションをとても大切にして，お互いを尊重しているのですね。私はそれがとても気に入りました！　私はこれらの家族のルールについて参考にしようと思います。こんなすばらしいことを教えてくれてありがとう。

1　全訳参照。イ「ぼくたちの家族は昼食を食べます」，オ「家族のためにすばらしい夕食を作る」

2　2つ後の文にある because 以下の内容を使って書く。

重要　3　(1)　ヨシオの3番目の発言の内容に合うので，正しい。　(2)　ヨシオの4番目の発言から4人家族だとわかるので，誤り。　(3)　ヨシオの6番目の発言の最後の文の内容に合わないので，誤り。　(4)　ヨシオの7番目の発言から2つ以上のルールがあるので，誤り。　(5)　ミラー先生の6番目の発言の最後の文の内容に合うので，正しい。

4　ミラー先生の7番目の発言の第1文の内容を使って書く。

**★ワンポイントアドバイス★**

5の2には〈it is ～ for S to …〉が使われている。〈～〉に入る語が人物 S の性格を表す場合には，for ではなく of を使うことを覚えておこう。(例) It is kind of him to help me.「私を助けてくれるので彼は親切だ。」

## ＜理科解答＞

1　1　右図

2　(電源)　イ　　(スイッチ)　ア

(電圧計)　オ　　(電流計)　エ

3　7.5(Ω)

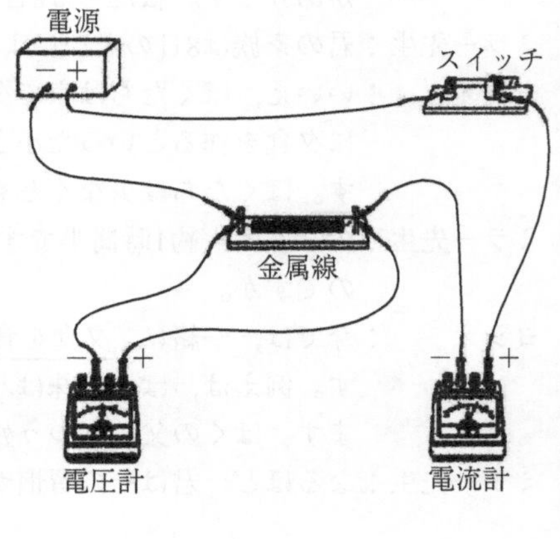

4　右表　　5　比例関係

6　$I_1$　0.8(A)　　$I_2$　0.8(A)

　$I_3$　2.4(A)　　$I_4$　1.2(A)

　$I_5$　3.6(A)

7　3.2(cm)

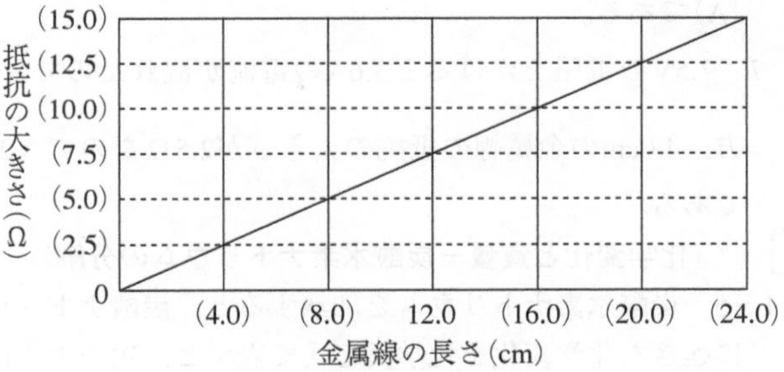


[2]　1　発生する液体が加熱部分に行き，試験管が割れるのを防ぐため。　2　水上置換法

3　ア　　4　最初の1本目には，加熱前に入っていた気体が混ざっているため。

5　C，O　　6　イ　　7　アルカリ性　　8　67.2(%)

[3]　1　(1)　A　種子　　B　被子　　D　双子葉　　F　合弁花　　(2)　①　ア　　②　カ　③　オ　　(3)　イ，ウ，カ　　2　(1)　B(と)C　　(2)　①　7(個)　　②　5(個)

3　(1)　蒸散　　(2)　75($cm^2$)　　(3)　0.045(mL)

[4]　1　凝結　　2　(1)　540(g)　　(2)　88(%)　　3　(1)　a　空気　　b　露点　　c　雷　(2)　けむり　　(3)　フラスコ内の温度を上げるため。　　(4)　ア　　(5)　イ

4　(1)　イ　　(2)　エ　　5　59.6(%)

○推定配点○

[1]　1・4・7　各3点×3　　2　各1点×4　　他　各2点×7

[2]　1・4　各3点×2　　他　各2点×7

[3]　1(2)　各1点×3　　3(3)　3点　　他　各2点×10(1(3)・2(1)は完答)

[4]　5　3点　　他　各2点×12　　計100点

## ＜理科解説＞

[1]　(電流と電圧―電流回路とオームの法則)

重要　1　電流計は回路に直列につなぎ，電圧計は回路に並列につなぐ。また，それぞれの＋端子は電源の＋極側に，－端子は電源の－端子側につなぐ。

基本　2　スイッチの電気用図記号は，スイッチを入れた場合，導線と同じように表す。

3　金属線の長さが12.0cmのとき，15.0Vの電圧をかけると2.0Aの電流が流れるので，金属線の抵抗の大きさは，$\frac{15.0}{2.0}=7.5(\Omega)$である。

4　金属線の抵抗の大きさは，金属線の長さが4.0cmのとき，$\frac{15.0}{6.0}=2.5(\Omega)$，金属線の長さが8.0cmのとき，$\frac{15.0}{3.0}=5.0(\Omega)$，金属線の長さが16.0cmのとき，$\frac{15.0}{1.5}=10.0(\Omega)$，金属線の長さが20.0cmのとき，$\frac{15.0}{1.2}=12.5(\Omega)$，金属線の長さが24.0cmのとき，$\frac{15.0}{1.0}=15.0(\Omega)$である。

重要　5　金属線の長さと金属線の抵抗の大きさの関係をグラフに表すと，原点を通る直線になる。

重要　6　実験2で，図1のように，8cmの金属線と16cmの金属線を直列につなぐと，回路全体の抵抗の大きさが，$5.0+10.0=15.0(\Omega)$になる。したがって，$I_1$や$I_2$は，$\frac{12.0}{15.0}=0.8(A)$である。実験3で，図2のように，8cmの金属線と16cmの金属線を並列につなぐと，それぞれの金属線に12.0Vの電圧がかかるので，$I_3$は，$\frac{12.0}{5.0}=2.4(A)$，$I_4$は，$\frac{12.0}{10.0}=1.2(A)$である。したがって，$I_5=2.4+1.2=3.6$

(A)である。

やや難　7　7.5Vの電圧をかけると3.6Aの電流が流れたので，金属線の抵抗は，$\frac{7.2}{3.6}=2.0(\Omega)$である。一方，4.0cmの金属線の抵抗の大きさが2.5Ωなので，2.0Ωの金属線の長さは，$4.0\times\frac{2.0}{2.5}=3.2$(cm)である。

2　(化学変化と質量ー炭酸水素ナトリウムの分解)

重要　1～5　炭酸水素ナトリウムを加熱すると，炭酸ナトリウムと水と二酸化炭素に分解する。このときに起きた化学変化を化学反応式で表すと，次のようになる。

$2NaHCO_3 \rightarrow Na_2CO_3 + H_2O + CO_2$

発生した二酸化炭素は，水に少し溶けるが水上置換法で集めることができる。また，発生した水が加熱部分に流れて試験管が割れるのを防ぐため，試験管の口の方を少しだけ下げて加熱する必要がある。さらに，水に青色の塩化コバルト紙をつけると赤色になる。

重要　6・7　炭酸水素ナトリウム水溶液よりも炭酸ナトリウム水溶液の方がアルカリ性が強いので，フェノールフタレイン溶液を加えると，こい赤色になる。

やや難　8　50.0gの混合物を加熱すると37.6gになったので，質量が，50.0－37.6＝12.4(g)減少した。一方，8.4gの炭酸水素ナトリウムを加熱すると5.3gの炭酸ナトリウムになるので，質量が，8.4－5.3＝3.1(g)減少する。したがって，混合物に含まれていた炭酸水素ナトリウムの質量は，$8.4\times\frac{12.4}{3.1}=33.6$(g)であり，炭酸水素ナトリウムの割合は，$\frac{33.6}{50}\times100=67.2$(％)である。

3　(植物の種類とその生活，植物の体のしくみー植物の分類，蒸散)

重要　1　(1)・(2)　種子植物は，子房が胚珠に包まれている被子植物と子房がなく胚珠がむき出しの裸子植物に分けられる。また，被子植物は，子葉が1枚の単子葉植物と子葉が2枚の双子葉植物に分けられる。さらに，双子葉植物は，花弁が合わさっている合弁花類と花弁が離れている離弁花類に分けられる。

重要　(3)　単子葉類は，根はひげ根，葉脈は平行脈，茎と維管束の配列がばらばらである。

重要　2　(1)　接眼レンズは短い方が，対物レンズは長い方が，それぞれ倍率が高い。

(2)　三日月形をした2個の孔辺細胞には葉緑体があり，その他の5個の表皮細胞には葉緑体がない。

重要　3　(1)　孔辺細胞に囲まれたすき間である気孔から，植物の体内にあった水が水蒸気になって出ていくことを蒸散という。

(2)　10cm四方の厚紙の面積は，10×10＝100($cm^2$)であり，質量が4.4gであった。また，葉の形に切り抜いた厚紙の質量が3.3gだったので，葉の面積は，$100\times\frac{3.3}{4.4}=75$($cm^2$)である。

やや難　(3)　400枚の葉で，2日間実験を行うと2700mLの水が出ていくので，1日に，1$cm^2$あたりに出ていく水の量は，$2700\times\frac{1}{2\times400\times75}=0.045$(mL)である。

4　(天気の変化ー水蒸気の変化)

重要　1　水蒸気が水滴に変わることを凝結といい，そのときの温度が露点である。

2　(1)　18℃の飽和水蒸気量が15.4g/$m^3$で，部屋の広さが300$m^3$なので，さらに含むことができる水蒸気量は，(15.4－13.6)×300＝540(g)である。

(2)　この部屋の湿度は，$\frac{13.6}{15.4}\times100=88.3\cdots$(％)より，約88％である。

基本　3　(1)　上空は気圧が低いので，上昇した空気は膨脹して，温度が下がり，露点に達すると，水蒸気が水滴になり，雲が発生する。

重要 (2)～(5) 雲を発生させる実験においては，フラスコ内にぬるま湯を入れたり，線香の煙などを入れる。ぬるま湯は，湿度を高くするためであり，線香の煙は凝結核になる。また，ピストンをすばやく引くことで，フラスコの中の気圧を下げることができる。

4 (1) シベリア気団は，大陸で発生するので，もともとは乾燥している。

(2) 冬になると，日本海側には積乱雲が発達して，雨や雪を降らせることが多い。

やや難 5 空気は100m高くなると1℃下がるので，800mでは，$1\times\frac{80}{100}=8$(℃)下がり，$10-8=2$(℃)になる。このとき，雲が発生したので，この空気に含まれている水蒸気量 は，5.6g/m$^3$である。また，10℃の飽和水蒸気量が9.4g/m$^3$なので，湿度は，$\frac{5.6}{9.4}\times100=59.57\cdots$(％)より，約59.6％である。

**★ワンポイントアドバイス★**

生物・化学・地学・物理の4分野において，基本問題に十分に慣れておくこと。その上で，すべての分野において，記述問題や計算問題にしっかり取り組んでおく必要がある。

## ＜社会解答＞

1 1 (1) ア (2) a 和 b 三宝 2 (1) イ→ウ→ア (2) 薩長同盟
(3) 大政奉還 3 エ 4 (1) ア (2) ラクスマン 5 ア，ウ
6 (1) イ (2) 征夷大将軍 (3) 平家物語 7 (1) 足利義満
(2) 花の御所 (3) ア 8 (1) イ (2) 歌舞伎 (3) 元禄文化
9 4(番目)，室町(時代)

2 1 a 津波 b カルデラ c 干ばつ d ため池 e からっ風 f 日本
2 (1) フォッサマグナ (2) ア 3 エ 4 (上越(高田)) ア (高松) エ
5 ハリケーン 6 防災マップ[ハザードマップ] 7 千島海流(親潮)の影響で，東北地方北部の太平洋側に吹く寒冷な北東風。冷害の原因になる。 8 ウ

3 1 a 持続可能 b グローバル c 国際分業 d 共生 2 Ⅰ キ Ⅱ ケ
Ⅲ オ Ⅳ ク Ⅴ カ Ⅵ ア 3 (1) 政党交付金 (2) 小選挙区制
(3) ア 4 (1) 少子高齢化[少子高齢社会] (2) ノーマライゼーション

○推定配点○

1 1(1)・3・4(1)・6(1)・7(3)・8(1) 各1点×6 2(1) 4点 他 各2点×14(5完答)
2 2(2)・3・4・8 各1点×5 6 4点 7 6点 他 各2点×8
3 1 各2点×4 3(1)・3(2)・4 各4点×4 他 各1点×7 計100点

## ＜社会解説＞

1 **(日本の歴史－各時代の特色，政治・外交史，社会・経済史，文化史，日本史と世界史の関連)**

1 (1) 女性の推古天皇が即位すると，おいの聖徳太子が摂政になり，蘇我馬子と協力しながら，中国や朝鮮に学んで，大王(天皇)を中心とする政治制度を整えようとした。 (2) 資料1は十七条の憲法である。仏教や儒学の考え方を取り入れた十七条の憲法では，天皇の命令に従うべきこ

となど，役人の心構えを示している，特に，二に曰く，に出てくる三宝(仏・法・僧)は，聖徳太子の政治の性格をあらわしている。

2　(1)　イ：南京条約(1842年)→ウ：日米和親条約(1854年)→ア：桜田門外の変(1860年)である。(2)　坂本龍馬は，長州藩の木戸孝允と薩摩藩の西郷隆盛をよんで，薩長同盟の仲立ちの役割を果たしたが，後に京都で暗殺された。　(3)　当時の江戸幕府第15代将軍徳川慶喜は，朝廷を中心とする，幕府にかわる新政権の中で主導権をにぎるために，1867年10月に，政権を朝廷に返す大政奉還を行った。

基本

3　写真3は「唐獅子図屛風」で，おすとめすの唐獅子が歩く姿を描いた，力強く豪華な作品で，狩野永徳の代表作である。

4　(1)　写真4は松平定信である。彼の改革を寛政の改革といい，イ～エを行った。物価の上昇を抑えるために株仲間の解散を命じたのは水野忠邦で，天保の改革のときである。したがって，アが誤りである。　(2)　寛政の改革が行われる中，1792年，ロシア使節ラクスマンが蝦夷地の根室に来航し，漂流民の大黒屋光太夫を送り届け，通商を求めてきた。

5　写真5は銅鐸である。このような青銅器などは，稲作とともに弥生時代に伝わった。選択肢の中では，弥生時代の遺跡にあたるのは吉野ヶ里遺跡と登呂遺跡である。岩宿遺跡は旧石器時代，三内丸山遺跡は縄文時代，それぞれの時代の代表的な遺跡である。

6　(1)　写真6は源頼朝である。頼朝は，鎌倉(神奈川県)を根拠地に定め，武士を結集させて関東地方を支配すると，平氏をたおすために弟の源義経などを送って攻めさせた。義経は平氏を追いつめ，ついに壇ノ浦(山口県)でほろぼした。　(2)　頼朝は朝廷との関係を整え，1192年に征夷大将軍に任命させると，政治制度を整備した。　(3)　資料2は，軍記物の「平家物語」であり，口語を交えたわかりやすい文章で，源平での争乱をえがいている。

基本

基本

7　(1)　写真7は金閣である。足利義満が京都の北山の別荘に建てたこの金閣には，公家の文化と武家の文化との融合という，室町文化の特色がよくあらわされている。　(2)　将軍足利義満の邸宅には名木が取り寄せられて花の御所と呼ばれ，京都の文化を象徴するものとなっていた。地方の守護大名もこれにならって館をつくった。　(3)　このころ義満がはじめた中国の明との貿易を日明貿易(勘合貿易)という。義満は，明が倭寇の取りしまりを求めたため，倭寇を禁じるとともに，正式な貿易船に，明から与えられた勘合という証明書を持たせ，朝貢の形式で貿易を始めた。

8　(1)　写真8は，元禄文化の代表作である俵屋宗達が描いた「風神雷神図屛風」である。(2)　当時，歌舞伎は演劇として発達し，上方に坂田藤十郎，江戸に市川団十郎などの名優が出ていた。　(3)　江戸幕府第5代将軍徳川綱吉の治世に，上方(京都，大坂)を中心として展開した町人文化を(1)で示したように元禄文化という。当時の貨幣経済の発達は，町人の経済力を高め，華美な生活と遊興娯楽の余裕を町人に与え，そのような中でこの文化が生まれた。

9　写真を古い順に並べると，5：弥生時代→1：飛鳥時代→6：鎌倉時代→7：室町時代→3：安土桃山時代→8：江戸時代初期→4：江戸時代中期→2：江戸時代後期となる。したがって，写真7は4番目となる。

**2　(地理－日本の地形，気候，諸地域の特色，地理総合)**

1　a　津波は，海底で発生する地震に伴う海底地盤の隆起・沈降や海底における地滑りなどにより，その周辺の海水が上下に変動することによって引き起こされる。　b　火山活動によって火山体に生じた凹地をカルデラという。噴火時にできた火口とは区別され，火口よりも大きい。スペイン語で大鍋の意味である。内側は急崖で，外側は緩斜面からなる。爆発カルデラ，陥没カルデラ，浸食カルデラに分けられるが，大部分は陥没カルデラである。　c　干ばつとは，長期間降水がほとんどないため土壌が著しく乾燥し農作物などに被害を及ぼす現象である。 d ため池は，主に農業用水源としての利用されるが，その活用の分野は広範囲にわたっている。 e からっ風とは，主に山を越えて吹きつける下降気流のことをいう。山を越える際に温度，気圧ともに下がることで空気中の水蒸気が雨や雪となって山に降るため，山を越えてきた風は乾燥した状態となり，からっ風となるのである。 f 日本海流は黒潮ともいう。フィリピンの北東，台湾の東方に源を発し，台湾沖を北上して西南日本沿岸に沿って進み，房総半島東方沖で，東に向きを変える強い勢力の暖流である。関東地方の太平洋岸はこの海流の影響で，冬でも0度以下になることはほとんどない。

2 (1) 日本アルプスのすぐ東にあるフォッサマグナとは，本州の中央部を南北にのびるみぞ状の地形で，ここを境にして東と西では地形や岩石が大きく異なる。 (2) Bは「北米プレート」と呼称されることもある北アメリカプレート，Cは太平洋の大部分をしめる海洋プレートである太平洋プレート，それぞれのプレートが日本近海などで交差している。

やや難 3 ア～ウはいずれも，火山が人間生活を豊かにする側面としての内容を示している。エは，火山灰には有機物が含まれていないし，穀物生産にも適していないため適切な文章ではない。

重要 4 上越(高田)は日本海側の気候で，冬の海から蒸発した水分を多くふくむ北西の季節風が山地にぶつかり，冬にたくさんの雪を降り，降水量が多くなる。夏は南東の季節風の風下になるので乾燥する。したがって，雨温図はイとなる。高松は瀬戸内の気候で，一年中温暖で降水量が少ないのが特徴である。これは，夏も冬も季節風が中国山地や四国山地にさえぎられるためである。したがって，雨温図はエとなる。

5 同じ熱帯低気圧でも，カリブ海やメキシコ湾で発生し，アメリカ合衆国南東部を襲うものはハリケーンという。これは，アメリカのフロリダ州マイアミやハワイ州ホノルルなどにある国立ハリケーンセンターが命名した。

6 近年，地震や川の氾濫などの自然現象によって，被害がおこりそうなところを予測して示した防災マップ(ハザードマップ)をつくることで，被害を少なくする試みが始まっている。

7 北海道や東北地方，関東地方で梅雨や夏に吹く冷たい北東寄りの風をやませという。本来は山を吹き越す風を意味したことばである。長期間にわたって吹くと冷害をもたらすため，餓死風や凶作風などといわれ恐れられてきた。

やや難 8 都市気候とは，過密化による人口集中が原因で，人工熱や大気汚染物質の放出，建造物の増加と高層化，アスファルト化の進行などにより気候因子が変化することで見られる都市部特有の気候のことである。ヒートアイランドなどが主な現象としてみられる。都市内部では概して郊外よりも気温が高い。さらに，高層建築物によるビル風も都市気候の特徴の一つである。このようなことを考察すると，選択肢の中ではウが適切な文章とはいえないことになる。

**3 (公民ー国際政治，国際経済，政治のしくみ，社会生活，公民総合，その他)**

1 a 持続可能な社会とは，「地球環境や自然環境が適切に保全され，将来の世代が必要とするものを損なうことなく，現在の世代の要求を満たすような開発が行われている社会」といわれている。関連事項として，「SDGs(エスディージーズ)」という「Sustainable Development Goals(持続可能な開発目標)」の略称がある。これは，2015年9月に国連で開かれたサミットの中で決められた，国際社会共通の目標である。 b グローバル化とは，これまで存在した国家，地域などタテ割りの境界を超え，地球が1つの単位になる変動の過程をいう。 c 国際分業とは，貿易を通じて国際間で行われる分業のことで，各国が得意とするものだけを生産することである。

重要 d この設問でいう共生社会とは，わたしたち一人一人がお互いに助け合い，だれもが自分らしく安心して暮らすことができる社会である。

2　1868年の権利章典は名誉革命時に出されたもので議会の権限を重視したものであった。フランス人権宣言はアメリカ独立宣言とともに，自由・平等の確立に主眼をおいた宣言である。大日本帝国憲法は天皇主権で，国民は臣民として，法律で権利を制限されていた。ワイマール憲法は，世界で初めて社会権を認めた憲法である。日本国憲法では，基本的人権を基本原理の一つとするほど重視しているのである。世界人権宣言は条約などではなく，法的拘束力はないが，世界各国の人権尊重の模範としての価値は大きい。

3　(1)　一定の要件を満たした政党に対し，国が政党助成法に基づいて政治活動費を交付する制度を政党交付金という。別名，政党助成金とも呼ばれる。　(2)　一選挙区一人の代表は小選挙区制である。この制度は，死票が多く，大政党の得票数が議席に過大に反映され，小さな政党が不利になる問題があるが，二大政党制を維持するのに適している。　(3)　衆議院の優越のうち，法律案の議決については，参議院が衆議院と異なった議決をした場合，衆議院が出席議員の3分の2以上の多数で再可決すれば法律となる。この場合，両院協議会を開く必要はない。

重要

4　(1)　一つの国・地域で，出生率の低下と平均寿命の増大が同時に進行することにより，若年者の数と人口に占める比率がともに低下し，高齢者の数と人口に占める割合がともに上昇していく社会現象を少子高齢化という。つまり，少子高齢化においては，少子化と高齢化が同時に進行していくのである。　(2)　高齢者，障害の有無といった年齢や社会的マイノリティ(社会的少数者または少数派)といったことに，全く関係なく生活や権利などが保障された環境をつくっていく考え方を，ノーマライゼーションという。この考え方は，現代の日本の福祉政策の根本理念として定着している。

**★ワンポイントアドバイス★**

1　3　この唐獅子図屏風は，このころ栄えた桃山文化の代表的な作品である。

2　7　やませは，冷たく湿ったオホーツク海気団からの北東気流で，もともと冷湿なうえ，霧を伴うために日照量が不足し，農作物への被害が大きくなることがある。

## ＜国語解答＞

一　問一　a　体制　b　逆転　c　発揮　d　主体的　e　眺　問二　長いあいだ受け継がれてきた知恵や暮らしに基づいた経験　問三　ウ　問四　イ　問五　きちんとした土台に足を踏みしめた「暮らし」がないから　問六　(1)　冷静　(2)　奇抜　(3)　粋　問七　ウ

二　問一　a　幕　b　遊戯　c　ゆず　d　じょうじゅ　e　増　問二　(例)　ここ最近なりたい自分がわからずに悩んでいて，願い事が特には思い浮かばないため。
問三　五　問四　イ→ウ→ア　問五　(例)　動物のメイクをしている自分を本気で『山の音楽家』だとは，保育園の子ども達は思わないこと。　問六　イ　問七　イ
問八　ウ

三　問一　ただ我が身を焼きて食らひ給ふべし　問二　②　ア　③　エ　問三　イ
問四　(例)　天帝釈が老人の姿からもとの姿に戻ったこと　問五　ウ

○推定配点○

一　問一　各2点×5　問二・問五　各6点×2　他　各3点×6

□二 問一・問四　各2点×6(問四完答)　問二・問五　各6点×2　他　各3点×4
□三 問一・問四　各6点×2　他　各3点×4　計100点

## ＜国語解説＞

□一 (論説文―要旨，内容吟味，文脈把握，漢字の書き，語句の意味，対義語)

問一　a「体制」は，全体として組織されている様式。「体勢」とする誤りが多いので注意する。「制」は，決められた型という意味がある。「制服」「制度」などの熟語がある。　b「逆転」は，それまでとは反対の状態になること。「逆点」とする誤りが多いので注意する。「転」は，ひっくり返るという意味がある。訓読みは「ころ(がる)・ころ(げる)・ころ(がす)・ころ(ぶ)」。「転倒」「横転」などの熟語がある。　c「発揮」は，持っている力・特性を外に表して見せること。「揮」は，あらわすという意味がある。「指揮」「揮発」などの熟語がある。　d「主体的」は，自分から活動していく様子。「主体的に行動する」などと使う。　e「眺」の音読みは「チョウ」。つくりの「兆」が音を表す。「非」と誤らないように注意する。「眺望」などの熟語がある。

問二「基本」が身についていれば，着物を自由に着こなすことができると述べている。そして，「土台」のない人は「最初から着物をじょうずに着こなせない」と述べている。筆者は「基本」＝「土台」と考えていることがわかる。読み進むと，「長いあいだ受け継がれてきた知恵や暮らしに基づいた経験という『土台』」という記述が見つかる。「基本」＝「土台」であるから，これが「基本」の内容。

基本 問三「あられもない」は，似つかわしくない，ふさわしくないの意味。特に，女性が女性らしくない姿をしている場合に使われることが多い。

やや難 問四「着こなし方」は，着こなす方法の意味。この「方」は，方法・手段の意味で使われている。「方便」は，便宜上の手段の意味。それぞれの「方」の意味は，ア「方角」は向き，ウ「方正」は正しい，エ「方円」は四角の意味。

重要 問五「自由も情報も物も，世界でもトップクラスの豊かさを誇る国」であるのに，傍線部④のような様子で「なんだか誰もがちっとも幸せそうに見えない」という文脈。それは，「きちんとした土台に足を踏みしめた『暮らし』がないから」だと筆者は考えている。

基本 問六　(1)「興奮」は，刺激によって感情が高ぶること。「冷静」は，落ち着いていて，一時の感情などによって左右されないこと。　(2)「ふつう」は，特に変わったところがなく，ありふれていること。「特殊」は，ふつうのものと違っていること。　(3)「野暮」は，洗練されず，田舎くさいこと。「粋」は，あかぬけしていること。

重要 問七　ウについては，筆者は文章の後半で，土台があたりまえにあることの大切さに気づかないままの私たちの「暮らし」を，自由を上に載せるだけのふわふわした「底の浅い，頭でっかちの，借り物になってしまう」ものだと述べている。ア，選択肢の文のように原因と結果の関係では述べていない。本文中では「……たいへんだったというし，……がんじがらめだったとも……」と並列の関係で述べている。イ，筆者が見かけたお茶の先生の姿は「着物の上からもんぺ式のズボンをはいて」いる姿である。エ，幸せな暮らしをするために悪者探しをしていると述べているのではなく，悪者探しや他人をあてにばかりしている様子は幸せそうに見えないと述べている。

□二 (小説―情景・心情，内容吟味，文脈把握，指示語の問題，脱語補充，漢字の読み書き，熟語)

問一　a「幕」は形の似た「墓」や「暮」と区別する。「幕」は「マク・バク」の音読みだけの漢字で，「幕府」「幕僚」などの熟語がある。　b「遊戯」は，遊びたわむれること。「戯」も遊ぶの意味で，「戯曲」などの熟語がある。　c「譲」の音読みは「ジョウ」。「譲渡」「譲歩」などの熟語がある。 d 「成就」は，望みなどがかなうこと，なしとげること。「ジョウ」も「ジュ」も用例の少ない読み方で，他には「成仏」がある。 e 「増」は「ま(す)・ふ(える)・ふ(やす)」の訓読みがある。「殖やす」は，それ自体の力で全体が多くなるという意味で使われ，「財産が殖える」「細菌が殖える」のように使う。

問二　願い事についての主人公の反応は，「願い事と言われてもな。これといって思い浮かばずに」とある。また，園児に「なりたいじぶんをかけばいいのよ」と言われ，「なりたい自分。ここ最近，それがわからずに悩んでいるのだ」と考え込んでいる。これらを解答の材料としてまとめればよい。

問三　音楽教師やハンドベル部の部員達がしている動物の格好やメイクは，主人公が小鳥，音楽教師が猫，そして部員達が猫・キツネ・タヌキである。全部で五人で，子ども達の班のテーブルに一匹ずつ座るのだから，班の数は五つである。

やや難　問四「みんなは書きおわったの？」は，園児に対する主人公の問いかけである。イは，問いかけに対する園児たちの答え。ウは，園児たちの答えに対する主人公の反応。アは，「早いね」という主人公の反応に対して，園児たちが早い理由を説明している会話である。

問五 「それ」が指しているのは，「メイクをしてても，本気で『山の音楽家』とは思っていない」こと。動物のメイクをしているのは，主人公。「本気で『山の音楽家』とは思っていない」のは，保育園の子ども達であるので，これが主語である。「それはそうだよな」と思っているのは，主人公である「自分」なので，解答では「自分」を使う。

基本　問六 「身近」の読みは「みぢか」で，「訓＋訓」の読み。イ「名札」も「な(訓)ふだ(訓)」で「訓＋訓」の読み。ア「手本」は「て(訓)ホン(音)」，ウ「茶色」は「チャ(音)いろ(訓)」，エ「短期」は「タン(音)キ(音)」の構成。

重要　問七「あまりにも」は，ふつうの程度をひどく越している様子。アは「ほどよく」，ウは「最も」とあるので，「ひどく」の意味にそぐわない。エは「つまらない」のであれば，その後の子ども達の反応とそぐわない。思いついた願い事が「その場しのぎでいい加減であること」を「適当と言えばあまりに適当だ」と表現している。

問八 「胸が熱くなる」は，感情が高まる，強く感動するの意味。子ども達に次回も期待されていることに感激したのである。主人公の感激は，次回を約束する言葉の他に，「ほんとにじょうずにならなきゃな」，「『こんど』のときは，この子達をさらに喜ばしたい」という表現に表れている。エは紛らわしいが，「レパートリーを増やして」とはあるが，「新曲をつくって」という表現はない。

三 **(古文一主題，内容吟味，文脈把握)**

〈口語訳〉 それならば，猿は木を拾って来た。狐は火をおこして(その木に)火をつけて，もしかしたら(兎が何かを持ってくるかもしれない)と待っていると，兎は何も持たずに帰って来た。

そのときに，猿・狐，これを見て言うには「お前は何を持って来たのか(いや，何も持って来ていない)。これは，思ったとおりだ。うそをついてだまして，木を拾わせ火をつけさせて，お前は焚き火で自分の体を温めようとして(いる)，ああ憎らしい」と言うと，兎は，「私は，食べ物を求めましたが，持って来る力がありませんでした。それだから，ただ私の体を焼いてお食べになってください」と言って，火の中に飛び込んで焼け死んでしまった。

そのとき，帝釈天は，(老人の姿から)もとの姿に戻って，この兎が火に入った姿を月の中に移して，広くすべての人に見せるために，月の中に籠めなさった。だから，月の面に雲のような物が有るのは，この兎の火に焼けた煙である。また，月の中に兎がいるというのは，この兎の形である。すべての人は，月を見るごとにこの兎のことを思い出すだろう。

問一　兎は，自分には食べ物を持って来る力がないことを知ったので，自分を焼いて食べてもらおうと考えたのである。あらすじにある「わが身を捨てて善い行いを積もうと」したのである。

やや難　問二　②　兎は，食べ物を探して持って来る力がない。　③　「温まむ」は「温めようとして」の意味。猿と狐が，兎は食べ物を持って来ないくせに焚き火で温まろうとしていると受け止めて「あな憎」と言っている。

基本　問三　「されば」は，順接を表す接続詞。前の内容を理由として，後の内容に続いていく。イ「それゆえ」は「それだから」と言い換えられる。

問四　帝釈天が「もとの形に復して(＝もとの姿に戻って)」ということ。あらすじに「衰弱しきった老人に変身して」とあるので，「老人の姿からもとの姿に戻った」のである。

重要　問五　問一と関連させて考える。帝釈天は，兎の行動を本心からの「わが身を捨てて善い行いを積もうと」した自己犠牲の行動と捉えたのである。

**★ワンポイントアドバイス★**

論説文は，具体例などを手がかりに，筆者の考えや主張，その理由・根拠を文脈をたどり正確に読み取ることが大切だ。言い換えにも注意しよう。小説は，場面の様子を捉えて，気持ちとその理由を正確に読み取ろう。古文は，語注をヒントにして内容を正しくつかもう。

MEMO

大切なことはメモしておこうネ！

# 解答用紙集

○月×日 △曜日 天気(合格日和)

◆ご利用のみなさまへ

＊解答用紙の公表を行っていない学校につきましては、弊社の責任において、解答用紙を制作いたしました。

＊編集上の理由により一部縮小掲載した解答用紙がございます。

＊編集上の理由により一部実物と異なる形式の解答用紙がございます。

人間の最も偉大な力とは、その一番の弱点を克服したところから生まれてくるものである。――カール・ヒルティ――

※データのダウンロードは 2024 年 3 月末日まで。

東京学参株式会社

岐阜聖徳学園高等学校　2023年度

◇数学◇

※ 149%に拡大していただくと，解答欄は実物大になります。

**1**

| | | | | | |
|---|---|---|---|---|---|
| (1) | | (2) | | (3) | |
| (4) | | (5) | $a=$ | | $x=$ |
| (6) | | (7) | | | |

**2**

| | | | |
|---|---|---|---|
| (1) | | (2) | 動画Aの再生回数<br>(回)<br>動画Bの再生回数<br>(回) |

**3**

| | | | |
|---|---|---|---|
| (1) | | (2) | |

**4**

| | | | | | |
|---|---|---|---|---|---|
| (1) | | (2) | | (3) | |

**5**

| | | | |
|---|---|---|---|
| (1) | | | |
| (2) | (番目) | (3) | |

**6**

| | | | | | |
|---|---|---|---|---|---|
| (1) | (℃) | (2) | (℃) | (3) | (℃) |
| (4) | 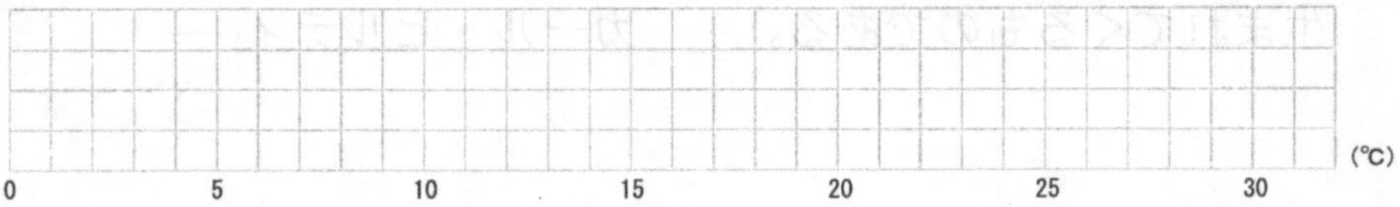 | | | | |



**7**

| | | | |
|---|---|---|---|
| (1) | (点) | (2) | (通り) |
| (3) | | (4) | (点) |

岐阜聖徳学園高等学校　2023年度

# ◇英語◇

※ 147%に拡大していただくと，解答欄は実物大になります。

1

| | | | | | | | | |
|---|---|---|---|---|---|---|---|---|
| 1 | (1) | | (2) | | (3) | | (4) | |
| 2 | (1) | | (2) | | (3) | | | |
| 3 | (1) | | (2) | | (3) | | | |

2

| | | | | | | | | | |
|---|---|---|---|---|---|---|---|---|---|
| 1 | | 2 | | 3 | | 4 | | 5 | |

3

| | | | | | | | | | |
|---|---|---|---|---|---|---|---|---|---|
| 1 | | 2 | | 3 | | 4 | | 5 | |

4

| | |
|---|---|
| 1 | . |
| 2 | . |
| 3 | today. |
| 4 | soon. |
| 5 | . |

5

| | | | |
|---|---|---|---|
| 1 | (　　) (　　) | 2 | (　　), (　　) |
| 3 | (　　) (　　) | 4 | (　　), (　　) |
| 5 | (　　), (　　) | | |

6

| | | | |
|---|---|---|---|
| ① | | ② | |

7

| | | | | | | | | | |
|---|---|---|---|---|---|---|---|---|---|
| 1 | | 2 | | 3 | | 4 | | 5 | |

8

| | | | | | | | | | | |
|---|---|---|---|---|---|---|---|---|---|---|
| 1 | (1) | | | | | | | | | |
| | (2) | | | | | | | | | |
| 2 | | | | | | | | | | |
| 3 | (1) | | (2) | | (3) | | (4) | | (5) | |
| 4 | | | | | | | | | | |
| 5 | | | | | | | | | | |

岐阜聖徳学園高等学校　2023年度

◇理科◇

※ 149%に拡大していただくと，解答欄は実物大になります。

1

| | | | | |
|---|---|---|---|---|
| 1 | | | | |
| 2 | (1) | | (2) | |
| 3 | | | | |
| 4 | (1) | | (2) | |
| 5 | | | 6 | |

2

| | | | | |
|---|---|---|---|---|
| 1 | 液体 | | 気体 | |
| 2 | | | 3 | |
| 4 | | | 5 | |
| 6 | | | | |

3

| | | | | | | | |
|---|---|---|---|---|---|---|---|
| 1 | ① | | ② | | ③ | | |
| 2 | 単子葉類 | | 双子葉類 | | ③ | | |
| | | | | | | | |
| 3 | X | | Y | | Xは何に相当するか | | |
| 4 | | | | | | | |
| 5 | | | | | | | |

4

| | | | | | | | | |
|---|---|---|---|---|---|---|---|---|
| 1 | (1) | | (2) | | | | | |
| 2 | (1) | 火山岩 | 最もねばりけの弱いマグマに由来 | 最もねばりけの強いマグマに由来 | 深成岩 | 最もねばりけの弱いマグマに由来 | 最もねばりけの強いマグマに由来 | |
| | | | | | | | | |
| | (2) | ① | | ② | A | | B | |
| | | ③ | ア | | イ | | | |
| 3 | | | | | | | | |

岐阜聖徳学園高等学校　　2023年度

# ◇社会◇

※ 152％に拡大していただくと，解答欄は実物大になります。

## 1

| | | | | | | | |
|---|---|---|---|---|---|---|---|
| 1 | (1) | | (2) | | (3) | | |
| 2 | (1) | | (2) | | (3) | | |
| 3 | (1) | | (2) | | | | |
| | (3) | | | | | | |
| 4 | (1) | a | | b | | | |
| | (2) | | (3) | | | | |
| 5 | (1) | | (2) | a | | b | |
| | (3) | | | | | | |
| 6 | (1) | | (2) | | | | |
| | (3) | 　→　　→　　→ | | | | | |

## 2

| | | | | | | | |
|---|---|---|---|---|---|---|---|
| 1 | | | | | | | |
| 2 | (1) | | (2) | 日本海 | | 太平洋 | |
| | (3) | | | | | | |
| 3 | | | | | | | |
| 4 | (1) | a | | b | | c | |
| | (2) | | | | | | |
| 5 | | 6 | | 7 | | | |
| 8 | (1) | | | | | | |
| | (2) | | | | | | |

## 3

| | | | | | | | |
|---|---|---|---|---|---|---|---|
| 1 | | 2 | | 3 | | | |
| 4 | | 5 | | 6 | | 7 | |
| 8 | | 9 | | 10 | | | |
| 11 | | 12 | | | | | |
| 13 | | 14 | | 15 | | | |

## ◇国語◇

岐阜聖徳学園高等学校　２０２３年度

※１５２％に拡大していただくと、解答欄は実物大になります。

一

問一　a　b　c

問二

問三

問四

問五

問六　(1)　(2)

問七　A　B

二

問一　a　b　c　d

問二　Ⅰ　Ⅱ

問三

問四

問五

問六　金平糖は

問七　(1)　(2)　X　Y

三

問一　a　b

問二　①　③

問三

問四　②　⑤

問五　と思ったから。

問六

岐阜聖徳学園高等学校　2022年度

◇数学◇

※ 152％に拡大していただくと，解答欄は実物大になります。

1

| | | | | | |
|---|---|---|---|---|---|
| (1) | | (2) | | (3) | |
| (4) | | (5) | | (6) | |
| (7) | $cm^2$ | (8) | 度 | (9) | 度 |
| (10) | | | | | |

2

| | | | |
|---|---|---|---|
| (1) | | (2) | と |

3

| | | | | | |
|---|---|---|---|---|---|
| (1) | | (2) | | (3) | |

4

| | | | |
|---|---|---|---|
| (1) | 点 | (2) | |

5

| | | | |
|---|---|---|---|
| ア | | イ | |
| ウ | | | |

6

| | | | | | |
|---|---|---|---|---|---|
| (1) | $cm^3$ | (2) | | (3) | 本 |

7

| | | | | | |
|---|---|---|---|---|---|
| (1) | | (2) | | (3) | |
| (4) | | (5) | | | |

岐阜聖徳学園高等学校　2022年度　◇英語◇

※ 152％に拡大していただくと，解答欄は実物大になります。

**1**

| | | | | |
|---|---|---|---|---|
| 1 | (1) | (2) | (3) | (4) |
| 2 | (1) | (2) | (3) | (4) |

**2**

| | | | | | | | | | |
|---|---|---|---|---|---|---|---|---|---|
| 1 | | 2 | | 3 | | 4 | | 5 | |

**3**

| | | | | | | | | | |
|---|---|---|---|---|---|---|---|---|---|
| 1 | | 2 | | 3 | | 4 | | 5 | |

**4**

| | | | | | | | | | |
|---|---|---|---|---|---|---|---|---|---|
| 1 | | 2 | | 3 | | 4 | | 5 | |

**5**

| | |
|---|---|
| 1 | . |
| 2 | . |
| 3 | . |
| 4 | . |
| 5 | ? |

**6**

| | | | |
|---|---|---|---|
| 1 | (　　　),(　　　) | 2 | (　　　)(　　　) |
| 3 | (　　　)(　　　) | 4 | (　　　)(　　　) |
| 5 | (　　　)(　　　) | | |

**7**

| | | | | | | | | | |
|---|---|---|---|---|---|---|---|---|---|
| 1 | | 2 | | 3 | | 4 | | 5 | |

**8**

| | | | | | |
|---|---|---|---|---|---|
| 1 | (1) | | | | |
| | (2) | | | | |
| 2 | | | | | |
| 3 | (1) | (2) | (3) | (4) | (5) |
| 4 | | | | | |
| 5 | | | | | |

# 岐阜聖徳学園高等学校　2022年度　◇理科◇

※ 152％に拡大していただくと，解答欄は実物大になります。

**1**

| | | | | | | | |
|---|---|---|---|---|---|---|---|
| 1 | (1) | | (2) | Pa | (3) | ① | ② g |
| 2 | (1) | | | | | | |
| | (2) | N | (3) | J | | | |
| 3 | (1) | | (2) | cm | | | |
| 4 | (1) | Pa | (2) | N | (3) | cm | |

**2**

| | | | | | | |
|---|---|---|---|---|---|---|
| 1 | (1) | ア | イ | ウ | エ | オ |
| | (2) | | | | | |
| | (3) | 正極 | | | (4) | |
| 2 | (1) | | | | (2) | 陽極 |
| | (3) | | | | | |
| | (4) | | | | | |

**3**

| | | | | | | | |
|---|---|---|---|---|---|---|---|
| 1 | A | B | | C | | D | |
| 2 | | 3 | | 4 | | 5 | |
| 6 | | 7 | | | | | |
| 8 | km | | | | | | |

**4**

| | | | | | |
|---|---|---|---|---|---|
| 1 | (1) | | | (2) | グループ名 |
| | (3) | A | D | (4) | |
| | (5) | 臼歯の発達 | | | |
| | | 目が顔の側面にある | | | |
| | (6) | | | | |
| 2 | (1) | | グループ名 | (2) | グループ名 |
| | (3) | ① | ② | | |

岐阜聖徳学園高等学校　2022年度

# ◇社会◇

※ 152%に拡大していただくと，解答欄は実物大になります。

1

| | | | | | | |
|---|---|---|---|---|---|---|
| 1 | (1) | | (2) | | | |
| | (3) | | | | | |
| 2 | (1) | | (2) | | (3) | |
| 3 | (1) | | (2) | | | |
| 4 | (1) | | (2) | | | |
| 5 | (1) | | (2) | | | |
| | (3) | | (4) | | | |
| 6 | (1) | | (2) | | | |
| | (3) | | | | | |
| 7 | | 8 | | | | |

2

| | | | | | | | | | | |
|---|---|---|---|---|---|---|---|---|---|---|
| 1 | (1) | 符号 | 河川名 | (2) | 符号 | 河川名 | (3) | 符号 | 河川名 | |
| 2 | (1) | | | (2) | | | | | | |
| | (3) | | | (4) | | | | | | |
| 3 | (1) | | (2) | | (3) | | | | | |

3

| | | | | | |
|---|---|---|---|---|---|
| 1 | | 2 | → → → → → | | |
| 3 | | 4 | | 5 | |

4

| | | | | | | |
|---|---|---|---|---|---|---|
| 1 | | 2 | 符号 | 権利名 | | |
| 3 | (1) | | (2) | | | |
| 4 | (1) | 議席 | (2) | | (3) | |
| 5 | c | | d | | 権利名 | |
| 6 | (1) | | (2) | | | |
| 7 | (1) | | | | | |
| | (2) | | | | | |

◇国語◇

岐阜聖徳学園高等学校　２０２２年度

※154%に拡大していただくと、解答欄は実物大になります。

一

問一　a　b　c

問二

問三　のこと

問四

問五

問六

問七

二

問一　a　b　c

問二　A　B

問三　I　II

問四

問五

問六

問七

問八

三

問一　a　b　c

問二

問三

問四

問五

問六

岐阜聖徳学園高等学校　2021年度

◇数学◇

※ 152%に拡大していただくと，解答欄は実物大になります。

**1**

| | | | | | |
|---|---|---|---|---|---|
| (1) | , , , , , , , , | | | | |
| (2) | | (3) | | (4) | |
| (5) | | (6) | | (7) | |

| | | | | | | |
|---|---|---|---|---|---|---|
| (8) | ① | （cm） | ② | | ③ | |
| | ④ | （形） | ⑤ | （度） | ⑥ | （形） |
| | ⑦ | （cm） | ⑧ | （cm） | ⑨ | ： ： |

**2**

| | | | |
|---|---|---|---|
| (1) | | (2) | |
| (3) | （本） | (4) | （度） |

**3**

| | | | |
|---|---|---|---|
| (1) | | (2) | |

**4**

| | | | | | | |
|---|---|---|---|---|---|---|
| (1) | 点P | | 点Q | | | |
| (2) | | (3) | | (4) | 点Pを通るグラフ　, | 点Qを通るグラフ |

**5**

| | | | | | | | |
|---|---|---|---|---|---|---|---|
| (1) | | (2) | | (3) | | (4) | |

**6**

| | | | |
|---|---|---|---|
| (1) | （℃） | (2) | （℃） |

岐阜聖徳学園高等学校　2021年度

◇英語◇

※ 152％に拡大していただくと，解答欄は実物大になります。

**1**

| | | | | |
|---|---|---|---|---|
| 1 | (1) | (2) | (3) | (4) |
| 2 | (1) | (2) | (3) | (4) |

**2**

| | | | | | | | | | |
|---|---|---|---|---|---|---|---|---|---|
| 1 | | 2 | | 3 | | 4 | | 5 | |

**3**

| | | | | | | | | | |
|---|---|---|---|---|---|---|---|---|---|
| 1 | | 2 | | 3 | | 4 | | 5 | |

**4**

| | | | | | | | | | |
|---|---|---|---|---|---|---|---|---|---|
| 1 | | 2 | | 3 | | 4 | | 5 | |

**5**

| | | |
|---|---|---|
| 1 | I | . |
| 2 | Do you know | ? |
| 3 | Akiko | . |
| 4 | Would | ? |
| 5 | Jenny | . |

**6**

| | | | |
|---|---|---|---|
| 1 | (　　　), (　　　) | 2 | (　　　) (　　　) |
| 3 | (　　　) (　　　) | 4 | (　　　) (　　　) |
| 5 | (　　　) (　　　) | | |

**7**

| | |
|---|---|
| 1 | |
| 2 | |
| 3 | |

**8**

| | | | | | |
|---|---|---|---|---|---|
| 1 | | 2 | | | |
| 3 | (　　　), (　　　) | | | | |
| 4 | | | | | |
| 5 | (1) | (2) | (3) | (4) | (5) |
| 6 | | | | | |

岐阜聖徳学園高等学校　2021年度

## ◇理科◇

※ 152％に拡大していただくと，解答欄は実物大になります。

### 1

| | | | | | | |
|---|---|---|---|---|---|---|
| 1 | (1) | m | (2) | Hz | | |
| 2 | (1) | | (2) | m | | |
| 3 | (1) | 秒 | (2) | 秒間 | (3) | Hz |
| 4 | | | | | | |
| 5 | | | | | | |

### 2

| | | | | | | |
|---|---|---|---|---|---|---|
| 1 | | 2 | | | | |
| 3 | | 4 | $g/cm^3$ | | | |
| 5 | C | | E | | 6 | |

### 3

| | | | | | | | | | | | |
|---|---|---|---|---|---|---|---|---|---|---|---|
| 1 | (1) | ① | 名称 | 符号 | | | | | | | |
| | | ② | 名称 | 符号 | | | | | | | |
| | (2) | I | | II | | III | | (3) | | (4) | |
| 2 | (1) | A | | B | | C | | | | | |
| | (2) | % | | | | | | | | | |

### 4

| | | | | | | | |
|---|---|---|---|---|---|---|---|
| 1 | (1) | | (2) | | (3) | | |
| 2 | (1) | | (2) | a | | b | |
| | (3) | | (4) | | | | |
| 3 | ① | 物質名 | 化学式 | | | | |
| | ② | 物質名 | 化学式 | | | | |

岐阜聖徳学園高等学校　2021年度

# ◇社会◇

※ 152％に拡大していただくと，解答欄は実物大になります。

## 1

| | | | | | | |
|---|---|---|---|---|---|---|
| 1 | | | 2 | | | |
| 3 | | | 4 | | | |
| 5 | (1) | | (2) | | (3) | |
| 6 | (1) | | (2) | | | |
| 7 | (1) | | (2) | | | |
| | (3) | | | | | |
| 8 | | | 9 | | １０ | |
| １１ | (1) | | (2) | | | |
| １２ | (1) | | (2) | | １３ | |

## 2

| | | | | | | |
|---|---|---|---|---|---|---|
| 1 | アメリカ | | カナダ | | | |
| 2 | (1) | | (2) | 峡谷名 | 場所 | |
| 3 | | | 4 | 移民名 | 語 | |
| 5 | (1) | | (2) | 2月　日　午前・午後　時 | 6 | 方式 |
| 7 | (1) | 地域名 | 北緯　度 | | | |
| | (2) | | (3) | | | |

## 3

| | | | | | | |
|---|---|---|---|---|---|---|
| 1 | a | | b | | c | |
| 2 | | 3 | Ⅰ | | Ⅱ | |
| 4 | 条約 | 5 | | | | |

## 4

| | | | | | | | |
|---|---|---|---|---|---|---|---|
| 1 | | 2 | | 3 | | 4 | 第　条 |
| 5 | (1) | Ⅰ | | Ⅱ | | | |
| | (2) | | | | | | |

# ◇国語◇

岐阜聖徳学園高等学校　２０２１年度

※１５６％に拡大していただくと，解答欄は実物大になります。

## 一

問一　a　b　c　d　e

問二　①　③

問三

問四

問五

問六　1　2

## 二

問一　a　b　c　d　e

問二

問三

問四

問五

問六

問七　1　2

## 三

問一　a　b　c

問二　最初　最後　最初　最後

問三

問四　最初　最後

問五

問六

岐阜聖徳学園高等学校　2020年度

# ◇数学◇

※150％に拡大していただくと，解答欄は実物大になります。

## 1

| | | | | | |
|---|---|---|---|---|---|
| (1) | | | (2) | | |
| (3) | | | (4) | | |
| (5) | | | (6) | | $cm^3$ |
| (7) | ① | | ② | | ③ | |
| | ④ | | ⑤ | | |
| (8) | | | | | |

## 2

| | | | |
|---|---|---|---|
| (1) | | (2) | |
| (3) | | (4) | |
| (5) | | | |

## 3

| | | | |
|---|---|---|---|
| (1) | | (2) | |
| (3) | | | |

## 4

| | | | | |
|---|---|---|---|---|
| (1) | ① | | ② | |
| | ③ | | ④ | |
| | ⑤ | | | |
| (2) | % | | | |

## 5

| | | | |
|---|---|---|---|
| (1) | | (2) | |
| (3) | | | |

## 6

| | | | |
|---|---|---|---|
| (1) | | (2) | |
| (3) | | | |

岐阜聖徳学園高等学校　2020年度

◇英語◇

※148％に拡大していただくと，解答欄は実物大になります。

**1**

| | | | | |
|---|---|---|---|---|
| 1 | (1) | (2) | (3) | (4) |
| 2 | (1) | (2) | (3) | (4) |

**2**

| | | | | | | | | | |
|---|---|---|---|---|---|---|---|---|---|
| 1 | | 2 | | 3 | | 4 | | 5 | |

**3**

| | | | | | | | | | |
|---|---|---|---|---|---|---|---|---|---|
| 1 | | 2 | | 3 | | 4 | | 5 | |

**4**

| | | | | | | | | | |
|---|---|---|---|---|---|---|---|---|---|
| 1 | | 2 | | 3 | | 4 | | 5 | |

**5**

| | |
|---|---|
| 1 | |
| 2 | |
| 3 | |
| 4 | |
| 5 | |

**6**

| | | | | | | | | | |
|---|---|---|---|---|---|---|---|---|---|
| 1 | | 2 | | 3 | | 4 | | 5 | |

**7**

| | |
|---|---|
| 1 | |
| 2 | |
| 3 | |

**8**

| | | | | | |
|---|---|---|---|---|---|
| 1 | ① | ② | ③ | ④ | ⑤ |
| 2 | | | | | |
| 3 | (1) | (2) | (3) | (4) | (5) |
| 4 | | | | | |

岐阜聖徳学園高等学校　2020年度

# ◇理科◇

※150％に拡大していただくと，解答欄は実物大になります。

## 1

| | | | | |
|---|---|---|---|---|
| 1 | (1) | A | B | C |
| | (2) | | | |
| 2 | | | | |
| 3 | (1) | | (2) | |
| | (3) | | | |
| | (4) | ① | ② | |

## 2

| | | | | | |
|---|---|---|---|---|---|
| 1 | | | | | |
| 2 | (1) | +極となる金属 | 電子の流れの向き | (2) | |
| | (3) | | (4) | | |
| 3 | (1) | | (2) | | |
| 4 | (1) | ① | ② | ③ | |
| | | ④ | | | |
| | (2) | | | | |

## 3

| | | | | | | | |
|---|---|---|---|---|---|---|---|
| 1 | ① | | ② | | ③ | | |
| 2 | (1) | | (2) | | (3) | | |
| 3 | (1) | | (2) | | | | |
| 4 | (1) | | (2) | cm$^3$ | | | |
| 5 | (1) | と | (2) | | (3) | ① | ② |

## 4

| | | | | | | |
|---|---|---|---|---|---|---|
| 1 | ① | | ② | | 2 | |
| 3 | (1) | | (2) | | (3) | |
| 4 | と | 5 | | 6 | km/s | |
| 7 | (1) | | (2) | km/s | | |
| | (3) | 初期微動継続時間は，震源からの距離に（　　　　）なる。 | | | | |

岐阜聖徳学園高等学校　2020年度

◇社会◇

※150％に拡大していただくと，解答欄は実物大になります。

1

| | | | | | | |
|---|---|---|---|---|---|---|
| 1 | a | | b | | | |
| | c | | d | | | |
| 2 | | | 3 | | | |
| 4 | (1) | | (2) | | | |
| 5 | (1) | | (2) | | 6 | |
| 7 | | | 8 | | | |
| 9 | (1) | | (2) | | | |
| 10 | (1) | | (2) | | | |
| 11 | | | 12 | | 13 | |

2

| | | | | | | |
|---|---|---|---|---|---|---|
| 1 | (1) | | (2) | | (3) | |
| | (4) | | (5) | | | |
| 2 | (1) | | (2) | | (3) | |
| | (4) | | | | | |
| 3 | A | | B | | C | |
| 4 | レタス | | きゅうり | | 5 | |

3

| | | | | | | | |
|---|---|---|---|---|---|---|---|
| 1 | a | | b | | | c | |
| | d | | e | | | | |
| 2 | 月　日 | | 3 | 月　日 | | 4 | |
| 5 | | | 6 | | | 7 | |
| 8 | | | 9 | A | | B | |
| 10 | | | | | | | |

岐阜聖徳学園高等学校　２０２０年度

※１５５％に拡大していただくと、解答欄は実物大になります。

# ◇国語◇

## 一

問一　a　b　c　d　e

問二　A　B　C　D　E

問三

問四

問五

問六

問七　(Ⅰ)　(Ⅱ)　(Ⅲ)　(Ⅳ)　(Ⅴ)　(Ⅵ)　(Ⅶ)　(Ⅷ)

問八

## 二

問一　a　b　c　d　e

問二

問三

問四　Ⅰ　Ⅱ

問五

問六

問七

## 三

問一　Ⅰ　Ⅱ　Ⅲ

問二

問三

問四　(1)　(2)

岐阜聖徳学園高等学校　2019年度

◇数学◇

※この解答用紙は152％に拡大していただくと，実物大になります。

1

| | | | | | |
|---|---|---|---|---|---|
| (1) | | (2) | | (3) | |
| (4) | | (5) | | | |

2

| | | | |
|---|---|---|---|
| (1) | | (2) | $a=$ |
| (3) | $n=$ | (4) | |
| (5) | 円 | | |

3

| |
|---|
| 人 |

4

| | |
|---|---|
| $\angle x=$　度 | $\angle y=$　度 |

5

| |
|---|
| |

6

| | | | |
|---|---|---|---|
| (1) | m | (2) | 秒速　m |

7

| | | | |
|---|---|---|---|
| (1) | $x=$ | | $y=$ |
| (2) | ℃ | (3) | ℃ |
| (4) | | | |

8

| | | | |
|---|---|---|---|
| (1) | | (2) | |
| (3) | | (4) | |

9

| | | | |
|---|---|---|---|
| (1) | | (2) | : |
| (3) | | | |

岐阜聖徳学園高等学校　2019年度

◇英語◇

※この解答用紙は149％に拡大していただくと，実物大になります。

**1**

| | | | | |
|---|---|---|---|---|
| 1 | (1) | (2) | (3) | (4) |
| 2 | (1) | (2) | (3) | |

**2**

| | | | | | |
|---|---|---|---|---|---|
| 1 | | 2 | | 3 | |

**3**

| | | | | | | | | | |
|---|---|---|---|---|---|---|---|---|---|
| 1 | | 2 | | 3 | | 4 | | 5 | |

**4**

| | | | | | | | | | |
|---|---|---|---|---|---|---|---|---|---|
| 1 | | 2 | | 3 | | 4 | | 5 | |

**5**

| | |
|---|---|
| 1 | |
| 2 | |
| 3 | |
| 4 | |

**6**

| | | | | | |
|---|---|---|---|---|---|
| 1 | | 2 | | 3 | |
| 4 | | 5 | | | |

**7**

| | | | |
|---|---|---|---|
| 1 | | 2 | |

**8**

| | | | | | |
|---|---|---|---|---|---|
| 1 | ① | ② | ③ | ④ | |
| 2 | | | | | |
| 3 | (1) | (2) | (3) | (4) | (5) |
| 4 | | | | | |

岐阜聖徳学園高等学校　2019年度

# ◇理科◇

※この解答用紙は152％に拡大していただくと，実物大になります。

## 1

| | | | | | | | | | | |
|---|---|---|---|---|---|---|---|---|---|---|
| 1 | 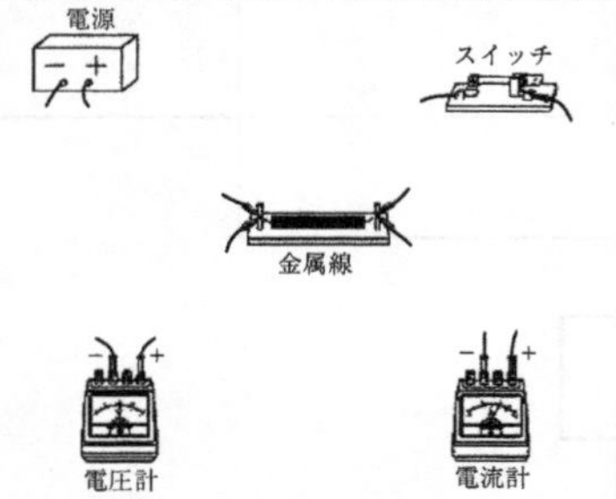  | | | | | | | | | |
| 4 | 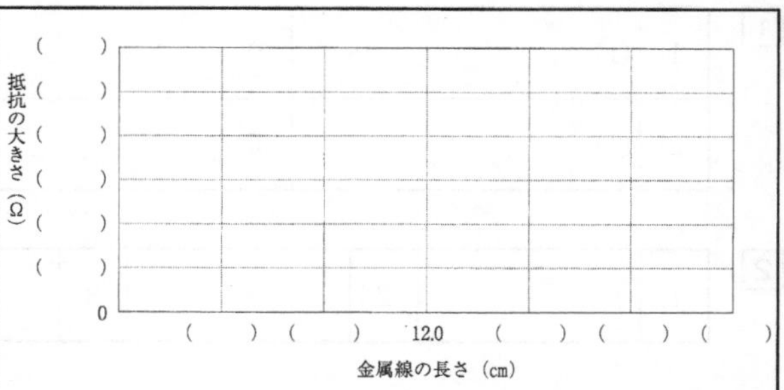  | | | | | | | | | |
| 2 | 電源 | | スイッチ | | 電圧計 | | 電流計 | | | |
| 3 | Ω | | 5 | | | | | | | |
| 6 | $I_1$ | A | $I_2$ | A | $I_3$ | A | $I_4$ | A | $I_5$ | A |
| 7 | cm | | | | | | | | | |

## 2

| | | | | | |
|---|---|---|---|---|---|
| 1 | | | | | |
| 2 | | 3 | | | |
| 4 | | | | | |
| 5 | | | 6 | 7 | |
| 8 | % | | | | |

## 3

| | | | | | | | | |
|---|---|---|---|---|---|---|---|---|
| 1 | (1) | A | B | D | F | | | |
| | (2) | ① | ② | ③ | (3) | | | |
| 2 | (1) | と | (2) | ①　個 | ②　個 | | | |
| 3 | (1) | | (2) | cm² | (3) | mL | | |

## 4

| | | | | | | |
|---|---|---|---|---|---|---|
| 1 | | 2 | (1) | g | (2) | % |
| 3 | (1) | a | b | c | | |
| | (2) | | (3) | | | |
| | (4) | | (5) | | | |
| 4 | (1) | | (2) | | 5 | % |

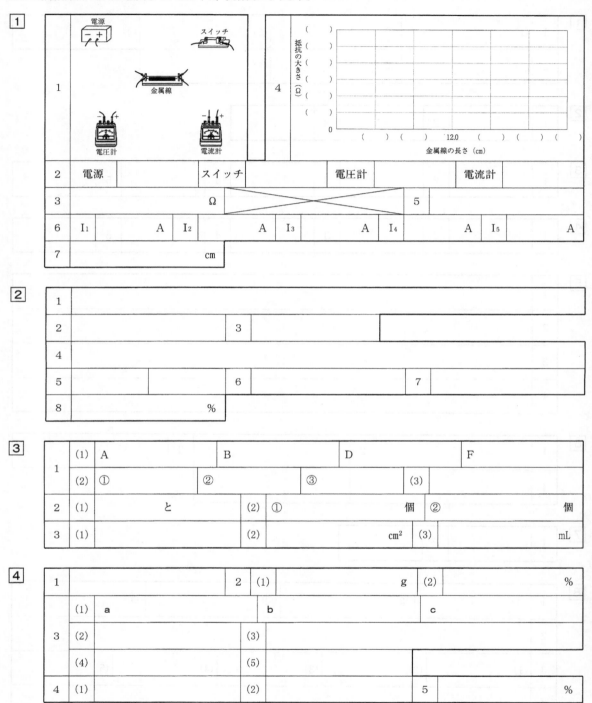

岐阜聖徳学園高等学校　2019年度

# ◇社会◇

※この解答用紙は152％に拡大していただくと，実物大になります。

## 1

| | | | | | | | |
|---|---|---|---|---|---|---|---|
| 1 | (1) | | (2) | a | | b | |
| 2 | (1) | → → | (2) | | (3) | | |
| 3 | | | | | | | |
| 4 | (1) | | (2) | | 5 | | |
| 6 | (1) | | (2) | | (3) | | |
| 7 | (1) | | (2) | | (3) | | |
| 8 | (1) | | (2) | | (3) | | |
| 9 | 番目 | 時代 | | | | | |

## 2

| | | | | | | |
|---|---|---|---|---|---|---|
| 1 | a | | b | | c | |
| | d | | e | | f | |
| 2 | (1) | | (2) | | 3 | |
| 4 | 上越（高田） | | 高松 | | 5 | |
| 6 | | | | | | |
| 7 | | | | | | |
| 8 | | | | | | |

## 3

| | | | | | | | | |
|---|---|---|---|---|---|---|---|---|
| 1 | a | | b | | c | | | |
| | d | | | | | | | |
| 2 | Ⅰ | | Ⅱ | | Ⅲ | | Ⅳ | |
| | Ⅴ | | Ⅵ | | | | | |
| 3 | (1) | | (2) | | (3) | | | |
| 4 | (1) | | (2) | | | | | |

2019年度 岐阜聖徳学園高等学校

※この解答用紙は156%に拡大していただくと、実物大になります。

# ◇国語◇

## 一

問一 a b c d e

問二

問三

問四

問五

問六 (1) (2) (3)

問七

## 二

問一 a b c d e

問二

問三

問四 → →

問五

問六

問七

問八

## 三

問一

問二 ② ③

問三

問四

問五

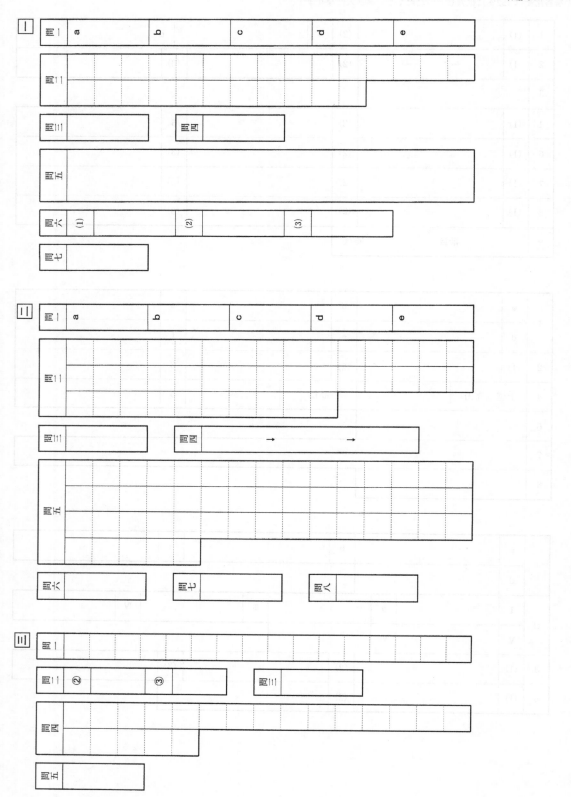

MEMO

大切なことはメモしておこうネ！

MEMO

大切なことはメモしておこうネ！

MEMO

大切なことはメモしておこうネ！

MEMO

大切なことはメモしておこうネ！

# 実力判定テスト10　改訂版

**POINT 1**　全10回の入試を想定したテスト形式

入試本番を想定した実戦形式　回を重ねるごとに難易度が上がり着実なレベルアップへ

**POINT 2**　自己採点と合格判定を活用しよう

自分の学力の把握だけではなく　これまでの勉強方法の振り返り・これからの改善へ

**POINT 3**　最新入試問題に対応

2020年改訂　最新入試問題を厳選して収録

**POINT 4**　志望校のレベルに合わせて選択できる

**最難関校**を目指す

## ▶ 偏差値70シリーズ　数学/国語/英語

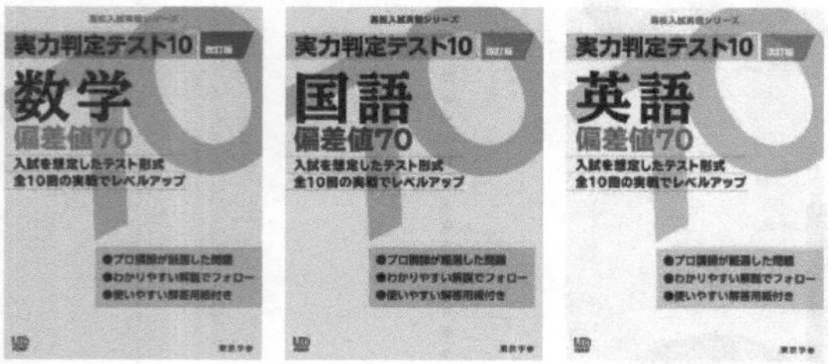


偏差値68以上の高校の受験生向け

**高度な思考力**や**応用力**（数学）

**高度な読解力**や**語彙　記述力**（国語・英語）

これらを要求される問題が多数収録

**定価：¥1,100（税込）**

**難関校**を目指す

## ▶ 偏差値65シリーズ　数学/国語/英語

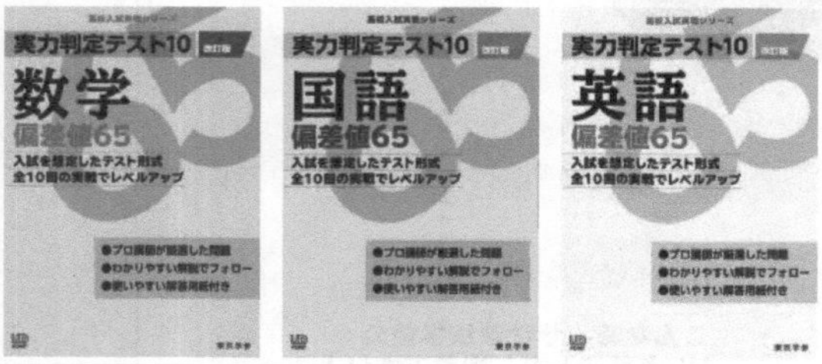


偏差値63～68の高校の受験生向け

- 量と質　ともにしっかりとした内容を収録
- **難関校突破に必須の問題**を厳選
- 一定時間内に素早く解く力が問われる

**定価：¥1,100（税込）**

**準難関校**を目指す

## ▶ 偏差値60シリーズ　数学/国語/英語

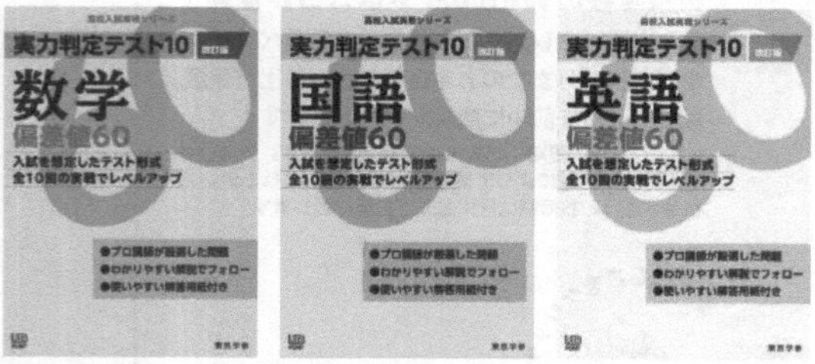


偏差値58～63の高校の受験生向け

- 標準以上レベルの問題を中心に収録
- 平易な問題は少なく　問題量も比較的多い
- 初めの**力試し**に最適

**定価：¥1,100（税込）**

東京学参株式会社　〒153-0043　東京都目黒区東山2-6-4
TEL 03-3794-3154　FAX 03-3794-3164

# 都道府県別公立高校入試過去問題シリーズ

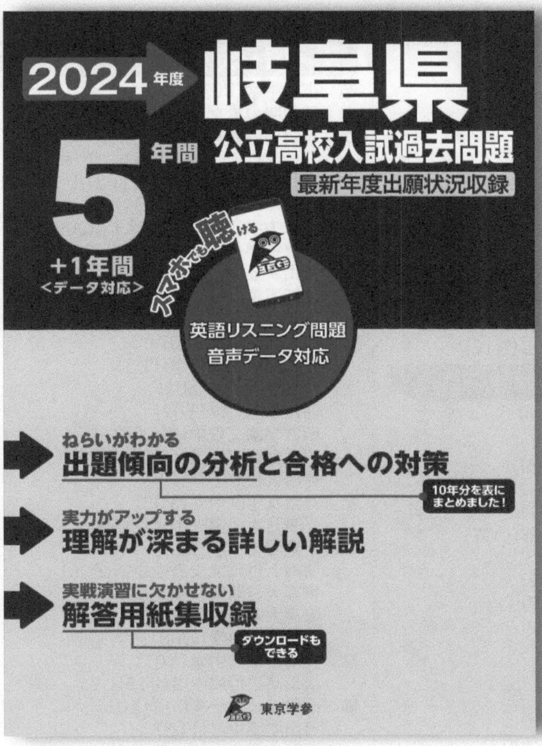


# 岐阜県

## 公立高校入試過去問題

**最近5年間（＋1年間）**

**全入試問題の徹底研究**

**リスニング音声対応**　スマホでも聴ける！

英語リスニング音声は収録年数分の
全トラックをデータダウンロード対応

定価　1,320円（本体1,200円＋税10%）

＋1年間とは？…収録から外れてしまった過去１年の問題（国語を除く）・解答解説・解答用紙をダウンロードできます！

- ▶ **過去５年間**の全科目入試問題を収録
（数学／英語／理科／社会／国語）
- ▶ 各科目の**出題傾向を分析！**合格への**対策もバッチリ！**
（分析表は過去 10 年分を掲載）
- ▶ **重要項目**を太字で示した、**詳しくわかりやすい解説と解答付き**
- ▶ 実戦さながらに演習できる**解答用紙を収録！ダウンロードも対応**
- ▶ **入試日程・全公立高校の出願状況・岐阜県公立高校難易度一覧**など入試関連資料満載！

※首都圏をはじめとする全国都道府県公立高校入試問題集、有名書店にて続々刊行！

東京学参株式会社
〒153-0043　東京都目黒区東山2-6-4
TEL 03-3794-3154　FAX 03-3794-3164

〈リスニング問題の音声について〉

本問題集掲載のリスニング問題の音声は、弊社ホームページでデータ配信しております。

現在お聞きいただけるのは「2024年度受験用」に対応した音声で、2024年3月末日までダウンロード可能です。弊社ホームページにアクセスの上、ご利用ください。

※本問題集を中古品として購入された場合など、配信期間の終了によりお聞きいただけない年度がございますのでご了承ください。

高校別入試過去問題シリーズ

**岐阜聖徳学園高等学校　2024年度**

ISBN978-4-8141-2672-9

---

発行所　東京学参株式会社

〒153-0043　東京都目黒区東山2-6-4

URL　https://www.gakusan.co.jp

編集部　E-mail　hensyu@gakusan.co.jp

※本書の編集責任はすべて弊社にあります。内容に関するお問い合わせ等は、編集部まで、メールにてお願い致します。なお、回答にはしばらくお時間をいただく場合がございます。何卒ご了承くださいませ。

営業部　TEL　03（3794）3154

FAX　03（3794）3164

E-mail　shoten@gakusan.co.jp

※ご注文・出版予定のお問い合わせ等は営業部までお願い致します。



2023年9月28日　初版